U0946998

中国特色哲学社会科学
“三大体系”研究丛书
主编 权 衡 王德忠

中国自主知识体系构建的哲学研究

成素梅 等◎著

上海人民出版社

丛书编委会

主　任：

权　衡　王德忠

副主任：

朱国宏　王　振　干春晖

编　委：（按姓氏笔画顺序）

王　健　成素梅　刘　杰　杜文俊　李　骏　李宏利　李　健　沈开艳
沈桂龙　张雪魁　周冯琦　周海旺　郑崇选　姚建龙　赵蓓文　晏可佳
郭长刚　黄凯锋

本书由上海社会科学院智库建设基金会资助研究出版

总 序

发挥国家高端智库优势　推动“三大体系”建设

2016年5月17日，习近平总书记在哲学社会科学工作座谈会上发表重要讲话，从坚持和发展中国特色社会主义必须高度重视哲学社会科学，坚持马克思主义在我国哲学社会科学领域的指导地位，加快构建中国特色哲学社会科学以及加强和改善党对哲学社会科学工作的领导四个方面，全面系统阐释和深刻回答了进入新时代，坚持和发展中国特色社会主义为什么要构建当代中国哲学社会科学体系，怎样构建具有中国特色、中国风格、中国气派的哲学社会科学等一系列重大理论和实践问题。这是一篇体现马克思主义立场观点和方法、闪耀着真理之光的讲话，是新时代繁荣和发展中国特色哲学社会科学的纲领性文件。为响应习近平总书记关于构建中国特色哲学社会科学、推动“三大体系”建设讲话精神，上海社会科学院组织专家学者深入学习习近平总书记讲话精神，开展我国哲学社会科学学科体系、学术体系、话语体系“三大体系”研究阐释工作。

科学把握中国特色哲学社会科学“三大体系”建设的重大意义

习近平总书记在讲话中明确指出，哲学社会科学是人们认识世界、改造世界的重要工具，是推动历史发展和社会进步的重要力量，其发展水平反映了一个民族的思维能力、精神品格、文明素质，体现了一个国家的综合国力和国际竞争力。习近平总书记还强调，一个没有发达的自然科学的国家不可能走在世界前列，一个没有繁荣的哲学社会科学的国家也不可能走在世界前列。新形势下，我国哲学社会科学地位更加重要、任务更加繁重，要按照立足中国、借鉴国外，挖掘历史、把握当代，关怀人类、面向未来的思路，着力构建中国特色哲学社会科学，不断推进学科体系、学术体系、话语体系建设和创新。我们认为，为实现以上目标，必须科学理解和把握中国特色哲学社会科学与“三大体系”建设的重要内涵。

构建彰显中国自主知识体系的哲学社会科学。当前，世界正处于百年未有之大变局，我国正处于实现中华民族伟大复兴的关键时期。习近平总书记强调：“面对快速变化的世界和中国，如果墨守成规、思想僵化，没有理论创新的勇气，不能科学回答中国之问、世界之问、人民之问、时代之问，不仅党和国家事业无法继续前进，马克思主义也会失去生命力、说服力。”进入新时代，我们要坚持以习近平新时代中国特色社会主义思想为指导，坚持把马克思主义基本原理同中国具体实际相结合、同中华优秀传统文化相结合，正本清源、守正创新，立足中国实践，形成中国理论，在回答中国之问、世界之问、人民之问、时代之问中，构建彰显中国自主知识体系的哲学社会科学。

聚焦“三大体系”是构建中国特色哲学社会科学的重要内容和方向。坚持和发展中国特色社会主义，需要加快构建中国特色哲学社会科学。构建中国特色哲学社会科学，要坚持马克思主义理论的指导地位，立足于中国发展实践，学习借鉴国外哲学社会科学积极成果，更好形成学科建设、学术研究与社会实践发展紧密结合、融为一体的新局面，为加快构建具有中国特色哲学社会科学学科体系、学术体系、话语体系注入新动力和活力。

形成“三大体系”有机统一、相互支撑、共同发展的学科发展新路径。在推动学科体系、学术体系、话语体系建设中，要坚持学科体系是基础、学术体系是核心，话语体系是表述，三者是一个有机统一、不可分割、相互支撑、共同发展的整体。要进一步夯实和健全我国哲学社会科学发展的学科体系和学术体系，把马克思主义理论学科做大做强，把基础学科做扎实，把优势学科巩固好，把新兴学科、冷门学科、特色学科、交叉学科等发展好。要推动习近平新时代中国特色社会主义思想系统化、学理化研究，把党的创新理论成果与“三大体系”建设融会贯通，深入挖掘新思想蕴含其中的哲理、道理和学理。要聚焦新时代中国改革开放和创新发展实践，突出问题导向，加快理论提炼和总结概括，构建中国自主知识体系的学科体系、学术体系和话语体系。

要加快提升中国国际传播能力建设，深化国际传播理论体系建设和实践创新发展，讲好中国故事，传播好中国声音，向世界展示真实、立体、全面的中国。

在国家高端智库工作中推动“三大体系”建设

为深入贯彻落实习近平总书记关于加快构建中国特色哲学社会科学的重要讲话精神和上海市委关于推动上海哲学社会科学大发展大繁荣的战略工作部署，近年来，上海社会科学院立足作为综合性人文社会科学研究机构的学科特色优势和国家高端智库优势，持续推动党的创新理论系统化、学理化研究，持续深化我国和上海发展的重大理论和现实问题研究。

我们注重发挥学科综合优势和国家高端智库优势，不断推动学科发展和智库建设，加快推动中国特色哲学社会科学建设。特别是2023年以来，结合主题教育和大调研活动，进一步发挥国家高端智库优势，加快推动中国特色哲学社会科学学科体系、学术体系、话语体系研究和建设。

一是面对复杂的国际国内环境，必须加快构建中国特色哲学社会科学体系。当前，我国正处于复杂的国际国内发展环境下，解决意识形态巩固的问题、各种思想交锋的问题、经济社会发展的问题、深层次矛盾和风险挑战的问题及全面从严治党的问题，都迫切需要哲学社会科学更好发挥作用。当今中国正日益走向世界舞台中央，中国的思想学术和文化也必须跟上来，不能落后，也不能缺席。这就必须依赖于中国特色哲学社会科学提供有力支撑。

二是建设中国特色哲学社会科学要正确理解学科体系、学术体系、话语体系三者之间关系。哲学社会科学体系是学科体系、学术体系和话语体系的有机统一，其中学科体系是基础、学术体系是核心，话语体系则是表达呈现。近年来，上海社会科学院坚持学科发展与智库建设“双轮驱动”战略，努力推进建设一流的“智库型学府、学府型智库”，坚持和发展马克思主义，立足中国国情与中国优秀传统文化，积极吸收国外哲学社会科学的有益资源，服务中国实践、构建中国理论，努力将党的创新理论成果和重要思想、重要主张等转化为知识话语、研究范式、学术理论，建构中国自主知识体系，融通国内外的新概念、新范畴、新表述，形成更大国际传播力和影响力。

三是发挥国家高端智库优势和实施大调研，把“三大体系”建设与中国实践、中国经验、中国理论的提炼总结相结合。当前中国哲学社会科学体系的构建，必须持续从我国经济社会发展的实践中挖掘新材料、发现新问题、总结新经验，要加强对改革开放和现代化建设的观点总结和理论提炼，这是中国特色哲学社会科学发展的着力点。上海社会科学院在近些年的理论研究和学科建设中，努力发挥国家高端智库的优势，广泛推动社会调研活动，注重从我国改革发展实践中挖掘新材料、发现新问题、提出新观点、构建新理论，注重对习近平新时代中国特色社会主义思想的系统化研究和学理化阐释，形成我国哲学社会科学的特色和优势，在学界推动建设具有领先水平和较强影响力的学科体系、学术体系和话语体系。

四是努力构建系统性和专业性相统一的学科体系、学术体系和话语体系。在“三大体系”建设中，必须重视系统性和专业性相统一。其中，系统性从理论逻辑、历史逻辑及实践逻辑三大逻辑把握。理论逻辑是在顶层设计中坚持和发展马克思主义基本原理，深化拓展马克思主义理论研究和党的创新理论成果的研究阐释；历史逻辑体现在必须更好地传承中华优秀传统文化和思想体系，提出并展现体现中国立场、中国智慧、中国价值的理念、主张和方案；实践逻辑是要求立足于实际发展并解决实际问题。从三大逻辑出发，我院坚持以马克思主义为指导，聚焦十八大以来党的创新理论成果和经济社会发展现实问题，注重学科前沿和学科交叉等研究方法，努力构建中国特色的学科、学术和话语体系。在专业性方面，上海社会科学院设有 17 个研究所，学科门类齐全，传统学科基础好，新兴学科布局早，特色学科发展快，拥有一批学科建设的领军人才，在谋划和推进构建中国特色哲学社会科学方面，也具备较为扎实的基础。

五是在“三大体系”建设中培育更多高水平哲学社会科学人才。推动哲学社会科学大发展大繁荣，关键要素还是人才。中国特色哲学社会科学事业是党和人民的重要事业，构建中国特色哲学社会科学是一项极为繁重的系统科学工程，需要广大哲学社会科学工作者在坚持党的领导、坚持和发展马克思主义的基础上，不断开拓学术研究、倡导先进思想、引领社会风尚。作为“智库型学府、学府型智库”，上海社会科学院在大调研基础上，积极稳妥推进科研管理体制机制改革和优化，加快建立和完善符合新时代哲学社会科学发展规律、体现上海社会科学院优势特色、有利于出高质量成果和高水平人才的科研管理体制机制。

以学科发展与智库建设“双轮驱动”推动“三大体系”建设

上海社会科学院创建于1958年，是新中国最早建立的社会科学院，也是上海唯一的综合性人文和社会科学研究机构。成立65年来，上海社会科学院为我国哲学社会科学的繁荣发展作出了积极贡献。

党的十八大以来，在上海市委和市委宣传部的领导下，上海社会科学院守正创新、勇毅前行，加强哲学社会科学大发展，在理论创新研究、服务决策咨询、人才队伍建设、引导主流舆论等方面取得了丰硕成果。

2023年，上海社会科学院认真开展主题教育工作，组织专家学者深入学习党的二十大报告提出的一系列新思想、新观点、新论断，深入研究阐释习近平总书记关于加快构建中国特色哲学社会科学的重要讲话精神，进一步聚焦党的创新理论，注重基础研究与应用研究融合发展、相互促进，注重系统化研究、学理化阐释和学术化表达，全院以构建中国特色哲学社会科学自主知识体系为聚焦点，以中国实践为出发点，以理论创新为着力点，在全国率先开展哲学社会科学“三大体系”建设。院党委举全院之力、聚全院之智，17个研究所齐上阵，全面、完整、系统开展有组织研究；我们也邀请部分全国和上海知名专家一起参与研究，撰写完成了中国特色哲学社会科学“三大体系”研究丛书。这是当前对推动我国哲学社会科学“三大体系”建设和研究做的一次有益探索，以期为促进我国哲学社会科学繁荣发展作出自己的贡献。

衷心希望我院科研工作者在建设社会主义现代化国家新征程中，牢记嘱托、砥砺前行，为不断开创我国哲学社会科学大发展大繁荣的崭新局面作出更大贡献。

上海社会科学院党委书记、研究员　权　衡
上海社会科学院院长、研究员　王德忠
2023年8月

作者简介（按姓氏笔画）

王天恩：武汉大学哲学博士，上海大学伟长学者、哲学系教授、博士研究生导师，享受国务院特殊津贴专家，美国罗格斯大学和乔治亚理工学院高级访问学者。长期从事描述论、规定论、因果性、量子物理学哲学和悖论问题等哲学基础理论研究，近年来主要基于上述哲学基础理论研究，致力于信息、大数据、人工智能和信息文明等的哲学和科学一体化探索。

方松华：上海社会科学院哲学研究所研究员、博士生导师，上海市教委学位委员会学科组成员，上海市委党校、华东师范大学马克思主义学院等客座教授；《哲学分析》编委会副主任，《毛泽东邓小平理论研究》副主编。出版著作有《二十世纪中国哲学与文化》等多部，近年来发表论文《中国现代哲学百年：从模仿走向原创》等近二十篇；著作和论文分别获得上海市第十四届、第十三届哲学社会科学优秀成果中国特色社会主义理论论文和学科学术奖著作二等奖等三项奖项。

付长珍：华东师范大学哲学系教授、博士生导师；《华东师范大学学报（哲学社会科学版）》常务副主编，教育部人文社科重点研究基地中国现代思想文化研究所研究员；兼任中国伦理学会常务理事，上海市伦理学会副会长兼秘书长；全国高校文科学报研究会常务理事。国家社科基金重大项目“伦理学知识体系的当代中国重建”首席专家。主要从事中国伦理思想史、比较伦理学、中国哲学研究。

成素梅：上海社会科学院哲学研究所副所长，二级教授，《哲学分析》杂志执行主编；国务院政府特殊津贴专家；获上海市先进工作者和上海市三八红旗手荣誉称号；教育部新世纪优秀人才支持计划入选者，上海市领军人才，国际“逻辑学、方法论和科学技术哲学协会”（CLMPST）理事，中国科协国际科学理事会委员会委员，中国自然辩证法学会常务理事，中国自然辩证法学会物理学哲学分会副主任，上海市哲学学会副会长，上海市思维科学学会副会长。学术成果曾获上海市哲学社会科学优秀成果一等奖，研究方向为量子力学哲学、科学哲学、人工智能哲学和休闲哲学。

刘梁剑：哲学博士，华东师范大学哲学系教授，中国现代思想文化研究所研究员。兼任华东师范大学哲学系系主任，东方哲学研究院院长，中国智慧研究院哲学教育研修中心主任。出版专著《王船山哲学研究》（上海人民出版社，2016年；旧版《天·人·际：对王船山的形而上学阐明》，上海人民出版社，2007年）、《汉语言哲学发凡》（高等教育出版社，2015年），译著《知识与文明》、《剑桥中国哲学导论》、《存在的遗骸》（与吴闻仪、吴晓番合作）等，在海内外刊物上发文多篇。

杨国荣：华东师范大学资深教授、人文社会科学学院院长、教育部重点人文研究基地中国现代思想文化研究所所长、校学术委员会主任。教育部长江特聘教授、长江讲座教授，国务院学位委员会第五、第六届哲学学科评议组成员。主要研究领域包括中国哲学、中西比较哲学、伦理学、形而上学等，出版学术著作20余种，多种论著被译为英文、韩文，在Indian University Press、Brill等出版。主要学术兼职包括国际形而上学学会（ISM）主席、国际哲学学院（IIP）院士、国际中国哲学史学会（ISCP）前会长（2019—2022），中国哲学史学会会长等。杨国荣教授在对儒家哲学、道家哲学以及先秦哲学、宋明理学、中国近代哲学作深入考察的同时，又创建了“具体形上学”的哲学系统，为当代中国哲学提供了独特形态。其哲学思想主要体现于《善的历程——儒家价值体系研究》《心学之思——王阳明哲学的阐释》《庄子的思想世界》《科学的形上之维》《道论》《伦理与存在——道德哲学研究》《成己与成物——意义世界的生成》《人类行动与实践智慧》《人与世界——以事观之》等著作。

吴晓明：1957年7月生于上海，恢复高考后，首届考入复旦大学哲学系。1982年取得哲学学士学位后，又师从胡曲园教授，先后获得哲学硕士和哲学博士学位。复旦大学文科资深教授，哲学学院教授、博士生导师。现任上海市哲学学会会长，复旦大学国外马克思主义与当代思潮国家创新基地（985国家级重点研究基地）及当代国外马克思主义研究中心（教育部重点研究基地）主任。曾获教育部"长江学者"特聘教授、"优秀青年教师"、"跨世纪人才"等荣誉称号。兼任国家社科基金评审委员、教育部教学指导委会委员、复旦大学教学指导委员会副主任委员等职。突出马克思主义哲学学术研究与中国社会现实相结合，著作《马克思早期思想的逻辑发展》《论中国学术的自我主张》《黑格尔的哲学遗产》等在学术界有较为广泛的影响。在《中国社会科学》《哲学研究》《复旦学报》等刊物上发表学术论文100余篇。

俞宣孟：浙江新昌人，1948年生于上海，1982年毕业于复旦大学哲学系，获硕士学位，同年进入上海社会科学院哲学所，历任助理研究员、副研究员、研究员。2003年5月任哲学所所务委员会主任并主持哲学所工作，2023年6月至2006年6月任哲学所党总支书记。主要从事外国哲学研究，兼及中西哲学的比较研究等。著有《本体论研究》《现代西方的超越思考——海德格尔的哲学》《两种不同形态的哲学——中西哲学生存状态分析》，译有《结构人类学》《从非洲到禅——不同样式的哲学》《二十世纪哲学》等，参与主编《探根寻源——新一轮中西哲学比较研究论集》。代表性的论文有《Ontology与语言问题》《西方哲学中"是"的意义及其思想方式》《两种不同形态的形而上学》《马克思主义哲学与本体论研究》等。

莫斌：哲学博士（复旦大学—德国康斯坦茨大学联合培养），中国社会科学院中国社会科学杂志社哲学部副主任、副编审，《中国社会科学》《美学研究》《中国社会科学文摘》《中国社会科学报》编辑、《中国社会科学文摘》"哲学·宗教学"栏目主持人，中华全国外国哲学史学会理事、中国现代外国哲学学会理事、中国周易学会理事。所编发的《中国社会科学》文章获得省部级奖励20多项。主要研究领域为西方哲学史、现代德国哲学、现当代中国思想等。

高瑞泉：哲学博士，华东师范大学哲学系终身教授，博士生导师。曾兼任哲学系主任、人文学院院长、人文社科学院院长，《华东师范大学学报》主编，华东师范大学校务委员会副主任等职。专业兴趣在中国近现代中国哲学史，旁及中国现代思想文化研究，近年来更关注中国观念史研究。有专著《天命的没落——中国近代唯意志论思潮的研究》《中国现代精神传统——中国的现代性观念谱系》《平等观念史论略》《动力与秩序：中国哲学的现代追寻与转向（1895—1995）》，以及合著《转折时期的精神转折》《20 世纪中国社会思潮研究》等多种面世。

童世骏：1958 年 9 月出生于上海，分别于 1982 年初和 1984 年底在华东师范大学获得学士学位和硕士学位，1994 年夏在挪威卑尔根大学获博士学位，1984 年年底起在华东师大任教，1994 年起担任教授，曾先后担任华东师大哲学系主任、上海社科院哲学研究所所长和华东师范大学党委书记，2020 年 6 月起担任上海纽约大学校长。出版《批判与实践》等 10 余部著作，以及《在事实与规范之间》等译作，发表《关于“重叠共识”的重叠共识》等学术论文百余篇。

翟锦程：1964 年出生，现任南开大学哲学院教授，教育部哲学教学指导委员会委员，中国逻辑学会副会长。先后主持国家社科基金重大项目、重点项目、省部级各类项目 10 余个，在《中国社会科学》《中国高校社会科学》《哲学动态》等期刊发表学术论文，多篇论文被《新华文摘》《中国社会科学文摘》《中国高校社会科学文摘》《社会科学文摘》摘编转发。主要从事逻辑史与逻辑哲学、逻辑与知识体系等领域研究。

目 录

第二部分　中国自主知识体系构建的理论指引与方法

第四章　西方知识体系在中国的传播与影响

第五章　中国式现代化：自主知识体系价值取向与构建的实践基础

第六章　构建中国自主知识体系的理论指引

第七章　信息文明时代中国自主知识体系的一体化构建

第四部分 实践智慧

第十一章 当代知识观重建的概念基础及其启迪

第十二章 百年中国伦理知识体系的现代性转型

第十三章 “中国向何处去?”

——《新民主主义论》与《中国问题》的相互解读

后记

导　言

从人类发展史来看，19 世纪末以来爆发的技术革命在很大程度上总是先导致产业变革，继而彻底地改变全球创新版图，深刻地重塑社会结构和生活形态，引发国际格局的大变动，重排各国经济实力的座次表。我国在新一轮技术革命的进程中，紧抓发展机遇，经历了经济社会的转型发展，打赢了脱贫攻坚战，正在向着共同富裕的目标稳步前行，科技实力正在超越追求量的积累转向重视质的飞跃，从单点突破转向创新能力的全面提升，在量子信息技术、载人航天、深海探索等领域取得了令世界瞩目的重大成就，跻身于创新型国家行列，成为具有国际影响力的新型大国。在这种背景下，如何概念化和理论化我国改革开放以来，特别是进入新时代中国特色社会主义建设以来，所取得的这些发展与成就，如何基于中国的实践经验，形成中国理论，进而构建中国哲学社会科学的自主知识体系，成为当代中国哲学社会科学工作者义不容辞的重要使命。

从理论层面来看，以量子理论为核心的第二次科学革命的深化发展，不仅相继带来了两次量子革命，诞生了激光、半导体、核能、核磁共振、量子计算、量子通信、量子精密测量、量子芯片等新型技术，创立了我们理解世界的新框架和认知世界的新方式，提供了新的理论观、实在观、方法论、科学观，确立了自然界具有随机性、不确定性等新认识。这些发展一方面使得放弃传统哲学观念成为理解量子现象所遵从的唯一出路（玻尔的观点），另一方面，消化吸收量子理论所蕴含的世界观与方法论，成为开拓与深化当代哲学社会科学发展的进路之一。

从实践层面来看，以 ChatGPT 为标志的智能革命的深化发展正在不断地解构与摧毁作为其孕育者的工业文明，建构与缔造前所未有的智能文明。智能文明是建立在信息化、网络化、数字化和智能化基础之上的文明。人类的在线生活方式、数字化生存和智能化发展不仅模糊了真实世界与虚拟世界、私人空间与公共空间、劳动与休闲、实体与关系等之间的传统界线，而且使人类进入数据流动和碎片化阅读的不确定时代，从而在更深层面上使人的认知系统成为科学—技术—社会相互交织的复杂系统，使认知关系潜在地承载或蕴含了权力关系，提出了将认识论—伦理学—本体论—方法论等问题整合起来协同研究的时代需求。

从交叉学科的视域来看，合成生物学、基因编辑、神经科学、脑机接口、再生医学等科学技术的大力发展与深度应用，正在使人的身体增强和精神增强成为可能，呈现出人的身体技术化和精神技术化的发展趋势。这会进一步导致有关公平与公正、自由与自主、健康与安全等发展风险，从而使当代技术发展成为触及人性的社会技术，将“人是什么”的理论理解转化为如何守望“人，成之为人”的内在本性的实践理解这也尖锐地提出我们应该如何前瞻性地引导、约束、规制未来科学技术的研发与应用，如何使伦理担当内化为人的基本素养的时代之问和文明之问。

概而言之，在受科学技术驱动发展的当代社会，对上述问题的回答已经成为当前哲学社会科学创新发展的共同目标。就哲学的发展而言，自笛卡尔以来的西方哲学知识体系是在以牛顿力学为核心的第一次科学革命之基础上发展起来的，无论哲学家们如何改变概念框架或如何论证哲学理念，都无法摆脱传统知识观所设定的思维定势，无法应对以量子理论为核心的第二次科学革命提出的观念挑战。面对哲学重建的历史任务，当代西方大哲学家海德格尔竟然表达了与中国古代思想家老子相似的想法，这充分体现了中国智慧的当代价值。

从上述意义上来看，我们在全面建设新时代中国特色社会主义的进程中，重建中国自主的知识体系，虽然要以中国的经济、政治、文化、社会、生态文明等为对象来展开，但对象的特殊性并不意味着知识体系的封闭性与排他性。恰好相反，话语体系、学术体系和学科体系的公共性与社会性决定了中国自主知识体系的重建既不能游离于人类共同的知识体系之外闭门造车或自说自话，也不能离开相关学科的学理基础来总结、阐释、传播中国的主张、方案和发展蓝图，更不能将原本具有学理性基石的概念创新、学科发展和学术探讨程式化乃至政治化，而是需要在接受人类文明进程的不可逆转性和无法预见性之前提下，为理解不确定的世界和推动人类文明的健康演进贡献中国智慧，凸显中国哲学社会科学研究的主体性。

本着这样的理解，我策划与组织了本书内容的撰写工作。本书共分为四个部分，由十三章内容集合而成。各位撰稿专家深厚的学术积淀、敏锐的问题意识、多元的文化背景、开阔的国际视野以及严谨的学术态度，为我们全面理解自主知识体系与话语体系、学术体系和学科体系之间的相互支撑关系，深刻把握创造中国自主知识体系和中国自主哲学知识体系的有效进路，提供了理论指引和方法论视域。

概论部分的三章内容分别立足于史学视域论证了重新认识中国、重新认识世界、重绘中国人的知识图景以及改变知识生产在全世界传播与交流的不对称格局的重要性，揭示了重新勘定史观变迁的当代意义；立足于中国的具体实践与当代科技革命的发展概况，从交叉学科和跨学科视域，剖析了当前哲学社会科学界在提炼学术话语、搭建学术平台、促进学术发展和加强学科建设等方面存在的问题及其未来发展的突破点；立足于汉语哲学视域，论证了以汉语为切入点做哲学史考察和面向生活实践创建中国哲学话语的必要性。

第二部分的四章内容从不同侧面探讨了中国自主知识体系构建的理论指引和可能进路。首先追溯了西方知识体系形成与发展的文化背景、演进轨迹和价值取向及其对中国的影响，探讨了在多元文化会通的交汇点处构建中国自主知识体系的可行性和重构价值观的迫切性；其次，论证了构建中国自主体系需要走出学徒状态、获得自我主张、从外在反思的思维方式中解放出来以及深入社会—历史现实之中的必要性，强调了以唯物史观为指引的方法论立场；然后，基于对知识体系成因的探索，剖析了信息文明时代我国自主知识体系构建的实践基础和现实条件，阐述了中国当代自主知识体系构建的策略选择。

第三部分的三章内容聚焦于中国自主哲学知识体系的构建问题。首先立足于中国哲学与世界哲学视域，阐述了中国自主哲学知识体系构建的可能性及其前提与条件，论证了哲学研究不仅关于西方哲学，而且应吸纳中国传统思想的资源，以整个人类文明演进为背景，来获得哲学的话语力量等重要观点；其次从文明互鉴和中西哲学比较的视域，论证了中国自主哲学体系的构建需要结束五四以来对西方哲学的“依傍”、告别模仿时代以及开创哲学繁荣的原创时代的现实性，同时，又提出了如何超越意向的层面，扎扎实实地从事切实的研究和建构工作问题；此外，围绕哲学开端问题，剖析了中国古代哲学为何比较贴近哲学开端，而西方哲学反而离哲学开端较远乃至于忘记了哲学开端的原因所在，比较了海德格尔的哲学思想与老子的思想之间的交集之处，论证了中国古代哲学具有自我主张的独特进路。

第四部分由三个案例性的内容构成。第一个案例从科学史和科学哲学视域，阐述了传统知识观对 19 世纪末以来的哲学社会科学的实质性影响及其在认识论与方法论意义上的局限性，剖析了社会建构论的反传统知识观的极端性和重建当代知识观的逻辑起点及其概念重解，揭示了重建当代科学知识体系的迫切性，论证了原创性的知识体系与新的话语体系、学术体系和学科体系之间的辩证拓展关系；第二个案例对百年中国伦理知识体系的现代性转型进行了系统考察，揭示了中国伦理话语从“革命话语”到“建设话语”再到“改革话语”的历史转变，以及伦理学说从“新道德论”到“道德革命说”到“道德科学说”再到“社会主义新道德体系说”的理论转型过程；第三个案例从内在价值与工具价值之分、文化本质主义与文化建构主义之争和文化参与者与文化观察者之别等角度，对毛泽东的《新民主主义论》和罗素的《中国问题》的相互解读，有助于在“世界又一次站在历史的十字路口”的时刻，重温甚至重启两个文本都讨论的“中国向何处去”的问题，并进一步对“究竟怎样的是中国人”的问题，作出经得起历史检验的回答。

在本书即将付梓之前，我对本丛书的策划者和组织者的多次指导，对本书作者的大力支持与学术贡献，对曹敏主任、石永泽先生和王晓丰先生的辅助性工作，对本书责任编辑任健敏女士的辛勤劳动，对上海纽约大学的童世骏校长、华东师范大学的杨国荣教授和付长珍教授、上海大学伟长学者王天恩教授、南开大学的翟锦程教授、中国社会科学院中国社会科学杂志社哲学部副主任莫斌副编审、上海社会科学院哲学研究所的俞宣孟研究员、何锡蓉研究员和方松华研究员对本书导言提出的建设性修改意见，表示诚挚的感谢。欢迎广大读者批评指正。

成素梅

2023 年 7 月 16 日定稿于北京

第一部分
概论

第一章　重绘中国知识图景的史观辩证

随着中国在现代化进程中的迅速崛起及其在世界格局中的地位上升，构建自主的中国知识体系的问题变得迫切了，它意味着我们要重新认识中国、重新认识世界，重绘中国知识的整体图景。因应历史要求，我们不断推进学科体系、学术体系、话语体系的建设和创新，归总也指向了构建中国知识体系的历史任务。

重视上述任务，不仅关系到中国的现代化建设和民族复兴事业的未来，而且意味着我们希望改变知识生产在全世界传播和交流的不对称格局。尽管由于在短时间内经济上迅速崛起，中国迫使人们重新思考世界过去的矩形状态（南—北、东—西分明），也促使人们反省以往的老生常谈："在欧洲殖民者的眼中，东方的知识恒久不变、没有历史性，充满异域风情、富有诗意、玄奥晦涩。东方的知识据说是长须白髯的沉思者在鲜花盛开的樱桃树下，在蜿蜒曲折的小溪边创造的。他们爱看云雾缭绕，爱弄书法。与此相反，西方的认知方式确实推动历史且顺应历史而变。"这是一个希望了解中国的外国人文学者的困惑。现在似乎倒转过来了，也许在某些西方观察者眼中，中国是另类的"墨菲斯特"，这当然是西方人对当代中国的严重误读。不过，至少在21世纪初，"尽管大多数情况已经发生了改变，但知识生产的古老方式在有一点上仍未改变。不管怎么说，在世界上的许多地区仍然存在着知识的不公正分配，即新知识从北方到南方的不对称流动。这就使得人文学科、社会科学和自然科学一直处于世界性的有待状态"。① 作者还没有提及马克思恩格斯在《共产党宣言》中所提示的，资本主义的发展，在使"乡村服从城市"的同时，曾迫使"东方服从西方"，其实也是在"知识就是权力"的逻辑下，与知识生产从东方到西方的单向流动相关的。换言之，只有当"东

① ［美］文森特·皮科拉：《人文学科的有待与无待》，高瑞泉、严海平主编：《全球化与人文学术的发展》，上海古籍出版社2006年版，第32页。

方的知识”作为地方性知识，真正顺应历史、反映了东方大国的伟大社会实践而构建，而这个“历史”不再是单纯追随西方的时间流，同时又被意识到它已然成为推动历史的主体的时候，知识生产和分配在全球的不公正状态才会根本改变。中国人自己重绘中国知识的整体图景，正是重塑世界秩序的可能时刻。这就意味着，中国的知识体系的构建，离不开特定的历史意识，由此注定了这项知识创新的实践活动，需要对变动中的历史观重加勘定。

第一节 “通古今之变”是认识中国与认识世界的要件与前提

越来越多的事实证明了世界正在经历“百年未有之大变局”，对于中国人而言，它可以视为19世纪中叶开始的“三千年未有之大变局”的延续和方向性逆转。一百七十年前的变局，是海禁大开，民族危亡日重；同时也促使国人睁眼看世界，在救亡图存的事业中改写中国人的知识版图。今日中国的重新崛起，则在极大地改变自身、造就了中国式的社会主义的同时，参与重塑世界秩序的未来。在实践论的视域中，改变自身和认识自身是统一的，改变中国及其在世界上的位置，与重新认识中国与世界的过去、现在与未来密切相连。故此，中国人的知识世界图景也必然随之大为拓展。

关于“知识”，有过诸多不同的定义。毛泽东曾经把知识分为自然科学与社会科学两大类，“哲学则是关于自然知识和社会知识的概括和总结。”①我们现在所说的知识，尤其是“中国知识体系”中的“知识”，从学科形态而言，主要是人文学科和社会科学的知识，虽然其具体的历史形态会受到自然知识的影响，包括技术革命在深刻地改变生活世界的同时，改变着知识生产。但是，“中国知识体系”主要涉及社会知识，其对象、内容及其与主体意志的关系，还有获取的方法路径，都与单纯的自然知识有重大的区别。另一方面，它也不是一般的社会知识，有其具体的规定性。所谓“中国知识”，是关于中国的历史叙事、社会结构分析和当代中国人生活实践的总体性认知。它们既可以被分别研究，成为分科之学的对象，又互相渗透绾合为一体。“中国知识”当然属于人类的社会知识，因此有其普遍性；然而，今天的世界多种文化并存，人们生

① 毛泽东：《整顿党的作风》，《毛泽东选集》第3卷，人民出版社1991年版，第815—816页。

活在现代民族国家中，不同的国家、文化之中的社会知识一定受到地理、历史、经济和政治等诸多因素的影响，都有地方性和民族特征。因此，“中国知识”，从内容说，主要是关于中国社会、历史和现实的真理性认识；是世世代代中国人的感性认识和理性认识的辩证综合。从认识主体说，它不是外部观察者将中国作为“他者”形成的认知成果，也不是中国人单纯模仿外部观察形成的认知，而更多的是中国人认识自己的结果。当然它需要不断经历反思和再反思，也并不排斥外部世界对中国知识建构的贡献，“他山之石，可以攻玉”。但是相比中国人的自我认识，那是第二位的。中国人需要通过批判性的活动，将一种来自外部视角的认知消化融合进国人自我认知的知识中。

因此，重构中国的知识体系，对于国人自身而言，要回答的问题中一定包括“我们是谁?”“我们从哪里来?”“我们要走向何方?”对于外部世界而言，则要能回答“何谓中国”？尤其是“何谓当代中国”？以及“中国将如何发展?”总括起来，它构成了中国的历史叙事，解答的诸多问题将帮助我们理解自己、理解中国文化的特质，包括认识哪些古典的知识在更深的层次上影响着社会生活和实践，如何可以在现代条件下继续引导我们认识世界和认识自己，乃至形塑中国和世界的未来。

我们在对上述问题探索的过程，或者说中国历史叙事的现代重构，一定涉及“上穷碧落下黄泉”两方面的知识：其一，它向下需要面对中国社会，其基础是中国的社会分析，是对中国社会和文化的发生发展的认识；在现当代，则首先要研究中国的现代化是在什么样的社会条件和文化土壤上实现的，即中国现代化发生期的社会质性、社会结构和曲折的转型过程，以及这一转型过程中人的社会关系的结构性变化。包括基于科学技术的运用带来的先进生产力，如何推动生产关系的变革和社会革命，造就了当代中国社会。其二，它向上需要形上学的挂搭，即有着历史哲学的维度，对现时代的中国在人类历史上的位置、发展的动力、规律和未来走向作哲学思考。在知识的创造上，我们的先贤一贯重视“学究天人之际，通古今之变，成一家之言”。司马迁所谓“成一家之言”，可以理解为体系性融贯的知识，“究”和“通”即“穷通”，追求“穷通”是哲学的品格。所以“通古今之变”是与“究天人之际”互相绾合的。事实上，司马迁“究天人之际”在当时探讨的具体内容，主要的并不是人格化的神、天意与人世间的关系，更不是自然与人的关系，而是希望揭示在君臣际遇、历史人物成败得失的故事背后，存有何等超越的却又支配世间人事的普遍法则。换言之，“究天人之际”和“通古今之变”结合，就内在地要求具备贯通地考察大历史的观念。

创造了辉煌文化的古代中国，自然不缺乏自己的历史观。虽然因为强调高严的道德生活而批判现实的理论家和历史上的道德家都曾经屡次告诉人们，华夏文明的“黄金时代”在远古。《礼记·礼运》认为远古时代“大道之行也，天下为公”，下而至夏商周诸代，“大道既隐，天下为家”就下降为小康之道了。按照宋儒的说法，三代天理流行，三代后人欲横流，因此后代似乎总是处于道德危机甚至道德沦丧之中，这种历史倒退论固然深刻地影响了中国士大夫的心态，或多或少造成了知识创造在正面陈述与实际取向之间的紧张。而且在政治思想史上，也间或出现法古改制（幸运的是几乎都以失败告终）的主张。但是，正如我们大家都知道的，占据古代中国主流的意识形态和普遍的社会心理还是循环史观，向“三代”回归的执念使得中国的循环史观更重视历史文化的连续性。

各种版本的循环论曾经被世界上古代文明共享过，“在西方，循环史观盛行于基督教诞生前的希腊罗马”①。始于对终而复始的循环性变迁的思考，东方智慧产生的则是：“变迁虽然在一方面引起了解体，同时却含有一种新生命的诞生——因为死亡固然是生命的结局，生命也就是死亡的后果，这是一个伟大的思想，它是东方思想家所达到的——这个思想出现在轮回的观念里边。但是更为普遍地被人所知道的，是拿不死之鸟来譬喻自然生命的一段神话。”② 对于中国，始于黄河流域在五千年前就出现王权政治下的农业文明，我们的祖先在公元前三世纪开出了“大一统”的政治国家，此后的几千年中，循环论被证明有足够的解释力去覆盖先人的生活世界。不但人们观察到的春夏秋冬四季循环、日月交替星斗转移如常，是农业生产所仰赖的常识；人类个体的生、壮、老、死和代际循环更是“生生”伦理的生物学基础。与“五德终始说”相匹配的古代历法以甲子纪年，与在普通民众中深得人心的“六十年风水轮流转”（以及各种命数、运会说）一样，是循环史观的社会表象。在政治上，虽然精确地说，南北分裂的实际时间更长于南北统一的时间，但是它依然符合“天下大势，合久必分，分久必合”

① 赵鼎新主编：《什么是历史社会学》第一辑，中信出版社 2023 年版，第 15 页。
② ［德］黑格尔：《历史哲学》，王造时译，上海书店出版社 2006 年版，第 67 页。

的总规律，更何况近代前夜，中国最后一个王朝，有清一代的版图扩展到了如此巨大的规模，给人们以极大的自信。循环论的一大特点是强调“变”中有“不变”，它的一个积极的解释是基于《易经》的永恒变迁原理：这个世界处于永恒的变迁之中，唯一不变的就是“变”。《周易》所表达的玄学原理，“生生之谓易”“一阴一阳之谓道”“一阖一辟之谓变”“穷则变、变则通、通则久”，在循环论总体框架内蕴藏着永恒变动的辩证法，并且其基本态度是防止“过度”，尽管在道德的领域中承认人类可以追求“日新、日新，又日新”，存在着不断趋向圣人的上升过程。

总体上看，循环论所根据的“物极必反”抽象原理既有助于人保持“忧患意识”，也可以导致保守的无为、虚静心态。在循环论的总框架下，“五德终始说”和“命数”“运会”等，与底层民众的宿命论传统互相纠结。朝代有兴衰，但是“百代皆行秦政制”；而“天不变，道亦不变”，“道统”既是政治原理，又是知识原理，故此可以视为古代政制的形上学辩护，对于维护传统社会的秩序自然有不可小觑的功用。正是在此秩序之中，中国文化屡屡进到繁荣的群峰。与此相应的儒学，其知识生产采用经学方式，经历了从五经、七经、九经到十三经的逐渐扩张，学派虽有今古文之争和汉宋学之别，但是“尊古”的态度是不变的；中间虽然曾经受到佛教东传的冲击，但是佛教本身也中国化了。事实上，无论是中国佛教还是中国儒学，都对东亚广大地区有长期的辐射力。

中国人在创造灿烂文化的同时，也推动了农业文明的繁荣。“按发展和成熟的几乎任何一项标准来衡量，中国至少在 2000 年内如果不是唯一领先的文明社会，也是领先的文明社会之一。中国人在治理一个幅员辽阔而人口众多的社会方面，既无堪与平，更无出其右者，中国人此前在同化域外异族及其观念方面，也表现出他们是变通灵活的。”① 且不说与西方的中世纪人们日常生活的粗糙简陋相比，汉唐时期，更不用说宋明诸朝政治精英和文化精英的生活艺术，已经达到可谓精致的程度。从经济增长的整体规模言，到 1800 年前后，中国的国内市场和国内贸易也远远地超过了欧洲，中国的人口在十八世纪至少增长了一倍。即使在中西“大分流”的前夜，“中国比较富裕的地区迟至 18 世纪中后期，在相对意义上极具经济活力，相当繁荣。那种认为中国或是由于

① ［美］吉尔伯特·罗兹曼主编：《中国的现代化》，国家社会科学基金“比较现代化”课题组译，江苏人民出版社 1988 年版，第 1—2 页。

人口压力，或是由于其社会所有制关系的性质而‘闭塞’并极为贫困的观念，现在在我看来是完全处于劣势”。[①] 这显示循环史观的意识形态，并不一概会限制所有的社会发展。当然，其原委部分地归结为中国幅员广大，在同一个体制下发展不平衡是常态，而江南终归只是东南一隅。另一种解释是，一个曾经在三千年间有效地解释从王朝变迁到日常生活现象、指导国家组织知识生产方向的历史观念，并不是那么容易改变的，循环论被取代的历史条件尚未成熟。

十九世纪中叶，是中国遭遇所谓“三千年未有之大变局”的历史节点，同时开启了历史观的变迁。它的第一个环节是突出循环史观中“变”的永恒意义，及其在当下现实“更化”中兑现的急迫性，同时屏蔽循环论中强调历史连续性的泥古品格，以适应中国“自改革”的紧迫需求。经过十八世纪“康乾盛世”的繁荣以后，道光年间的清帝国已经陷入龚自珍所谓“衰世”的境地，患了“痹痨之疾”，如“将枯之花、未雨之鸟”，因而大声呼吁变法更张：“自古及今，法无不改，势无不积，事例无不变迁，风气无不移异。”即使没有西方资本主义的入侵，也亟待进行社会改革。龚自珍是那个时代类似先知式的人物，他甚至预言，如果清帝国不迅速“自改革”，不久将来会有“大音声起”，“山中之民”将取而代之。以后见之明言之，“山中之民”和“大音声起”，几乎是清末社会革命的历史隐喻。但在历史的转折点上，即使是龚自珍意识到“出乎史、入于道；欲知大道，必先为史”，懂得“史与道”的内在关系，也因为并不认识到历史在总体上是否具有方向性，因而依然在循环史观的框架内思考，所以他说“万物之数括于三；初异中，中异终，终不异初。一匏三变，以枣三变，一枣核亦三变——万物一而立，再而反，三而如初。”[②] 这表示即使最敏感的思想家，也没有对中华文明有超出农业文明 / 王权政治之可能的未来想象。

第二节　从进化论到唯物史观的飞跃及其实践意义

十九世纪中叶，在西方列强以暴力扣关、中西两大文明大规模相遇之际，以时势

---

① ［美］彭慕兰：《大分流：欧洲、中国及现代世界经济的发展（中文版序言）》，史建云译，江苏人民出版社 2003 年版，第 5 页。

② 《龚自珍全集》，上海人民出版社 1975 年版，第 16 页。

论，中国处于特别不幸的节点：恰逢资本主义在全世界大力扩张和清帝国进入衰退周期相交错。以龚自珍、魏源等最早主张中国主动变革开始，“变”的哲学之复兴，在实践上是为了应对事变与世变。既然中国面临的是“三千年未有之大变局”，士大夫熟稔的经史子集四部之学已经不堪敷用，为了认识变化中的中国和世界，相应地在知识生产领域必定引起大的变动，于是有从“师夷之长技以制夷”到“旧学为体，新学为用，不使偏废”[①]的路径选择。事实上，它开启了近代以来中国知识图景的第一次大规模扩展，它是以视线转向外部尤其是西方为起点的。与之相应的是中国社会在持续的动荡中，从“衰世”经过短暂的“同治中兴”以后，很快走向“乱世”。循环史观不足以回答内忧外患的挑战，也不再能覆盖日益增长的新知，主要是来自域外的新知不断地冲击着循环史观。

1895 年在中国近代思想史上有特殊的意义，由于此前中国在甲午之役中败于“蕞尔小国”的日本，反激起而后支配思想界数十年的文化 / 政治激进主义。原先在“师夷之长技以制夷”到“旧学为体，新学为用”论的共识基础上儒家共同体所保持的社会团结，无法继续维持。旧时的士大夫在向新式知识分子转变的过程中，他们的知识图景也前后大为不同。相应地，历史观的重大演变开始了：严复开始翻译《天演论》、康有为则基于他的“公羊三世说”更积极地鼓动变法改革。前者直接引入西方学说——基于生物进化论的斯宾塞普遍进化论；后者则主要将传统的今文经学作了创造性的发挥。二者殊途而同归，都是冲决了传统的循环史观之局限，给未来以一个黄金时代的承诺。尤其是康有为，比严复更早就从公羊学的新解释中提出了进步史观。汉儒公羊学家董仲舒，以为“‘《春秋》之道，奉天而法古’，王者有改制之名，无易道之实’，也是一种主张复古的历史循环论”[②]。康有为则把文明的发生学倒转过来，认为社会经过据乱世、升平世，可以到太平世，是一个上升的过程，而且进一步细化为步步向前

---

① 现在人们熟知的张之洞“中学为体，西学为用”之说，其实原本是“旧学为体，新学为用，不使偏废”，见张之洞：《劝学篇·设学第三》，冯天瑜、姜海龙译注，中华书局 2016 年版，第 195 页。此文虽然发表于 1898 年，但是其主旨可以视为对 19 世纪 60 年代开始的洋务运动的实施纲领，所作的知识社会学概括。

② 冯契：《中国近代哲学的革命进程》，《冯契文集》增订版，第七卷，华东师范大学出版社 2016 年版，第 101 页。

不断进步的历史长程："一世之中可分三世，三世可推为九世，九世可推为八十一世，八十一世可推为千万世、为无量世。"① 这固然是为其社会改良而非革命的政治主张辩护的，同时也规定了历史进步的细节似乎是必然的。三世进化说的终点是康有为在《大同书》中所描述的，一个破除了"九界"、既享受现代工业文明高度丰富的物质生活，又人人平等的"大同"世界。

就直接的形态而言，进化论在中西社会有不同的发生学和接受史。在西方，达尔文的进化论首先是一门生物科学，像此前的哥白尼所从事的天体力学一样，属于自然科学。"哥白尼革命和达尔文革命双双改变了人类对自己在宇宙中的地位的认识，就这点而言，这是意识形态的革命——哥白尼理论和达尔文理论之所以发生那么大的意识形态影响，看来都是因为同宗教教条发生了冲突，这对我们的思想文化史意义重大。"②

在中国，达尔文理论的生物科学属性是次要的，为人们所广为接受的，是以生物进化论为科学根据的斯宾塞的普遍进化论和社会进化论。在中国它虽然没有发生如欧洲那样与基督教的冲突，但是破除了"天地旧说"，就从根本上给"天不变，道亦不变"的教条以极大的冲击。因为哥白尼和达尔文的革命转为中国知识的话语，就是严复所云："西人有言，十八期民智大进步，以知地为行星，而非居中恒静，与天为配之大物，如古所云云者。十九期民智大进步，以知人道，为生类中天演之一境，而非笃生特造，中天地为三才，如古所云云者。"③ 严复"古所云云者"，即"天圆地方""天地人三才"或"人与天、地为参"等中国士大夫熟稔的知识。不仅关乎"天道"，也关乎"人道"，而"人道"是服从生物进化论的，按照传统士大夫"推天理以明人事"的思维规则，因而蕴含了人类历史进步的意蕴。

不过，把进化论作为一个历史理论来解释，并不是严复和康有为等第一代进化论者的直接的和根本的目标，他们既非科学家，也非专业哲学家，因而进化史观一开始并未得到显性和完满的呈现。换言之，主要不是出于构建历史哲学的理论兴趣，而是进化论在解决中国人现实关怀的作用，才使得它迅速地赢得了向新式知识分子转变的

① 康有为：《春秋董氏学》卷二，《康有为全集》第 2 集，中国人民大学出版社 2007 年版，第 324 页。

② ［奥］卡尔·R. 波普尔：《科学知识进化论》，纪树立编译，生活·读书·新知三联书店 1987 年版，第 264—265 页。

③ 严复：《天演论》，科学出版社 1971 年版，第 42 页。

士大夫群体的信仰。它的现实目标是推动中国的社会改革，更直接说就是追求富强。从十九世纪中叶开始，中国人对世界和自身的认识越多，就越了解曾经的“中央王国”，现在是如何明显地落后于西方列强。不仅因为传统的农业国落后于完成了工业革命的资本主义国家，需要学习采用先进的科学技术、实现工业化和建立与此相应的社会关系；而且如欲重新自立于世界民族之林，在政治制度上，王权政治的帝国尚需要转型为现代民族国家。

从知识社会学的视角看，决定中国人广泛接受进化史观的最重要的原因，是固有知识体系的破裂和重建。现在人们突然发现原先“天下”之中心，落入在与域外诸民族——曾经的“夷狄”——竞争中被动挨打的境地，甚至可能如印度等东方国家一样成为西方的殖民地。当作为一个整体的中华民族之生存、安全和繁荣，占据了国人观察世界大势的首要地位之时，西方世界显示出既是我们的对手又是模仿的对象，就决定了进化论在中国传播的一大作用，是引领中国的民族主义思潮。“因为民族主义天生是具有竞争性的，因此一种新的强大精神和支配欲望首先就激活了英国，然后相继激活了欧洲和由欧洲派生的两个国家，很快就使它们能够将自己文明的集体意志强加给全世界。这些国家的政治、冲突以及各种问题都影响到世界其他地区。以持续增长为导向的新经济体系，即资本主义问世了。一种关注此岸经验和完全基于逻辑的新知识，即科学成为最后的裁决者，导致了对自然界前所未有的控制。”①

在古代价值系统中，按照儒家处理“义利之辨”或“理欲之辩”的原则，孟子有言“故善战者服上刑，连诸侯者次之，辟草莱、任土地者次之”，这虽被视为迂阔（实际上古代中国是一个儒表法里的国家），但是“富强”在价值排序上不占居优先地位，却是两千年一贯的。儒家讲“君子不争”，道家更是避世之士的人生选择，所以“竞争”或“斗争”总体上是被屏蔽的观念。随进化论的传入，在“生生”“自强不息”等传统观念的正面陈述中，处于隐性状态的“竞争”或“斗争”不但鲜明地呈现出来，而且成为中华民族独立于世界民族之林和谋求社会改造和进步的必要手段，“富强”则与其目标“救亡图存”一样，有了维系中华民族繁荣昌盛的历史意义。换言之，一些

① ［美］里亚·格林菲尔德：《民族主义：通向现代的五条道路（中译本前言）》，王春华等译，刘成北校，上海三联书店 2010 年版，第 5 页。

现代性的价值观念，是随着进化论带来的民族主义，而得到道德的辩护；反过来，这些现代观念又成为中国现代化和民族复兴的精神动力。同样是进化论者，由于对进化过程中存在“渐变”和“突变”两种性状或阶段各有所执，因而为社会改革过程中的温和的“调适”和激进的“拔本塞源”式的转型两种不同路径，分别提供了支援意识。舆论场上的纷争，从中国现代化的历史过程视之，既有史诗般的革命，又有温和的连续改良；今天我们可以自豪的民族复兴，其实是在这两者互相折冲、交替的融合过程中实现的。

因此，以“后见之明”只看到进化论尤其是社会进化论的缺陷，无视进化史观的历史意义和内在价值，恐怕和历史虚无主义无法划清界限。但是，进化史观确实有其历史的局限，在20世纪初，主要表现为它虽然指出了历史进步的方向和精神动力，但是却没有给出历史进步何以可能的现实方案：从终极理想言，就像毛泽东说的，康有为虽然写出了《大同书》，但是找不到实现大同的道路，因此暴露了其乌托邦的性质；从解决迫切的现实挑战言，进步史观无法提供历史发展的具体规律、社会改革的实际方案，也无法找到社会动员的力量——这与当时中国人对中国历史和中国社会结构的认知都极为有限是互为因果的。更不用说，社会进化论镶嵌着西方中心论的世界图景，可以给殖民主义的弱肉强食行径和帝国主义的霸权提供合法性辩护。因此，在从事社会变革实践和争取民族独立的中国人的观念世界中，基于进化论的进步史观就不得不让出思想界的王位，唯物史观则取而代之。中国思想界发生了从进化论到唯物史观的飞跃。

在不到三十年的时间内，中国人的历史观主流发生了两次转变，都是与剧烈的社会变革相对应的；如果说第一次转变——在进化论的框架——中，曾经有过渐变（改良）和突变（革命）之争的话，第二次转变则缘于人们不满足于辛亥革命的政治结果和失序状态，因而寻求激进的社会革命方案及其理论。更直接地说，后者是与20世纪中国社会的共产主义革命剧变相对应的。不过，后者与前者不同之处在于，进化史观取代循环史观是“逆转”，唯物史观取代进化论是“顺接”：以李大钊、陈独秀等为代表，最初接受唯物史观的一批知识分子，本来是进化论者，五四后期接受了马克思主义，其思想的核心，主要是“唯物史观”理论中的革命概念。20世纪20年代，与中国社会的革命化进程加剧相伴，围绕“中国向何处去”的问题，激进知识分子的关怀也有一个层层递进的过程："第一代的激进变革者专注于政治制度问题，第二代关注继承传统道德价值问题，第三代则将目光投向了解决所有其他问题的社会深层结构（substructure）——通过二十年代的总体的社会动员，'社会问题'成为中心关注点，中国知识界对于社会和社会力量的意识大大提高了。这一建立在政治辩论基础上的转变，对于马克思主义思想在中国知识分子中的作用产生了重要的影响。"①

换言之，接受了唯物史观，就不会满足于抽象地讨论"传统与现代""进步与落后"等一般性的问题，而会更注意中国社会和历史的具体问题及其解决。他们已然意识到："经济构造是社会的基础构造，全社会的表面构造，都依着它迁移变化。但这经济构造的本身，又按他每个进化的程级，为它那最高动因的连续体所决定。这最高动因，依其性质必须不断的变迁，必然的与社会的经济的进化以诱导。"影响经济结构变迁的动因可以有多个，"马克思则以'物质的生产力'为最高动因。由家庭经济变为资本家的经济，由小产业制度变为工场组织的，就是由生产力的变动而决定的。"②以唯物史观去观察中国历史，视野和焦点都发生了方向性的转变，"从前的历史，专记述王公世爵纪功耀武的事"，至于其原因，"都要归之于天命，夸之以神武，使读者认定无论他所遭遇的境遇如何艰难，都是命运的关系"。从此我们历史知识图景的中心既不是神明、天命，也不是少数杰出人物，而是"全体人民"，因为要穿透社会进步的秘密，"最要紧的，是要寻找出那个民族的人依以为生的方法，因为所有别的进步，都靠着那个民族生产衣食方法的进步与变动。——斯时人才看出他所生存的境遇，是基于能时时变动而且时时变动的原因；斯时人才看出那些变动，都是新知识施于实用的结果，就是由像他自己一样的普通人所创造的新发明新发见的结果，这种观念给他带来很多的希望与勇气，斯时人才看出一切进步只能由联合以图进步的人民所造成，他于是才自觉他自己的权威，他自己在社会上的位置，而取一种新态度"③。我们以李大钊为典型来说明唯物史观给国人带来的观念变化，不但因为最早公开自己信仰马克思主义的有李大钊，

① ［美］阿里夫·德里克：《革命与历史：中国马克思主义历史学的起源，1919—1937》，翁贺凯译，江苏人民出版社 2005 年版，第 28 页。

② 李大钊：《唯物史观在现代社会学上的价值（一九二〇年）》，高瑞泉编选：《向着新的社会理想——李大钊文选》，上海远东出版社 1995 年版，第 316 页。

③ 李大钊：《唯物史观在现代史学上的价值》，《李大钊全集》第 3 卷，人民出版社 2013 年版，第 220 页。

而且“中国的马克思主义一开始就在李大钊那里表现出成熟性”①。所谓“成熟性”既指李大钊已经深入讨论历史哲学的一系列重大问题，又指在他那里唯物史观并非外部强加的信条，而呈现出开放性和生命力。②

有此先导，才有20世纪20年代的中国思潮大转折，按照艾思奇的判断，1927年是一个转折点，唯物辩证法风靡全国，且成为研究社会学、经济学、考古学和文艺理论的基础。③历史学家指出1927年同时是唯物史观高歌猛进的年月：“重要的是这样一个事实：他们运用唯物史观赋予他们对历史问题复杂性的意识（这种意识远甚于前），将中国的历史概念化了。这种新意识的影响已经超出了史学研究领域。1927年以后的10年间，热烈的马克思主义史学活动广泛地宣传了马克思主义的社会历史概念，由此历史唯物主义开始塑造中国知识分子关于过去、现在和未来的观念。”④中国古代有悠久的史学传统，有“通古今之变”的追求，但是有历史哲学意识的学者，不但是晚起的而且是稀有的。在西方哲学的家族中，历史哲学也在18世纪以降才陆续出生。李大钊的唯物史观宣告了中国人真正开始对历史作哲学的思考，因为他开始探索什么是历史？探索历史发展的规律、动力和主体等普遍性问题。就其具体内容而言，唯物史观摒弃了社会达尔文主义的“弱肉强食”法则，在历史叙事中，从主要关注政治事件和人事变动，转变为关注以经济活动为中心的整个社会结构，关注社会变化及其因果关系；从以往的帝王中心论，转变为人民创造历史的观念，并且把阶级和阶级斗争的理论作为革命时代社会动员的利器，表示新的历史意识推动了中国革命。

从知识世界的改变而言，虽然梁启超等人较早就有撰写中国通史的意向，但是真正开始通史的撰述是唯物史观被一批历史学家（包括哲学史家冯友兰）接受之后，当时出版的郭沫若等人研究古代社会形态的著作，很给人以别开生面之感。20世纪20年

---

① 冯契：《中国近代哲学史上的社会理想和自由人格》，《冯契文集》增订版，第十卷，华东师范大学出版社2016年版，第202页。

② 晋荣东指出：“就历史规律与人的活动的关系而言，李大钊在马克思主义哲学发展史上几乎与卢卡奇（Georg Lukacs）同时表达了对于唯物史观的精准把握，虽然用语尚欠精当，理论未必完备，但唯物史观在他那里确实充满乐观、富于生气，很少后来那种教条主义气息和独断论色彩。”见晋荣东：《李大钊哲学研究·导论》，华东师范大学出版社2000年版，第12页。

③ 艾思奇：《二十二年之中国哲学》，《艾思奇全书》（第一卷），人民出版社2006年版，第119页。

④ ［美］阿里夫·德里克：《革命与历史：中国马克思主义历史学的起源，1919—1937》，第2页。

代末至20世纪30年代初发生的社会史论战，则表明了唯物史观如何有力地推动了中国人重新深入认识中国社会，包括其发展阶段、结构和属性。总之，无论是对于中国历史，还是对于中国社会，这个时期的中国人的认知都有划时代的改变。

唯物史观在20世纪中国的历程，总体上从属于马克思主义普遍原理与中国具体实践相结合造就的中国化的马克思主义，其具体形态就是以“能动的革命的反映论”集中概括的毛泽东哲学思想，它同时是“马克思主义与中国哲学的优秀传统结合的结果”。古代中国哲学的优秀传统，经过革命的洗礼，达到了新的高度：“它作为中国近代哲学革命最主要的成果，是历史观和认识论中心物之辩的科学总结，也为方法论的近代化和探讨人的自由问题提供了理论依据。”①

第三节　史观重建的引力：现代化进程、民族复兴和秩序重建

我们在讨论20世纪中国人的史观转变的过程中，主要陈述了进化史观到唯物史观飞跃的合理性和积极意义，尚未陈述这场表现为思潮运动的观念转变，曾经受到的批评，也尚未分析，作为观念与实践交互作用的复杂历史运动，它如何依然是未完成的过程。

进化论在中国知识界流行之际，对于社会进化论强调“竞争”是进化的动力的观点，互助论者提出，在生物界广泛存在的互助同样是进化的动力，因而强调社会成员间的“互助”。它们在民族主义的主题下，被综合成“内部互助（团结）/外部竞争”的理想模式，进而为唯物史观的社会理想作了某种铺垫。因为唯物史观的现实目标是在包含了以社会主义作为其低级阶段的共产主义革命，它以阶级斗争为动力，而又需要全世界无产阶级的大联合（社会团结）。因而，互助论与其说对进化史观构成了挑战，还不如说是一种补充。

对进化论真正构成批判性的著述是章太炎的《俱分进化论》。章氏所作，并非笼统地批判进化论，主要是批判黑格尔的历史哲学。他认为一般的进化论者，“彼不悟进化之所以为进化者，非由一方直进，而必由双方并进，专举一方，惟言知识进化可耳。

① 冯契：《中国近代哲学的革命进程》，《冯契文集》增订版，第七卷，第628—629页。

若以道德言，则善亦进化，恶亦进化；若以生计言，则乐亦进化，苦亦进化。双方进化，如影之随形，如罔两之逐影，非有他也，智识愈高。虽欲一举一废而不可得”。[①]这是用经验论批判黑格尔的观念论。因为黑格尔的历史哲学，以世界的发展即理性的发展，断言历史最终能达到“尽善醇美之区”。章太炎批判黑格尔的历史哲学专门批判黑格尔哲学的目的论，他从宇宙和人生两个向度提出驳难，用两个二难推理证明宇宙本无目的，目的论因此不能成立。章氏之作成为中国近代哲学家中批评包括黑格尔在内的进化史观的经典之论。

不过总体上说，20 世纪的大部分时间内，唯物史观并未遇到严重的正面挑战。这种状况在新的历史条件下对理论本身发生了双重的作用。它作为马克思主义的重要组成部分，在取得了中国化的形态以后，成为指导中国革命的基础性理论。“中国化”意味着实际指导中国革命的理论是与中国革命的具体实践互相结合，是符合中国社会的实际状况和条件，并取得中国特有形态的。一个资本主义尚未充分发育、被称为“半封建半殖民地”的东方大国，在亚洲率先发动共产主义革命，而其胜利的道路是“农村包围城市”，都突破了社会发展五阶段论的固定模式，更不必说“中国特色的社会主义”，将“社会主义”从原先被固定在苏联模式的单一性中解放出来。从这个意义上说，它已经参与了中国知识图景拓展进程。另一方面，人们曾误以为马克思只偏重经济利益在历史上的动力作用，以唯物史观的通俗化出现的社会发展史教材，又把人类历史的五阶段都实体化，在简单化的抽象表述中，它被视为不能逾越的教条。史学研究中有关中国古代是否有奴隶社会、如何理解马克思所说的“亚细亚生产方式”、农民起义和农民战争如何推动历史等问题的争论，主要是为了证明理论具备普遍的真理性和确定性。相关的历史知识不能说毫无增长，其代价是压缩了获得历史新知的更多可能性空间，由此也降低了理论的社会信誉。概念的通货膨胀容易导致范畴错置，由此再次得到验证。尤其是把社会发展阶段实体化的理论中蕴含的单线进化论预设，无论是在经验的层面还是在对未来的预期上，都没有真正回答章太炎式的批判；20 世纪的科学革命又说明，即使物理知识也从“钟”变成了“云”，因而从世界观的层面再次挑

① 章太炎：《俱分进化论》，《章太炎全集》(四)，上海人民出版社 1985 年版，第 386 页。

战了历史知识的确定性。

真正引发历史观念重新定位的还是历史本身。因为改革开放，中国现代化的历程与成就，都提供了前所未有的新经验，它既在传统史观的验证上提出了新问题，它的成功经验又需要大历史观背书方才可能在理论上真正证成。

我们前面曾经讨论过，从现代化的总过程而言，建立统一的现代民族国家是第一步，而后是第二步经济起飞。中华人民共和国的成立，标志着疾风暴雨式的革命结束了。从现代化的视角看，中国走出了建立统一的现代民族国家的一步，即中国人民“站起来”了。从循环论经进化史观到唯物史观，两次史观变革，既是政治革命的先导，也可以说是社会革命的哲学辩护，因而它构成了革命政权的合法性论证的重要部分。后革命时代的来临，时代精神关注的中心，从“中国要不要现代化”转变为“如何实现现代化”以及“中国要什么样的现代化”，它与社会生活以经济建设为中心以及重建秩序相重合。尤其是当中国经过四十年的改革开放，中国人开始“富起来”，并将下一步目标定为“强起来”的时候，更是如此。以经济建设为中心的战略，承认先进的科学技术是第一生产力，生产关系以及全部社会关系，要随生产力的发展而改变，所以改革开放极大地解放了生产力。

上述过程同时伴随着价值观念的诸神纷争。在其显题化的诸形式中，首先是有关“传统与现代”的争论，它是贯穿整个近现代中国的“古今中西”之争的一部分。最初则主要表现为“现代化的焦虑”，它是中国社会发展对“动力”与“秩序”的双重追求的集中表达。其激进的一翼强调历史与价值的冲突，把“动力”的追求置于首位，轻视传统文化对现代化的正面意义，其极端的表达就是“与传统彻底决裂”。保守的一翼则洞察价值失序对国人文化认同的威胁，认为以儒家为主的传统文化不但是现代文明的“源头活水”，而且是国人“安身立命”之本。对于这场争论，卡尔·马克思和马克斯·韦伯的历史观都施加了变量。我们知道，“历史唯物主义，绝不仅仅只是一种历史主义，而是一种从基础的社会经济的进程出发对于历史变革，尤其是对于市场经济的兴起所促发的历史变革的发展动力的解释”①。强调的是人们的观念世界应该适应社会的

① ［美］阿里夫·德里克：《革命与历史：中国马克思主义历史学的起源，1919—1937》，第 13 页。

变革而改变，观念及其改变又会成为影响社会实践的变量。改革开放不久即传入中国的马克斯·韦伯的比较宗教学，则以一种多元史观解释了近代资本主义何以在西欧兴起。简言之，韦伯认为资本主义在西欧的最早兴起，是经济基础、社会政治组织和新教伦理三者共同作用的结果，他的《新教伦理与资本主义精神》着重讨论基督新教的"因信称义"和"预定论"如何导致信徒的"入世苦行"，最后造就了资本主义的职业伦理。他的《中国宗教》则断言中国古代没有为资本主义提供相应的文化动因。韦伯的理论对中国学者的挑战是双重的：对于主张中国迟至明清之际，就已经有"资本主义萌芽"者，按照韦伯的学说，现代资本主义并不等于早就存在于各民族的商品经济或商业资本主义，仅仅从经济因素讨论资本主义萌芽，是方向性偏离。对于积极拥抱经济现代化的人们，韦伯则指出在促成现代化的因素中，文化尤其是价值观念的重要。

按照韦伯的理论，研究历史发展，需在经济条件之外，添加价值观的维度。这对视唯物史观为"一元论历史观"①的庸常解释有一种纠偏作用，同时也刺激中国学者重视现代化与传统文化的关联：文化保守主义者如余英时转向寻求中国宗教的入世转向，认为新禅宗、新道教和新儒家的历史表明，唐宋以降中国发生过与西欧新教改革类似的运动，它们促成了中国的"商人伦理"。激进的一翼，曾经以批判传统的面相出现，即使是"激烈反传统"一派所持"以思想文化解决问题"策略，也意味着观念世界与历史发展的动力相关。比较持中的一脉则赓续侯外庐等提出"早期启蒙"说，为现代文化张目。他们特别重视明清之际三大家的思想对现代文明的前驱意义。"坚持早期启蒙说，是为了从16世纪以来我国曲折发展的历史中去寻找传统文化与现代化的历史接合点，寻找我国传统文化的现代转化的起点。如实地把早期启蒙思潮看作我国自己文化走向现代文明的源头活水，看作中国文化自我更新的必经历程，这样我国的现代化发展才有它的历史根芽，才是内生性的而不是外烁他生的。"②

真正在"传统与现代"的争论中渐渐崛起的是现代新儒学，最初复活的是20世纪上半叶梁漱溟、熊十力、贺麟等的"新心学"，而后则是其后学的港台新儒家，在"返

① 普列汉诺夫的《论一元论历史观之发展》在20世纪中国有广泛的影响。这本原作出版于1895年的俄文著作，曾经在中国被视为"普列汉诺夫的马克思主义著作中最好的一本书"。（[俄]普列汉诺夫：《论一元论历史观之发展（注释）》，博古译，生活·读书·新知三联书店1961年版，第291页。）

② 萧萐夫：《吹沙三集·自序》，巴蜀书社2007年版，第1页。

本开新”的路径上，他们共同被称为“儒家的第三期开展”，共同的宗旨是中国文化将超胜西方文化，是人类未来的方向。在梁漱溟那里是所谓世界中、西、印三种文化的“三期重演说”；用牟宗三的话说，在人生道德领域，“我看西方哲学在这方面的活动所成的理想主义的大传统，最后的圆熟归宿是向中国的‘生命之学问’走”[①]。我们可以从此现象中注意史观转移受到的另一重引力：民族意识和文化认同。因为如果“现代”是在与“传统”彻底决裂以后才能实现，那么“我是谁”对于当代中国人，就与“中国要什么样的现代化”一样成为问题。而“返本开新”意味着从民族文化的源头重新出发，人们的文化认同和中国的现代化都要围绕“民族”观念重新定位。从“救亡”而来的民族意识和民族主义，一开始就是近代社会的主题。在社会实践的领域，中国的现代化与中华民族的复兴是高度重叠的：正是在现代化的过程中，中华民族展现出新的活力和文化复兴的前景。中国的崛起无疑增强了中国人的文化自信。但是从民族复兴来观察近现代历史，与从“传统与现代”即传统文化的现代化来考察近现代历史，两者之间有一个视角的转移。因为“传统与现代”的模式，是从美国起源的现代化理论的产物，它隐藏着一个默识点：西方发达国家是现代文明，发展中国家要从其“传统”中走出，进入“现代”，所以“传统 VS. 现代”的模式，不但嵌入了西方中心论，而且有单线进步史观作预设。而从民族复兴来考察近现代历史，我们更强调中国文化的独特性和优越性。人类历史的“轴心期”（Axial Period）论，就被重新提起。按照卡尔·雅斯贝斯在 20 世纪中叶提出的假设，当今世界几大文明圈，都是开始于公元前 7 世纪到 3 世纪的 500 年间，而后几乎是平行地沿着自己的“轴心”演化的。反过来，如果不承认 19 世纪中叶以来的中国，与古典时代在社会结构和文化传统上有某种程度的断裂，那么民族复兴的视角就可能把时间性从历史中移除，“发展”和“进步”的观念也自然被屏蔽了。“返本开新”既可以阐释为“返本”为了“开新”，也可能展现为“返本”即“开新”；甚至非“返本”不可能“开新”；后者隐藏着复古史观。孰是孰非，端在历史观的预设。

史观转移的第三重引力，是来自与文化保守主义崛起相应的“启蒙反思”或激进

① 牟宗三：《中国哲学的特质》，上海古籍出版社 1997 年版，第 8 页。

主义批判。1988年余英时发表了题为《中国近代思想史上的激进与保守》的演讲。他认为，20世纪大多数知识分子基本上是以“变”——变革、变动为基本价值，选择了激进取向，对于文化传统只是一味地“批判”，而极少“同情的了解”。[①]他批判唯新是求的进步主义以及“现代VS.传统”的反传统主义，引发了20世纪90年代思想界关于激进与保守问题的讨论。1992年，顾昕在《中国启蒙的历史图景——五四反思与当代中国的意识形态之争》一书中，批判了五四话语背后的历史必然性的信念、目的论历史观、本质主义与整体主义方法论，以及对科学与科学规律的比附。中国传统的、以过去为取向的道德目的论，已经转变为道德现代主义或未来主义的历史必然性。[②]抱有历史决定论信念的五四话语往往诉诸“历史必然性”和“科学的发展规律”，相信其所发现的历史过程的本质、历史发展的规律以及由这种本质和规律所规定的历史进步的目的，是科学的、合乎理性的、必然的。这其实是犯了“唯科学主义”(scientistic)错误。激进主义反思围绕更多具体问题展开，不但有“五四反思”，还有关于顾准《从理想主义到经验主义》、杜亚泉、《学衡》派等诸多讨论。王元化先生在他关于杜亚泉的文章中批评激进主义“越彻底越好的急躁心态”，与近代变革未能形成一个稳定的社会秩序有密切的关系，又和20世纪早期中国人的文化认同危机有关。[③]高力克认为中国的激进主义者没有认识到西方理性主义文化与基督教传统的关联，因而在主张以西式“民主”“科学”取代儒学权威的时候，“并未意识到，作为古典中国文化认同象征和道德精神资源的儒学被废弃后，中国文化势所难免的认同危机和意义危机。而这种传统文化失范所导引的价值真空，并非西方理性主义文化如‘科学’或‘民主’所能填补”[④]。这场讨论涉及的范围很宽泛，背景很复杂，其中也包括中国人的宗教信仰增长的压力。[⑤]但是无论是“启蒙反思”还是“激进主义批判”，关注的焦点都在于，中国人

① 余英时：《钱穆与中国文化》，上海远东出版社1994年版。

② 顾昕：《中国启蒙的历史图景——五四反思与当代中国的意识形态之争》，牛津大学出版社1992年版，第211—214页。

③ 王元化：《杜亚泉与东西文化论战》，许纪霖、田建业编：《杜亚泉文存》，上海教育出版社2003年版，第4页。

④ 高力克：《重评杜亚泉与陈独秀的东西文化论战》，许纪霖、田建业编：《一溪集》，生活·读书·新知三联书店1999年版，第85页。

⑤ 根据2005年暑期开展的一项调查，年龄在16岁以上的中国大陆人口中，信仰宗教的比例为31.4%，总数超过3亿，比改革开放之前，无论是总数还是占人口比例，都是增长的。见童世骏：《当代中国人的精神生活研究》，中国经济出版社2009年版，第234页。

如何在现代化的过程中重建秩序——从心灵秩序到社会秩序。

上述三项，即现代化进程、民族复兴和秩序重建，对传统史观的拷问，混杂着循环史观、多元史观、民族史观、文明史观的诸种理论水平和显明程度不等的要素。这其中虽然有中国思想自身的逻辑，但是又与西方尤其是美国思想界的变动有复杂的纠缠和折冲。对此，我们以相继出版、对中国思想界发生过重要影响的三本著作为例来说明。它们是：柯文的《在中国发现历史：中国中心观在美国的兴起》、福山的《历史的终结与最后之人》，和杜赞奇的《从民族国家拯救历史：民族主义话语与中国现代史研究》。

柯文的著作从对美国中国史（主要是中国近现代史）研究的反思出发，此前曾有过三个“模式”：“冲击—反应”模式、“传统—近代”模式和帝国主义模式，都是把西方视为中国19—20世纪的变化过程中的“自变量”，尤其是第二种“传统—近代”（tradition-modernity）模式，其前提是西方近代社会是发展中国家的楷模，中国将按照此模式从“传统”进入“近代”，在未被西方猛击一掌以前，中国只是在“传统”的模式中循环往复，至多只发生一些微小的变化。但是美国史学界也发生了反向运动，产生了所谓“中国中心观”，强调研究的是“中国问题”，主要指“这些问题是中国人在中国经历的；衡量这些问题的历史重要性的准绳也是中国的，而不是西方的”。或者说，“从中国而不是西方来研究中国历史，并尽量采取内部的（即中国的）而不是外部的（即西方的）准绳来决定中国历史哪些现象具有历史重要性”①。这对于中国人从中国传统、中国自身的立场、自身的规范性着眼，看待外来文化的影响及其作用，书写自己的历史有某种鼓励作用，也开启了将“西方中心论”从进步史观中剥离出去的方向，甚至与哲学界发生的“中国哲学‘合法性’”的讨论亦有深度的勾连。在这场讨论中，发出的一种新的声音是在中国哲学史研究中要“用中国讲中国”。不过如何确定衡量标准是“中国的”并非轻而易举的事情。同时这一方法与其说是“内部取向”，不如说是“内部出发”，所以它并没有厘清历史发展的方向性，也很难避免相对主义的嫌疑。

与柯文的著作在中国受到欢迎不同，福山的“历史终结论”由于其自由主义的傲

① ［美］柯文：《在中国发现历史——中国中心观在美国的兴起》，林同奇译，中华书局1989年版，第35—165页。

慢，在中国受到广泛批评。在“冷战”结束之际，福山断言：“人类历史长河中出现过各种制度，从君主和贵族到宗教、神权政治，再到本世纪的法西斯主义和极权主义专政，但只有自由民主这种制度才维系到20世纪终点。”“换言之，我们所看到的胜利不是如此多的自由行为，而是自由主义的思想，即在世界绝大多数地区，目前还没有任何一种自称为放之四海而皆准的意识形态能与自由民主相抗衡，而且除了人民主权之外，还没有一个普遍适用的合法性原则。”① 由于苏东解体，福山志满意得地说：“我们这些生活在稳定的、长期的自由民主制度下的人，其处境与往日已不可同日而语。在我们的祖父母时代里，许多有理智的人竟然可以预见出一种辉煌的社会主义前景。在这种社会主义社会中，是与财产和资本主义被消灭，政治本身被弱化。然而，当今世界上，我们却难以想象出一个从根本上比我们这个世界更好的世界，或一种不以民主主义和资本主义为基础的未来。”② 福山的历史观本质上并未离开黑格尔的历史哲学，不过在黑格尔那里，历史终结于日耳曼，因为在近代日耳曼，自由的意识终于出现了，“‘自由’这个原则实现了它自己，因为‘世界历史’不过是‘自由的概念’的发展”③。

对于福山的历史终结论，中国学者直接的反应就是：“福山的‘历史终结论’，是公开用资本主义的意识形态重构世界格局。”④ 表达的只是在资本主义的利益和价值基础上对国际政治的谋划。事实上即使在苏东解体、“冷战”结束之际，资本主义的内部矛盾也没有消除，甚至贫富两极分化这一资本主义的痼疾更为恶化了。他们想象中国这个世界上最大的发展中国家最终也将走向西方化，仅仅说明他们对中国的历史和现实，实在是缺乏了解。不过本文的注意力不在此处，而在于关注“历史终结论”对于中国人的史观转移的复杂作用。一方面，福山依然是以进步史观为预设的，不过他将历史进步的终点设定在西方的自由民主政治制度，即其历史观是嵌入西方中心论之中的；另一方面，他也承认与19世纪西方思想界被乐观主义掌控不同，20世纪在出现了苏东模式以后，尤其在现代化理论遭受后发达国家民族主义潮流的冲击以后，“历史具有方

---

① ［美］弗朗西斯·福山：《历史的终结及最后之人》，黄胜强、许铭原译，中国社会科学出版社2003年版，第51页。

② ［美］弗朗西斯·福山：《历史的终结及最后之人》，第53页。

③ ［德］黑格尔：《历史哲学》，第426页。

④ 韩震、孟鸣歧：《历史哲学：关于历史性概念的哲学阐释》，云南人民出版社2002年版，第3—4页。

向性，具有意义，是进步的或者甚至是可理解的，这个概念与当今的思想主流完全格格不入”[①]。

同样从黑格尔的历史哲学出发，杜赞奇的《从民族国家拯救历史：民族主义话语与中国现代史研究》，是从解构黑格尔的历史哲学出发，阐述的主题是中国现代史研究的方法论。他的主要论点是：“民族历史把民族说成是一个同一的、在时间中不断演化的民族主体，为本是有争议的、偶然的民族建构一种虚假的统一性。这种物化的历史是从线性的、目的论式的启蒙历史的模式派生出来的。”用后现代主义，尤其是福柯的谱系学方法，同时借用柏格森式的“绵延 / 时间”观念，从现代民族是“想象的共同体”，进而诠释为它并非前现代政治群体的历史进步的结果。民族存在在启蒙历史的时间中，包容在现代民族国家中。杜赞奇把黑格尔、马克思和韦伯的进步史观都归结为线性进化论，甚至认为它们与社会达尔文主义难以切割。杜赞奇同时也“提出了一个内涵较为宽泛的‘复线历史’（bifurcated history）的概念来代替线性历史的观念。过去不仅直线式地向前传递，其意义也会消散在时空之中。复线的概念强调历史叙述结构和语言在传递过去的同时，也根据当前的需要来利用散失的历史，以揭示现在是如何决定过去的。与此同时，通过考察利用过程本身，复线的历史使我们能够恢复利用性的话语之外的历史性。这样，我们将在超越或至少自觉意识到线性、简单因果化的历史的压抑性目的论的同时，尝试拯救历史”[②]。中国学者大体上不同意杜氏将中华民族等同于近代以来渐次形成的欧洲现代民族的观点，认为中国民族国家的形成应该有更久远的历史，“即从历史上看，具有边界即由明确领土、具有他者即构成国际关系的民族国家，在中国自宋代以后，由于逐渐强大的异族国家的挤压，已经渐渐形成，这个民族国家的文化认同和历史传统基础相当坚实，生活伦理的同一性又相当深入与普遍，政治管辖空间又十分明确，因此，中国民族国家的空间性和主体性，并不一定与西方所谓的‘近代性’有关”[③]。虽然没有正面回应杜氏对线性进步观的解构，但是中国的历史学家也承认民族历史的研究中应该关注以往在“正统”叙事之外的部分，或被遮蔽

① ［美］弗朗西斯·福山：《历史的终结及最后之人》，第 81 页。

② ［美］杜赞奇：《从民族国家拯救历史：民族主义话语与中国现代史研究》，江苏人民出版社 2020 年版，第 2—3 页。

③ 葛兆光：《宅兹中国》，中华书局 2012 年版，第 25—26 页。

了的“边缘”“周边”甚至被压抑的历史叙事。

这三本书所讨论的问题并非专门针对中国而发，但是它在中国发生各种各样的影响，依然是因为它们同中国的现代化进程（包括“中国要什么样的现代化”）、民族复兴（所需要解决的文化认同），以及秩序重建（秩序是按照历史的理想来定位的）等三个问题相交织着的，所以也以一种跨文化对话的方式影响到历史观的再度定位之中。

第四节　史观辩证的现实感与理想性

前面从中国知识体系建构的视角，讨论了近代以来的史观变迁过程及其再定位的历史语境。回到拓展中国知识图景的问题上来，除了前一节陈述的，我们还可以看到，在此语境中几乎同时出现的现象是：新世纪以来，中国兴起了历史热。最近数十年来，中国人在认识自己的历史方面，取得了惊人的进展。尤其是随着大量的考古新发现，我们对华夏文明源头的知识，眼界更开阔、画面更清晰了；新出土的文献及其解读，也让先秦时代的思想图景更为立体化了。儒学研究从现代新儒学扩大到整个儒学，原先有成为绝学危险的经学，一时竟有显学的态势。儒学的复兴带动了诸子学的复兴，对古代哲学的研究和新阐发各成专家之学。从周边看中国的视角、运用社会学分析的方法，或从人类学方法研究中国历史，都有新的成果。在回溯古代史研究的另一极，是“中国式现代化”研究。它是比较现代化研究、现代性研究、多元现代性以及“中国的现代性”研究的延续与转向，又为认识当代中国作了新的界定。但是，毋庸讳言，人们在当今史学研究中，见得更多的似乎是大量碎片化的知识。因为就在不久以前，后现代主义关于一切宏大叙事均已经失效的宣言，似乎还影响着不少专业精神较强的学者。

用社会现象罗列的方式，永远无法真正认识现实，此时需要以赛亚·伯林所谓的“现实感”。所谓“现实感”，本来是当代哲学家、观念史家以赛亚·柏林的一篇论文的题目。他在那篇论文中提出，作为我们认识的对象，“每个人和每个时代都可以说至少有两个层次：一个是在上面的、公开的、得到说明的、容易被注意的、能够清楚描述的表层，可以从中卓有成效地抽象出共同点并浓缩为规律；在此下的一条道路则是通向越来越不明显却更为本质和普遍深入的，与情感和行动水乳交融、彼此难以区分的种种特性”。他赞美那些具有现实感的人物，“他们对这些未知和半未知的因素的特征，以及对各种实际形势的影响，有着卓越的感觉”[①]。我借用它来说明从事哲学研究需要对时代问题有正确的诊断，此时的“现实感”是洞穿表层陈述底下的、未曾明言的现实需求：像其他领域一样，现实中诸种史观并存，形式上相安无事，但从满足拓展中国知识图景的需求而言，史观的冲突使得“通古今之变”变为一个更遥远的目标。它涉及的问题很多，限于篇幅，不克一一详论。简要言之，在复古史观、循环史观和进化史观似乎并行不悖的时刻，是否真的如福山所说的那样：“历史具有方向性，具有意义，是进步的或者甚至是可理解的，这个概念与当今的思想主流完全格格不入。”[②]或者说，“进步”应该从历史观中剥离，历史是无方向的，未来的理想社会只是乌托邦？

我之所以如此提问，是因为事实上在对史观重新定位的过程中，有过各种不同的意见。一种比较典型的是由下述论理构建起来的：它以“权力 / 时间性”为视角，把人类的史观在理想型的意义上分为进步史观、多元史观和循环史观，而不考虑许多学者在从事实际研究活动时的史观预设的驳杂多样。“进步史观又被称作线性史观。在这一类对时间性的理解下，人类社会不但会朝向更美好的方向发展，并且还能达到某个终极性的最佳状态。”它起源于基督教有关救赎 / 天堂人类有一个上升通道的神学叙述，又世俗化为多种形式，包括科技主义、系统工程主义、自由主义、黑格尔主义、社会达尔文主义和马克思主义等各种进步史观。进步史观与后两种史观的区别在于：多元史观不承认历史有进步和目的，但是重视历史人物（个人）和其他事件（偶然性）对历史进程的影响；循环史观同样不承认历史有其目标，但是却承认规律（似乎可以笼统地说是“物极必反”）。用一种“最不坏的选择”标准选择循环史观，理由是：“循环史观给人类历史发展所带来的负面性进步史观要小得多。”在作者看来，这对于重绘中国的知识图景——至少是社会学——也有重要的方法论意义：“只有在扬弃主宰西方社会科学的时间观，特别是在近代西方发展起来的世俗进步史观和在当代西方学术界盛行的多元史观，我们才能够发展出带有中国智慧的历史社会学。”[③]

① ［英］以赛亚·柏林：《现实感：观念是及其研究》，潘荣荣、林茂译，译林出版社2019年版，第22、42页。

② ［美］弗朗西斯·福山：《历史的终结及最后之人》，第81页。

③ 赵鼎新：《权力、结构和时间性——历史社会学和宏观历史发展规律》，赵新鼎主编：《历史与社会》第一辑，中信出版社2023年版，第3—31页。

与直接“扬弃”进步史观的主张有所不同，另一种意见也是由社会学家表达的：“西方文化基于认知自然、客体、实然世界而倡导经验分析、分解的理路及其所由产生的进步史观，与中国文化基于践行的伦理、价值、应然世界而提倡中和、综合、以周而复始的循环论诠释历史变迁的路向，表面上大相径庭，其内里相反相成，适成互补之势，二者都是宏观叙事（史）不可或缺的一个维度。”① 这是一种折中的说法，在循环论回归的时势下，未指出进步史观和循环史观如何互补，因而显得是一种为进步史观辩护的权宜之计。

在我看来，上述两种论述都存在着核心的缺陷：他们在讨论“进步史观”的时候，都直接将进步史观等同于简化版的“线性史观”。按照一种流行的见解，所谓线性史观，就是“认为历史发展是线性的、有意志的、导向某一个目标的，或是向上的、不会重复的、前进而不逆转的”②。其实，当初连普列汉诺夫也说过：“历史运动是规律性的，而且没有人比马克思更好地解释过这个规律性。可是每个社会的经济运动有其‘独自’的面貌，因为它在其中进行的条件是‘独自性’的，所以，不能有包括过去和预言将来一切社会的经济运动的‘进步公式’。”③ 今天如果对进步史观有辩证的理解，就不能将进步史观纳入“线性史观”对待。他们只注意到它与某种“主义”的联结，而没有给予“进步”以明确界定（后者甚至没有在“进步史观”中安置“进步”），不懂得对于“进步”观念来说，随着实践的深入和它在不同文明历史中的演进，我们完全可以对其重新定义。同时，他们都没有意识到“进步史观”虽然来自西方，却并非西方文化的专利，120 多年来，进步史观已经在影响中国社会的改革和进步事业、又与中国思想融合的过程中间，相当程度上中国化了。

如果我们承认不应对“进步”作僵硬的教条式的理解，而可以重新释义，我会强调这样的观点：作为人类历史整合性的前提，进步并不外在于主体。进步的观念本质上是人类不断改善自身存在状况、发展其本质力量的需求的反映。人们说历史是进步的，就意味着他希望进步能够发生，并常常作出种种努力令进步得以实现。正是在这

① 苏国勋：《理性化及其限制——韦伯思想引论》，商务印书馆 2022 年版，第 355 页。
② 王汎森：《近代中国的线性历史观》，复旦大学出版社 2010 年版，第 30 页。
③ ［俄］普列汉诺夫：《论一元论历史观之发展》，生活·读书·新知三联书店 1973 年版，第 217 页。

一过程中，“进步”的观念呈现出其真实性。因此，“进步”并不指向一个外在的目标，也没有先验的纯粹必然的“规律”。进步以主体为目的，而不是主体以进步为目的，后者就是人们批评的唯新是好的进步主义。所以重新界定“进步”，重要的是划清“进步”与“进步主义”的界线。“进步”只是主体意识到其局限性而试图否定其有限性。人具有多方面的本质力量和几近无限的潜能，“进步”意味着不断展现历史极其丰富的可能性，争取全面实现人的本质力量，不仅是知识和物化的力量，而且指道德和智慧境界。

这样来理解“进步”，就可以将“进步史观”从其误用中解放出来。进步史观确实有双重误用的危险：一是因通俗化而简化和抽象化形成单一的直线进步观念，社会历史进步的可能空间和复杂性，转变为线性的时间流带来的必然性、对单一的规律或必然性的迷信，剥离本来与之始终交织的偶然性和多样性，成为教条主义的陷阱之一。二是历史进步的长过程曾经被嵌入西方中心论的世界图景。前者是中国思想一度陷入激进主义和乌托邦主义的重要原因；后者则是给“古今中西”之争中形形色色的“西化派”提供了历史想象。前面我陈述的两种观点似乎还没有脱离这类误解。因此，今日欲对近代以来国人历史观的变革重新定位，就应该避免简单、直线的“进步”论，同时要将“进步史观”从西方文化中心论的世界图式中成功“脱嵌”。

事实上，20 世纪上半叶，中国思想家在接受进化论的世界观时，并未因为其来源是西方，而将其与西方文化尤其是政治制度作格式塔式的勾连。比起前述将循环史观和进步史观视为中 / 西和古 / 今两种史观的相加，差不多一百年前，熊十力的解释更具中国特色。他曾将古代中国基于朴素辩证法的“循环”与近代哲学的“进化”相结合，认为“循环法则实与进化法则交相参，互相涵”。① 现象世界尽管瞬息万变，却保持某种常规；往复循环中体现出进化，所以同类现象之反复出现并非旧质一成不变，宇宙过程就体现为合乎规律的螺旋形上升运动，并“确是有幽深的计划的”，因而历史应该是有方向的。② 与熊十力同时代的现代新儒家贺麟，则提出“道德进化”论。他没有像如今的人那样将科技主义、系统工程主义、自由主义、黑格尔主义、社会达尔文主义

---

① 熊十力：《十力语要》卷一，《熊十力全集》第 1 卷，湖北教育出版社 2001 年版，第 41 页。
② 熊十力：《新唯识论》，中华书局 1985 年版，第 529—532 页。

和马克思主义放在“进步史观”的概念里一锅煮，而区分了独断的进化论和作为一种历史方法（historical method）的进化论。黑格尔所持有的是研究历史的方法的进化论，即进步史观，也可以说是阐释“逻辑上道德进步的历程”。它“是由无自觉进于自觉，由无理性进于理性，由漠视人格进于尊重人格的道德。但受过矛盾逻辑（dialectical logic）训练的人，便知道逻辑进步的历程究不是直线式那样单纯的进展，而乃是经过正反的矛盾而进展的。换言之，道德的进步必是征服恶的或超过不道德的而达到的功绩”。这里所谓“矛盾逻辑”，我们现在通常称为辩证逻辑，贺麟按照黑格尔的逻辑和历史统一的辩证法来解释进步史观，并且据此断言“舍自强不息的搏斗努力外无进化；舍精神的、理性的搏斗努力外无道德的进化”①。这可以说是对章太炎当初的黑格尔批判的真正有质量的回应，对今人也不啻为一种有益的提醒，因为它依然保持了对未来的乐观预期。

如果说中国人接受进化史观是中国思想的一场飞跃，很大程度是因为从此把“黄金时代”从过往转到了未来的话，那么，从进化史观到唯物史观的飞跃，更将历史进程趋向理想社会的要点突出了。这种理想社会内容的设想，既有世界普遍意义，又带有明显的中国特色。最有代表性的就是接受了唯物史观的李大钊。李大钊认为通过“物心两面的改造、灵肉一致的改造”，可以到达中国人信仰的大同世界：“现在世界进化的轨道，都是沿着一条线，这条线就是达到世界大同的通衢，就是人类共同精神的脉络——这条线的渊源，就是个性解放。个性解放，断断不是单求一个分裂就算了事，乃是为完成一切个性，脱离了绊锁，重新改造一个普通广大的新组织。一方面是个性解放，一方面是大同团结。这种个性解放同时伴随着一个大同团结的远动。这两种运动，似乎相反，实在是相成。”②这和《共产党宣言》中，未来的理想社会是“每个人的自由发展是一切人的自由发展的条件”的联合体，无疑是高度相似的。

当代中国的专业哲学工作者也以他们特殊的方式，参与到史观变迁的再定位中来。自改革开放之初，国外马克思主义有关历史唯物主义的著述，如哈贝马斯的《重建历史唯物主义》、卢卡奇的《历史与阶级意识》、葛兰西的《狱中书简》就被译介进中国

① 贺麟：《论道德进化》，《近代唯心论简释》，商务印书馆2019年版，第200—216页。
② 李大钊：《平民主义》，《李大钊全集》第4卷，人民出版社2013年版，第122页。

并一度成为研究热点，助推了中国学者重建唯物史观的体系性理论。同时，从历史唯物主义与当代中国社会的变革之关系，结合中国社会主义实践研究唯物史观，也有新的作品。前者可以杨耕的《重建中反思——重新理解历史唯物主义》为例，后者可以陈先达的《历史唯物主义与当代中国》为代表。他们各有侧重，某些具体问题上的论点兴许不尽相同，但是，都主张克服教科书式简单化、教条化的理论缺陷。杨耕认为："历史唯物主义不仅是'唯物主义历史观'，更重要的是'唯物主义世界观'，一种内含着'否定性的辩证法'的'真正批判的世界观'。"①该书对于史观辩证的意义在于，对以往容易受到质疑的若干观念，提供了哲学的辩护。如对于"历史规律"，从其实践性、总体性和重复性去考察；注意"价值尺度"是和"历史尺度"统一的维度，意味着马克思并未否认价值观念对于历史的作用；讨论了从必然王国到自由王国的转变，因而实际上在"人的全面发展"的层面上回答了"进步"之内涵与可欲。陈先达在积极面对现实问题的挑战的同时，也对社会规律作合乎辩证法的理解，在历史动因中加入了价值观念的尺度。他在坚持"人的全面自由发展"的前提下，坚守"进步"的价值，"历史进步的观念不仅是一个科学观念，同时也是一种价值观念，因为进步意味着对历史现象的评价"②，并且强调唯物史观的史学方法论功能。

当然，当代中国围绕"史观"的分歧并未终结，尤其是明言的和未曾明言的史观的实际冲突如何影响我们认识自己和认识世界，即如何影响中国知识图景的扩展，至少还有两个标志性的成果尚未出现。那是我们有理由期待的。

第一个问题：本文一开始就强调，我们讨论史观辩证与重绘中国知识图景的关系。重构中国的知识体系，对于国人自身而言，要回答的问题中一定包括"我们是谁？""我们从哪里来？""我们要走向何方？"对于外部世界而言，则要能回答"何谓中国？"尤其是"何谓当代中国？"以及"中国将如何发展？"总括起来，它构成了中国历史整体叙事。形式上，就是需要足以与这个时代精神相适配的中国通史。古代中国有丰富的历史著述和历史典籍。以著名的二十四史为代表的正史，当然包含着古典政治的治国经验和兴亡教训，但是它主要是王朝更替的历史，并没有真正达成司马迁"通古今之

① 杨耕：《重建中的反思：重新理解历史唯物主义》，江苏人民出版社2022年版，第383页。
② 陈先达：《历史唯物主义与当代中国》，中国人民大学出版社2019年版，第17页。

变”的宏愿。20世纪初，梁启超就有“新史学”的规划和撰写中国通史的尝试，但是只留下了片段的遗作。只有唯物史观确立以后，这个宏大计划才具有现实性。因为“唯物史观将社会经济现象作为分析的出发点，并揭示出在社会经济进程中将历史广大的不同领域连结在一起的不同环节，从而提供了一个构建通史的基础”①。20世纪30年代以来，范文澜、翦伯赞、吕思勉、白寿彝等纷纷有中国通史面世，近年来为读者熟知的钱穆的《国史大纲》也庶几近之。然而，新撰《中国通史》之缺位，华语世界最著名的历史学家宁可选择专史作为主攻的目标。希望“以‘专’济‘通’”而放弃直接通史的撰写的谋划。如余英时说：“我决不是不重视写通史。我是学历史的，基本上讲的就是‘通古今之变’的问题。古今怎么变化，那必须有一个整体的构想。在古今之变中，就有具体的如何通的问题。我不写通史，往往集中精神研究每一个时代的特殊问题。但‘通’的观念永远在我心里。我愿意借这个机会说明，中国古代‘通史’的观念和现代教科书式的通史，不是一回事。传统的观念预设着一种全能的超越观点，好像上帝一样，可以看到全史的整体，所以在‘通古今之变’上面还要加上‘究天人之际’。史学家是人，人一定在地上某一个时空交叉点上，就会受我的时空交叉点的经验所限制，不可能看到想象中的上帝的眼光。”② 所以还是受限于知识和史观互相交织的问题。数十年来先后出版的各种中国通史是否真的达到“学究天人之际，通古今之变，成一家之言”，当然大有讨论的余地。

换一个角度看，期许以“专”济“通”，说明当代中国历史学家仍未放弃大的关怀。以往的农民起义研究注意农民和地主的矛盾如何导致王朝的兴亡，现在我们还是要问古代中国社会的“动力”何在？其实余英时的一部分作品就是关注伦理观念演变的历史作用，只不过尚未到达“穷通”的境界。其他的历史学家也在作类似的努力。譬如侯旭东提出：“中国古代帝国持续存在的君臣关系可以细分为礼仪型与信-任型两类，后者亦是历史中‘结构性的存在’，围绕它反复出现的言行构成历史最为活跃与能

① ［美］阿里夫·德里克：《革命与历史——中国马克思主义历史学的起源，1919—1937》，第14页。

② 余英时：《“通”的观念永远在我心里》，《时代周报》，2008年11月27日。余英时在这次访谈中，谈到今人推崇的钱穆的《国史大纲》时说，由于当时正是抗战时期，需要振奋人心，所以钱穆在其著作中专门罗列中国的长处或好处。当是知人之谈。

动的力量。”[①] 作者在其后来出版的著作中，进一步阐述其个案研究的以“专”通“济”的动机。“信-任型君臣关系或‘宠’机制，用韦伯的术语，侧重呈现其家产制的一面，是否可以视为这种支配秩序下一种带有典型性的行动模式呢？”“在各种冲突论、斗争论（如阶级斗争、集团论基础上的权力斗争）以及生产力与生产关系论面临解释困境时，‘宠’机制（包括其吸引—争夺与二次再分配机制）及其与官僚制运作之间的张力，或关系过程与事务过程的交织互动（关系的关系），能否构成一种解释中国历史的动力说呢？”作者用了两个问号，表示其结论是否足以“通”，依然可以视为一种假设；但又清晰地说明，他所关注的只是中国古代政治的“动力”问题。[②]

第二个问题，与上述第一项相关的是历史哲学的缺位。我这里说的是中国历史哲学或汉语历史哲学，是当代中国人用现代汉语书写的关于人类普遍历史的哲学（Chinese philosophy of history），而不是中国历史的哲学（Philosophy of Chinese history）。中国古代有悠久的文史传统，以“二十四史”为代表的正史和大量的地方志乃至私人史著史论构成了一座史学宝库。但是很少有类似帝国晚期才出现的章学诚那样，直接思考历史哲学的问题。章学诚反对“舍器而言道，舍今而言古，舍人伦日用而求学问精微”，《经解上》又说：“‘道之大原出于天’，天固谆谆然命之乎？曰：天地之前，则吾不得而知也。天地生人，斯有道矣，而未形也；三人居室，而道形矣，犹未著也；人有什伍而至百千，一室所不能容，部别班分，而道著矣。仁义忠孝之名，刑政礼乐之制，皆不得已而后起者也。”[③] 他主张即人事而言性与天道，历史成为呈现“道”的时间记录。

近代以来的史观变迁、进化史观不足以成就历史哲学，唯物史观为马克思主义系统哲学所包容，并非专门的历史哲学，中国的马克思主义哲学家除了李大钊曾对历史哲学有所涉及外，没有专门历史哲学的著述。中国近代以来的历史学，受实证主义影

① 侯旭东：《宠：信-任型君臣关系与西汉历史的展开（上）》，《清华大学学报（哲学社会科学版）》2016年第6期。因为“宠-信任型”关系“吸引而产生动力，但它带来的是变动和反复，并非进化论意义上的发展和变革”。这表明着他讨论的是循环论（王朝兴亡）意义上的“动力”，而且意味着一个预设：古代中国并无“发展”和基本秩序的改革。

② 侯旭东：《宠：信-任型君臣关系与西汉历史的展开》，北京师范大学出版社2018年版，第257页。

③ 章学诚：《文史通义（原道上）》，仓修良编著，浙江古籍出版社2005年版，第94页。

响更深，有志于历史哲学的颇为少见。欲论历史哲学，大体举黑格尔的《历史哲学》为例，虽然我们对那种思辨的体系，既欣赏又不能满意（特别是因为其“东方人只知道一个人是自由的”论断）。现代新儒家牟宗三曾有《历史哲学》一书面世，用类似黑格尔的《历史哲学》思辨方式，以完成“历史之精神发展观”为宗旨。牟宗三说：“历史哲学就是以事理与情理为对象而予以哲学的解释。事理是客观地或外部地说者，情理是主观地或内部地说者。——吾人可把情理统摄于事理之中，通内事外事合二为一，统名曰事理。以这种事理为对象而予以哲学的解释，便是历史哲学。”① 唐君毅评价牟宗三的《历史哲学》，判断它与黑格尔的历史哲学“自理性之表现为程，以言历史者为近”，但是又在两点上对黑格尔有所超胜：黑格尔没有指出历史的未来方向，牟宗三则以振拔“理性的超越性于不坠”，借用历史哲学“通乎继往与开来”，表达理性的乐观主义；同时又克服了黑格尔将世界各民族之历史安排在一条直线上发展的论式之偏，将中西文化视为可以殊途同归而又以中国哲学超胜为终点的历史。② 不过，牟宗三的《历史哲学》一书所述之“事理”中的“事”，大多仅根据钱穆的《国史大纲》所述，西方历史之“事”却几乎阙如。即使是中国历史也只写到东汉为止，因此是一部未完成的历史哲学。

与中国知识体系构建的潮流相应和，近年来出现了若干带有历史哲学趣味、引起广泛注意的著作。这里举赵汀阳的《天下的当代性》和舒展的《枢纽》为例，来看我们中国学者的尝试。

赵汀阳最初引起广泛注意的是《天下体系——世界制度哲学导论》，是一部政治哲学的著述。五年以后又出版了《天下的当代性——世纪秩序的实践与想象》，是用“天下”概念去讲“中国”故事，把“中国”历史概念化，所以包含了中国历史的哲学阐释。关于前者，他说：“天下概念期望一个世界成为政治主体的世界体系，一个以整个世界为政治单位的共在秩序（order of coexistence）。从天下去理解世界，就是意味着以整个世界为思考单位去分析问题，以便能够设想与全球化的现实相配的政治秩序。”③ 这

① 牟宗三：《历史哲学（三版自序）》，《牟宗三先生全集》9，联经出版事业公司 1996 年版，第 6 页。

② 唐君毅：《中国历史之哲学的省察》，牟宗三《历史哲学（附录一）》，《牟宗三先生全集》9，联经出版公司 1996 年版，第 441—442 页。

③ 赵汀阳：《天下的当代性——世纪秩序的实践与想象》，中信出版社 2016 年版，第 2 页。

样一个政治秩序的理想性，不但超越了康德的“永久和平”，而且把上世纪末一些中国学者提出的“各美其美、美美与共”的世界秩序哲学化和制度化了。但是，《天下的当代性》与《天下体系》有一点重要区别，是提出了中国绵延数千年的历史连续性何以可能的问题。赵汀阳既希望分析其“动力结构”，又希望找到其“生存基因”。①他提出了一个“逐鹿旋涡”概念，解释中国历史如何呈现以争夺中原为中心，多民族的分与合、多种制度的迭代与混成、多种文化的互化融合，从而形成一个以汉文化为主干的历史文化连续体。持续数千年之久的“以中原为核心的‘天下逐鹿’博弈游戏，其动力结构是一个有着强大向心力的旋涡模式，众多相关者抵抗不住旋涡的诱惑而前赴后继地卷入到游戏中，博弈游戏逐步扩大，终于达到稳定而形成了一个广域的中国”②。这个“逐鹿旋涡”的吸引力来自中原特有的精神世界，它包括汉字、体现的思想系统的经典典籍、以“天命”论为中心的政治神学，还有“周朝创制的天下观念也是一个决定的因素”。

赵汀阳整个关乎“天下”话语的写作表现出极大的想象力和创造性，早先年间就已经有人指出他可能“击破西方线性的、‘黑格尔式的’逻辑”（阿兰·李比雄）。虽然作者表示要与进步史观加以切割，但实际上提出了一个不同于西方以自由民主为终点的进步史观，或者说提出的是以中国文化精神为主体的进步史观，不过此进步过程不是一直线的，它表现为话语/权力分析框架下“逐鹿旋涡”的形式，而其终点才是真正世界史的开端，恰如《周易》六十四卦以“未济”为结一样。

舒展写作《枢纽：3000年中国》，正如其副题所示，是一部历史新著，如一切历史著述那样，必有历史观的指引。故其一开始就是从意识到拓展中国知识图景必须重构“史观”出发并以此为已任。舒展自述，面临“百年未有之大变局”，“中国走到了十字路口，我们开始发现似乎越来越难以理解自身与世界了。因此，重述中国的历史、重构我们的史观便成为一种必须，如此才能让我们获得精神自觉，把握住这一切过程的深刻历史意义，进而构想更加可期的未来。”③该书虽然涉及未来世界秩序的问题，本

① 赵汀阳：《天下的当代性——世纪秩序的实践与想象》，中信出版社2016年版，第139页。

② 同上书，第147页。

③ 舒展：《枢纽：3000年的中国》，广西师范大学出版社2018年版，第7页。

质上依然是一部中华文明史，是一个融轴心文明之载体和超大规模的国家两重性为一的独特文明的历史；但是却明显地有着书写历史哲学的雄心——尽管全书都没有明确陈述作者所欲的“史观”的大致路径。作者虽然把自己的目标定在“中国历史哲学纲要”，但是依然很大程度上有着黑格尔的《历史哲学》和精神现象学的影子。与赵汀阳视历史为以儒家文明为中心的“逐鹿旋涡”，将导致世界的“天下”时刻之到来，因而蕴藏着民族文化意识较强不同，《枢纽》的历史视野更为宽阔，并且实际上按照的是包含循环的进步论的宏大叙事：从纵向看，它基于中华文明的地理环境，以三轮历史大循环，演绎了自西周至清代的大历史；从横向看，不仅前三次大循环包含了内陆与海洋、中原与草原的互动，而且近代以来的第四次大循环所表现的中西文化互动，又造就了“内在于世界的‘中国’。”并把“轴心期”、帝制时代和革命时代以及后革命时代（经济崛起的时代）用“未完成的循环”贯通起来，把中国文化的连续性与未来世界秩序的可塑性整合为一体。“中国经济崛起对世界秩序的冲击以及对自身的改造，带来了普遍宪制展开的可能性。”① 在那时，突破民族国家的障碍以后，康德的“永久和平”依然闪烁着余光。

这两部著述都规模十分宏阔，虽然各有自己的倾向，但是都已经引起了广泛注意、讨论和批评，唯其中许多细节非本文所能详论。我在这里只想说明，中国人对“百年未有之大变局”的理论回应，已经开始了历史哲学新构想。黑格尔说过，密涅瓦的猫头鹰晚间才起飞的。我们有理由期待，在未来中华民族真正抵达现代化的高峰时机，不但有中国历史的哲学阐释，而且有人类的或世界意义的中国历史哲学。同理，随着中国人的历史观再定位，在更高的理性水平上，我们的历史知识图景也会大为改观。

第五节　结语

随着现代化的进程，一百七十余年的中国近代史正在结出中华民族复兴的硕果。它从中国人“开眼看世界”，发现身处“三千年未有之大变局”开始，促使中国人知识图景的第一次历史性重绘，后者又是和国人的历史观变迁相应的。简要地说，从传统

① 舒展：《枢纽：3000 年的中国》，第 657 页。

的循环史观经进化史观，又到唯物史观，实现了两次飞跃。它们既有社会改革和政治革命的意义，又有认识历史的方法论意义。但是正如我们所知道的那样，普遍性的理论在其特殊条件下运用的过程中，既有与中国人的生活实践相结合、与地方性知识融合的成功经验，又曾有教条主义的教训，后者曾使得具体真理停留在抽象的普遍性而未完成其现实性。随着现代化的进程，尤其是中国的迅速崛起，国际秩序面临重组，出现了“百年未见之大变局”。再次拓展中国知识图景的历史任务显题化了，同时也凸显了史观辩证的必要。因为，在公认唯物史观是政治指导原理的前提下，人们研究历史的实际方法受到各种不同史观或明或暗的支配和影响。它的主流是通过体系性哲学的重构扬弃了以往的教条主义和包含西方中心论的线性进化论，其一大转变，是从外在的理论规范出发，转变为从中国内在出发的叙事路径。人们更加注重价值尺度的历史意义，在对未来的理想追求上保留了“进步”的意义，因而未让不同史观的冲突陷入相对主义和历史虚无主义。这为构建中国知识体系确立了方向性，也符合哲学繁荣“百虑而一致，殊途而同归”的总体规律。因为恰恰正是在此过程中，中国人在认识世界和认识自己诸方面都打开了新的格局，包括在“通古今之变”方面，取得了积极的新成果。

（作者：高瑞泉）

第二章　新时代的学术创新与哲学社会科学“三大体系”建设

伟大的时代产生伟大的理论，伟大的理论彰显伟大的时代。科技革命以前所未有的深度和广度重塑全球创新版图、重构全球知识结构，把世界推进到智能时代。作为世界上最大的发展中国家，中国具有源远流长的学术历史和深厚优良的学术传统。新中国成立以来，改革开放40多年来，特别是党的十八大以来，中华民族实现了从站起来、富起来到强起来的历史性飞跃，创造了一个又一个发展奇迹，中华民族伟大复兴进入了不可逆转的历史进程。从党的十八大开始，中国特色社会主义进入新时代。时代是思想之母，实践是理论之源。快速发展的中国改变了全球发展观念，从制度建构、治理经验、文化自信等方面，为世界历史进程提供了最为鲜活的中国经验，为世界学术提供了内容最为充裕、最具有挑战性的研究课题。中国马克思主义学术话语的兴起和发展，具有鲜明中国特色的标识性理论为世界文明提供了独特而丰富的内容。

2016年5月17日，习近平总书记主持召开哲学社会科学工作座谈会并发表重要讲话，为新时代中国哲学社会科学的繁荣发展指明了方向。2019年3月，习近平总书记在参加十三届全国政协二次会议文化艺术界、社会科学界委员联组会时提出：“构建中国特色学科体系、学术体系、话语体系。”①2022年4月，中共中央办公厅印发《国家“十四五”时期哲学社会科学发展规划》。哲学社会科学是人类认识世界和改造世界的重要工具，是推动历史发展和社会进步的重要力量。一个国家的哲学社会科学发展水平反映了一个民族的思维能力、精神品格与文明素质，是一个国家综合国力和国际竞争力的重要体现。正如习近平总书记指出的那样，“人类社会每一次重大跃进，人类文明每一次重大发展，都离不开哲学社会科学的知识变革和思想先导。”②习近平总

① 《习近平谈治国理政》第3卷，外文出版社2020年版，第325页。
② 习近平：《在哲学社会科学工作座谈会上的讲话》，人民出版社2016年版，第3页。

书记高度重视哲学社会科学工作，强调要结合中国特色社会主义伟大实践，加快构建中国特色哲学社会科学。坚持和发展中国特色社会主义，哲学社会科学具有不可替代的重要地位，哲学社会科学工作者具有不可替代的重要作用。只有以中国实际为研究起点，提出具有主体性、原创性的理论观点，构建具有自身特质的学科体系、学术体系、话语体系，中国哲学社会科学才能形成自己的特色和优势。习近平总书记关于“三大体系”建设的重要论述，成为新时代中国哲学社会科学全面繁荣发展的指导方针。

以人工智能、物联网、大数据、生物学新兴技术为代表的第四次工业革命，正在加速改变我们对世界的认识，深度改变着我们的思维方式、行为方式、情感表达方式和交往方式。学术的生产、组织、传播等机制也发生深刻变革，科技创新与市场之间的互动不断驱动理论界反思现有理论范式的阐释效力。基于理论性与实践性相结合的视角，新时代背景下的学术创新以及哲学社会科学“三大体系”建设表征为当代中国学术构建自己的理论，彰显当代中国马克思主义的真理力量。这一理论逻辑与实践逻辑体现为三个方面。首先，中国学者在“不忘本来，吸收外来、面向未来”中，立足中国实践，审视并合理借鉴西方古今各派学说，充分挖掘中华优秀传统文化的智慧，使其经典化、体系化与国际化，充分表征中国学术的创造性转化和创新性发展。其次，面对不同学科、领域、路向和范式的研究者对话并不充分的情况，学术共同体尤为重视探讨如何鼓励和包容创造性思想，遵循“求同存异”原则，推动中国当代思想协同创新发展。近年来，网络会议与讲座的普及，融媒体的蓬勃发展，使得思想智慧的传播形式多样化，学术研究的公共性与大众化进程加快。学者们对思想性、实践性与时代性的关注，展示了中国哲学社会科学走向未来的思想力量。最后，创新型国家方位下新时代的学术创新，聚焦新时代的世界级难题，产生思想穿透力的世界级作者，孕育世界级的文章和作品，搭建世界级的媒体平台，向世界展现新时代的思想中国。

基于此，新时代的学术创新与哲学社会科学“三大体系”建设，就是要构建中国式现代化的学术理论体系，用理论创新的高质量发展，满足人民日益增长的美好生活需要，在开放与共享中体现新发展理念，增进不同文明之间的交流互鉴。

第一节　立足于中国实践的哲学社会科学研究

哲学社会科学研究的出发点和落脚点是广大人民群众的根本利益。这决定了我国哲学社会科学必须坚持以人民为中心的研究导向。哲学社会科学的吸引力、感染力、影响力和生命力在于坚持人民是历史创造者的观点，树立为人民做学问的理想，尊重人民的主体地位，聚焦人民的实践创造。马克思曾经提出："科学绝不是一种自私自利的享乐。有幸能够致力于科学研究的人，首先应该拿自己的学识为人类服务。"①坚持以人民为中心的研究导向，需要哲学社会科学工作者突破各式各样狭隘的学术研究藩篱，在中华民族伟大复兴的大历史与大格局中审视自己的学术方向和学术旨趣。哲学社会科学工作者只有自觉把个人学术追求同国家和民族发展紧紧联系在一起，才能创造出经得起实践、人民、历史检验的研究成果。习近平总书记指出："坚持以马克思主义为指导，核心要解决好为什么人的问题。为什么人的问题是哲学社会科学研究的根本性、原则性问题。"②哲学社会科学有一个"依靠谁、为了谁、我是谁"的问题。要弄清楚是为谁服务、为谁著书立说。哲学社会科学的研究不是为了孤芳自赏，不是为了个人名利，而是要坚持为人民服务的宗旨，高质量地回答和解决人民群众关注和人类迫切需要解决的问题。

所以，哲学社会科学"三大体系"建设的理论与实践要走向深入、落到实处、取得成效，需要不断深化对新时代哲学社会科学的地位作用、职责使命和发展规律的认识。中国特色社会主义的道路、理论、制度、文化为构建中国当代自主的哲学社会科学知识体系奠定了坚实基础。习近平总书记指出："当代中国正经历着我国历史上最为广泛而深刻的社会变革，也正在进行着人类历史上最为宏大而独特的实践创新。这种前无古人的伟大实践，必将给理论创造、学术繁荣提供强大动力和广阔空间。这是一个需要理论而且一定能够产生理论的时代，这是一个需要思想而且一定能够产生思想的时代。"③一代人有一代人的学问，一代人有一代人的使命。中国知识分子历来就有

① 中共中央马克思恩格斯列宁斯大林著作编译局编：《回忆马克思》，人民出版社2005年版，第187页。

② 习近平：《在哲学社会科学工作座谈会上的讲话》，第12页。

③ 同上书，第8页。

“为天地立心，为生民立命，为往圣继绝学，为万世开太平”的宏愿。哲学社会科学工作者不能辜负了这个时代，应该立时代之潮头、通古今之变化、发思想之先声，积极述学立论。

基于此，哲学社会科学“三大体系”建设体现在，哲学社会科学工作者要主动走出象牙塔，多到实地调查研究，积极为人民著书立说；树立高远的理想追求和深沉的家国情怀，构建具有中国特色、中国气派的思想理论；在文明交融互鉴视域之中坚持马克思主义基本原理同中国具体实际相结合、同中华优秀传统文化相结合，推动中华优秀传统文化创造性转化、创新性发展，展现中国文化的综合实力和国际竞争力。

一、走出象牙塔与实地调查研究

要推出具有独创性、主体性与前瞻性的研究成果，就要走出学科的象牙塔，跳出学术舒适区，从我国实际出发，坚持历史的和发展的观点，在恢宏的中国式现代化实践中发展真理。列宁曾这样写道，一个不容置辩的真理就是马克思主义者必须考虑生动的实际生活，必须考虑现实的确切事实，而不应当抱住昨天的理论不放。①

学者走出象牙塔，多到实地调查研究，才能切身体会百姓的日常生活、把握群众思想和文化需求、着力于群众亟须释疑解惑的理论和实践难题。哲学社会科学研究走出象牙塔，避免躲进小楼成一统，才能展示出更大的影响力和公共性，在祖国大地上开花结果。费孝通在《土地里长出来的文化》中讲到：“要明白中国的传统文化，就得到乡下去看看那些大地的儿女们是怎样生活的。文化本来就是人群的生活方式，在什么环境里得到的生活，就会形成什么方式，决定了这人群文化的性质。中国人的生活是靠土地，传统的中国文化是土地里长出来的。”② 一语不能践，万卷徒空虚。费孝通之所以能提出“各美其美，美人之美，美美与共，天下大同”的“文化自觉”理论，归根结底是他把毕生精力用在了中国社会的实地调查和文化思考，坚持走实地调查这条道路，不断把人民群众在实践中创造的新鲜经验升华为理论成果。

“人民是创作的源头活水，只有扎根人民，创作才能获得取之不尽、用之不竭的源

---

① 参见《列宁选集》第3卷，人民出版社1972年版，第26页。

② 费孝通：《文化与文化自觉》，群言出版社2018年版，第12页。

泉。”① 只有一切从中国实际出发，才能从客观层面上掌握事物的内部联系并清晰地探寻出矛盾的根源，从而以高质量的哲学社会科学研究准确地阐释并解决人民群众的实际问题。马克思提出：“人的思维是否具有客观的真理性，这不是一个理论的问题，而是一个实践的问题。人应该在实践中证明自己思维的真理性，即自己思维的现实性和力量，自己思维的此岸性。”② 在改造世界的过程中，人们将精神的力量转化为物质的力量，高质量的调查研究可以起到至关重要的作用。

调查研究是哲学社会科学发展的源动力之一，书斋中不能发展哲学社会科学理论，我们的认识以实践始以实践终。“认识世界，不是一件容易的事。马克思、恩格斯努力终生，作了许多调查研究的工作，才完成了科学的共产主义。”③ 在中国革命实践过程中，毛泽东十分注重调查研究。毛泽东通过走访调查宁冈、兴国等地，在《反对本本主义》一文中提出了“没有调查就没有发言权”的经典论断，并生动形象地把调查研究比喻为“十月怀胎”，将解决问题比喻为“一朝分娩”。④ 调查研究是解决问题的前提，解决问题则是调查研究的目的。“通过调查研究，情况明了来下决心，决心就大，方法也就对。”⑤ 正是对中国客观实际情况的调查了解和分析研究，准确把握中国革命实践的本质和规律，毛泽东写下了《湖南农民运动考察报告》《星星之火，可以燎原》《井冈山的斗争》《中国的红色政权为什么能够存在》等鸿篇巨著。

问题是时代的声音，问题就是时代的口号。每个时代都有每个时代的问题，哲学社会科学不同的学科领域也会存在不同的难题。习近平总书记提出：“调查研究是谋事之基、成事之道。没有调查，就没有发言权，更没有决策权。”⑥ 任何事物都是处在不断的运动发展之中，新东西也是层出不穷。掌握最鲜活的情况，获得翔实的第一手资料，才能做到胸中有数、心中有方。“哲学社会科学包括文化文艺不接地气不行，要解释现实的社会问题，开什么处方治什么病，首先要把是什么病搞清楚。要把好脉，中国身

---

① 《习近平谈治国理政》第 3 卷，第 324 页。

② 《马克思恩格斯选集》第 1 卷，人民出版社 2012 年版，第 134 页。

③ 《毛泽东文集》第 2 卷，人民出版社 1993 年版，第 378 页。

④ 参见《毛泽东选集》第 1 卷，人民出版社 1991 年版，第 109—111 页。

⑤ 《毛泽东文集》第 8 卷，人民出版社 1999 年版，第 235 页。

⑥ 中共中央文献研究室编：《习近平关于全面深化改革论述摘编》，中央文献出版社 2014 年版，第 37—38 页。

体怎么样，如果有病是什么病，用什么药来治，对这心里要透亮透亮的。”① 这一论断为哲学社会科学的调查研究工作指明了正确方向。无论是破解发展难题还是解决群众关切的问题，都需要科学思维、科学素养与科学方法。道不虚谈，学求实效。只有坚持科学的调查精神和意识，运用科学的调查方法，才能真正找到科学的、有效的解决问题的方法。耳闻之不如目见之，目见之不如足践之。习近平总书记指出：“现在通信很发达，通过打打电话、发发微信、看看材料也能了解很多情况，但毕竟隔了一层，没有现场看、当面听、直接问和‘七嘴八舌式’的讨论来得真实鲜活。”② 当今时代信息网络化的特点，海量信息触手可及，但也无形中筑起人与人之间理解“信息壁垒”，织起了沟通的“信息茧房”。所以，调查研究要将问卷调查、统计调查、网络调查等结合起来，过去常用的“蹲点调研”“解剖麻雀”的方法，打破定势思维，提高对客观世界的全面认知。

二、高远的理想追求与深沉的家国情怀

进入新的历史发展阶段，整个社会生活发生了深刻变化，这对哲学社会科学提出了新要求。恩格斯指出：“一个民族要想站在科学的最高峰，就一刻也不能没有理论思维。”③ 哲学社会科学研究是一项严格的科学事业，要着力打造中国特色学科体系、学术体系、话语体系，重在提出具有主体性、原创性的理论观点。

学术研究的主体性与原创性问题有两个维度，即“共时性同类比较”和“历时性纵深推进”。“共时性同类比较”意在与对方的优势学科比肩，构筑传承有序的学术体系，凸显研究主体的话语力量。如陈康在译注《柏拉图巴曼尼得斯篇》后所言：“现在或将来如若这个编译会里的产品也能使欧美的专门学者以不通中文为恨（这决非原则上不可能的事，成否只在人为！），甚至因此欲学习中文，那时中国人在学术方面的能力始真正昭著于全世界。”④

“历时性纵深推进”是在比肩“共时性”之时，重新梳理学术脉络的义理，构建新

① 习近平：《论党的宣传思想工作》，中央文献出版社 2020 年版，第 368 页。

② 《习近平谈治国理政》第 4 卷，外文出版社 2022 年版，第 526 页。

③ ［德］恩格斯：《自然辩证法》，《马克思恩格斯文集》第 3 卷，人民出版社 2009 年版，第 437 页。

④ 参见陈康：《陈康：论希腊哲学》，汪子嵩、王太庆编，商务印书馆 2017 年版，第 xii 页。

的思想平台，统摄学术体系内的基本问题，实现范式转换式的推进。兼具普遍性与民族性的哲学社会科学学科体系、学术体系、话语体系不仅体现了自己的特色和优势，而且其独创性与引领性展现为新平台、新阐释、新话语。要实现“历时性纵深推进”，把学问做到群众心坎里，需要树立高远的理想追求和深沉的家国情怀。如孙正聿所说，哲学社会科学研究需要有使命意识和自觉意识，不只是具有书斋里的“学术”本身的意义，而且关乎民族的命运和国家的兴衰。哲学社会科学工作者要有为祖国和人民做大学问、做真学问的担当意识，坚持问题导向的主体意识，提炼出有学理性的新理论的原创意识。①

习近平总书记指出：“在解读中国实践、构建中国理论上，我们应该最有发言权，但实际上我国哲学社会科学在国际上的声音还比较小，还处于有理说不出、说了传不开的境地。要善于提炼标识性概念，打造易于为国际社会所理解和接受的新概念、新范畴、新表述，引导国际学术界展开研究和讨论。”② 像“中国梦”“一带一路”“共同价值”“人类命运共同体”“合作共赢为核心的新型国际关系”等标识性概念，包含了一整套既具有中国鲜明特色、又具有普遍指导意义的新概念新话语新表述，起到了指明前进方向、凝聚全国力量的重大作用，同时又在国际上引起广泛的关注和共鸣，成为国际话语场的核心议题和基本共识。

“穷则独善其身，达则兼善天下。”这是中国读书人始终崇尚的品德和胸怀。立足新时代新征程，中国学者的奋斗目标和前行方向归根结底就是共享与国家与时代一起成长的机会。读万卷书，行万里路，用脚步丈量祖国大地，用眼睛发现中国精神，用耳朵倾听人民呼声，用内心感应时代脉搏。

当前，提炼不出标识性概念的原因还是部分学者拘泥于书斋的方寸之间，闭门造车写论文、螺蛳壳里做道场，阅读有字之书的同时忽视了社会实践这本无字大书。一些似是而非的“洋概念”“伪概念”，不接地气，难以引起共鸣，看似高深莫测，实则空无一物。九层之台，起于累土；千里之行，始于足下。一个学科的标识性概念以其特

---

① 参见孙正聿：《建设具有主体性原创性的中国哲学社会科学》，《光明日报》2021年6月16日，第6版。

② 习近平：《在哲学社会科学工作座谈会上的讲话》，第24页。

有的概念、范畴和表述方式，润物细无声般地融入整个哲学社会科学的发展之中。标识性概念是理论建构、话语表达以及思想传播的核心要素。善于提炼标识性概念，则是回答好中国之问、世界之问、人民之问、时代之问的需要，是构建中国自主知识体系的题中之义。

中国学者积极主动打造易于为国际学术界所理解、接受和认可的新概念新范畴新表述，善于接着讲和照着讲，善于用中国理论解读活泼泼的中国实践，善于提炼标识性概念与主动设置重大议题相结合，引导国际学术界展开研究和讨论，勇于参与世界范围的百家争鸣，为中国特色哲学社会科学日益走进世界学术舞台的中央作出贡献。

三、从“理”字深入研究“双创”与“两个结合”

习近平总书记给《文史哲》编辑部全体编辑人员的回信中指出：“增强做中国人的骨气和底气，让世界更好认识中国、了解中国，需要深入理解中华文明，从历史和现实、理论和实践相结合的角度深入阐释如何更好坚持中国道路、弘扬中国精神、凝聚中国力量。回答好这一重大课题，需要广大哲学社会科学工作者共同努力，在新的时代条件下推动中华优秀传统文化创造性转化、创新性发展。”① 总书记的回信是对全国哲学社会科学界的巨大鼓舞和鞭策。推动中华优秀传统文化创造性转化与创新性发展，这是时代的要求和呼唤。

哲学社会科学工作者首先要深入理解和阐释中华文明。理解和阐释中华文明，立足大历史观，深入发掘中国元素、中国气派、中国精神、中国风格，增强做中国人的骨气和底气。中华优秀传统文化是我们民族的“根”和“魂”。不忘本来才能开辟未来，善于古为今用才能推陈出新，赋予中华优秀传统文化以新的时代内涵，使之成为我们的精神追求和行为准则。“讲清楚中华文化积淀着中华民族最深沉的精神追求，是中华民族生生不息、发展壮大的丰厚滋养；讲清楚中华优秀传统文化是中华民族的突出优势，是我们最深厚的文化软实力；讲清楚每个国家和民族的历史传统、文化积淀、基本国情不同，其发展道路必然有自己的特色；讲清楚中国特色社会主义植根于中华

① 《习近平给〈文史哲〉编辑部全体编辑人员回信》，《人民日报》2021 年 5 月 11 日。

文化沃土、反映中国人民意愿、适应中国和时代发展进步要求，有着深厚历史渊源和广泛现实基础。”① 其次，注重从“理”字下功夫，深化对中华优秀传统文化的学理层面研究，从理论需求端把握新时代的新需求，用心揣摩中华优秀传统文化介入新时代社会生活的可行路径。道不虚谈，学求实效。中华优秀传统文化曾经在中国历史上对社会的进步发展发挥了巨大作用，是中国人民思想观念、风俗习惯、生活方式与情感样式的集中表达。只有在浓浓的烟火气中，中华优秀传统文化才能保持传承不息的活力与动力。把主观认识同客观实际结合起来，通过创造性转化、创新性发展，用新作品新业态新动能对优秀传统文化进行创造性演绎，使其融合与创新的思路和路径符合科学精神、符合客观规律。“中国优秀传统文化的丰富哲学思想、人文精神、教化思想、道德理念等，可以为人们认识和改造世界提供有益启迪，可以为治国理政提供有益启示，也可以为道德建设提供有益启发。”②

基于以上两点，弘扬具有当代价值的中华优秀传统文化，传播当代中国思想创新成果，尤其要放到新时代精神大背景下去理解和阐释。求木之长者，必固其根本；欲流之远者，必浚其泉源。真正的理论必须能够把握它的时代，提出自己的时代性课题。这一时代精神凝结为马克思主义基本原理同中国具体实际相结合、同中华优秀传统文化相结合。“两个结合”以中国实践为根基，对传统文化去粗取精、去伪存真，使其思想内涵发生根本性的转变和升华。“当代中国是历史中国的延续和发展。新时代坚持和发展中国特色社会主义，更加需要系统研究中国历史和文化，更加需要深刻把握人类发展历史规律，在对历史的深入思考中汲取智慧、走向未来。”③ 近年以来，人类命运共同体、人民至上、小康社会与美好生活、新发展理念等一批根本理念产生于伟大的中国式现代化实践，这些新概括为人类文明新形态的构建提出了新的哲学理念，是马克思主义理论在中国的创新性发展。中国人民在长期生产生活中形成的宇宙观、天下观、社会观与道德观，同科学社会主义价值观具有高度契合性。马克思主义激活了源远流长的中华文明，使得中华文明再次焕发出蓬勃的生机与活力。中华优秀传统文化也使

① 《习近平新时代中国特色社会主义思想的世界观和方法论专题摘编》，党建读物出版社、中央文献出版社 2023 年版，第 47 页。

② 《习近平外交演讲集》第 1 卷，中央文献出版社 2022 年版，第 189 页。

③ 《习近平书信选集》第 1 卷，中央文献出版社 2022 年版，第 211 页。

得马克思主义获得丰富的文化滋养。可以说，“两个结合”做得越好，理论创新之源就越丰富，理论创新之力就越强劲，具有引领性的思想力量就越掷地有声。

“当今时代，中华文明所展现出来的强大生命力就在于广泛借鉴吸收人类先进文明成果。”“中国共产党创造的人类文明新形态，是从5000多年的中华文明中走来的，是从人类文明交流互鉴中走来的，更是从马克思主义基本原理同中国具体实际、同中华优秀传统文化的结合中走来的，因而是拥有丰富时代内涵和强大生命力的人类文明新形态。”① 中华文明积聚了无数先人的实践智慧和宝贵经验，凝结着深厚的文化底蕴，在“交融互鉴”与“求同存异”中反思自身文明与异域文明，应对人类每次重大的历史转折。在五千多年中华文明史的深厚土壤之上，我们需要立足当代实践，以体用一如、综合融通、古今贯通、守正创新的态度，面对中华民族伟大复兴的战略全局和世界百年未有之大变局，亟须创发出凝聚中华文明价值和中华民族力量，回应人类共同命运的中国特色哲学体系。② 中国特色哲学体系的现代化内嵌在中国式现代化新道路之中，中国理论的民族性与时代性重在铸牢中华民族共同体意识，弘扬全人类共同价值。

第二节 新时代协同创新视域下的高质量科研成果

由于新兴科技和信息技术的发展，自20世纪50年代，尤其是80年代以来，世界经济得到了突飞猛进的发展，形成了世界全球化的大格局，人类历史进入新的重大时期。新一轮科技革命和产业变革突飞猛进，传统学科与新兴学科交叉融合不断发展。科学技术和经济社会发展加速渗透融合，整个科学研究范式发生深刻变革。在这一大背景下，学术研究的创新环境不断发生变化，影响着全球学术生态的演化，这就迫切需要我们用交叉学科的视野加强基础性研究，从源头和底层阐释难题和解决问题。在这个意义上，中国学术研究能否真正走向世界，掌握话语权，与西方学术界进行平等而有尊严的对话，不断高质量地产出创新型成果起着极为关键的作用。中国学术研究有没有中国风格，归根到底要看有没有主体性和原创性。跟在西方学术体系后面亦步

① 高翔：《揭示文明兴衰规律 擘画文明发展路径——全球文明倡议的理论意涵与实践价值》，《当代世界》2023年第4期。

② 参见张志强：《加快构建新时代广泛而统一的中国特色哲学体系》，《哲学研究》2021年第5期。

亦趋，不仅难以形成中国特色的学术体系，而且解决不了我国的实际问题。

高质量的创新型科研成果善于用学术话语关切现实。提高中国文化软实力，扩大中国学术话语的国际影响力与竞争力，必须正视中国学术话语创新过程中存在的主要问题。当代中国学术话语与中国综合国力和国际地位不相称，影响当代中国学术话语创新的主要原因之一，还是不善于用学术话语关切现实，不善于以重大现实问题研究推动基础理论研究。习近平总书记指出："面对新形势新要求，我国哲学社会科学领域还存在一些亟待解决的问题。比如，哲学社会科学发展战略还不十分明确，学科体系、学术体系、话语体系建设水平总体不高，学术原创能力还不强；哲学社会科学训练培养教育体系不健全，学术评价体系不够科学，管理体制和运行机制还不完善；人才队伍总体素质亟待提高，学风方面问题还比较突出，等等。总的看，我国哲学社会科学还处于有数量缺质量、有专家缺大师的状况，作用没有充分发挥出来。"①

如何用中国实践升华中国理论，用中国理论阐释中国实践，还是要坚持问题导向，聚焦新时代新发展阶段重大的理论和现实问题，抓住原创这个关键，推动重大理论、观点和学术思想创新。新时代新使命要求哲学社会科学必须加快创新发展，在探索中前行。比如，构建"学科+"人才培养理念与模式，打造国际性跨学科合作平台，主动地融入全球学术创新网络，在开放合作中提升中国学者的理论创新能力和学术竞争能力。

一、关注前沿学科和交叉学科的动态

当今全球化的进程已成定势，没有任何一个国家能够独自解决其发展过程中遇到的所有问题。因此，这就需要全人类的智慧，需要不同文明之间的对话交流、互补长短。哲学社会科学肩负着认识生活、创造生活的使命。随着新一轮科技革命和产业变革重塑人类社会生活，哲学社会科学认识和阐释生活的方式也应不断与时俱进地更新。一方面，不断革新的生活方式向哲学社会科学提出了新问题，改变着原有的问题域；另一方面，当今学科发展出现综合化的趋势，学科内部的二级学科之间、自然科

① 习近平：《在哲学社会科学工作座谈会上的讲话》，第7页。

学与哲学社会科学之间都在相互渗透影响，世界已经进入组织化程度越来越高的大科学时代。

当代哲学社会科学研究的前沿性与交叉性就体现在对新生活、新问题和新热点的回应。可以说，大科学视野下的学科交叉融合是当前全球科学技术发展的重大特征，推动学科交叉融合和跨学科研究，需要优化学科建设布局，构筑全面均衡发展的高质量学科体系。从新的标识性概念到新的概括性命题，再到体系化的学术话语，新的学科分支和新的知识增长点不断涌现。正是为了适应我国经济社会发展对高层次创新型、复合型、应用型人才的需求，健全新时代高等教育学科专业体系，国务院学位委员会决定在学科专业目录上设置“交叉学科”门类，以增强社会各界对交叉学科的认同度，为交叉学科提供更好的发展通道和平台。①

恩格斯曾经讲过：“社会一旦有技术上的需要，这种需要就会比十所大学更能把科学推向前进。”②这深刻阐明了社会需求和问题导向对推动高质量科学研究的巨大作用。从国家发展战略的高度看，国家创新能力在很大程度上关乎人的创造能力，而人的创造能力和复杂思维能力无一不与思想的革故鼎新相关。当下交叉研究领域有许多亟待解决的重大问题，而随着相关问题研究的深化，也将生发出许多理论生长点。

首先，以哲学与认知科学的交互作用为例。哲学与前沿的认知科学在某种条件下既构成双向挑战的态势，又具有双向推进科学和哲学发展的效应，这种效应为实现哲学与认知科学的交叉融合提供了重要启示，能着力解决引领性创新人才和成果不足的瓶颈问题。基础科学中极富思维挑战的根本性概念难题需要哲学的洞见，生命科学与社会科学的互动研究中也需要认识论和伦理学的参与。在目前自然科学又将迎来大变革的时代，自然科学与哲学的相互启发和深度联盟，有助于人们探索各学科中重大的基础性难题，有助于发展出拥有跨学科特点的新的研究方法，从而有助于为人类的未来将来创造出具有全新境界的科学。③

其次，再以当下最热门的人工智能研究为例。大数据和机器学习的新一代人工智

① 参见梁丹：《“交叉学科”成第 14 个学科门类》，《中国教育报》2021 年 1 月 14 日。

② 《马克思恩格斯全集》第 39 卷，人民出版社 1974 年版，第 253 页。

③ 参见刘晓力：《哲学与认知科学交叉融合的途径》，《中国社会科学》2020 年第 9 期；刘闯、朱科夫：《国际哲学与科学交叉学科研究进展评述》，《中国科学院院刊》2021 年第 1 期。

能技术面临着可解释性差、伦理对齐困难、认知推理能力弱等瓶颈问题。这些问题具有很强的交叉学科特点，因此需要借助不同学科的力量创造性地解决这些难题。例如，我们可以从逻辑学的角度解决其知识的表示和推理问题。与之相应的另一种理论场景又呈现出新特点，许多逻辑学理论和方法在新一代人工智能的背景下忽然“失效”，难以找到用武之地。当下的逻辑学研究面临着缺少实践参与度以及新的理论推动力等难题。从以上两方面看，人工智能的瓶颈问题给逻辑学提出了新的挑战和机遇，对于逻辑学、哲学等相关学科基础理论的发展起到了促进作用；同时，这也进一步要求逻辑学必须与时俱进，不断修正现有的逻辑系统，突破现有逻辑学理论在新一代人工智能应用中的局限性，并为逻辑学研究找到新的增长点。①

进一步说，人工智能与逻辑学相互促进的交叉研究思路也可以对其他方向的交叉研究产生推动作用，尤其是对人工智能底层逻辑的思考。算法、数据、算力是人工智能底层的三个核心要素。其中，算法体现为以哲学、数学、生物学为基础的逻辑认知和系统认知的综合。人工智能研究的推进离不开感知方法和认知方法的结合，如何把基于逻辑的方法与机器学习方法相结合是需要解决的挑战性问题。这类问题的解决有助于正视人类智能和人工智能之间的互补，进而推进不同算法和不同认知类型的融合。②基于此，人工智能研究中的“母语意识”成为一个独特的底层问题被凸显出来。从英语思维的角度来讲，现有主流人工智能技术的编程语言与界面语言，比如 Python、JAVA 和 C/C++ 等，对于英语言说者有明显的友好度。隐蔽在人工智能技术的中立面相背后是英语全球霸权，很可能会随着人工智能技术自身的应用进一步的扩张。这种趋势的最优制衡措施就是激活各个非英语民族自身的文化传统，找到其与合适的人工智能技术刻画方式相结合的方式。汉语中的量词现象，便是一个可以测试上述策略之可行性的具体案例。我们可以形成一种基于汉语自身特征的演化历程与认知隐喻理论的量词刻画方案，并且这种方案也可以通过非公理推演系统而得到算法化的说明。③由此

① 参见廖备水：《论新一代人工智能与逻辑学的交叉研究》，《中国社会科学》2022 年第 3 期。

② 参见肖峰：《人工智能与认识论的哲学互释：从认知分型到演进逻辑》，《中国社会科学》2020 年第 6 期。

③ 参见徐英瑾：《人工智能研究中的“母语意识”刍议——以对于汉语量词的刻画为案例》，《社会科学战线》2018 年第 1 期。

例子可以看出，正是理念的变迁与超拔使得概念框架与话语体系能超凡脱俗，凝炼出基础研究中的关键问题，把握了科技发展趋势和国家战略需求，使得哲学研究和人工智能研究之间的沟通与对话更为有效与便利。可以说，加快发展具有重要现实意义的新兴学科和交叉学科，成为了我国哲学社会科学研究的重要理论突破点。

二、在跨学科视域中构建学术共同体家园

跨学科研究是当代学术发展的一个趋势，也是当下中国社会转型的现实需求。当代社会发展的复杂性决定了任何重大理论问题和实践问题都具有多样性、综合性、整体性，无论是问题的发现、提出还是解决，已非单一学科的内部探究所能胜任，需要多学科力量的融合和支持，包括研究对象的交叉重合、研究方法的相互借鉴、研究成果的彼此渗透汇通，等等。可以说，真正的具有范式创新意义上的高质量跨学科研究，不是简单地把几个不同学科如拼盘一般凑拢在一起，而是追求各个学科聚焦某一共同话题，在思想理念、方法建构和实践路径上进行融合。学科内部结合各自知识结构的具体实际大胆探索、敢为人先、开拓创新，尤其是在前沿和未知领域以问题为导向，寻求有效解决新矛盾新问题的思路和办法。

我们以“发展”这个议题为例，发展是现代社会面临的重大主题，特别是在当今世界范围内遭遇的种种现实困境之时，如何重新理解“发展”的意义，对于评估全球化的未来、维护生态文明、推进现代制度建设、完善以人为本的发展模式，并进而为人类文明的传承与创新提供新的参照，均具有极为重要的意义。尤其对于中国的社会主义现代化事业来说，重新理解“发展”具有重大而深远的理论价值和现实意义。习近平总书记指出：“理念是行动的先导，一定的发展实践都是由一定的发展理念来引领的。发展理念是否对头，从根本上决定着发展成效乃至成败。”① 对于“发展”这样重大的理论与现实问题，单一视角与单一学科的研究无法真正有效地面对现实生存处境与世界图景的变化。

大科学时代哲学社会科学问题的复杂性与交叉性，需要更多学者进行跨学科的集

① 《习近平著作选读》第2卷，人民出版社2023年版，第403页。

体攻关。科研范式的重大转变、高质量发展的迫切需求和国际竞争的日趋激烈，都需要通过推进有组织科研来实现。有组织的科研是构建学术共同体家园的重要表征。不同领域的学者通过学科间的争鸣与合作，建构一个共同的并相互认可的研究框架，努力创造可复制、可推广与可应用的实践经验。

以科学与哲学的联姻为例，哲学学科在近期的新文科建设中取得新动能。时代之现实呼唤反思性的元哲学，探寻现实世界也急需哲学智慧。2020年，中国科学院哲学研究所的设立属于哲学学科建设与发展历程中的重要事件之一。以哲学家和科学家共同关切的重大问题为研究导向，聚焦现代科学的哲学基础和当代科技前沿中的哲学问题，以及与科技发展密切关联的价值、文化和制度问题，搭建科学家与哲学家的协作对话平台。可以说，具备引领性“头脑风暴”创新力的科学家，尤其是在科学革命中发挥关键作用的科学家，往往兼备哲学思维头脑和禀赋。这类科研机构存在的价值和评价标准，不在于承担了多少项国家级课题，发表了多少论文、论著，而在于它聚焦基础问题和组织跨学科的对话交流，参与营建有助于哲人科学家成长的土壤与氛围。①

近年以来，国内哲学界从哲学视角关注科技进步的大方向，从“科技为人”与“科技向善”方面为中国的科技原创能力的提升贡献哲学智慧。可以说，从明智而审慎的角度审视科技的发展，就会较为深刻地感受和认识到智能革命引发的伦理挑战与风险。智能文明是社会与技术高度纠缠的文明，也是深度拷问人类本质特征的文明。科技伦理风险与科技伦理治理能力的欠缺会制约着科技创新的健康发展。为了正确引导科技的发展方向与应用前景，我们必须重新反思人与非生命的智能机器人等新型实体之间的复杂关系，真正辨明人类的道德生存底线，守护人之为人的本质特征，重建富有解释力的概念框架，丰富现有的概念工具。要做到这一点，我们需要把曾经在工业时代位于边缘的哲学社会科学，置于智能文明时代的中心。② 对科技的全面理解和阐释需要来自不同专业的协同努力，更具启发性的学术图景和理论动能更是要来自不同学科的视角整合。通过高质量地反思前沿科技的伦理基础，前瞻地探问未来社会面临的

① 参见朱菁:《哲学能够成为科技创新的“助产士”吗?》,《中国科学院院刊》2021年第1期。

② 参见成素梅:《智能革命引发的伦理挑战与风险》,《道德与文明》2022年第5期;《智能社会的变革与展望》,《上海交通大学学报》2020年第4期。

问题并求索解决方案，以此带动整个哲学社会科学学术共同体的构建。类似北京大学哲学与人类未来研究中心、中国科协—复旦大学科技伦理与人类未来研究院与浙江大学脑机智能实验室等一批从国家宏观战略需求出发建立的新型科研机构，遵从学术自身的发展规律，应对当代科学技术引发的挑战。这些机构通过创建科学家与哲学社会科学家的联盟，加强哲学社会科学与自然科学的对话，推进跨学科的研究与教学，从哲学社会科学角度助力为未来的科学革命寻求更为坚实、更富活力的概念根基，促进科技向善、思想发展和文明进步。

第三节　创新型国家方位下的学术创新

加快建设创新型国家，解决人民日益增长的美好生活需要和创新理论供给的不平衡不充分之间的矛盾，是我国在全球新一轮科技革命和产业革命的机遇与挑战。党的二十大报告提出，必须坚持“创新是第一动力”，“坚持创新在我国现代化建设全局中的核心地位”，“坚持面向世界科技前沿、面向经济主战场、面向国家重大需求、面向人民生命健康，加快实现高水平科技自立自强”，“加强基础研究，突出原创，鼓励自由探索”。①

在百年未有的大变局中，创新型国家方位下的新时代的学术创新，需要心系国之大者，聚焦新时代的世界级难题，我们才能产生思想穿透力的世界级作者，孕育世界级的文章和作品，搭建世界级的媒体平台。这体现为三个表征：回应重大时代问题的思想实验室、作为学术创新思想阵地的哲学社会科学期刊、彰显中国力量的中国理论。新时代的学术理论创新从理论与实践两个方面说服人；全面发挥国家队的引领和示范作用，挖掘新材料新方法，全面加强新时代国内外哲学社会科学发展态势研究；在全面准确把握中华优秀传统文化基础上，向世界展现新时代的思想中国。

习近平总书记强调：“中华民族创造了具有五千多年悠久历史的辉煌文明，中国人民在中国共产党领导下创造了建设社会主义的辉煌成就，我们应该在这个基础上继续创造。我们自己不足、不好的东西，要努力改革。外国有益、好的东西，我们要虚心

① 《习近平著作选读》第1卷，人民出版社2023年版，第28—29页。

学习。但是，不能全盘照搬外国，更不能接受外国不好的东西；不能妄自菲薄，不能数典忘祖。”① 当今世界经济全球化、政治多极化波诡云谲、风云际会。国家领土主权问题、能源与粮食安全问题、科技人才问题，环境和气候变化问题、意识形态渗透和文化霸权问题等，都涉及哲学社会科学众多学科以及自然科学许多门类，需要充分发挥国家作为重大基础研究与创新的组织者作用，进行大纵深地研究和跨学科的合作研究。哲学社会科学尤其要强化基础研究的前瞻性、战略性与系统性布局。基础研究处于从研究到应用的知识生产链条的起始端，特别注重从学者个人到学科整体的原始创新能力，坚持目标导向和自由探索“两条腿走路”，建构中国自主的知识体系，努力实现更多“从 0 到 1”的突破。

一、思想实验室与知识形态变迁

面对科技革命和时代变革的最新发展趋势，世界主要国家都在寻找理论与实践创新的突破口，抢占未来经济、科技与社会发展的先机。习近平总书记指出：“我国同发达国家的科技经济实力差距主要体现在创新能力上。提高创新能力，必须夯实自主创新的物质技术基础，加快建设以国家实验室为引领的创新基础平台。国家实验室已成为主要发达国家抢占科技创新制高点的重要载体，诸如美国阿贡、洛斯阿拉莫斯、劳伦斯伯克利等国家实验室和德国亥姆霍兹研究中心等，均是围绕国家使命，依靠跨学科、大协作和高强度支持开展协同创新的研究基地。”② 实施创新驱动发展战略，根本在于提高科学思维能力，善于把握事物发展的总体趋势和方向，善于运用历史的眼光知古鉴今、因时制宜，善于在辩证统一中破除迷信、超越常规、增强自主创新能力。

明者因时而变，知者随事而制。智能时代的科研样态与写作模式不断在变化中重塑自身。在未来二三十年，学术研究如何发展？比如，到 2050 年，学术研究将呈现出何种形态？人在智能时代的思考与书写肯定非常不一样。从研究的方式来说，学科教育与研究当下越来越专业化，也有碎片化的趋势。学术生产也需要科研版的供给侧改革，顶尖学者与普通学者平行化和日常化，同质产品过剩。当代学术机制训练了一批

① 习近平：《论中国共产党历史》，中央文献出版社 2021 年版，第 89 页。

② 《习近平关于科技创新论述摘编》，中央文献出版社 2016 年版，第 50—51 页。

精致的工匠型研究人员。从学科建设和发展来看，系统严格的训练、长期的积累是必要的，但如果只有这些，是否足够了？学者的工作模式是选择一种概念式的、历史性的文本梳理（即一种容易的方式），乐于当一位“学术啃老族”，还是在多元的、跨文化视域中采取创造性的阐释（一种难的方式），这成为了以学术为职业和志业的学者所面临的选择。同时，我们也需要客观地说，从“知识之树”看学科的功能定位与分工。也许只有少部分比较有天赋之人从事理论创新，进行元理论层面的范式转换；一部分从事学术史研究，经典阅读与通识教育；一部分从事实践类研究，调研并提炼问题，比如产学研结合紧密的跨学科门类。

基于上述若干疑问，我们从知识形态变迁切入去理解。人类知识形态经历了从经验形态到分科的原理形态知识，再从原理形态发展到在信息技术平台上形成的差异化的知识。一个民族和国家走在世界历史的前列的重要标志之一，就是这个民族和国家在知识生产上处于领先地位。在知识形态发展的最新趋势下，知识经济是我们实现高质量的跨越式发展机遇。信息时代的创新和知识生产很大程度上是算法厚度和市场规模的双重竞争。这体现在于现象级海量用户数据的涌入和基于原始数据积累的算法更新速度。现阶段中国的核心优势就是高质量的规模优势。看清楚知识形态演进的历史逻辑，我们才能认识到自身的有利条件，坚定走向世界创新国家前列的信心。①

可以说，难题是思想对话的阶梯，思想实验室与锦标赛机制并存。哲学社会科学研究的难点和抓手在于如何“两个积极”：积极组织开展前瞻性、针对性、储备性研究。积极引导研究人员关注“国之大者”，超越“置四海之困穷不言，而终日讲危微精一之说”的独白式研究。从而更加自觉地围绕具有引领时代变革、社会发展和文明进步意义的重大问题开展深入研究。② 学术史证明，提炼学术难题是一项伟大的事情，也是一件冒险的事情。哲学社会科学理论创新从一个个学术难题开始，理论创新的过程就是发现难题、研究难题和解决难题的过程。千淘万漉虽辛苦，吹尽狂沙始到金。难题的提出和解答，不仅可以激励中国学者的探索兴趣，而且可以让公众了解当今世界发展的态势。我们不仅需要回答“是什么”“为什么”，而且还需要回答“怎么办”。这

① 参见韩震：《知识形态演进的历史逻辑》，《中国社会科学》2021 年第 6 期。

② 参见高翔：《按照习近平总书记和党中央要求办好中国社会科学院》，《党建》2023 年第 5 期。

种命题、破题和解题的过程，孕育着“世界眼光、人类情怀、中国视角”，推动当代中国的学术体系建设与发展。

习近平总书记在中国人民大学考察强调：“加快构建中国特色哲学社会科学，归根结底是建构中国自主的知识体系。”这一新论断为新时代哲学社会科学繁荣发展提供了重要指引。哲学社会科学工作者“要努力推进以习近平新时代中国特色社会主义思想为根本遵循的理论学术创新，更加自觉地运用贯穿其中的立场观点方法，开展学术研究、推动学科体系建设，使理论学术创新有方向、有原则、有规矩。坚持百花齐放、百家争鸣，鼓励学者大胆探索，支持和保护学派的形成和发展，支持不同学术观点、学术流派间的切磋砥砺，支持说理充分的批评和相互批评”①。理论只有彻底，才能说服人。理论的力量来源于思想的原创性和深刻性、逻辑的贯通性和自洽性，来源于对实践之问的解剖力、把握力和解决力，对时代变革、文明进步和学术发展的引领力和塑造力。②

二、作为学术创新思想阵地的哲学社会科学期刊

新时代的哲学社会科学期刊是反映时代精神、中国经验和学术主张的思想阵地，引领和推动当代中国学术的繁荣发展的创新平台。在人类现当代学术体系中，哲学社会科学期刊的发展水平，表征着一个时代的文明水平与智性成就，表征着一个时代的价值观念与精神标识，表征着一个时代的风土与人情。哲学社会科学期刊作为学术事业的重要组成部分和学术进展的重要坐标之一，通过集中刊发高质量的优秀学术理论成果，引领研究路径，拓宽思想领域，塑造优良学风，推动新人成长，在学术创新体系中发挥着不可替代的重要作用。哲学社会科学期刊所凝结的思考和智慧，展示了我们对人类社会历史发展规律的探索轨迹，是一本打开了的人类文明史的大书。

新时代的哲学社会科学期刊以重大理论和现实问题为主攻方向，通过发掘、培育和推出有深度有价值的学术成果、有锐度有意义的学术讨论，引领和推动学术研究在新时代走向未来。这具体呈现为创建世界级名刊、挖掘世界级作者、培育世界级文章、

① 参见高翔：《按照习近平总书记和党中央要求办好中国社会科学院》，《党建》2023年第5期。

② 参见方军：《发展无愧于新时代的中国理论》，《中国社会科学报》2022年1月10日。

解决世界性难题四位一体。通过促进选题策划和学术创新的领悟力和执行力，让富有中国特色的话语表达成为国内外熟知的思想议题。

新时代的哲学社会科学期刊体现着不同时代学人的精神追求以及对时代问题的关切，从中国学术的旁观者转变为主动参与者，肩负着引领学术未来的使命，为中国学术“走出去”出一份力而努力。整体而言，哲学社会科学期刊的选题要关注学科内部的基础性问题和命题，对学科的理论基础和知识体系进行高质量反思。重点处理话语体系建设与学科发展、理论本土化与理论创新之间的关系。议题的统筹与设置体现为理论性、公共性、大众化的三结合。理论性重在关注本学科内部比较精致的、有见识的研究；研究议题的公共性重在人文社科领域产生共鸣，尤其是引起讨论与争鸣；大众化并不单指面向普罗大众，从相对狭义的角度说，也是让哲学社会科学、自然科学的学者有所借鉴。

同时，为学正如撑上水船，一篙不可放缓。我们也需要正确辨析培育高质量论文、挖掘高质量作者的困难。

困难一，部分学者和编辑仍然不太善于概括和提炼“好的学术命题”，容易停留在“学术舒适区”内。所谓科学地提出高质量的具有重大意义的真问题，即能够真切而深刻地代表时代声音，引领时代变革、社会发展、文明进步和理论创新的问题。坚持以繁荣中国学术、发展中国理论、传播中国思想为宗旨。注重以中国理论解读中国实践，以中国实践为根基构建中国理论。从当代中国的伟大社会变革出发，挖掘新材料、发现新问题、提出新观点、构建新理论，推出具有主体性、原创性和思想穿透力的标志性理论成果。①

困难二，学术共同体内，作者、编辑与刊物之间的定位问题需要重新思考。哲学社会科学期刊等出版机构属于学术成果孵化器，如果发挥不了培育功能，就只是一个论文发表市场。哲学社会科学期刊的专业编辑，其主体性作用的发挥至关重要。没有学术编辑主体性作用的发挥，期刊的学理性与创新性是很难实现的。编辑工作早已进入了策划时代，编辑对文稿的有效驾驭和把握的过程，正是凸显编辑主体和编辑价值

① 参见方军：《理论是问题之树盛开的花朵——〈中国社会科学〉2021年重点选题构想》，《中国社会科学》2021年第1期。

的过程。

学术的争鸣与对话永远始于问题而终于问题。当代社会发展的错综复杂性，决定了任何重大的问题都具有高度综合性和整体性，因此，学术论文的写作不仅是个理论问题，而且是个实践问题。写作背后蕴含着哲学社会科学理论如何创新的难题，其实质是人与人之间如何对话、形成共识并一同追求美好生活的过程。研究者与读者处于说与听、教与学的张力之中，孕育着批判性思维，形成视域融合。哲学社会科学报刊网等媒介作为学术科研成果的发布平台，编辑、作者与读者之间始终处于互动之中，都是学术共同体的一员。编辑是当代学术生态中的重要一环，扮演着学术生产机制中的产品经理角色，深度介入哲学社会科学理论创新，担负着议题挖掘、成果培育、学术思想的传播与对话等职能。如此，当下知识生产的态势与哲学社会科学理论创新的图景就以期刊与编辑的视角呈现出来。

理论创新的正确打开方式是守正创新与实事求是。习近平总书记给《文史哲》编辑部全体编辑人员回信为我国学术期刊如何办成高品质学术期刊指明了方向。高品质学术期刊肩负起新时代哲学社会科学工作者的新使命：为建成更多世界一流期刊，用高品质学术期刊推动优秀学术人才建设，让高品质学术期刊成为优秀学术人才的孵化器。礼乐百年而后兴，百年士气需涵养。学风浮躁是难以产出真正具有划时代意义的学术精品。培育浩然之气、倡导正直之风，弘扬严谨治学，是一项长期的艰苦的事业。习近平总书记指出："'天以新为运，人以新为生。'我们要实事求是分析变和不变，与时俱进审视我们的理论，该坚持的坚持，该调整的调整，该创新的创新，决不能守株待兔、刻舟求剑。"① 随着全球化浪潮以及信息革命、移动互联网技术的迅猛发展，全球范围内不同文明间的交流互鉴已成为不可逆转的时代潮流。在这种情况下，哲学社会科学期刊面临着比以往任何历史时期都更加广阔的、世界性的发展空间，任重而道远。

三、用中国理论彰显中国力量

世界各国的发展道路是各国人民自主的选择。世界上没有放之四海而皆准的发展

① 《习近平新时代中国特色社会主义思想的世界观和方法论专题摘编》，第 97 页。

模式，也没有一成不变的发展路径。“中华民族是具有非凡创造力的民族，我们创造了伟大的中华文明，我们也能够继续拓展和走好适合中国国情的发展道路。”①中国实践是极其独特和深刻的，对于发展中国理论具有本源性意义。因此，哲学社会科学研究成果的学术价值和实践意义应该是内在统一的。哲学社会科学的进步与繁荣以是否满足以及在多大程度上满足不断发展的社会实践的需要为标准，并最终要由中国实践来检验其正确与否、价值大小。②

由于不同国家、民族、地区的语言、文化等都有其独特的差异性，人类创造的各种文明具有各自鲜明的特质，所以，哲学社会科学与自然科学领域的学术评价标准明显不同，不存在一个单一的、可以直接量化的评价标准。在 19 世纪末 20 世纪初，德国哲学界的新康德主义西南学派就重点了强调人文科学与自然科学的不同，突出人文科学的价值尺度与功能。而 20 世纪 20 年代，发生在中国思想界的“科玄之争”的论战，其实质就是如何正确认识和处理中西方文化关系，尤其是西方科学思维冲击下中国传统文化如何守护的问题。

我们可以看到，在这种普遍存在的民族性、地区性的文化差异中，只有植根本土文化，从本民族的伟大实践中总结、提炼学术的发展方向和鲜活主题，才能展现学术界的责任和担当。所以，立足本土文化与本国实际才是哲学社会科学研究的根本所在。本土文化不可能也不允许以“全球化”的名义削弱。然而，当下学术界的现状是，在西方主流学术界掌控话语权与评价权的背景下，中国学术在与国际学界对话时，一些学者不自觉地依附西方的思想，陷入西方理论的藩篱，脱离了本民族文化的活水源头，缺少学术自信，难以获得独立、平等的学术尊严。这种情况阻碍了中国学术的良性发展，导致中国理论在国际化的进程中，学术公信力与影响力仍偏弱。

尤其是近年以来，从虚无主义的思想起源和脉络表征来看，修昔底德陷阱、亨廷顿的文明冲突论、福山的历史终结论等，都不只归属于某个具体学科，而有文化战略理论的意味。可以说，西方思想界不断预设大量的理论阵地，试图修葺理论的护城河。面对这一挑战，不断有中国学者坚持彰显中国理论的力量，拆解这些西方理论陷阱，把西

① 习近平：《论坚持人民当家作主》，中央文献出版社 2021 年版，第 21 页。
② 参见方军：《发展无愧于新时代的中国理论》，《中国社会科学报》2022 年 1 月 10 日。

方理论的来龙去脉讲清楚。比如，以近几年来的学术热词“修昔底德陷阱”为例。追根寻源，它原本是1980年美国小说家赫尔曼·沃克用来警告美苏之间“冷战”的，苏联解体后，该词变“冷”。然而，在2015年前后，哈佛大学教授艾利森又重新赋义该词，并且用来比附中美关系，再经一批政界名人、研究机构和媒体的推荐，使之成了全球政界和学界热议的话题。艾利森把古希腊史中的雅典与斯巴达的关系说成是“崛起国”与“守成国”的关系，这不仅与历史不符，也是他托名修昔底德为中国量身定制的理论“圈套”。这个套路就是古今中外历史上经常出现的“托名”“伪造”。因此，所谓的“修昔底德陷阱”，其实是托名修昔底德的“伪修昔底德陷阱”。而如何避免跌落“陷阱”，就转化为如何避免掉进艾利森的“圈套”。出路在于全面准确地认识世界、认识美国、认识中国，走出伪“陷阱”的阴影，形成正确认识和处理中美关系的理论。[①] 所以，本质上，我们还是要坚持“四个自信”，打破西方中心论的桎梏、厘清历史终结论的缺陷、辨析文明冲突论的狭隘。“我们积极学习借鉴人类文明的一切有益成果，欢迎一切有益的建议和善意的批评，但我们绝不接受‘教师爷’般颐指气使的说教！”[②] 加快构建中国特色哲学社会科学，有利于我们从学理上立住脚跟，有理有据地批判西方错误思潮，有力化解西方价值观对我国的长期冲击与流俗误导。哲学社会科学工作者要做到方向明、主义真、学问高、德行正，自觉以回答中国之问、世界之问、人民之问、时代之问为学术己任，以彰显中国之路、中国之治、中国之理为思想追求。要发挥哲学社会科学在融通中外文化、增进文明交流中的独特作用，传播中国声音、中国理论、中国思想，让世界更好读懂中国，为推动构建人类命运共同体作出积极贡献。

第四节　结语

反观20世纪80年代以来的全球化进程，世界历史进入一个新的发展阶段。世界在日新月异的科技创新中，越来越“小”，全球化趋势把世界各地紧密地联系在一起，科技革命以前所未有的深度和广度，把世界推进到数字经济时代。新形式、新阶段、

① 参见陈村富：《古希腊有过“修昔底德陷阱”吗？——艾利森教授造假背后之“圈套”》，《南国学术》2020年第3期。

② 参见《习近平谈治国理政》第4卷，第11页。

新变化、新特征成为当今世界发展的最大特征。习近平总书记旗帜鲜明地指出：“新时代的文化文艺工作者、哲学社会科学工作者明大德、立大德，就要有信仰、有情怀、有担当，树立高远的理想追求和深沉的家国情怀，把个人的艺术追求、学术理想同国家前途、民族命运紧紧结合在一起，同人民福祉紧紧结合在一起，努力做对国家、对民族、对人民有贡献的艺术家和学问家。”①

当前，世界之变、时代之变、历史之变正以前所未有的方式展开。因此，新时代的学术创新与哲学社会科学“三大体系”建设，更加需要坚定历史自信、文化自信，守住为人民服务的初心，引领广大哲学社会科学工作者深入生活、扎根人民，从中汲取智慧与营养，学会用群众视角和质朴语言进行创作，增强人民精神力量。周虽旧邦，其命维新。哲学社会科学学术创新思想不断体系化，学术生产与组织方式不断融媒体化与智能化；学术产品的高质量供给不断满足人民群众多样化与个性化需求，同时这种需求又不断催生学术供给结构的新变化，从而实现人民对美好生活的新期待，促进人的全面发展。

推动新时代高质量的学术创新，就是要立足新发展阶段，全面贯彻“两个结合”，不断赋予哲学社会科学理论鲜明的中国特色，不断推动中华优秀传统文化的创造性转化、创新性发展，构建中国式现代化的学术理论体系。这对于哲学社会科学“三大体系”建设，对于增进不同历史、不同文化、不同制度体系间的理解与合作，对于促进不同文明交流互鉴和推动人类社会的现代化进程具有重要意义。中华文明是世界上唯一没有中断并发展至今的伟大文明，积蓄了厚重的历史底蕴。中华民族伟大复兴进入了不可逆转的历史进程，中国正在以稳健的步伐走向世界，中国哲学社会科学也一定能乘势而上，在时代大潮中逐梦扬帆，直济沧海。在这一波澜壮阔的历史过程中，中国哲学社会科学工作者将永葆梦想，不懈努力，为深化世界学术发展、传承中华文明薪火、推动世界历史进程，作出自己的贡献。

（作者：莫斌）

① 《习近平谈治国理政》第3卷，第325—326页。

第三章　汉语言哲学和中国哲学话语创建

第一节　中国哲学话语创建：当代问题

世界风云变幻，呈现出高度的不确定。然则，天地氤氲，万物化醇，人类文明的新形态正孕育其间。中国日益走近世界舞台中央，积极参与人类文明形态的重塑进程。这些构成了当代不容忽视的图景。

然则，何谓当代？当代不仅是一个时间概念，更是标识一种有别于古代及现代的时代精神气质。至于精神气质上的当代究竟为何，以及对它“究竟为何”的追问本身是否合法，则是有待深思的难题。① 古希腊的 philosophy 起于惊异，而中国先秦的哲学始于忧患。居今之世，当代中国哲学将以何种情调重新发端，以何种姿态登上历史与世界的舞台？② 思想离不开语言，理论离不开话语体系。创建既有中国气象又有世界影响的哲学话语，已是“当代”中国哲学面临的时代大问题。

---

① 何为当代？丹托（Arthur C. Danto）关于当代艺术的论述或许有启发意义。丹托明确认为，现代不只是时间的概念，当代也不只是时间的概念。“正如‘现代’不只是时间的概念，指的是‘最晚近的’，‘当代’也不仅是时间的概念，意指此时此刻正在发生的事件。”“就像所谓‘现代’艺术不只是最近的艺术，而是某种风格和甚至某个时期的指称，同理，‘当代’的意含也不只是当下正在发生的艺术。”（［美］亚瑟·丹托：《在艺术终结之后：当代艺术与历史藩篱》，林雅琪、郑惠雯译，麦田出版社 2010 年版，第 36 页）“这个时期根本就不可能出现大一统的叙述系统来主导艺术的创作发展。这就是我为什么宁可将‘当代艺术’称为后历史艺术（post-historical art）的原因。”（同上书，第 39 页）他认为，20 世纪 70 年代之后，“艺术终于可以卸下肩头的重担，交棒给哲学家。而解脱了历史负担的艺术家们，可以自由自在地依自己喜好的方式、为自己想要的目的来创作艺术，甚至漫无目的地创作也无所谓。这就是当代艺术的标记，和现代主义截然不同，其中不存在所谓‘当代风格’的东西”（同上书，第 43 页）。按此理解，当代性在于它的无定性。

② 海德格尔在《哲学论稿》中探讨了哲学的“另一开端”，即当代哲学能否始于既惊恐（das Erschrenken）又畏惧（die Scheu）的抑制（die Verhaltenheit）。抑制者，知止是也。止者，止于道。叶适有言：“人以止为本，道必止而后行。”（叶适：《时斋记》，《水心文集》卷 9，《叶适集》，刘公纯、王孝鱼、李哲夫点校，中华书局 2010 年第 2 版，第 156 页）

我们可以从三个不同的层面谈论“中国哲学话语创建”：其一，中国哲学话语很重要，我们需要创建之；其二，中国哲学话语的创建方法；其三，创建中国哲学话语的具体实践。哲学话语创建是当前中国形势与世界形势对中国哲学提出的迫切希望。在此背景之下，近几年来学界关于中国哲学话语创建已经有了不少思考和探索。但是，正如专家所指出：“应当说，目前对这一课题的研究还是初步的，大量论著主要是阐发构建中国特色哲学社会科学的理论意义和实践需求。”① 大略言之，就中国哲学话语创建而言，目前学界主要还致力于论证：我们应该创建中国哲学话语。然而，当我们对应该创建中国哲学话语达成共识之后，就需要探索更为实质性的问题：我们如何创建既有中国气象又有世界影响的哲学话语？在这方面我们有怎样的方法，可以提出怎样的理论？

自“哲学”输入中国以来，哲学中国化便成为中国哲学发展的一条红线，而中国哲学话语创建则是现代以来哲学中国化进程的内在诉求。因此，思考“如何创建”中国哲学话语，其中一项重要的工作，便是对中国现代哲学话语创建实践活动的哲学反思。这里所讲的“中国现代哲学话语”是指中国从19世纪中叶以来发展出来的、与中国古代传统有别的哲学话语。与“当代”一词的用法相仿，我们对“现代”的理解亦兼采时间义和精神气质义。就时间义而言，中国的“现代”从19世纪中叶开始直至现在，涵盖了通常所讲的自鸦片战争以降的“近代”和自五四运代以降的“现代”；就精神气质义而言，乃是指作为时代精神的现代性。

具体说来，从中国哲学话语创建的角度省察中国现代思想：考察生活世界的变迁如何为中国现代哲学话语的创建提供了现实基础；描述东西方思想如何经由翻译在跨语际交流中生成新的思想；揭示经典与生活世界、传统与现代、学术话语与日常话语、“译”（翻译）“述”（思想转述）与“作”（哲学创作）“为”（作用于现实及个体生命）等之间的复杂关系；彰显中国现代哲学话语的创获，挖掘它对于解决当下世界性问题的思想潜能，等等。一言以蔽之，梳理哲学中国化的历史脉络，总结中国现代哲学话语创建的经验，阐明如何创建中国哲学话语。自西学东渐以来，在会通中西的基础上创

---

① 2016年度中国十大学术热点专家评语。参见光明日报理论部、学术月刊编辑部、中国人民大学书报资料中心：《2016年度中国十大学术热点》，《光明日报》2017年1月13日。

建具有中国气派的新哲学，这一直是中国学人内在的冲动；如果进一步从人类思想史的角度来看，在这一百多年的时间里，以传统中国为代表的东方思想和近代西方为代表的两希思想这两种异质的思想传统在中国大地上激烈碰撞，火花四射，中国现代哲学家身逢现实遭际上的“乱世”与人类思想交锋的“盛世”，提出了很多重要的思想萌芽，为人类“后经学时代”“新轴心时代”的哲学话语创建提供了重要的思想经验。

对中国现代哲学话语创建的考察大致属于“中国哲学话语创建”第二层次的工作。进一步，则需要化理论为方法，循方法而实践，从“如何创建”转入创建本身，在某些具体问题上尝试创建有中国气象的哲学话语。坐而论道，不如起而行之，中国哲学话语创建亦是如此。自身创建哲学话语的实践，不仅可以检验“如何创建”的理论，同时还会反过来推动理论的发展。

中国哲学话语的创建需要理解“当代”。创造性地提出一套话语，对我们当下所处的时代即“当代”进行合理论说，在哲学的层面达到对时代的自我理解，这本身构成了中国哲学话语创建的一项首要任务。另一方面，对时代精神的哲学把握将为中国哲学的当下开展和话语创建提供强大的精神动力。对于哲学家来说，时代精神不是抽象的，它通过个人切身感受而体现出来。中国哲学的探索者如果真切地感受到时代的脉搏，看到时代的问题，就会在自己的研究领域形成有“切肤之痛”的具体问题，进而在使命感的感召下艰苦探索，久久为功，最终结出原创性的思想果实。

大而言之，当代中国文化思想将进入、或者说理应将进入一个新的“文化生发期”。在20世纪30年代，朱光潜先生提出“文化生发期”说，认为人类文化思想的进展，可以分为生发期和凝固期。就中国而论，先秦是中国文化的生发期，从汉到清是凝固期，而近代则是中国新文化思想的生发期。与朱光潜身处的时代相比，国内外的经济、政治、文化思想诸领域都发生了巨变，当下中国文化应该处于不同于近代的新的“文化生发期”。需要指出的是，这一新的文化生发期，既要放在中国的历史脉络中进行思考，又要认识到它的世界历史意义。中国哲学同时肩负着两种看似矛盾的任务：一方面，实现中华民族的伟大复兴；另一方面，致力于人类命运共同体的福祉。中国哲学要从气势磅礴的世界历史的展开实践中汲取力量，既发扬传统智慧，又能够会通东西，融入世界哲学的生发历程。

不难看出，对“当代”的理解关联着中国哲学对于自身的反思与检讨，追问诸多元哲学问题：何为哲学？何为中国哲学？中国哲学何为？中国哲学如何为？当代中国哲学如何为？如此等等。经过长期努力，中国哲学进入了当代。这里的“长期努力”，在较短的时段上，可以上溯到19世纪中叶。从那时起，中国哲学逐渐取得现代形态，并直接参与塑造了中国现代精神传统。在更长的时段上，“长期努力”可以上溯到中华文明的发端处。从那时起，中国哲学提出不仅要“穷理”，考察宇宙人生的道理，而且还要“尽性以至于命”(《易传》)，把道理和人在天地之间存在的意义联系起来，从而提出了一种和西方“哲学”不尽相同的特殊哲学形态。在当代，中国哲学的中国性将得到前所未有的彰显。何为中国哲学？中国哲学是哲学探索的中国形态。在此意义上，“中国哲学”超越二级学科定位（作为与“西方哲学”等并列的二级学科），超越把中国传统哲学当作客观对象加以考察的哲学史研究范式，超越完全依傍西方“哲学”成立自身的做法（中国哲学除了要像西方哲学那样重论理之外，还要“学”以尽性以至命）。现代以来，随着学科的分化，哲学在相当大的程度上从原来“求通”的智慧之学蜕变成了在学科框架内自得其乐的一种专业知识。其流弊之一，则是陷入抽象系统的思辨，在义理的细节上精雕细琢，“小言詹詹”。哲学的这种蜕变，在说理细密、发展长程说理能力等方面来看是一种进步，但至少在下面这个意义上，未尝不是一种令人遗憾的退化，那就是哲学研究活动与哲学家的生活本身之间可以彼此疏远、相互分离，所谓格拉底式的人物已经一去不复返。因此，我们不难看到，一些伦理学家、道德哲学家在学术论文里讲伦理，在实际生活中可以完全不讲道德；一些逻辑学家在逻辑课上讲逻辑，在实际生活中可以完全不讲逻辑；同样，儒学研究者可能完全没有儒者之风。

哲学专业化的另一个明显可察的流弊，则是哲学的“内卷”。“内卷”一词在这里想说的是，哲学可以自己跟自己玩，跟其他哲学专家辩论就行了，不用管哲学专业之外的其他知识，更不用管知识之外的行动、实践和生活世界了。以伦理学为例。它原本跟生活有着密切联系，但现在伦理学家可以完全只谈伦理学“内部”的理论而不用谈生活世界。当代伦理学必须面对以下这种不妨称之为“后人类状况”的严峻态势。人类纪，人成为一种举足轻重的改变天地乾坤的物质力量。当代人类在获得改造外在自然的巨大力量之后，正准备直截了当地改造自身的自然——不是个体自身在实践中的“习与性成”，而是借助于药物、基因工程、生物技术、人机联合技术、无机智能等“技与性成”。人要造新人了。神（上帝，女娲等）依照自己的样子造人，所造之人皆凡非神。人造新人，最强烈的冲动，不是依照自己的样子，而是朝着超越自己的方向努力。如此，新人必是超人。实际上，技术的指数级突进已经宣告了超人的到来。倘若超人以人类为异类，如同人类以小白鼠为异类，那么，人类将如何自处？赛博格、机器人等呈现出巨大的异化力量，人类整体正面临着一种前所未有的危机。人总是在自然之中又出离于自然。我们曾经深信“人者天地之心”，深信人为万物之灵（不同于“人为万物之主”这一异化的现代主张）。然则，在后人类状况中，这样的信念遭遇了史无前例的挑战。赛博格、机器人等在诸多方面比人类更强。在人类尚可控制它们的时候，人类变成闲人（闲者，积极意义上的闲暇，或者消极意义上的吃闲饭）；在不足以控制它们的时候，人类或将沦为边缘物种，或将作为宇宙演化链条中过渡的一环彻底消亡。这显然不是人类所希望看到的。人类希望超人还是自己的同类。易言之，人类的外延可以从智人扩展到超人。然则，如此必须考虑：什么是人性中至关重要的东西，它同时就是造超人的过程中必须依照的东西。更为乐观的提法：无论愿意与否、自觉与否，人性中至关重要的东西总是已经约束着人类（智人）创造超人过程中的僭越冲动，从而成为所造之超人的先天内置之性，所谓“天命之谓性”是也。阿西莫夫（Isaac Asimov）在科幻小说中设想了机器人学三定律（Three Laws of Robotics），试图为人机共处的世界立法。然而，因为囿于智人与机器人的类的差异，没有甄别个体（首先是人）行为的善恶，三定律包含难以克服的内在矛盾。（如定律一：机器人不得伤害人类个体，或者听任人类个体遭受伤害。那么，如果目睹两个人类个体互掐，机器人怎么办？恐怕只能以自毁的方式走出两难困境。）我们需要一个能够涵括智人与超人的人禽之辩。我们能否这样设想后人类时代关于人性的三条基本理解：其一，就智人而言，性本善，以参赞天地化育为乐；其二，智人性本善，由本善之智人所演化的未来的超人应当保留、将保留性善的基因（碳超人）或基本程序（硅超人）；因此，我们可以乐观地将“人”的外延从智人拓展到碳超人、硅超人等超人；其三，仁者爱人，人是目的。仁者可以是智人，也可以是超人，唯有以自觉地以参赞天地化育为乐者方是仁者，凡是以自觉地以参赞天地化育为乐者都是仁者。①

如要克服哲学“内卷”之弊，当代中国哲学话语创建就需要聆听时代声音，扎根生活世界。聆听时代声音，不仅要从总体上理解我们的时代，而且还要深入到这个时代不同的具体问题之中去。时代是理论之母，实践是思想之源。思想与生活世界之间的互动，才能生成具有生发性的哲学话语。中国哲学要发展，必须接地气，回到当下生活世界（包括经济转型、政治变革、社会变迁等层面），关心经济、法律、政治、社会、科技、艺术诸领域的最新发展，在此基础上提出哲学反思，形成具有鲜明时代特征的哲学问题，进而提出一些有解释力和生发性的标志性概念（簇）。

上下五千年，否极泰复来。中国哲学聆听时代声音，在理解当代性的过程中重新理解自身的使命，扎根生活世界，锤炼中国哲学话语，切实推进中国哲学话语创建，必将开辟出一番有别于古代及现代的“当代”新天地。

第二节　从汉语言哲学出发

自“philosophy”输入中国以来，中国哲学的生发过程同时也是不断省思自身的过程。20 世纪 30 年代，冯友兰撰两卷本《中国哲学史》，奠定了中国哲学的现代范式。然而，当时金岳霖为此书所写的《审查报告》中便指出，“中国哲学”这一名称有其困难。金岳霖虽然倾向于认同“普遍哲学”，将“中国哲学”理解为“在中国的哲学”（即，在中国的普遍哲学），但他也区分了哲学的形式与实质，并提出了一个问题：“所谓中国哲学史是中国哲学的史呢？还是在中国的哲学史？”② 这实际上从“中国”哲学与“普遍”哲学之关系的角度提出了“何为中国哲学”的问题。1937 年，冯友兰讨论哲学的民族性，在冯友兰看来，“中国哲学”意味着“中国底哲学”，而某民族哲学之所以是“某民族底”，“不在乎其内容，而在乎其表面”，即某民族哲学“是接着某民族的哲学史讲底，是用某民族的言语说底”。哲学的民族性，并不影响哲学之内容。换言之，就内容而言，哲学是普遍的，没有民族性的。另一方面，哲学的民族性“于一民

① 这样的想法显然还是囿于阿西莫夫，囿于康德式的现代道德哲学思维（借用 B. 威廉斯的说法）。美国学者刘纪璐最近从儒家出发对机器人伦理问题作了富有意义的探索。参见刘纪璐：《儒家机器人伦理》，载杨国荣主编：《思想与文化》，第 22 辑，华东师范大学出版社 2018 年版。

② 金岳霖：《审查报告》，载冯友兰：《中国哲学史》下册，华东师范大学出版社 2000 年版，第 436 页。

族在精神上底团结，及情感上底满足，有很大底贡献”①。进入21世纪，学界热议“中国哲学合法性”“反向格义（逆格义）”。近几年来，学界对中国哲学本身的省思出现了新的特点：从追问“何为中国哲学?”转向追问“如何做中国哲学?”②，进而从言（术语、话语等）的角度，讨论“汉语言哲学”③“汉语哲学”④、中国哲学话语创建⑤。

依笔者之见，中国哲学话语创建要提出具有解释力和生发性的标志概念（簇），这便内在地要求“汉语言哲学”的视域。然则，何为汉语言哲学? 一言以蔽之，“汉语言哲学”思考以下根本问题：在“古今中西之争”的背景下，我们如何用汉语做哲学，如何从汉语切入，以哲学语法考察为进路开展中国哲学运思，为世界性百家争鸣贡献新的元点与智慧。

“汉语言哲学”与“中国哲学”何别? 美国学者詹斯讨论“有没有非洲哲学?”区分了两种“非洲哲学”，其中的“非洲”或作为空间，或作为所在（place）。⑥与之相似，“中国哲学”中的“中国”也有空间与所在之异。为了避免“中国”的空间义而突显所在义，我们可以引入“汉语言哲学”这一也许还不尽如人意的提法。“中国哲学”与“汉语言哲学”的辨析有助于阐明空间与所在之异。“汉语言哲学”摆脱了“中国哲学”之“中国”作为空间概念所带来的消极影响：有意无意之间，把“中国”视为一种智性上的地盘。基于“中国”的中国哲学，倾向于把哲学看作建立和维护某一种思想地盘的要求。“有没有中国哲学”的问法，正是意图用中国有哲学来证成中国思想地盘的合法性，而“哲学”则是不成问题的用作证据的东西，是不受地域影响的普遍者。在这里，“中国”呈现为外在于哲学的空间。相形之下，汉语言哲学的问题意识则是，我们可以通过汉语做何种哲学。相对于“有没有中国哲学”，这里侧重的是“何种”哲学。哲学不再是先在之物，也不再是与中国无关的普遍者。相反，“中国”以汉语的

---

① 参见冯友兰:《论民族哲学》，载冯友兰:《三松堂全集》第5卷，河南人民出版社2001年版，第273页。

② 参见陈少明:《做中国哲学：一些方法论的思考》，生活·读书·新知三联书店2015年版。

③ 参见刘梁剑:《汉语言哲学发凡》，高等教育出版社2015年版。

④ 参见江怡:《哲学与汉语的世纪对话——关于汉语哲学的可能性和现实性》，载《南国学术》2016年第4期；韩水法:《汉语哲学的不同视野》，载《社会科学报》2016年8月9日。

⑤ 参见余治平:《哲学的中国本土化叙事》，上海交通大学出版社2016年版。

⑥ 参见［美］B.B.詹斯:《定位非洲哲学》，叶磊蕾译，载《世界哲学》2017年第3期。

方式呈现为内在于哲学的地域。通过这两种不同的提问方式可以看到，对“中国哲学”的理解存在着微妙的差异：“中国”从标识普遍哲学所处的外在空间转变为标识特定哲学发生其中的地域，而“汉语言”则相应地突显为地域性的基本因素。汉语言哲学关注汉语和哲学思想的内在关联，突出汉语表达如何赋予哲学思想以生命力。

我们可以通过汉语做何种哲学？这涉及“汉语”和“哲学”的相干性问题。“我们可以通过汉语做何种哲学？”这一问法既预设了我们可以用汉语做哲学，并且预设了哲学的多元性。但是，无论是围绕“中国哲学的合法性”问题的争议，还是围绕“让哲学说汉语”的讨论，可以用汉语做哲学及多元哲学观并非自明的出发点。有人主张，汉语不可以做哲学。在较强的意义上这实际上是说，汉语不可以做西方意义上的哲学，而只有西方意义上的哲学才是哲学；在较弱的意义上，这是说，汉语虽然不可以做西方意义上的哲学，但并非西方意义上的哲学才是哲学。汉语做出来的哲学也是哲学，而且，恰恰因为这种哲学有别于西方意义上的哲学而有其独特价值。

中西异质文化的相遇引发人们对他者及自身的文化反思，汉语结构和中国哲学及中国思想的内在关联便是其中一个突出的主题。在西方，赫尔德（1744—1803）、洪堡特（1767—1833）已对汉语语法与中国思想的特质进行了系统的考察并提出诸多卓见。在中国，现代哲学家对此亦有自觉反思与论述，如王国维论“新语”之输入，张东荪从中国言语构造上看中国哲学。中西学者各抒己见，相互评论，无形中形成了一场世界范围内的讨论。这一讨论是人类思想史上值得注意的事件，200 多年来已经积累了很多有价值的文献。对 19 世纪以来世界范围内中外学者关于汉语特质与中国哲学特质之相干性的研究成果进行系统的梳理，考辨思想源流，总结理论得失，这将是一项既有学术价值又有现实意义的工作。①

然则，中国哲学因为是用汉语做出来的而有其独特价值，这是否意味着汉语做出来的哲学是特殊的，而哲学本应该是普遍的？这便涉及“一多”关系这一根本哲学问题，涉及“何为哲学”这样的元哲学（meta-philosophy），涉及“哲学”与“philosophy”的中西古今之争。这可以说是一种跨语际的元哲学考察：阐明“哲学”

① 可参见刘梁剑：《汉语言哲学发凡》，第一、二章；刘梁剑：《有“思”有“想”的哲学语言：金岳霖的语言哲学及其当代意义》，载《哲学动态》2018 年第 4 期。

与“philosophy”的关系、中国哲学与世界哲学的关系，阐明哲学的实践转向。如果由多元论或非本质主义的“哲学”观切入，对“一多”问题的讨论将进一步追问：除了共殊（普遍与特殊）、家族相似的理解方式之外是否还有其他更为合理的处理“一多”的方式。“一多”问题同时也是处理不同文明如何共处的根本问题。进一步，我们需要把“哲学”与“philosophy”的中西古今之争放到中西文明交涉的背景中做知识社会学反思。在古今中西之争视域下对“汉语言哲学”的知识社会学反思，阐明既要克服西方哲学对于中国哲学的认知暴力，让汉语面对哲学问题发声；一方面，又要确定世界文明背景下应有的哲学姿态，避免对西方哲学的拒斥，避免以汉语自限。

除了“汉语”和“哲学”的相干性问题之外，“汉语言哲学”还涉及西方哲学汉语化问题。“汉语”和“哲学”的相干性论争关联着一种担忧：汉语能否成为一种哲学语言，汉语能否说西方哲学。当西方学者（如赫尔德、洪堡特等）把汉语结构特点与汉语思想特质关联起来时，似乎否定了汉语可以说西方哲学。对于中国学者来说，汉语能否说西方哲学首先关系到西方哲学的汉语翻译问题：我们能否及如何把西方哲学准确地翻译成汉语。近代以来的西学典籍汉译实践似乎已在事实的层面证明了，西方哲学能够翻译成汉语。但是，在这个翻译过程中，我们在何种意义可以做到“信”（遑论“达”“雅”），这始终是一个问题，既是一个翻译实践的技术问题，更是涉及思想在跨语际、跨文化过程中“转渡”（这正是德文中“翻译”的对应词“Über-setzung”的字面义）与生成的基本哲学问题。对此问题的研究可以纳入广义“汉语诠释学”：研究西方哲学的汉语化，即西方哲学在汉语中的翻译、研究、传播与发展。

上文所述的“汉语言哲学”研究或者关注中国传统哲学有别于西方哲学的特点，或者关注西方哲学的汉语化。但是，西方哲学的汉语化最终自然导向了汉语哲学理论体系的当代构建。如此一来，我们便需要在哲学创造实践的层面考察汉语言哲学。当然，哲学创造实践既有“西方哲学汉语化”的脉络，也有“中国传统哲学现代化”的脉络。实际上，自 19 世纪中叶以降一直到当下，在“古今中西”的相摩相荡的过程中，人们已经用现代汉语创造了不中不西、不古不今的哲学，并形成了独特的中国现当代哲学。“汉语言哲学”亟须对此进行考察，总结哲学话语创建的经验。对此，前文已从“如何创建”中国哲学话语的角度有所论述。从现代到当代，考察对象可以进一步扩充：从人物看，严复、康有为、章太炎、金岳霖、冯友兰、熊十力等现代哲学家，以及牟宗三、冯契、李泽厚、杨国荣、赵汀阳、陈嘉映等现当代学者；从思潮看，马克思主义的中国化，儒学的现代化；从观念看，对进步、平等、大同等中国现代重要观念。“汉语言哲学”从哲学话语创建的角度进行研究，梳理19世纪中叶以降汉语思想家的运思经验，探寻哲学话语创建机制，揭示翻译与跨语际交流中的思想生成、生活世界与经典世界、“译”“述”与“作”“为”等之间的复杂关系。

汉语言哲学的关切，最终指向汉语在当下的哲学运思，即用汉语做哲学。用“汉语”做哲学，从运思的语言工具而言，中国哲学话语创建需要“活的语言”。首先，我们应当有效实现中国思想传统话语的创造性转化。对传统哲学话语进行创造性转化，可以接续我们身在其中的传统，从中国深厚的哲学传统中汲取解决具体哲学问题的概念工具和理论智慧。运用这样的概念工具，思考者比较容易有亲切的体会和情感上的认同。另一方面，只有在传统思想话语成为我们用来说事情、讲道理、想问题的话语的时候，才能够成为生意盎然的活的语言，真正促成中国哲学的原创生发。传统概念需要加以改造才能有效还治当下生活世界。再者，除了传统哲学话语之外，我们还要锤炼活生生的日常语言。日常语言和当下生活世界之间有着天然的联系，二者甚至可以说就是长在一起的。因此，日常语言是可感的，而用可感的日常语言来展开哲学思考便容易贴切、实在。中国哲学话语创建的一项任务，便是从日常语言这一富矿中萃取语汇，进而将其锤炼成具有义理深度与厚度的说理词。此外，在现代汉语中，我们可以找到一些“妙词”，它们既居于日常用语和哲学行话之间，又居于现代汉语和古典词汇之间，同时还具有处理某些基本哲学问题的理论潜能。“天”“大同”与“开心”“任性”大概就属于这一类值得加以锤炼的妙词。我们可以拿“天”“大同”与“开心”“任性”处理理想生存境域（包括理想社会）与理想人格的问题，归根结底则是人的自由问题。冯契反思中国现代哲学发展的“既济”与“未济”，指出人的自由问题是中国现代哲学家尚未给出满意解答的主要问题之一。人的自由问题包括两方面：个体层面，理想的自由人格如何培养；就全人类而言，理想的自由王国如何建立？“开心”“任性”与前者对应，而“天”“大同”与后者对应。

就用汉语所做出的哲学义理而言，汉语言哲学关注，在“古今中西之争”的新形势之下，如何让汉语所做的哲学取得世界范围内被其他哲学系统所理解的形态，进而参与世界性的百家争鸣，为世界文明的未来发展贡献智慧。为此，我们首先需要较为系统地阐述汉语言哲学对于如何做哲学的方法论主张（且称之为“古今中西之争视域下跨语际的哲学语法考察”）。进而，循方法而实践，在哲学的实践转向、当代历史观、人类命运共同体、多元性、偶然性、人机之辩、技术时代技术与哲学的互动关系（对技术的哲学反思，技术改变做哲学的方式）等重要问题上，尝试创建兼具世界情怀与中国气象的哲学话语。

第三节　从哲学话语到哲学工夫：穷理尽性至命

上面提到，汉语言哲学需要考察“哲学”与“philosophy”之间的中西古今之争，中国哲学话语创建需要反思“何为中国哲学”这样的元哲学问题。中国哲学除了要像西方哲学那样重论理之外，还要“学”以“尽性以至于命”。就此而言，哲学话语创建并非做哲学或哲学实践的全部，而哲学的工夫也不止于论说明理。

当然，并非只有中国哲学重工夫，西方哲学亦有重工夫的向度。郁振华在《论哲学修养》一文中认为：“从工夫论入手探讨‘哲学何为’这类元哲学问题，绕不开哲学修养。古代哲学视哲学为生活方式，修养是哲学的核心任务。在现代，哲学经历了一个职业化的过程，职业化的哲学专注于理论话语的建构，修养问题被边缘化了。在当代视域中重访哲学修养，可以展开义理学说、穷理能力和哲理境界三个层次。前两方面的工夫构成哲学专长，体现了哲学的理论之维；更进一层的工夫指向哲理境界，彰显了哲学的实存之维。在此义理脉络中，我们将强调世界哲学的意识，阐明‘好的哲学’的形式特征和实质指向（‘哲学四喻’），并且为克服职业化之弊而重申哲学之为‘生命的学问’或哲学之为‘生活方式’的古典理想。”① 不难看出，郁振华讲哲学的古今之别，实在是涵括中西方哲学而言之，甚至其论述的焦点乃是西方哲学的演变脉络。郁振华从工夫论入手来讨论哲学何为，同时强调了哲学的理论维度以及哲学的实存维度，而在讨论哲学的实存维度时，则强调了哲学具有转化的功能和治疗的功能，包括

① 郁振华：《论哲学修养》，载《哲学分析》2021 年第 5 期。

智性、理智的治疗以及实存的治疗。

哲学的工夫首先表现在理论的层面，大致对应于郁振华讲的义理学说、穷理能力的层面。我们说一个人“哲学工夫好”，这首先意味着能把哲学这件事做好，它体现为穷理工夫深密而所穷之理深刻。进而言之，哲学的穷理工夫需要哲学工作范式的转变，从哲学史研究转到面向哲学问题的哲学研究。用“述”和“作”两个词来说，哲学史的研究偏于“述”，哲学的研究偏于“作”，从哲学史研究到哲学研究意味着从“述”到“作”的转变。当然，可能更恰当的提法是“述而作”，毕竟哲学的研究还是离不开哲学史的探讨的。

现代哲学家几乎都注重穷理工夫，强调逻辑分析的重要性。冯契著文纪念冯友兰，认为，冯友兰通过《贞元六书》所创建的“新理学”，其真正贡献“在于它将逻辑分析方法运用于中国哲学，使得蕴藏在中国传统哲学中的理性精神得到了发扬”①。这实际上也是冯友兰以下看法的哲学创作实践：“西方哲学对中国哲学的永久性贡献是逻辑分析方法。”②熊十力强调哲学乃本体之学，但与此同时又明确主张需要“甄明分殊之理”。③熊十力的“新唯识论”哲学体系本身就是注重逻辑分析的理论巨著，名相繁多而析理细密。

逻辑分析、概念考察之所以成为哲学的工作方式，这是合乎哲学的以下本性，即哲学乃穷理之学。不过，金岳霖和冯契在注重逻辑分析的同时，还强调哲学概念的气味、情感、蕴藏或意味。易言之，哲学运思需要有意味的、真切可感的说理语言。冯契既主张理智并非“干燥的光”，那么，与之相应，哲学运思也就需要情感的推动，而它的语言也应是可感的。可感的语言与生活世界血脉相连，并从思想传统获得滋养。

如此一来，“哲学工夫好”除了强调理本身说得好不好之外，还要强调所说之理有没有具有一种溢出语言文字而进入生活世界以及自然科学、艺术、政治等知识领域的潜能。就后者而言，这意味着哲学可以对其他领域产生影响，它在做好分内之事的同时还能够帮助其他领域把事情做好。进入生活世界，哲学将涉及个体层面的行动和群

---

① 冯契：《“新理学”的理性精神》，载《冯契文集》（增订版）第8卷，华东师范大学出版社2016年版，第374页。

② 冯友兰：《中国哲学简史》，载《三松堂全集》第6卷，第277页。

③ 参见熊十力：《十力语要》卷2，载《熊十力全集》第4卷，湖北教育出版社2001年版，第272页。

体层面的实践。冯契曾说："哲学不能是冷冰冰的概念结构，它要给人理想、信念、激发人们的热情，鼓舞人们为之而奋斗。"① 哲学要"以言取效"，内在地要求哲学运思者在特定情感的推动下展开理智的思考。在冯契看来，金岳霖便是这样的哲学运思者："从表面上看，金先生如他自己所说的，是'哲学动物式'的哲学家，他所从事的事业也是纯而又纯的哲学理论的思考。但在实质上，他也面对着中国近代的问题，并试图回答这一问题，所不同的只是他要从哲学的角度予以回答，其目标是会通中西、实现中国传统哲学的现代转换，使中国哲学走向世界并站在世界哲学的前列。为此，金先生投入了巨大的精力，付出了艰苦的劳动，而这一切又是由巨大的爱国热情所支撑的。"② 哲学运思者在特定情感的推动下展开理智的思考，这样的思考乃是有感之思。究其实，真切可感的理论语言也只有在有感之思中才真正获得生命力。

从冯契半个多世纪的经验来看，有感之思的起点是真问题，即，真切感受到真正的哲学问题。对冯契来说，他是在 20 世纪 40 年代随同金岳霖讨论问题时真切感受到了一个真正的哲学问题。③ 何谓真正的哲学问题？"真正的哲学都在回答时代的问题，要求表现时代精神。"④ 中国哲学家所面临的时代问题，以中国为视域，则是自觉地以自己的哲学运思接续中国近现代哲学革命的未竟事业；以世界为视域，则要考虑"怎样使中国哲学既发扬中国的民族特色，又能够会通中西，使它成为世界哲学的有机组成部分"⑤。但是，时代问题对于真正的哲学运思者来说，不是抽象的，而是在切肤之感的意义上是"具体"的：哲学家需要将时代问题"具"之于身而"体"现之。冯契晚年回顾自己的运思经验，非常具体生动地谈到了哲学问题的"具体"性，给我们留下了一段极为珍贵的文字："时代精神不是抽象的，它通过思想家个人的遭遇和切身感受而体现出来的。一个思想家，如果他真切地感受到时代的脉搏，看到了时代的矛盾（时代的问题），就会在他所从事的领域里（如哲学的某个领域里），形成某个或某些具体问题。这些具体的问题，使他感到苦恼、困惑，产生一种非把问题解决不可的心情。

① 冯契：《论"以得自现实之道还治现实"》，载《冯契文集》（增订版）第 8 卷，第 217—218 页。
② 冯契：《金岳霖〈论道〉讲演录》，载《冯契文集》（增订版）第 10 卷，第 158 页。
③ 参见冯契：《〈智慧说三篇〉导论》，载《冯契文集》（增订版）第 1 卷，第 6、7 页。
④ 同上书，第 3 页。
⑤ 同上书，第 9—10 页。

真正碰到了这样令人苦恼的问题，他就会有一种切肤之痛，内心有一种时代责任感，驱使他去作艰苦、持久的探索。如果问题老得不到解决，他就难免心有郁结，甚至产生如黄宗羲所说的'龙挛虎跛，壮士囚缚'的心态，迫使他作强力的挣扎、抗争。如果他在这个问题的探索中有所前进，就会感到精神上有所寄寓、情感上得到升华，于是就体验到人生真正的乐趣、真正的价值……没有真切的感受，也不可能有真正的哲学著作。"① 真切感受到真正的哲学问题，苦恼、困惑、挣扎、抗争，进而以真切可感的理论语言行有感之思，非如此不足以有真正的哲学著作。

理论关乎现实，讲哲学工夫，不得不从理论的层面进入实践的层面，即，在实存或哲学境界的层面，在做好哲学这件事的同时成就自己这个"人"。这个"人"已经超越职业意义上的哲学家而到了一般类意义上的"人"，或曰"人之为人"。这时，哲学突显出它的以下面向：一种生命的学问，一种生活方式，或者说，一种修身学。人之为人，涉及对人的意义的追问，需要在人禽之辨、人机之辨、天人之际中，在与其他物种的关系、与天地宇宙的关系中，思考自身的位置。这是修身的起点，也涉及修身何以可能。修身何以可能首先在于身体的一种成长性。身体的成长包括通常形体意义上的成长，以及心的拓展。黄宗羲有一个很有意思的提法，即"身在心中"。身在心中，而非心在身中。随着心的觉解程度的提升，身体也就在不断发展。此外，修身也不同于修理器物。器物有一个特定的或者一种制造者给予的目的或者向度。但是，如何开显身的生成性、确立生成的特定向度，这些本身就是修身的内容之一，甚至可以说是最根本的内容之一。这样一来，如果说前面我们讲的理论层面的做哲学是一个"述而作"的问题，那么在实存或者境界层面则是"作而为"的问题。"为"首先体现为"为己"，也即改造自己或者修身。

但是，哲学的实存层面除了为己之外，还指向为人与成物。这是改变世界的层面。郁振华在哲学的实存维度讨论哲学的转化功能，其实说了两层意思，第一个是转化自我，第二个是指向世界。这也就是哲学的淑世精神：不仅要改造社会，而且要改造自然。这正是为人成物的问题。在此意义上，我们需要关注《易经》所讲的"开物成务"

① 冯契：《〈智慧说三篇〉导论》，载《冯契文集》（增订版）第1卷，第5页。

和《中庸》所讲的“参赞天地之化育”。这也是哲学的题中应有之义。这样一来，哲学要面对的问题，不仅可以来自哲学学科内部，还可以来自自然科学、艺术、政治等其他知识领域，尤其应该来自生活世界本身，包括政治生活、艺术实践、科学技术实践，等等。这要求我们对时代问题有所感受，进而以得之现实之道还治现实。杨国荣指出，哲学总是要回应人与世界关系的基本问题，它们在不同时代有不同的表现形式；从当代的存在处境看，当今的哲学要回应资本、权力、技术对人的影响。① 随着计算机与互联网技术的兴起，虚拟世界与现实世界相互交织，“虚拟现实”（virtual reality）这个看起来矛盾的词鲜明地体现了“后真相”时代亦虚亦实、虚作实时实亦虚、实作虚时虚亦实的时代特征。②5G 通信技术革命昭示着一个奇幻新世界“鸿蒙”初开。中国传统哲学基于“气”体证万物一体，而在不久的将来，我们似乎有望基于“数”实现万物相通。任何人与物，经由数字化技术的解码、传输与重组，可以在不同的空间自由分身变现。③ 技术、权力与资本相互渗透相互支撑，数据逐渐成为人类改进资源分配、缔造物物相通智能网络的重要生产力，同时也逐渐出现了以数据控制人的异化趋势。④ 人工智能的崛起，人类不得不严肃思考人机之辨、AI 是否将替代人成为宇宙演化的新主体、人的脆弱（fragility, vulnerability）与坚强（strength）、人的尊严（dignity）与谦卑（humility）。技术突破，奇点来临，处处是危机，处处有机遇，整个人类文明面临前所未有之大变局。身处这样的“乱世”与“盛世”，幸甚至哉。时代问题对于真正的哲学运思者来说，实有切肤之感，因而是“具体”的。尼采曾说：“思想家要么以他个人特有的方式对待他的问题，这样他就会在问题中找到自己的命运、痛苦和至幸；要么以‘非个人特有的’方式对待，即用冷漠而好奇的思想触角去接触和理解问题。这二者实在有着天壤之别呀。”⑤ 哲学家做哲学之事，同时以哲学做事，在遣词造句、辨名析理、

① 参见杨国荣、贡华南、郭美华：《从“道”到“事”——中国哲学可以为世界哲学提供资源》，载《船山学刊》2018 年第 6 期。

② 在这方面，翟振明：《有无之间：虚拟实在的哲学探险》（北京大学出版社 2007 年版）一书不无启发。

③ 前瞻性的探讨，可参见蓝江：《5G、数字在场与万物互联——通信技术变革的哲学效应》，载《探索与争鸣》2019 年第 9 期。

④ 朱波芙（Shoshana Zuboff）提出了“窥探资本主义”（Surveillance Capitalism）的新概念，发人深省（Shoshana Zuboff, *The Age of Surveillance Capitalism: The Fight for a Human Future at the New Frontier of Power*, New York: Public Affairs Books, 2019）。

⑤ ［德］尼采：《快乐的科学》，黄明嘉译，华东师范大学出版社 2007 年版，第 328 页。

穷理尽性至于命的过程之中成就一番经天纬地的事业。

人与世界的关系，最终还是要回到人在宇宙之中参赞化育的本然状态，或曰“本体”。尽性至命离不开“体认”。体认者，既是通过自己的身体获得对道或良知的知，同时也是通过自己的身体体现、呈现、实现道或良知。阳明曰：“体认者，实有诸己之谓耳。非若世之想象讲说者之为也。近时同志，莫不知以良知为说，然亦未见有能实体认之者。”[①] 耿宁（Iso Kern）解释说，“体认”乃是“在自己的实践经验中的认识”，而其中的“体”兼有二义：“‘体’意味着身体躯体（Leibkoerper），而所有这些表达都意味着一种通过自己经验的‘体现’（Verkoerperung）而对某物的认识或理解，并且可以通过‘亲身的经验’‘通过自己的生活的理解’‘通过向自己实践中的换位来认识’而得到实现。”[②] 除了实有诸己、体知、体现等形式义之外，体认在实质内容上指向如下一种基本身体感受：人居天地之间，与天地万物一体而为天地之心。“天地与我并生，而万物一我为一”（《庄子·齐物论》）、“万物皆备于我，反身而诚，乐莫大焉”（《孟子·尽心上》）、“人者，天地之心”（《礼记·礼运》），进而陆九渊、王阳明、熊十力，如此等等，与天地万物一体的基本身体感受已经成为一种精神传统。

我们不妨说，在最根本的意义上，哲学之“德”乃是实证本体，即切实体证我与天地万物同体无二。一种哲学如无此“德”，便只是无根的口说戏论而已。

第四节　当代性与世界性

不难看出，汉语言哲学涉及理念、方法、实践等不同的层次。“汉语”和“哲学”的相干性问题、西方哲学的汉语化问题、从汉语言哲学角度看中国现当代哲学的演进，其侧重点是以汉语为切入点作哲学史考察。进而，我们要从哲学史考察转入直接的哲学问题研究。这时，汉语言哲学乃是中国哲学话语创建实践。更具体地说，就方法论而言，它是以哲学语法考察这一特定方式展开的中国哲学话语创建实践；就内容而言，它是技术时代面向实践的中国哲学话语创建之实践。

---

① 王阳明：《与马子莘》，《王阳明全集》卷6，上海古籍出版社1992年版，第218页。

② ［瑞士］耿宁：《人生第一等事——王阳明及其后学论“致良知”》，倪梁康译，商务印书馆2014年版，第228页。

中国现代哲学自其开端之处就已然是一种世界哲学，但这种世界哲学在最初更多地呈现为在古今中外之争下的自我重塑，还只是单方面地被预先给予的跨文化情境所支配的地方性、方言性哲学思维，而尚未充分成长为一种对世界有所回报的世界哲学。经过一个近两百年来与世界的不断主动对话，汉语言哲学的世界性视域更加成熟，能够更加主动地参与到世界哲学的形成中。与此同时，随着当代世界文明的加速交通和日益彰显的后人类状况，将人类整体作为思考单元的人类意识日益觉醒。在新的历史条件下，再造世界文明成为中国当代哲学的新使命，汉语言哲学需要更加充分地彰显面向未来世界哲学的生发性意义。

冯契先生晚年著《中国近代哲学的革命进程》（初版于1989年），认为中国哲学的近代开展，有“既济”，有“未济”。“未济”者，方法论上的经学独断论消而未亡，尚未解决人的自由问题，包括建立人类理想的自由王国和培养理想的自由人格。① 冯先生所讲的“中国近代”，上起鸦片战争，下讫中华人民共和国建国。高瑞泉教授前承师说而后开其新，从现代化运动的角度把冯先生所讲的时段括于“现代”之中：从19世纪60年代以降，都可以称作“现代”。② 因此，按照高瑞泉教授的用字法，冯契先生所讲的“近代”亦是“现代”。在此意义上，冯契先生指出中国近代哲学的未济，实际上也包含了跳出“现代”掌心的想法。孟子曰：生于忧患，死于安乐。“作《易》者，其有忧患乎？”（《易传·系辞下》）冯先生所忧者何？中国哲学在现代的开展及其超越。

冯契先生在20世纪80年代还有一个论断：“我们正面临着世界性的百家争鸣。……当然，这只是一个发展趋势的开始，但它是一个具有重大历史意义的可贵的开始。这个成就，后代人可能要给予很高的评价，认为这是一个非常重大的事件。”在今天看来，这一论断近乎先知式的伟大预言。“世界性的百家争鸣”意味着，新的“文化生发期”以世界视域为题中应有之义，从而超越了朱光潜“文化生发期”说的民族国家或单一文明视域。也就是说，在中国自身的历史脉络中思考中国问题，以中国为焦点思考现代转型。在新的“文化生发期”，中国思想跳出中国之囿，以更大的广心和余情去筹划世界秩序，自觉参与世界历史的创生。世界历史的尺度乃是“当代性”的

① 参见冯契：《中国近代哲学的革命进程》，上海人民出版社1989年版，第561—598页。
② 参见高瑞泉：《中国现代精神传统》，东方出版中心1999年版，第5页。

一个重要面向。历史学家王家范赞赏梁启超对中国的“世界历史”眼光。他评论说：“任公的《五千年史势鸟瞰》一文便出言不凡。他说：中国不是一成不变的中国，先是中原的中国，中原的中国经秦汉一统，成为中国的中国；中国的中国经由与印度、日本接触，成为亚洲的中国；近世以来，中国进入世界舞台，与欧美竞争，而成为世界的中国。众所周知，以这样的视角来考察中国历史的‘古今之变’，只有到了海通之后，‘开眼看世界’，才可能发表的宏议。”① 任公将中国放在世界史（也许更恰当的说法是“全球史”）的脉络中进行思考，获得了超乎前人的“鸟瞰”优势。然而，任公仍是以中国观世界，尚未能跳出中国之囿，以世界观世界。在此意义上，任公是一位具有现代性精神的现代学者，而非一位具有当代性精神的当代学者。

冯契主张，近现代中国的基本问题乃是：在“古今中西”之争背景下，中国向何处去？② 相形之下，当代中国进入世界性百家争鸣的新“文化生发期”，其基本问题演变为：在“时空压缩”背景下，人类文明向何处去？随着中西文明的加速交通，“古今中西”经“时空压缩”（compression of time and space）之后进入“时空坍陷”，进而产生新的“奇点”，人类文明迎来全新的开端。这里的“时”乃是传统、现代、当代意义上的“时”之三维；这里的“空”乃是包括中、西、印、非等在内的多元“文明空间”。就时间而言，人类文明新的奇点时代注重三维时间的缠绕互通（以当下为原点，古今往之间穿越往返），从而有别于现代历史意识以将来为指向的上升轨迹。就空间而言，人类文明新的奇点时代，处处是边缘，处处是中心，从而有别于雅斯贝尔斯所讲的不同文明彼此隔绝、独立发展的轴心时代，亦有别于经亨廷顿的著作而为世人注目的“文明冲突”。③ 亨廷顿的名著虽以“文明冲突”为名，但实际上乃是只是强调文明冲突的现实与潜在威胁，而非鼓吹文明冲突。亨氏文明冲突论的主旨，乃是呼吁弃绝以美国为代表的西方普世主义，从而避免文明的冲突。“在正在来临的时代，文明的冲

① 王家范：《中国历史通论》（增订本），生活·读书·新知三联书店 2019 年版，第 10 页。

② 参见冯契：《〈智慧说三篇〉导论》，《认识世界和认识自己》，《冯契文集》（增订版）第 1 卷，第 3—5 页。

③ 中国学者甘阳似乎僵守文明畿域，以“文明—国家”的名义，鼓吹去西方化与复兴本己文化。这实际上由否定西方文化普世主义走向了儒家文化普世主义的幻象（参见甘阳：《文明·国家·大学》，生活·读书·新知三联书店 2012 年版）。

突是对世界和平的最大威胁，而建立在多文明基础上的国际秩序是防止世界大战的最可靠保障。”① 避免文明冲突的关键，在于克服文明的普世主义：“文化的共存需要寻求大多数文明的共同点，而不是促进假设中的某个文明的普遍特征。在多文明的世界中，建设性的道路是弃绝普世主义，接受多样性和寻求共同性。”② 有别于“普世性”的“共同性”将是一个富有生发性的厚概念。普世性是从言的（de dicto），共同性是从物的（de re）。大道之行，器变道亦变。全人类需要的共同价值有别于所谓的普世价值。普世价值的实质，乃是将某一文明（尤其是西方文明）中生长出来的价值外加于另一文明之上。相形之下，共同价值拒斥普世主义，主张在文明多样性的基础上寻找共同性，在多元文明交流互鉴、共生共存的过程中携手创造共同性。只有克服文明的普世主义、追求多元文明的共同价值，才能避免文明的冲突。这是关系到全人类生死存亡的大事。费孝通曾设想，用“场”的概念来说明不同的文化相互接触、冲突、嫁接直至融合的关系，以对治边界清晰的文化冲突论：“我注意到现在西方的欧美国家里出现了一种把文化和国家这个制度挂钩的倾向。把国家的领土概念引申到文化领域中来，把不同文化划出界线，以强调文化冲突论。我意识到这种看法是有很大危险的。如果把边界的概念改成‘场’的概念，也许可以纠正这个倾向。‘场’就是由中心向四周扩大，一层层逐渐淡化的波浪，层层之间只有差别而没有界线，而且不同中心所扩散的文化场在同一空间互相重叠，也就是在人的感受上可以有不同的生活方式、不同的规范，可以自主地选择。把冲突变成嫁接、互补导向融合。”③ 文化场，不同波浪相互叠加所形成的水波纹，这样的“文化场”意象给我们提供了理解多元文化的新的视野（vision）。

在人类文明新的“奇点”时代，中国居于何种位置？从新“文化生发期”的世界视域出发，我们可以重新省思中国思想的世界意义。冯契先生论断世界性百家争鸣，同时指出：“中西方的文化，中西方的哲学在中国的土地上已开始趋于合流，有待于进一步推进，这也是一件具有世界意义的大事。”④ 中西两种异质文明在中国这块大地上的

① ［美］亨廷顿：《文明的冲突与世界秩序的重建》，周琪等译，新华出版社1996年版，第372页。
② 同上书，第369页。
③ 费孝通：《反思·对话·文化自觉》，载刘豪兴编：《文化的生与死》，上海人民出版社2009年版，第180页。
④ 冯契：《中国近代哲学的革命进程》，第598页。

相遇，从现代视域来看，无疑是中国的“遭遇”；然从新的“文化生发期”来看，这一遭遇冥冥之中似乎又像是历史运势对中国的垂青：人类文明选择中国作为既有的诸种文明形态相互碰撞产生新形态的试验场，人类文明的新“奇点”状态可能首先在中国发生。中国哲学运思的使命，不在于创建一个试图接近于西方现代又“走样”的东西，而是要在人类文明规模宏大的“思想实验”运动中，开辟有别于古代及现代的“当代”新天地。

另一方面，正因为中国的意义不在（或者更确切地说，不只在）中国本身，世界性百家争鸣的新“文化生发期”，必然要求突破单一文明框架内部的现代叙事。诚如高瑞泉教授所言：“从中国哲学发展的大尺度历史看，新文化运动正式宣告持续两千年的‘经学时代’的终结。……‘道术而为天下裂’，其积极的面相是解放了中国人的自由创造精神，中国哲学的现代转变获得了内在的动力。”与中国哲学的现代转变相应，“中国人的精神世界进入了一个可以叫做‘后经学时代’的过渡时期”[①]。这里的“经学”主要指中国思想视域中的儒家之学。相形之下，与中国哲学的当代转变相应，中国人的精神世界应该进入一个新的“后经学时代”，或者说，人类文明的后经学时代。随着中西两种异质思想传统的相遇，真理的历史性与文化相对性得到了前所未有的彰显，任何单一传统中的经典都不再具有绝对的、唯一的真理性。“人类文明的后经学时代”之“经学”，乃任何固守一种文明传统（包括特别固守一种文明传统内部的某一小传统）的主张、立场或心态。在新的“文化生发期”，中国哲学运思的前提之一，便是克服各种形式的或隐或显的经学独断论。

我们或许有必要借助公孙龙“白马非马”的解放力量。“白马非马”，这里的“非”所表示的，不是属性的匮乏，而是关系的非等同。如知“白马非马”，自然不难悟得“楚人非人”：“龙闻楚王张繁弱之弓，载忘归之矣，以射蛟兕于云梦之圃。而丧其弓，左右请求之，王曰：‘止！楚王遗弓，楚人得之，又何求焉？’仲尼闻之曰：‘楚王仁义而未遂也。亦曰人亡弓，人得之而已，何必楚！’若此，仲尼异楚人于所谓人。”（《公孙龙子·迹府》）“楚人非人”，摆脱“楚人”视域的拘囿，立足更广的“人”的面向。白

① 高瑞泉：《中国现代精神传统》，第 1 页。

马非马，楚人非人，故中国人非世界公民。通过“非”的力量，新的“文化生发期”的中国思想者把自己理解为人类新文明的开拓者与承担者中的一分子，把自己视为中华民族的子孙、同时视为希腊、希伯来、伊斯兰、印度等诸种文明理所当然的继承者，从人类文明新“奇点”时代正在展开的气势磅礴的实践中汲取洪荒之力。①

当然，又须提防“非”从解放异化为彻底否定。从语法上讲，“非”可以表属性之匮乏，也可以表非等同关系，而前者极容易压倒后者成为人们更为“自然”的理解。一旦这样的语言现象发生在“白马非马”身上，“白马非马”便容易被普遍误解为诡辩，其义理蕴含则是，彻底否定“白马”与“马”之间的本质联系，进而用“马”来彻底否定“白马”。殊不知，“马”虽然可以不“寓于”“白马”，但必须“寓于”“某色之马”。当“白马非马”之“非”作为一种解放力量，它提醒我们马“不囿于”白马；当它异化为一种彻底否定的力量，却遮蔽了马不得不“寓于”某色之马的实情。对于一匹具体的白马来说，这里的“不得不”刻画了一种被抛状态：它看起来既像必然，又像偶然，因为它没有“理”上的必然，却有“势”上的固然。一匹白马如果觉悟到自己生而为白马，就有必要把“白”这种被抛状态——连同更高一层的“马”——自觉地承担起来，作为机缘，作为天命。一名中国人亦是如此。他的“人”的身份、“世界公民”身份不是孤悬在那里的，而是被抛入“中国”之中。因为这种被抛，他对于中国文明（相较于其他文明）自然有独特的情感与理解，弘扬中国文明的精彩之处便是他做好世界公民的应尽之责。不妨借鉴天台宗“一心三观”的理解方式：作为一名中国人，一心须“三观”，既观中国公民的身份，又观世界公民的身份，又观二者之相融互渗，由此方能既“不囿于”中国文明又“寓于”中国文明。

从另一个角度看，“非”的力量还有必要进一步增强，从“非楚人”到“非人”，把我们从人类的视域解放出来。试以文明言之。“文明”一词最早见于《易传·贲

① 17世纪的威斯特伐利亚体系确立了基于现代民族国家的国际关系原则，具有重大的历史意义。然而，随着时间的推移，其背后以邻为壑、以国为界、一国之发展必损害他国现有利益的观念越来越成为人类文明进一步发展的障碍。在此背景之下，人类未来文明的发展，迫切需要“和而不同”的共同价值。世界分殊，各种文明之花竞相绽放；世界大同，姹紫嫣红共同书写一篇绚丽的春天“文章”。人类文明的进步有赖于打破不同社会群体、不同民族之间的隔阂，建构一个让差异在携手合作、良性互动中发挥建设性作用的“和一”。

卦·象传》:“刚柔交错，天文也；文明以止，人文也。观乎天文，以察时变；观乎人文，以化成天下。”中华文明对“文明”的理解，一开始就摒弃了人类中心主义，主张文明不止是人的文明，而是人以天地为法、人与自然良性互动的成果。人类文明的可持续发展亟须这种尊崇自然、天人共生的共同价值。人和世界万物都要发展，既要“成人”又要“成物”。儒家讲“赞参天地之化育”(《中庸》)，道家讲“上善若水，水善利万物而不争”(《老子·八章》)。

人类文明的新奇点、后经学状态有可能首先在中国发生吗？在中国迎来人类文明的新奇点和后经学时代——中国道路的意义在此，中国道路的使命亦在此。倘若如此，中国道路需要肩负起两种看似吊诡的任务：实现中华民族的伟大复兴，致力于人类命运共同体的伟大福祉。中华民族只有超越民族视域才能实现其“伟大”之复兴。这也许是事情的奇妙之处。中国不应只将自己理解为一个民族国家，而应该将自己理解为一种后民族国家、一种走向人类社会组织新形态的过渡者。再者，人类命运共同体不仅要超越民族国家，而且还要超越特定文明形态。所谓“超越”，不是外在的“超越”，而是据而有之的“扬弃”：一边是现有的中、西、印、非等诸种文明，一边是正在形成中的人类新文明，二者处于辩证的运动之中。《庄子·天下》哀叹“道术为天下裂”。然而，我们可以反其意而用之，在积极意义上鼓吹“道术为天下裂”。大道，每下愈况，遍在于、且只能分裂于诸种有同有异的方术之中；然而，“道术为天下裂”，不是道的蜕变，而是道的现实展开。就此而言，人类新文明形态将现有文明形态涵摄为内在于己的“道术”。

倘若从新奇点、后经学的视域出发理解我们当代（这个时代及其精神），中国哲学或中国思想应当采取何种姿态？也许，中国思想者应该把自己理解为人类新文明的开拓者与承担者的一分子，既把自己视为中华民族的子孙，同时又把自己视为希腊、希伯来、伊斯兰、印度等诸种文明理所当然的继承者，从人类新文明气势磅礴的实践中汲取洪荒之力，为中华民族的伟大复兴而运思，为人类命运共同体的继往开来而运思。进而言之，当代世界文明的加速交通促成新“文化生发期”的世界视域，这同时也意味着将人类整体作为思考单元的人类意识的觉醒。然而，促成这种觉醒的，除了世界文明的交通之外，还有另外一个因素，那就是日益彰显的后人类状况：人类整体正面临着一种前所未有的危机，赛博格、机器人等其他物类从“外部”逼迫人类将自身作为一个整体加以反思。孟子曰：生于忧患，死于安乐。人类整体能否向死而生，再造世界新文明?

第五节　结语

创建既有中国气象又有世界影响的哲学话语，已是当代中国哲学面临的时代大问题。中国哲学话语创建内在地要求汉语言哲学的视域。汉语言哲学思考以下根本问题：在古今中西之争的背景下，我们如何用汉语做哲学，为世界性百家争鸣贡献新的元点与智慧。进而言之，这乃是以做哲学的方式参赞再造世界新文明的人类伟大实践。

再造世界新文明，呼唤一种豪杰精神。如今，人类自16、17世纪以来高歌凯进的现代文明似乎已接近于某个临界点。面向人类未来，中国文明的自信需要建基于进一步的觉醒之上? 如果坚守中西的分界，在人类的后经学时代以经学方式“弘扬”儒学或某某学，那无疑会将中国思想的发展引入歧途。孔子生于鲁，而不以鲁自限；如孔子生于当今中国，必不以儒家自限。面向未来，人类文明必须在根本处发生转变，创造出有别于现代性的当代性。时代召唤着豪杰之士毅然奋起，以其豪气、英气、逸气与卓识回应时代的召唤。牟宗三以“溢”字妙论魏晋之“逸”：“精神溢出通套，使人忘其在通套中，则为逸。……逸则不固结于成规成矩，故有风；逸则洒脱活泼，故曰流。故总曰风流。风流者，如风之漂，如水之流，不主故常，而以自在适性为主。”① 豪杰逸气风发，不囿习见，溢出惯性思维框框和行为模式，正是理智德性（智德）上的风流。豪杰英气逼人，不迷信权威，正是理智德性上的卓尔独立。逸气和英气令豪杰之士以其别样的智德呈现出别样的气象。另一方面，逸气与英气如与独立思考的能力相配合，则能产生卓识睿见。若无独立思考的能力，则逸气、英气难免异化为狂气，发乎言则不免流于疏阔。

从一个方面来看，现代文明的转变，有赖于意欲方向及观物之法的根本转变。周敦颐《爱莲说》将莲花与富贵花牡丹区分开来，在世人通常追求的富贵之上建立另一

① 牟宗三:《才性与玄理》,《牟宗三先生全集》第2册，台北联经出版事业公司2003年版，第78—79页。

种“至富至贵”，以道充为贵，以身安为富。得此富贵，则享孔颜之至乐，“常泰无不足”。如此，意欲的方向从“轩冕”“金玉”转向道充身安。如此，当下即是永恒，无须不断“进步”到未来，不断地将当下牺牲在未来的黑洞之中。意欲方向的根本转变，必然引发观物之法的根本转变。周敦颐庭前草不除，以为“万物之生意最可观”。周敦颐之“观”物不同于现代人熟悉的“看”物。周敦颐之“观”物关联着“学”于物，而现代人的“看”则是为了了解物、研究物。从一种“观”物到“看”物，或者，从“看”物到“观”物，意味着视角的根本转变（从“看”的视角到“观”的视角），及主体心灵结构的根本转化（从看物者到观物者）。

试问豪杰今安在？

（作者：刘梁剑）

第二部分

中国自主知识体系构建的理论指引与方法

第四章　西方知识体系在中国的传播与影响

世界古代三大文明体系都有着深厚的历史积淀和知识体系沿革。西方知识体系源自古希腊的“七科”，古印度有其自成体系的“五明”，这两个知识体系在中国都有不同程度的传播，其中以西方知识体系在明末清初以来在中国的传播范围最为广泛，影响最为深远。我们今天处于传统文化与现代文化，中华民族文化与世界文化交流会通的交汇点上，有充分的条件构建中国自主的知识体系。《中共中央关于加快构建中国特色哲学社会科学的意见》指出：“立足中国、借鉴国外，挖掘历史、把握当代，关怀人类、面向未来，构建有中国特色、中国风格、中国气派的学科体系、学术体系、话语体系。要从我国改革发展实践中提出新观点、构建新理论，加强对实践经验的总结。”

现代知识体系主要是以西方知识体系为基础而发展起来的，尤其在自然科学领域占据主导地位。加快构建中国特色哲学社会科学是要构建中国自主知识体系，一方面要立足几千年悠久中华民族优秀传统文化，立足中国改革发展的现实实践，另一方面要借鉴世界文明的先进成果，特别是要深刻剖析西方知识体系的本质特质以及在中国传播的历史过程与影响。

第一节　西方知识体系的形成与发展

知识体系的形成不是一蹴而就的，有其一定的发生发展过程。古希腊智者学派提出“三艺”，柏拉图提出“四科”，初步奠定了西方知识体系的学科基础，经过亚里士多德对科学知识提出分类，后经昆体良、卡佩拉、奥古斯丁、莫鲁斯等对知识体系的不断补充和完善，到欧洲中世纪早期大学的课程体系设置，再到耶稣会《教育计划》系统阐述“七科”，西方知识体系基本定型并沿用至今。

一、西方知识体系的萌芽

古希腊文化是西方文化的重要源头。古希腊时期的知识体系源于智者学派的“三艺”、柏拉图的“四科”以及亚里士多德的知识分类等。

公元前 5 世纪左右，在雅典出现了智者（Sophists），到公元前 4 世纪逐渐形成了以教师、演说家、作家为主的“智者学派”，主要代表人物有普罗塔哥拉（Protagoras）、高尔吉亚（Gorgias）等。按照汪子嵩等人的研究，他们并不是传统意义的智者，而是创造者即作家和言谈举止的规劝者即教师或教育家。①

智者学派以修辞学、文法、论辩术“三艺”来传授知识，培养学生。其中，修辞学是可以通过学习和训练而获得的“说话的技艺”；文法则是从演讲和论辩的实际需要出发，传授正确使用语言与写作的方式；论辩术则是一个论证成为强有力的论证的技艺。

柏拉图（Plato，约公元前 427 年—公元前 347 年）在《理想国》中倡导以“四科”——算术、几何、音乐理论和天文学开展教育活动。这四科有不同的作用，算术“能把灵魂引导到真理”②，并超过任何学科；几何学也“能把灵魂引向真理”③；如果说几何学是研究平面的，天文学则是“讨论运动中的立体的”④；音乐与天文学是“成对的东西”⑤，是“为了寻求美者和善者”⑥。“四科”更侧重人的心灵和精神层面的养成。“三艺”与“四科”的有机结合构成了西方知识体系的雏形。

亚里士多德（Aristotle，公元前 384 年—公元前 322 年），是一位百科全书式的思想家，他几乎对古希腊的每一门学科都有所涉及，他的研究涉及伦理学、形而上学、心理学、经济学、神学、逻辑学、政治学、修辞学、自然科学、教育学、诗歌、风俗，以及雅典宪法等。

---

① 汪子嵩等：《希腊哲学史》第二卷，人民出版社 2004 年版，第 115 页。

② ［古希腊］柏拉图：《理想国》，郭斌和、张竹明译，商务印书馆 2010 年版，第 288 页。

③ 同上书，第 291 页。

④ 同上书，第 293 页。

⑤ 同上书，第 296 页。

⑥ 同上书，第 297 页。

亚里士多德是多个学科的奠基者，也是公认的逻辑学创始人，但在他的知识分类中并没有提及逻辑学。W.D. 罗斯在《亚里士多德》中有过更进一步的论述：

> 科学被亚里士多德分为理论的、应用的和生产的。每类科学的直接目的是认识，最终目的则是知识、行为和制作有用的或漂亮的物体。如果逻辑也要这样分类，它就要包括在理论科学中。但是，只有数学、物理学和神学或形而上学才是理论科学，而这些学科都不包括逻辑。在亚里士多德看来，逻辑实际上并不是独立存在的科学，而是某种基本修养，不仅每个人在研究任何一门科学之前要陶冶这种修养，而且只有这种修养才能使人知道什么样的命题需要证明，这些命题需要什么样的证明。后来在类似的意义上，人们把“工具”（即科学的工具）（Organon）一词应用于逻辑学说，并最终用于亚里士多德逻辑著作的汇集。①

在《工具论》的《论题篇》中，亚里士多德把知识分为理论的、实践的和创制的三类，他指出：

> 科学被分为理论的、实践的和创制的，而它们每一种都表示一种关系；因为它或是沉思什么，或是创制什么和做什么。②

科学之所以被分为三类，是因为它们之间存在着差异和区别。

另外，他在谈及对相似东西进行区分的时候，提到了知识分类。亚里士多德说：

> 有些科学是理论的，有些是实践的，有些是创制的。因为这每一种区分都有助于修饰论证，虽然不能必然地告诉结论。③

---

① ［英］W.D. 罗斯：《亚里士多德》，王路译，张家龙校，商务印书馆 1997 年版，第 23 页。

② 苗力田主编：《工具论》，《亚里士多德全集》（第一卷），中国人民大学出版社 2016 年版，第 488 页。

③ 同上书，第 524—525 页。

显然，逻辑不同于一般知识，是处理这些知识的工具和方法，高于一般知识的，不管它们是理论知识、实践知识，还是创制知识。

在亚里士多德的《形而上学》第六卷中，知识被亚里士多德分为三大类："一切思想必为实用、制造和理论三者之一"①，即理论知识、实践知识和创制知识。其中，理论知识包括物理学、数学、神学；实践知识包括伦理学、家政学、政治学；创制知识则主要包括修辞学和诗学。

尽管逻辑没有包括在亚里士多德的知识分类中，但是他认为逻辑学对于知识体系（知识分类）是不可或缺的，因为逻辑学是一种普遍适用于一切科学知识的工具，是研习知识体系内其他学科的基础与根基，正如他评价苏格拉底时所指出的那样："有两样东西完全可以归功于苏格拉底，这就是归纳论证和一般定义。这两样东西都是科学的出发点。"②归纳论证与一般定义实际涉及了逻辑的两个核心部分，即归纳和演绎，而这两部分正是科学的出发点，也是知识体系的基础。

古罗马在继承和保留古希腊文化的基础上，形成了自己独特的文化。主要代表是西塞罗和昆体良。

西塞罗（Marcus Tullius Cicero，公元前 106 年—公元前 43 年），古罗马最有影响力的教育家之一，曾经在他的《论演说家》（*De Oratore*）一书中阐述了作为一个演说家所必须具备的品质与学识。他指出，作为一个演说家，"须得具有那些非常富有学识的人的知识"③，"需要拥有对众多科学的广博知识"④，这是因为"若没有那些知识，文词便会成为无聊而可笑的空谈；演说辞本身的形成不仅需要选择词语，而且还要对它们进行结构；需要深入研究事物本性赋予人类的各种心灵活动，因为演说的全部威力和作用就在于或者平和，或者激动听众的心灵"。同时，作为演说家"还应该补充幽默、诙谐与自由人身份相称的教养、回答和攻击时应具有的优美而高雅的敏捷和简洁"⑤。

在西塞罗影响下，昆体良（Marcus Fabius Quintilianus，公元 35 年—96 年）提出了一套完整的雄辩术体系。和西塞罗一样，昆体良十分强调："一个合格的雄辩家必须

---

① ［古希腊］亚里士多德：《形而上学》，吴寿彭译，商务印书馆 2011 年版，第 134 页。
② 北京大学哲学系：《西方哲学原著选读》（上卷），商务印书馆 1981 年版，第 58 页。
③ ［古罗马］西塞罗：《论演说家》，王焕生译，中国政法大学出版社 2003 年版，第 7 页。
④⑤ 同上书，第 13 页。

有宽广深厚的基础知识，要学习天文、数学、几何、音乐、哲学、伦理、逻辑法律等当时几乎所有的学问，此外还要讲究说话的声调、节奏、抑扬顿挫、面部表情、手势、仪态、风度，甚至要向演员学习，这些都与修辞学不相干。”①

昆体良在《雄辩术原理》一书中提出了如何从幼儿开始培养雄辩家的计划。他指出：

> 雄辩的艺术包括了培养一个雄辩家所需的一切基本知识，……我的计划是引导我的读者从咿呀学语开始，经过初露头角的雄辩家所必需的各个阶段的教育，一直达到雄辩术的顶峰。②

这个计划包括修辞学、几何、文法、哲学、音乐和天文。而一个完美的雄辩家首先要具有一切优良品格，昆体良指出：

> 我的目标是完美的雄辩家的教育。这样一种雄辩家的首要因素是他应当是一个善良的人，因此，我要求他不仅具有非凡的演说天才，而且同时要具有一切优良的品格。③

除此之外，理想的雄辩家还要精通哲学、科学和雄辩术，昆体良认为：

> 理想的雄辩家成为真正配得上哲学家头衔的人，他应当在德行上是无可指责的，仅仅这点还不够（因为我不赞同持这一观点的人），他还必须精通科学和雄辩的艺术，达到前此的雄辩家所不曾达到的高度。④

就具体学习科目而言，首先学习希腊语，这是因为，要学习“希腊的学问，我们

---

① ［古罗马］昆体良：《昆体良教育论著选》，任钟印选，人民教育出版社2018年版，译序，第3—4页。
② 同上书，第5页。
③ 同上书，第5—6页。
④ 同上书，第7页。

的学问是从那里发展而来的”[①]，然后再学习拉丁语；学生能够顺利阅读和写字后，则要开始学习文法，“这门课程大致分为两部分：正确说话的艺术（即现代意义上的文法——Smail 注）和解释诗人的作品。文法课的实际内容比它的名称所表明的要多得多”[②]。

而后要开始学习诗歌、各类作家的作品，学习音乐、天文学、哲学、自然科学等。这些课程都是围绕着文法而展开的，昆体良认为：

> 如果不学习音乐，文法的学习也是不能臻于完善的，因为文法教师必须讲到韵律和音调的问题。如果他们对天文学无知，也就不能理解诗歌，因为诗人（举个简单的例子）常常参考星星的出没来判断季节的变换。学习哲学对于学习文法也是很重要的，这不仅是因为几乎所有的诗作中都有很多篇幅是以自然哲学的最深邃的精义为基础，而且是因为希腊人中的恩培多克里（Empedocles）以及拉丁人中的瓦罗（Varro）和卢克莱修（Lucretius），他们的哲学观点都写成了诗章。[③]

通过《雄辩术原理》，我们可以对昆体良所提及的“七艺”有一个基本了解。

第一科是文法。在接受文法教育之前，儿童要先学会写字和阅读，而文法在培养雄辩家的过程中居于特别重要的位置。昆体良指出：

“那种认为文法的教学微不足道、空洞无物的观点是不屑一顾的。因为，如果不通过文法的学习为未来的雄辩家打下牢固的基础，你筑起的任何上层建筑物都会倒塌的。文法这门知识是青年所必需，老年所喜爱，又是燕居时的良伴，在各种学问之中，只有这门学问有用甚于炫耀。

但愿任何人都不要轻视文法基础，这不是因为区分辅音和元音以及区分半元音和不发音的字母有多大困难，而是因为，只要深入这所圣殿的内室，可以说，很多精微奥妙的东西就会呈现在面前，它们不仅有助于使孩子的智力变得敏锐，而且也为运用

---

① ［古罗马］昆体良：《昆体良教育论著选》，第 12 页。

② 同上书，第 28 页。

③ 同上书，第 28—29 页。

最渊博的知识和学问开辟了前景。”①

在《雄辩术原理》中，昆体良比较详细地探讨了“文法本身的一些具体问题，如不规范的语言和文理不通、重音、修辞手段、语言的基础、类推法、权威、习惯用法、词源学、正字法、拼写和读音的区别等”②。

第二科是修辞学。昆体良认为在修辞学课程当中，最重要的是要学生掌握谋篇布局和恰当处理题材的技巧，他指出：

> 最要紧的是，教师要使学生深深懂得富有技巧的布局和恰如其分地处理题材的重要性，使学生懂得各种不同类型的人物最适合哪一种题材，任何题材在思想和文字上都是值得称颂的，何时应运用华丽的辞藻，何时应该行文凝练。③

第三科是辩证法。昆体良认为，哲学由自然哲学、伦理学和辩证法（即逻辑学）组成，这三者均与雄辩术有密切的关系。而辩证法“完全是研究词语的”④，他提出：

> 没有人会怀疑完全是研究词语的辩证法与雄辩术之间的关系，这是鉴于雄辩家的职责要求知道每一个名称（term）的确切含义，把含糊不清的弄明白，对错综复杂的加以辨析，区分真假，根据自己的意愿对事件加以证明或否定。⑤

在昆体良看来，作为哲学组成部分的辩证法，“它在下定义和推理中，在寻找差别和区分以解释疑难中，在诱使对方陷入困境中都是十分有用的”，但是“如果在法庭审理案件时完全以它为指导，它就只会妨碍运用比它更好的方法，由于它十分烦琐，要分散精力去迁就它的吹毛求疵，就会浪费精力”⑥，作为实用的论辩术还存在有缺陷。

---

① ［古罗马］昆体良：《昆体良教育论著选》，第 29 页。
② 同上书，第 32 页。
③ 同上书，第 38 页。
④⑤ 同上书，第 166 页。
⑥ 同上书，第 167 页。

在《雄辩术原理》中，昆体良认为辩证法是“完全是研究词语的”①。辩证法又称为逻辑学，虽然主要体现在演讲、演说过程中，但是雄辩术里体现得更为直接。至于雄辩术，昆体良将其分为三个部分，即雄辩家、雄辩词和雄辩术理论。它们三者的关系表现为：雄辩术理论是长于词令的艺术，是我们应当通过学习过程而获得的东西；雄辩家是掌握雄辩术理论的人，雄辩词则是雄辩家运用雄辩术理论获得的成果。

后四科分别是几何、算术、音乐和天文，古罗马时期的修辞学家、雄辩家对其均有过卓有建树的研究。他们认为学校里仅仅局限于三艺的教授是远远不够的，还应包括对四科（即四艺）的研究和传授。正如同昆体良所强调的那样：“造就出完善的雄辩家（他同时应当是智者）的不是几何学家或音乐家，或我还要增加的其他学科，然而，在学习他们的专门学科之外再加上学习这些学科，有助于他们达到完美的境界。”②

二、西方知识体系的形成与完善

从中世纪开始，知识体系的价值取向开始由人转向神学，并进入知识体系的完善进程，而且贯穿了整个中世纪。到公元 4 世纪，“七艺”被确定为学校教育的课程，其后被基督教接受作为其教育的内容。奥古斯丁（Aurelius Augustinus，354 年—430 年）主张把《圣经》作为基督教教育的核心，但是“入门时觉得隘陋，越朝前越觉得高深，而且四面垂着奥妙的帷幕”③，他倡导要学习算术、几何、天文、音乐和文法、辩证法、修辞来理解《圣经》。“七艺”的宗教取向在奥古斯丁那里开始充分展现出来。6 世纪时，意大利威维尔僧院院长克修都若斯（Cassiodorus）著有《学术通论》一书，正式使用“七艺”这一名称，“七艺”至此定型。④

莫鲁斯（Rabanus Maurus，公元 776 年—856 年）819 年在《牧师教育》（*The Education of the Clergy*）一书中对“七艺”每一分支及其各自之间的关系作了详细的论述。就“七艺”的顺序而言，莫鲁斯提出：“七艺中，首先是文法，第二是修辞，然后

① ［古罗马］昆体良：《昆体良教育论著选》，第 166 页。
② 同上书，第 43 页。
③ ［古罗马］奥古斯丁：《忏悔录》，周士良译，商务印书馆 1996 年版，第 41 页。
④ 参见曹孚等编：《外国古代教育史》，人民教育出版社 1981 年版，第 95 页。

是辩证法，算数，几何，音乐和天文学。”[①] 这里，他实际上是说明了“七艺”学习的排列顺序。

其次，莫鲁斯对“七艺”的每一分支都给出了基本的定义[②]，学习四艺的前提是三艺，而在文法、修辞学、辩证法的三艺中，又以文法为主。他还明确解释了“七艺”直接服务神学的作用。例如，学习文法，是因为“《圣经》中有各种修辞法，如寓言、谜语、比喻等。学会这些东西看来对于解释《圣经》是必要的”[③]；学习修辞学，“就能传布上帝的圣言，做一种有益的事”[④]；学习辩证法，可以“使我们懂得人生及其本源，通过它，我们认识善、造物主和造物三者的来源和活动”[⑤]；等等。由此可见，“七艺”的宗教取向在莫鲁斯的知识体系中得到了充分体现。

1088 年，世界第一所大学博洛尼亚大学在意大利建立。最初由一批文法、修辞学和辩证法的注释家组成，其后扩展到天文学、医学、哲学、算术等领域的学者。随着欧洲早期大学的建立，大学的教学体系和课程体系的建设日臻完善，西方知识体系的发展也进入了整合阶段。我们以巴黎大学课程体系的发展和改进，来具体分析知识体系的整合进程。

13 世纪初期，巴黎大学的课程体系经过对“七艺”的改进，1215 年巴黎大学的课程设置，“在形式上是大大修改过的七艺。……哲学包括亚里士多德的《伦理学》（Ethics）和四门高级学科（即四艺：算数、几何、天文、音乐）。随后在各个时期作了修改，明显的是增加了亚里士多德关于形而上学和自然哲学的著作。”[⑥]

巴黎大学按照 1254 年的法规提出了攻读文学士和文学硕士的指定书目，但“有些关于‘七艺’的书未列入”[⑦]，涉及逻辑、道德哲学、自然哲学、形而上学及其他，共计 24 部，其中亚里士多德的著作有 17 部，其他人的著作为 7 部。从课程设置和指定书目可以看出，这时候的知识体系内容已经有了明显的改进，既保留了七艺的基本

① ［美］E.P. 克伯雷编：《外国教育史料》，任宝祥、任钟印主译，华中师范大学出版社 1991 年版，第 119 页。
② 同上书，第 119—123 页。
③④ 同上书，第 120 页。
⑤ 同上书，第 121 页。
⑥ ［英］博伊德、金合：《西方教育史》，任宝祥、吴元训主译，人民教育出版社 1985 年版，第 146 页。
⑦ 参见［美］克伯雷编：《外国教育史料》，第 183—184 页。

内容，又增加了亚里士多德提出的三类知识，同时，将逻辑作为知识体系的基础加大了学习力度。书目将逻辑分为旧逻辑，包括波菲利的《亚里士多德〈范畴篇〉导论》、亚里士多德的《范畴篇》和《解释篇》、波伊提乌的《分论》和《论题篇（第4卷除外）》；新逻辑，包括亚里士多德的《前分析篇》《后分析篇》《辩谬篇》和《论题篇》。

三、西方知识体系的定型

1599年耶稣会的《教育计划》（*Ratio Studiorum*）正式颁布实施，标志着西方知识体系的定型。1534年耶稣会（Societas Jesu）在巴黎创立，耶稣会成立之初起就把传教、教育作为其重要使命，为此，耶稣会从创立之初就广泛开设各类学校，教学的主要内容是七艺。从1580年起，经过众多改进，于1599年最终成型的《耶稣会官方教育计划》（*Ratio atque Institutio Studiorum Societatis Jesu*），简称《教育计划》（*Ratio Studiorum*），是耶稣会实施教育的纲领性文件，规范了教育体系的构架。这个体系也是西方知识体系在中国传播的基本依据。

《教育计划》是耶稣会教育体系运行的标准性文件，它要求“耶稣会的全体成员都必须如实地遵照这一计划……所有的教师都有责任落实其中所有规定”①。尽管世界各地的耶稣会学校规模不一，但基本运行模式趋于统一，该计划实行标志着耶稣会教育体系的成熟。

《教育计划》包括管理、课程、方法及纪律四个部分，其中课程部分规定了课程体系和教学大纲，对学习科目的顺序提出了具体要求。学校教育分初级部和高级部。“初级部共6年，约在10岁入学。高级部又名哲学部，共2至3年。全部课程以4至6年级神学部为结束”，《教育计划》“对各部所有年级的教学做出了详细的规定”②。这与艾儒略在《西学凡》中的介绍基本一致。总而言之，《教育计划》中哲学教育，是让学生用教会认同的思想工具认识世界，为神学的学习配备思想工具。《教育计划》指导下的耶稣会教育体系取得了极大的成功，并随传教士的脚步遍布世界各地，产生了深远的

① Farrell A, *The Jesuit Ratio Studiorum of 1599, Translated in to English with an Introduction and Explanatory Note*, Conference of Major Superiors of Jesuits, 1970, p.xiii.

② 参见［美］克伯雷编：《外国教育史料》，第312页。

影响。

《教育计划》为西方知识体系在世界范围内的传播作出了巨大的贡献，耶稣会学院的开设直达远东、美洲。在西学东渐过程中，大量耶稣会学院培养出的传教士，步入中华大地，对中西文化的交流产生了深远的影响。1594 年，耶稣会在澳门建立圣保禄学院，耶稣会教育体系正式传入中国，中国学者徐光启、吴渔山等系统地接受了《教育计划》指导下的耶稣会教育。

四、西方知识体系的发展

文艺复兴时期，西方知识体系的价值取向开始从神学回归到人和自然。人文主义的兴起，旨在把人和自然从神学的桎梏中解放出来，以便为自然科学的发展扫清障碍，这正是它在理论领域以理性反对神性的表现。而基于理性的自然观使人成为世界的中心，推进了近代自然科学的出现。近代自然科学以科学实验为普遍的科学方法，催生了归纳逻辑，从方法上改变古代以演绎逻辑为基础的知识体系形态，使得近代自然科学的各个分支呈现出作为实验科学的突出特征。随着西方近代自然科学的兴起，知识体系各学科分支的分化与形成。

与古代知识体系相比而言，西方近代知识体系在框架上尽管没有发生结构性的变化，但在内容上发生了质的飞跃。14 世纪，文艺复兴运动的兴起，为近代自然科学的产生创造了条件。15 世纪，伴随着全新的自然观的出现，把人看作是高于自然的世界的中心，推进了近代自然科学的产生。近代自然科学是不同于古代自然科学的实验科学，在科学方法方面，催生了基于科学实验的科学归纳法，从而改变古代以演绎逻辑为基础的知识体系形态，使近代自然科学的各个分支呈现出作为实验科学的突出特征，自然科学的各个分支快速发展与分化。

19 世纪下半叶以来，借鉴自然科学的研究模式和研究方法，推动了具有科学意义的社会科学的出现，形成了对社会进行分门别类研究的社会科学，西方知识体系得到了进一步的充实和完善。1776 年，瓦特发明蒸汽机，并得到广泛应用，标志着工业革命的开始，欧洲步入工业社会时代，进入了真正意义上的资本主义社会阶段。资本主义的发展、工业社会时代的来临，对知识体系各分支的快速发展提出了越来越多的要求，各个分支领域的内容越来越成熟与完善，似乎基于西方知识体系的现代知识体系，尤其是自然科学和技术科学领域的各个分支，成为一种具有普遍意义并且不可替代的知识体系，占据有绝对的话语权。西方近代知识体系的形成是适应资本主义社会和工业社会的需要而发展和完善起来的。

西方传统知识体系在形成、发展和传播过程中，具有十分明显的特点。主要有：第一，具有涵盖各知识分支领域的体系完整性。西方知识体系基于古希腊的“七艺”与亚里士多德的知识分类，形成了比较完整的知识体系框架和层次结构。从内容上看，涉及自然世界、社会生活、精神生活的各个分支领域，具有全面性，各个分支领域本身也形成了相对完整的体系。

第二，发展过程是动态开放的。西方知识体系尽管架构没有发生实质性的变化，但其内容随着社会发展与文化进步，不断吸收新的知识，更新完善。在中世纪，西方知识体系多以亚里士多德的著作为根据，并适当吸收注释家的著作，如将波菲利、波伊提乌的著作纳入教育内容。文艺复兴之后，西方知识体系的价值取向由神回归到人和自然。随着西方近代科学的兴起，知识体系各学科分支的分化与形成，内容上发生了巨大变化和飞速发展，但知识体系的架构并没有实质性的变化。

第三，具有鲜明的价值取向。古希腊的知识体系价值取向是围绕人的成长和发展而展开的。从中世纪开始，知识体系的价值取向开始由人转向神学，在奥古斯丁那里，“七艺”的神学取向充分地呈现出来。莫鲁斯的《牧师教育》更是明确解释了“七艺”直接服务神学的作用，神学取向在莫鲁斯的知识体系中得到了进一步的巩固。耶稣会的基本使命是传教和教育，《教育计划》所确立的知识体系的神学取向更为明确。耶稣会教育的目的是给学生提供学习神学的工具，用教会认同的思想去认识世界。例如，在中国第一次传入阶段，利玛窦倡导以“学术传教”为基本策略而在中国知识界传播了部分新知，但其背后的神学取向昭然若揭。

第二节　西方知识体系在中国的第一次传播

西方知识体系传入中国以及在中国的传播与发展是一个十分复杂的文化过程，也是中国传统文化向近代文化转型的重要基石。西方知识体系传入中国的过程大致可以分为两个阶段，第一阶段为明末到清初，这个时期传入的主要内容包括西方知识体系的框架、哲学的构成等。第二阶段为清末至民初，主要内容是包括西方近代人文社会科学、自然科学和技术科学各分支在内的知识体系等。

一、高一志的《西学》

高一志，又名王丰肃，字则圣（Alfonso Vagnoni，1566—1640），耶稣会意大利来华传教士。1605 年来华，取名王丰肃，1616 年南京教难时被逐，后于 1624 年底返回中国内地，至山西传教，改名高一志。

高一志 1605 年月初至南京，并专心学习中国语言文字，研究古籍经典文献，著述立说。他的《西学》(成稿于 1615 年)，刊于 1632 年的《童幼教育》有《西学》一篇①。高一志在该篇的序中提到："此稿脱于十七年前，未及灾木。同志见而不迂，业已约略加减，刻行矣。兹全册既出不得，独遗此篇，遂照愿稿并刻之。"②此处"同志"应是艾儒略（Giulio Aleni，1582—1649），他在 1623 年刊印了《西学凡》③。1616 年高一志被逐至澳门时，艾儒略则在杭州避难，他有可能吸收高一志的思想而在发挥《西学》的基础之上《西学凡》。我们后面将做一对比，可以看出其中的共同点。

高一志在《西学》里，专门介绍了欧洲的教育体系，他在《童幼教育·西学第五》④中提到：

> 文学毕，则众学者分为三家而各行其志矣。或从法律之学，或从医学，或从格物穷理之学焉。三家者，乃西学之大端也。其一家若法律之学，本浩博且重，不可忽也。其二家，谓之修疾治命之学。盖世人素重者，莫甚乎命。其三家，费罗所非亚也。费罗所非亚者，译言格物穷理之道，名号最尊，学者之慧明者，文学既成，即立志向此焉。此道又分五家，一曰落热加；一曰非西加；一曰玛得玛

① 钟鸣旦、杜鼎克等编：《徐家汇藏书楼明清天主教文献（一）》，台北方济出版社 1996 年版，第 370—384 页。

② 同上书，第 370 页。

③ 艾儒略：《西学凡》，《天学初函》第一册，李之藻编，台湾学生书局 1978 年版，第 21—59 页。

④ 钟鸣旦、杜鼎克等编：《徐家汇藏书楼明清天主教文献（一）》，第 373—380 页。

弟加；一曰默大非西加；一曰厄第加。

在这个知识体系中，“文学”为入门的基础，而后才可开始学习其他知识。在哲学体系中，逻辑居于“根基”地位，“明辨之道以立诸学之根基”。学习逻辑之后，方可进入物理、数学、形而上学、伦理学的学习。而“格物穷理之学”的这“五家”则是构成了哲学知识体系。具备这些知识之后，方可进入神学（陀罗日亚，正道之本源）的学习。这是西方知识体系第一次被系统地介绍到中国。

二、艾儒略的《职方外纪》和《西学凡》

艾儒略（Jules Aleni，1582—1649），字思及，意大利耶稣会传教士。万历三十八年（1610年）来华。1616年，南京教案爆发，艾儒略躲至杭州的杨廷筠家避难，直到1618年形势有所好转，才开始在杭州传教。1623年，他编撰的《万国全图》《职方外纪》《西学凡》《张弥额尔遗迹》等著作刊印。

（一）《职方外纪》

1623年，在《职方外纪》的《欧逻巴总说》中，艾儒略介绍了西方的教育体系和知识体系[①]：

天下第二大州，名曰欧逻巴。……欧逻巴诸国皆尚文学。国王广设学校，一国、一郡有大学、中学，一邑、一乡有小学。

其小学曰文科，有四种：一古贤名训；一各国史书；一各种诗文；一文章议论。学者自七八岁学至十七八。学成，而本学之师儒试之。优者进于中学，曰理科，有三家：初年学“落日加”，译言辩是非之法；二年学“费西加”，译言察性理之道；三年学“默达费西加”，译言察性理以上之学，总名“斐录所费亚”。学成，而本学师儒又试之，优者进于大学。乃分为四科，而听人自择：一曰医科，主疗病疾；一曰治科，主习政事；一曰教科，主守教法；一曰道科，主兴教化。

① 参见艾儒略：《西学凡》，《天学初函》第一册，第27—37页。

皆学数年而后成。学成，而师儒又严考阅之。

又四科大学之外，有度数之学，曰“玛得玛第加”，亦属斐录所科内。……此欧逻巴建学设官之大略也。

从艾儒略的介绍来看，“小学”十年，主要学习人文知识；“中学”3至4年，主要学习哲学；“大学”主要学习医科、治科、教科、道科四门。

尽管艾儒略的《职方外纪》对西学知识体系的介绍比较简单，但基本框架是非常清晰的。其中“落日加”“费西加”“默达费西加”“玛得玛第加”，即逻辑、物理（自然科学）、形而上学、数学四科的知识总和构成哲学，而逻辑则是哲学的根基。

（二）《西学凡》

对西方知识体系介绍的比较系统的，当推《西学凡》。艾儒略在该书中对当时欧洲的大学教育体系和知识体系做了比较系统的简明介绍。

本文按《西学凡》的知识体系结构摘录如下①：

极西诸国总名欧逻巴者，隔于中华九万里。文字、语言、经传、书籍，自有本国圣贤所纪。其科目考取虽国各有法，小异大同。要之尽于六科。一为文科，谓之勒铎理加；一谓理科，谓之斐录所费亚；一为医科，谓之默第济纳；一为法科，谓之勒义斯；一为教科，加诺搦斯；一为道科，谓之陡禄日亚。惟武不另设科。小者取之材官智勇，大者取之世胄贤豪。

文科有四方面内容：1. 古圣名训，2. 各国史书，3. 各种诗文，4. 自撰文章、议论。前三个方面内容与中国当时的图书分类——经、史、子、集——颇为相近。议论之法的“五端”主要介绍了文章撰写的步骤、技巧，以及记忆、背诵的方法。同时，也谈到了辩论的方式和方法。

① 李之藻编：《天学初涵》第一册，第27—37页。

> 理学者，义理之大学也。……然物之理藏在物中，……须淘之、剖之以斐录所费亚之学。此斐录所者立为五家。
>
> 初一年学落日加。夫落日加者译言明辨之道，以立诸学之根基。辩其是与非、虚与实、表与里之诸法。即法家、教家必所借经者也。
>
> 第二年专学费西加，为斐录所之第二家。费西加译言察性理之道，以剖判万物之理，而为之辨其本末，原其性情，由其当然以究其所以然。依显测隐，由后推前，其学更广博矣。
>
> 第三年进斐录所第三家之学，所谓默达费西加者，译言察性以上之理也。所谓费日加者，止论物之有形，此则总论诸有形并及无形之宗理。
>
> 第四年总理三年之学，又加细论几何之学与修齐治平之学。
>
> 几何之学名曰马得马第加者，译言察几何之道，则主乎审究形物之分限者也。复取斐录之所论天地万物，又进一番学问。
>
> 修齐治平之学名曰厄第加者，译言察义理之学。复取斐录之所论物情性理，又加一番学问是第五家。

哲学包括逻辑、自然科学的六个分支、形而上学、数学和伦理学。艾儒略系统地描述了这些学科的知识框架和体系结构，把一个相对完整的中世纪欧洲哲学的知识体系脉络介绍到了中国知识界。哲学学成后，即可进入到医、法、教、道等科的学习。艾儒略第一次既把欧洲中世纪相对完整的教育体系与知识体系介绍到中国，也把中世纪古逻辑的基本框架全面地展现在中国知识界面前。

三、李之藻与傅汎际的《名理探》

李之藻与傅汎际（Francois Furtado）于1631年翻译刊印了1611年德国出版的葡萄牙科因布尔大学（Universite de Coimbre）的逻辑学讲义《亚里士多德〈辩证法大全〉疏解》，中文译名为《名理探》。《名理探》实际上介绍了三部分内容，除“五公”“十伦”属于西方传统逻辑之外，在“五公”卷之一中，有四节的篇幅介绍了西方知识体系的内容，分别是爱知学原始、艺之总义、诸艺之析、诸艺之序。

他们在“诸艺之析”一节，结合“七艺”和亚里士多德的知识分类对欧洲的知识体系作了全面介绍：“艺之别有三：一依所论而别，二依所向而别，三依所居而别。”① “所论”（rerum）是根据各个知识分支的内容来分类；“所向”（finis）是根据知识的性质和界限来分类；“所居”（gradus）是根据知识的层次与作用来分类。

“所论”有言语，包括谈艺（论辩术）、文艺（修辞学、历史、诗歌）、辩艺（逻辑学），以及事物（其他诸艺）两类；

“所向”有用艺、明艺两类，用艺包括韫艺：辩学（逻辑）、修学（伦理学、家政学、政治学）、言语（文法、修辞学）、杂用（美术、音乐、舞蹈、军事学）；明艺：形性学（物理学，含医学）、审形学（算数、几何学，也包括天文学）、超学（神学、形而上学）；

“所居”有上下两伦，上伦包括形性学（物理学）、克己治世治家之学（伦理学、政治学、家政学）超性超学二家之学（神学、形而上学）；下伦则为其他诸学。

《名理探》所介绍的知识体系，架构上是按照耶稣会《教育计划》来排列的，内容上则是按照亚里士多德的知识分类来整理的，体现了欧洲中世纪知识体系的基本特点。

四、南怀仁的《穷理学》

南怀仁（Ferdinand Verbiest）于1683年完成综合当时传入中国的西学知识编译、撰写了一部60卷的集成之作——《穷理学》。南怀仁在给康熙的《进呈〈穷理学〉书奏》中提到，《穷理学》“从西字已翻译而未刻者，皆校对而增修之、纂集之；其未经翻译者，则接续而翻译，以加补之，辑集成帙”②，并希望能够刊印发行。但康熙认为“此书内文辞甚悖拗不通”③，没有准奏刊印，且该书大部分以及轶散，成为中西文化交流史上的一件憾事。

现存《穷理学》残卷保留有南怀仁对知识体系的介绍，其内容与《名理探》基本一致，有爱知学原始、知学之总义、诸艺之析、诸艺之序四个部分，删除了与基督教

① ［葡］傅汎际译义，李之藻达辞：《名理探》，生活·读书·新知三联书店1959年版，第11页。
② 徐宗泽：《明清间耶稣会士译著提要》，上海书店出版社2006年版，第147页。
③ 刘国忠、黄振萍主编：《中国思想史参考资料集·隋唐至清卷》，清华大学出版社2004年版，第238页。

神学相关的部分，并将《名理探》的“艺之总义”改为“知学之总义”。①

根据南怀仁在给康熙的《进呈〈穷理学〉书奏》以及当时在中国传播的西学知识，可以推断，《穷理学》所涵盖的各方面西学知识已经在中国流传了，南怀仁作了比较系统的整理与补充工作。从 1582 年西方传教士开始来华传教到 1723 年雍正禁教，来华传教士翻译刊印的图书有 437 种，除宗教类图书外，还有社会科学类图书 55 种，自然科学类图书 131 种。②徐宗泽将这些图书分为圣书类、真教辩护类、神哲学类、教史类、历算类、科学类、格言类。③清政府推行禁教政策后，西方知识体系的第一次传播告一段落。

五、西方知识体系第一次传入中国的特点

1. 来华传教士受过系统的训练、有严格的组织体系，有统一的传播根据

传教士来华以前，要经过耶稣会严格的训练。耶稣会（拉丁原名 Societas Jesus, S.J.），为天主教的主要修会之一，又称耶稣连队，1535 年 8 月 15 日由西班牙罗耀拉的依纳爵（Ignace de Loyola）为因应当时基督新教的宗教改革成立，获得罗马教廷教宗的许可。耶稣会最主要的任务是教育与传教。教育体系的依据应该是耶稣会的《教育计划》。“《教育计划》(*Ratio Studiorum*)，……经过 1580 到 1590 年代的众多改进，于 1599 年最终成型，成为 18 世纪耶稣会教育体系的构架。”④这个《教育计划》所涵盖的内容，也是传教士在华传播的内容。

耶稣会的教育方法不能随便包括各种各样的学科。我们先看看教育方法应该包括哪些学科，也看看有什么例外。关于耶稣会应该怎么选学科只有三个原则：

1. 我们的教育方法应该包括人类所有的知识分支（理科、文科、艺术）；

2. 选择知识分支和教师方式的时候应该参照的唯一标准是教会和他人的良好状态；

3. 因为在不同的情况下不同的学科有不同的作用，选学科应该按照时期、地理位

---

① ［比利时］南怀仁：《穷理学》，1683 年，北京大学图书馆微缩版，“理辩之五公称”卷一，“爱知学原始”。

② 参见钱存训：《近世译书对中国现代化的影响》，《文献》1986 年第 2 期。

③ 参见徐宗泽：《明清间耶稣会士译著提要》，上海书店出版社 2006 年版，第 1—5 页。

④ ［美］奥尔森：《科学与宗教——从哥白尼到达尔文：1450—1900》，徐彬、吴林译，山东人民出版社 2009 年版，第 55 页。

置和人的状况。①

耶稣会有严密的组织体系，其最高权力机构是耶稣会公会，下设分省会、协作区、独立的副省会等。1576 年，葡萄牙人在澳门设立教区。而后，前往中国内地的耶稣会士都要在澳门学习和熟练运用中国语言文字后，才可进内地传教。

来华传教士翻译的作品大多来源于耶稣会会立科因布拉学院讲义。如毕方济和徐光启合译《灵言蠡勺》，底本为《亚里士多德〈灵魂论〉疏解》，傅汎际和李之藻翻译的亚里士多德《论天》，底本为《亚里士多德〈论天〉疏解》，李之藻和傅汎际翻译的《名理探》，底本为《亚里士多德〈辩证法大全〉疏解》等。为什么会出现这种情况呢？这是因为，“科英布拉（Coimbra，现葡萄牙）耶稣会开展了一个庞大的项目，用希腊文原文出版亚里士多德的所有著作，在迎面页附上全新的拉丁文翻译，并提供新的注释”②。这样，来华传教士翻译的作品基本上都是耶稣会会立科因布拉学院讲义，传播的内容比较规范，内容比较统一。

2. 第一次传入的主体相对单一，术语与解释相对一致

西方知识体系第一次大规模传入中国的传播主体相对单一，基本上是传教士与明朝入教官员士大夫的组合。

他们相互之间有交流，对传播的内容、术语的使用、解释等有直接影响。如对亚里士多德“实体”范畴的翻译，从利玛窦开始就使用了“自立体”，其后的翻译都采用了这一说法。如高一志的《西学》：“万有为二宗品，一谓自立者，一谓之依赖者。依赖者又分为九宗焉。”艾儒略的《西学凡》：“十宗论，即天地间万物十宗府。一谓自立者，如天地人物；一谓依赖者，不能自立，而有所赖焉以成。自立独有一宗，依赖则分而为九。”《名理探》也将实体译为“自立体”。

3. 与欧洲耶稣会的教育内容同步

来华传教士传播的内容几乎与欧洲耶稣会的教育内容是同步的。如《名理探》的底本《亚里士多德辩证法大全注解》于 1611 年在德国科隆出版，李之藻与傅汎际从 1623 年便开始着手翻译，其间隔不过 12 年时间。邹振环在评论 1683 年完成的《穷理

---

① Il Ratio Studiorum, Vol.I, Presso La Civilta' Cattolica, Roma,1851，第 5 页。

② ［美］奥尔森：《科学与宗教——从哥白尼到达尔文：1450—1900》，第 55 页。

学》一书时提出："值得特别提出的还有，此书中最早提到了1589年伽利略发现的落体加速度现象，但未提出公式论证及其所依据方法和原理的说明；书中还最早提到了1666年牛顿发现的光有五色的说法（译书距该发现仅十余年，考虑到当时交通的情况，我们不得不对此感到惊讶）。"① 出现这种情形的原因是："耶稣会也是近代最早建立同教学或宫廷事务相分离的研究职位的机构。最早从1565年开始，便有为最杰出学者设置的经书缮写主任（Scriptors）一职，任期2—6年，而且该职位除了学术职位再无其他挂碍"，"在1600年至1773年间，大约1600个不同的耶稣会贡献了近6000部科学著作。"② 这样，我们就不难理解为什么中国知识界可以接触到当时西方的最新成果了。

4. 全面介绍了西方的教育体系与知识体系，十分突出逻辑的根基作用

综合高一志与艾儒略的《西学》《职方外纪》与《西学凡》所介绍的内容，中世纪欧洲的知识体系包括文学、理学、法学、医学、教学和神学。按照现代学科内容来看，文科文史类学科，理科包括逻辑、物理（即自然科学）、形而上学、数学、伦理学，医学、法学、教会法、神学。如果我们把文科、道科去掉以后，就可以看出它和联合国教科文组织（UNESCO）颁布的基础科学的体系是一致的，而且逻辑作为基础科学的基础——根基——的根据是有历史根据的。现代西方大学的学院设置也基本与这个体系是相对应的，即文学院、理学院（含部分工学院的内容）、医学院、法学院、教育学院、神学院。我们今天的大学教育体系与知识体系大致也是和这个体系是相对应的，只是在教育教学的内容上有所更新。

在这个体系中，逻辑则居于基础地位，起着"根基"的作用。高一志和艾儒略都将逻辑译为"明辨之道"，充分肯定了逻辑是"以立诸学之根基"的基础地位和作用。《名理探》其中也有一部分专门谈到了逻辑的重要性——"欲通诸学先须知名理探"③。

由此可见，逻辑在西方知识体系中的根基作用与地位是有其历史渊源和文化传统的，而且对整个基础科学的体系来说也是至关重要的。这一点，对我们今天认识逻辑的重要性有着直接的启发意义。

① 邹振环：《影响中国近代社会的一百本译作》，中国对外翻译出版公司1996年版，第24页。
② ［美］奥尔森：《科学与宗教——从哥白尼到达尔文：1450—1900》，第53页。
③ ［葡］傅汎际译义，李之藻达辞：《名理探》，第28页。

第三节　西方知识体系的第二次传播

康熙末年，清廷与罗马教廷之间礼仪之争日益激化，康熙帝逐渐改变了以往优待传教士、准其在内地传教的做法，开始限制、直至禁止传教士传教。雍正继位后，采取更为严厉的措施，并于雍正二年（公元 1724 年 1 月 11 日）下诏书：允许对国家有益的西方传教士居住北京；除澳门外，西方传教士不准居住于中国内地，极大地限制了传教士在内地的活动。此后至乾隆年间，成为清政府禁教政策最为严厉的时期。1773 年欧洲耶稣会被取缔，1775 年（乾隆四十年）中国耶稣会解散，以传教士为中介的中西文化与学术交流活动完全中断。直到 1840 年鸦片战争，西方学术再次随着坚船利炮进入中国。与明末清初相比，1840 年后传入中国的西方知识体系与逻辑在传播主体、传播渠道和传播内容上出现了新的变化，也呈现出新的特点。

第二次鸦片战争以后，清政府中一些掌有实权的人物深感西方侵略者“坚船利炮”的巨大威力，极力主张学习西方的科学技术，借以巩固和维持清朝的封建统治。清朝的总理衙门大臣奕訢曾说：“治国之道，在乎自强，而审时度势，则自强以练兵为要，练兵又以制器为先。”① 李鸿章也提出：“中国欲自强，则莫如学习外国利器，欲学习外国利器，则莫如觅制器之器。”② 于是，在“自强”“求富”的旗号下，掀起了一场长达三十年之久的洋务运动。

1862 年，奕訢创办京师同文馆，培养外语人才，加强了解西方的手段。随后，上海、广州等地也相继建馆仿行。1872 年，中国第一批留学生赴美学习，直接接触西方的先进文化。设立同文馆，派遣留学生，对于学习传播西方近代科学技术知识和文化，推动中国文化的近代化，起到了不可低估的积极作用。西方知识体系通过不同渠道，在中国开始了第二次传播，对中国近代知识体系的转型与构建产生了深刻影响。

一、创办报刊

通过刊物介绍西学知识与实时见闻，是广泛传播西学，扩大西学影响的主要渠

① 《筹办夷务始末》，同治朝，第 25 卷，第 1 页。
② 同上书，第 10 页。

道之一。代表性的刊物主要有:《中西闻见录》《格致汇编》《万国公报》和《译书汇编》等。

《**中西闻见录**》。《中西闻见录》于 1872 年 8 月在北京创刊，由京都施医院主持，美国传教士丁韪良（William Alexander Parsons Martin）、英国教士艾约瑟（Joseph Edkins）和包尔腾（John Burdon）等人主编。创刊目的主要在于宣传基督教的道德观念，“系仿造西国新闻纸而作。书中杂录各国新闻近事，并讲天文地理格物之学”，设有天文、地理、物理、化学、医学及各国近事等栏目。①

《**格致汇编**》。由英国传教士傅兰雅（1839—1928，John Fryer）1876 年创刊的《格致汇编》，是以介绍西方光化电等自然科学知识为中心内容的专门刊物。1877 年慕维廉（William Muirhead，1822—1900）、沈毓桂以《格致新法》为题摘译培根的《新工具》一书，连载于《格致汇编》。这是继王韬于 1873 年前在《瓮牖余谈》中介绍用八百多字介绍了培根（《英人倍根》）之后②，对培根逻辑思想的初步说明。光绪十七年（1891）夏季，《格致汇编》第六年第二卷介绍了艾约瑟翻译的《西学启蒙十六种》书目，其中包括《西学略述》和《辨学启蒙》。

《**万国公报**》。《万国公报》是 1868 年 9 月 5 日在上海由美国监理会传传教士林乐知（1836—1907，Young John Allen）等创办的一份刊物。1878 年连续刊登了慕维廉介绍培根的《新工具》(时称“格致新机”)。1899 年《万国公报》还最早把马克思以及他的《资本论》介绍到中国来。

《**译书汇编**》。清政府在 19 世纪中后期向日本派出了大批留学生，这些留学生在日本设有专门机构从事翻译在日本的西学著作。1900 年，留日学生在东京建立了第一个爱国团体——励志会，并创办《译书汇编》，由戢翼翚、杨廷栋、杨荫杭、雷奋等主编，成为最早通过日本介绍西学的杂志。“《译书汇编》发行量很大，每期逾千份，上海设有总发行所，在全国许多省市设有代售所，其中尤以江浙一带为多。”③1902 年 9 月《译书汇编》刊载有汪荣宝翻译的《论理学》(高山林次郎著)。

---

① 李娟:《中华读书报》2006 年 5 月 24 日。

② 王韬:《英人倍根》,《瓮牖余谈》卷二，岳麓书社 1988 年版，第 45 页。

③ 邹振环:《辛亥前杨荫杭著译活动述略》,《苏州大学学报》1993 年第 1 期。

二、编译书籍

编译各门学科的图书是系统了解西方新知的最有效途径。在清末，有一批机构和知识分子开始有意识地编辑涉及西学各领域的基础知识。主要机构有江南制造局、格致书室、中国总税务司等，主要人物有傅兰雅、艾约瑟、严复、王国维等。

江南制造局。1868 年（同治七年），傅兰雅任上海江南制造局翻译馆译员，达 28 年，编译《西国近书汇编》。江南制造局[①]是当时最大的翻译科技著作的机构，该局译书大致代表了当时绝大多数中国人所能了解的西方科技知识的最高水平。而傅兰雅在制造局口译的译著达 113 种，其中 95 种已刊，18 种未刊。在已刊 95 种译著中，数学 9 种，物理 4 种，化学与化工 12 种，矿冶 10 种，机械工程 9 种，医学 4 种，农学 3 种，测绘地图 5 种，军事兵工 15 种，其他技术 10 种。[②]

《格致须知》。傅兰雅主持创办于 1875 年的格致书室，他自编《格致须知》27 种科学入门书，编译了《格物图说》10 种，传播了西方近代自然科学和工程技术方面的知识，包括数学、化学、机械、医学、农学、矿冶等，《理学须知》是其中的一种。《理学须知》是对英国哲学家穆勒原著《逻辑体系》的简单而完整的介绍。"《理学须知》共分六章，基本上是按照穆勒《逻辑体系》的顺序结构分章介绍其内容的。"[③]如第一章"略论理学原意"，即原书的"导论"；第二章"略论名与实事"，即原书第一卷"名称与命题"；第三章"略论求据之法"，介绍原书第二卷"论推理"的前四章；第四章"略论类推之法"包括原书第三卷"论归纳"和第四卷"归纳的辅助活动"等内容；第五章"略论错误之处"，即原书第五卷"论谬误"；第六章"格物致知之理"即原书第六卷"论精神科学的逻辑"的部分内容。这是穆勒《逻辑体系》的主要内容第一次传入中国。

《西学启蒙十六种》。1880 年中国总税务司赫德聘请艾约瑟（Joseph Edkins, 1823—1905，英国传教士和汉学家）为海关翻译。在赫德的要求下，艾约瑟经过 5 年的时间，

---

① 江南机器制造总局，简称江南制造局或江南制造总局，又称作上海机器局，是清朝 1865 年 9 月在洋务运动中成立的军事生产机构。

② http://baike.baidu.com/view/416953.htm#4.

③ 陈启伟：《再谈王韬和格致书院对西方哲学的介绍》，《东岳论丛》2001 年 9 月。

挑选了 15 种英国出版的启蒙读物翻译完成①，在此基础上，艾约瑟又编纂《西学略述》，对各学科源流作了综述介绍，将之与其他 15 种读物合为《西学启蒙十六种》，1886 年由北京总税务司署印行。

严复翻译 8 种。严复从 1898 年至 1909 年共翻译著作八部，分别是：1898 年《天演论》（赫胥黎《进化论与伦理学》）、1901 年《原富》（亚当·斯密《国富论》）、1903 年《群学肄言》（斯宾塞《社会学研究法》）、1903 年《群己权界论》（约翰·穆勒《自由论》）、1904 年《社会通诠》（甄克思《政治史》）、1904—1909 年严复译《法意》（孟德斯鸠《论法的精神》）、1905 年《穆勒名学》（穆勒《逻辑体系》前半部分的中译）、1909 年《名学浅说》（耶芳斯［William Stanley Jevons，1835—1882］的《逻辑》）。这些译作主要涉及了逻辑与其他社会科学的不同领域。

王国维翻译 19 种。王国维翻译的作品涉及 19 种，大部分内容与哲学相关，如《教育学教科书》《哲学概论》《心理学》《伦理学》《哲学小辞典》《西洋伦理学史要》等。

从以上这些内容来看，与第一次传入西方知识体系的框架相比，第二次传入虽然还是以第一次传入的知识体系为框架，但各门学科的内容介绍更为具体，广泛涉及西方近代自然科学、人文社会科学、工程技术科学等各领域知识。而在这些介绍中，尽管侧重点不同、传播主体不同，但都对逻辑给予了高度重视，逻辑在西方知识体系中占有相当重要的位置。这个情况仍然值得我们今天作出进一步的探讨和实践。

三、统一术语

由于传播主体、传播途径和传播形式的不同，传入中国知识界的西学术语十分混杂，如对“logic”一词的翻译有“格物新法”“辩学”“名学”“论理学”“理则学”等。为厘清混乱，清政府学部于 1910 年提请设立编订名词馆，并与“素有译才之名的严复接洽，央其审定各科名辞”②，同年“10 月 29 日学部正式奏请开办编订名词馆，作为‘编订各科名词、各种字典’的专门机构，并委派严复为总纂”③。

① 这套启蒙读物是英国出版的一套大型丛书《基础知识系列》，该丛书有三部分，《科学入门》15 种，《历史入门》10 种，《文学入门》11 种。

②③ 彭雷霆：《张之洞与编订名词馆》，《湖北大学学报（哲学社会科学版）》2010 年 1 月。

编订名词馆随后的工作中，“对植物学、数学、心理学、伦理学、逻辑学、地理学、宪法等各学科名词进行了厘定和规范，出版了这些科目的名词对照表”[①]。有《植物名词中英对照表》《数学名词对照表》《外国地名中英对照表》等，其中还包括合印为一本的《辨学中英名词对照表》与《心理学名词对照表》《伦理学名词对照表》。《辨学中英名词对照表》对逻辑的定名是“辨学”，原名“logic”，定名理由：“旧译辨学，新译名学，考此字语源与此学实际似译名学为尤合，但奏定学堂章程沿用旧译相仍已久，今从之。”[②]这一套对照表的出现，对当时传入中国的西学知识术语规范的作用，对于推动西学知识体系的规范传播产生了直接影响。

四、创办西式学校

博文书院是清政府计划设立的第一所具有近代意义的高等学校，但实际没有运行。1886年，李鸿章在《西学启蒙十六种序》中提出：“近复有博文书院之设，而赫君（指赫德）之书适来，深喜其有契余意而又当其时也。”[③]博文书院原计划为洋务运动培养对外通商、新兴实业、西方武备等皆渴求合格的“通译”和“天文、地理、西国文武、水陆军制、大小工程”人才。1889年，博文书院的校舍已经建成，但并没有实际招生。但在它基础上孕育出近代中国第一所现代意义上的理工科大学——天津北洋西学学堂。光绪二十一年八月十四日（1895年10月2日），光绪皇帝恩准成立天津北洋西学学堂，“以博文书院房屋为专堂”，[④]并由盛宣怀任首任督办，坐落在博文书院旧址（现在的天津海河中学）。天津北洋西学学堂建校之初即全面引进西方教育模式，尽仿哈佛、耶鲁等名校。1896年更名为北洋大学堂。

1902年8月15日颁布，清政府颁布《钦定京师大学堂章程》，这是中国近代由国家颁布的第一个规定学制的文件。京师大学堂设立的目的是“激发忠爱、开通智慧、振兴实业……端正趋向、造就通才”。大学分科门目表则“略仿日本例定为大纲”分为：政治科、文学科、格致科、农业科、工艺科、商务科、医术科等七科。七科的具体分支为：

---

① 张运君：《严复与近代教科书的发展》，《历史教学问题》2009年第9期。

② 清朝学部编订名词馆：《辨学中英文名词对照表》，国家图书馆复印本。

③ 李鸿章：《西学启蒙十六种序》，引自《西学略述》，光绪二十四年上海图书集成印书局。

④ 盛宣怀：《拟设天津中西学堂章程禀》。

政治科之目二：一曰政治学、二曰法律学；

文学科之目七：一曰经学、二曰史学、三曰理学、四曰诸子学、五曰掌故学、六曰词章学、七曰外国语言文字学；

格致科之目六：一曰天文学、二曰地质学、三曰高等算学、四曰化学、五曰物理学、六曰动植物学；

农业科之目四：一曰农艺学、二曰农业化学、三曰林学、四曰兽医学；

工艺科之目八：一曰土木工学、二曰机器工学、三曰造船学、四曰造兵器学、五曰电气工学、六曰建筑学、七曰应用化学、八曰采矿冶金学；

商务科之目六：一曰簿计学、二曰产业制造学、三曰商业语言学、四曰商法学、五曰商业史学、六曰商业地理学；

医术科之目二：一曰医学、二曰药学。①

这个分科与艾儒略《西学凡》中介绍的六科基本是对应的。西方知识体系经过一百多年的发展，其内容更为丰富，体系更加完整。

在“豫备科课程门目表”中提出：“豫备科课程依原奏分政艺两科习政科者卒业后升入政治文学商务分科习艺科者卒业后升入农业格致工艺医术分科各省高等学堂课程照此办理。”

五、西方知识体系第二次传入的特点

与第一次传入相比，第二次传入呈现出明显的不同特点。主要有：

1. 传播主体的多样化

第一次传播的主体主要由来华传教士和入教的士大夫构成，成分比较单一；

第二次传播的主体则比较复杂，由多类人员构成：在华的外国知识分子，如艾约瑟、慕维廉、傅兰雅等；归国留学生，如严复、王国维；在日留学生，如胡茂如；中

① http://blog.sina.com.cn/s/blog_54d2ca590100010d.html.

国知识分子，如张子和、杨荫杭等。传播主体的多样化说明对西方知识体系的认可达到了空前的程度。

2. 传播内容的多样化

第二次传播则更系统地介绍了传统逻辑与现代逻辑。第一次传播的内容主要是介绍西学知识体系架构和逻辑的体系框架，详细内容尚未展开，至多在《名理探》中展示了中世纪古逻辑的内容，即亚里士多德的十范畴与五种属性。

第二次传播的内容则相对更为丰富：西方在新体系各分支知识得到了比较系统的传入。以逻辑为例，传统逻辑的知识体系（包括演绎逻辑和归纳逻辑）已经完整地介绍到中国知识界，现代逻辑的内容开始进入中国知识界的视野，也有中国学者开始编写现代逻辑的论著。从艾约瑟翻译《辨学启蒙》开始，西方传统逻辑的基本内容得到了系统传播，王国维翻译的《辩学》更为全面，甚至包括了部分现代逻辑内容，但在当时并没有得到重视。译自日本的大西祝的《论理学》、十时弥的《论理学纲要》、高岛平三郎的《论理学教科书》等逻辑著作，则是系统全面地介绍了西方传统逻辑的教学体系。尤其是中国知识分子借鉴这些教本，自编著了一批论理学教材，对大专院校的逻辑学教育教学产生了直接影响。另外，除了出版著作之外，在各类期刊中也有大量的涉及逻辑方面的论著发表，传播形式呈现出多样化的特点。

3. 传播的内容几乎与西方学界同步

1921 年《民铎》杂志刊登了一份《关于论理学之名著介绍》的书单[①]，列出了 27 本国外的论理学名著，夹注中说到“以英文为限，附星号者为必读之书”[②]。这些书目除了一部分介绍西方传统逻辑的外文图书已经被翻译成中文外，还有一部分是 20 世纪初期才开始在欧美出版发行的，如杜威（Dewey）、席勒（Schiller）等人的著作。可以肯定的是，中国知识界这个时期接触到的西方逻辑部分内容思想几乎达到了与西方同步的程度。

第四节　西方知识体系在中国的影响

西方知识体系的第二次传入，对中国传统知识体系带来了“覆盖式”的全面冲击。

①② 《关于论理学名著介绍》:《民铎》1921 年 2 月二卷 5 号。

与历史上历次外来文化在中国的传播相比，清末的西学东渐外有“坚船利炮”传送西学，内有洋务派、维新派相接，更有“救国图强”的广泛社会基础，因此，西方知识体系能够被社会各界迅速接受。随着近代新式教育体系的建立，“西学”知识体系还没有来得及被完全消化吸收就直接“覆盖”了悠悠数千年的“中学”知识体系。在这样的背景下，套用“新知”整理“旧学”成为当时的必然趋势。中国近代知识体系的重建取得了一系列的成果，对中国近代社会转型、文化转型，产生了直接影响。

一、建立了中国近代的教育体系

以西方教育体系为摹本，建立了从新式小学、中学到大学的近代教育体系，而以官方渠道颁制章程、制定课程标准，更加巩固了以西方知识体系为基础的中国近代教育体系的形成与发展，在体系和制度层面推进了中国近代知识体系的建构。从现有文献来看，近代的中学、师范学校直至大学都比较全面地实施了以西方知识体系为框架的教育体系，培养了一批具有近代科学、文化知识的新生代，为中国社会的转型准备了人才。

二、观念的转变和方法的更新促进了传统文化向近代文化的转型

西方知识体系第二次传入近代中国后，经过洋务运动、改良主义思潮、维新变法等社会运动和思想变革，诸多学者开始反思传统文化与知识体系，并以全新的科学精神与理性观念为核心重建中国近代的知识体系。如严复提出要彻底革新中国学术，“非为数学、名学，则其心不足以察不遁之理，必然之数也；非为力学、质学，则不知因果功效之相生也”①。观念转变的核心是将西方近代的科学精神引入到中国近代知识体系的重建，方法的更新则是将西方逻辑作为革新中国学术的基本方法。严复借培根之言，称逻辑为“一切法之法，一切学之学”②。对逻辑新知的理解和学习，对当时的中国知识界来说，不仅充实了新的方法，更是在思想层面上注入了新的观念。

---

① 严复:《原强》,《严复集》第1册，中华书局1986年版，第6—7页。

② 严复:《穆勒名学》按语,《严复集》第4册，第1028页。

三、以“中体西用”的方式整理中国传统学术

随着诸子学的复兴和西方知识体系中各个分支的全面传入，部分近代学者开始以“中体西用”的方式整理中国传统学术而构建中国近代学术。具体来说，就是“凭借新知以商量旧学”①，“以欧洲新理比附中国旧学”②，“以欧美现代名物训释古书，甚或以欧美现代思想衡量古人”③。也就是直接对应于西方知识体系，套用西方学科体系的理论与方法，加上古代中国典籍的例证，构造出中国近代知识体系。这样，在人文知识领域出现了对应西方知识体系标有“中国”的分支领域，如中国哲学、中国语言学、中国逻辑等。最为典型的例证是刘师培对应这些领域计划写作一套中国学术史《周末学术史》，并于 1905 年在《国粹学报》第一期至第五期发表了《周末学术史序》④，一共 17 篇。第一篇为《周末学术史总序》，其余 16 篇为对应西方知识体系的中国学科史。从这 16 个学科领域来看，完全是按照西方知识体系来研究中国古代学术思想的。但是，对应西方知识体系而得到的这些标有“中国的”学科是不是能够代表中国传统学术原本意义的那些思想，这也是我们今天要继续反思的一个重要问题。正如哲学界讨论中国哲学合法性的问题、有无中国逻辑的问题。而在自然科学、技术科学领域，则全方位地引进了西方近代学术成果，推进了近代自然科学和技术科学在中国的发展，而且对中国近代工业、商业等领域影响至深，为中国近现代工业体系的建设作了相应的前期准备，也在很大程度上改变了社会生活方式和人们的行为方式。

从人类知识体系的演进来看，中国近代知识体系的重建过程，反映了社会发展、文化进步对知识体系发展的必然要求。但在中国近代，则是有更多、更复杂的社会、政治、历史、文化等内外部因素交织在一起。从外部因素来看，中国近代知识体系的重建顺应了人类社会由农耕社会形态向工业社会形态的转型。西方近代实验科学的兴

---

① 梁启超：《墨经校释・自序》，《梁启超全集》第 11 集，中国人民大学出版社 2018 年版，第 4 页。

② 梁启超：《墨子之论理学》，《梁启超全集》第 4 集，第 341 页。

③ 梁启超：《先秦政治思想史》，《梁启超全集》第 11 集，第 427 页。

④ 刘师培：《周末学术史序》，《刘师培史学论著选集》，邬国义、吴修艺编校，上海古籍出版社 2006 年版，第 58—121 页。其余 16 篇序分别为《心理学史序》《伦理学史序》《论理学史序》《社会学史序》《宗教学史序》《政法学史序》《计学史序》《兵学史序》《教育学史序》《理科学史序》《哲理学史序》《术数学史序》《文字学史序》《工艺学史序》《法律学史序》《文章学史序》。

起，推动了欧洲进入到工业社会阶段，日本的明治维新也是顺应了这种社会形态转型的变化。中国在经历了两次鸦片战争之后，被迫打开国门，开始从封建社会沦为了半殖民地半封建社会。社会形态的变化必然要推动文化形态的转变，而文化形态的变化必然要反映到知识体系的变化上来。

从内部因素来看，一是清末废除科举制度，开始兴办新式教育，从制度层面对传统知识体系造成了颠覆性的冲击，为构建中国近代知识体系铺平了道路。袁世凯、张之洞等提出，废除科举是兴办新学的重要前提："科举一日不停，士人皆有侥幸得第之心，以分其砥砺实修之志。"① 光绪于 1905 年 9 月准奏，1906 年起，所有乡会试一律停止，宣告了自隋代起实行了 1300 年之久的科举考试制度的终结。二是白话文运动的兴起，从文字载体上取代了文言文对传统知识体系的承载功能。清末时期，黄遵宪比较早地意识到汉语言与文相脱离的缺陷，他提出："语言与文字合，则通文者多；语言与文字离，则通文者少"②，而积极倡导言文合一的教育。新文化运动时期，胡适、陈独秀、李大钊等人积极推动白话文运动，主张用白话文代替文言文。白话文运动在语言上宣告了文言文时代的终结和白话文时代的开始，数千年来中国通用的书面语言与口语脱节的现象得到解决。但是，承载中国传统知识体系的文言文的退出历史舞台，也动摇了传统知识体系得以延续的基础。

第五节　结语

西方知识体系的形成和发展有其特定的文化背景、演进轨迹和价值取向。西方知识体系分别以传统的和近代的两种形态从明末到民初进行了两次传播，并呈现出不同的特点。尤其以第二次传播对中国近代文化转型和知识体系构建产生了直接而深远的影响，并引发了一系列的问题，这些问题在今天仍然以不同的形式存在着。在构建中国自主知识体系的探索中，需要对这些问题重新进行解读和反思，以中华优秀传统文化的创造性转化与创新性发展为路径，挖掘支撑中国传统知识体系的基础。

中华优秀传统文化具有源远流长的发展历史，其演化有独特的中国传统知识体系

① 朱有瓛：《中国近代学制史料》（第二辑上册），华东师范大学出版社 1987 年版，第 110 页。

② 黄遵宪：《梅水诗传序》，《黄遵宪集》下卷，吴振清等编校，天津人民出版社 2003 年版，第 390 页。

作为载体。古希腊和印度知识体系在中国都有不同程度的传播，这是我们构建中国自主知识体系的比较优势。

当代中国进入到中国特色社会主义新时代，实现中华民族伟大复兴的战略全局和世界百年未有之大变局的加速演进，对构建中国自主知识体系提出了新的要求；构建人类命运共同体、创造人类文明新形态，对构建中国自主知识体系的价值取向增加新的内容；中国式现代化发展为构建中国自主的知识体系创造了充分条件。构建中国自主的知识体系，要坚持以习近平新时代中国特色社会主义思想为指导，立足几千年悠久中华优秀传统文化，立足中国式现代化实践，借鉴世界文明的积极成果，深刻剖析西方知识体系的形成发展及其本质特征、在中国传播的特点与影响，从历史和现实两个维度来探讨中国自主知识体系构建的途径。

（作者：翟锦程）

第五章　中国式现代化：自主知识体系价值取向与构建的实践基础

习近平总书记在考察中国人民大学时指出："加快构建中国特色哲学社会科学，归根结底是建构中国自主的知识体系。"① 党的二十大报告中提出了"加快构建中国特色哲学社会科学学科体系、学术体系、话语体系"② 的战略任务。党的十八大以来，中国共产党在中国特色社会主义建设伟大实践基础上继续前进，不断实现理论和实践上的创新突破，成功推进和拓展了中国式现代化。中国式现代化为世界上发展中国家独立自主迈向现代化树立了典范，提供了全新选择，也为构建中国自主知识体系提出了新的要求。

第一节　知识体系与自主的知识体系

一、什么是知识体系

从一般意义上来讲，知识是人对自身及主客观世界认识结果的总和；知识体系是指基于一定的逻辑基础、在特定的文化生态中形成的、具有民族性或地域性的知识总和，并按照一定的标准进行分类后得到的知识系列。知识体系是人类文化得以传承、创新和发展的重要基础与直接载体，也是一种文化的核心价值观念体系得以养成和延续的载体。对一种知识体系的学习，实际上就是对这个知识体系所承载的文化传统及其蕴涵的价值观念的认识和理解过程。一般来说，知识体系由学科体系、学术体系、话语体系这三个核心要素构成。这也是加快构建中国特色哲学社会科学，建构中国自主的知识体系的基本方面。

---

① 习近平：《坚持党的领导传承红色基因扎根中国大地　走出一条建设中国特色世界一流大学新路》，《人民日报》2022 年 4 月 26 日，第 1 版。

② 习近平：《高举中国特色社会主义伟大旗帜　为全面建设社会主义现代化国家而团结奋斗——在中国共产党第二十次全国代表大会上的报告》，人民出版社 2022 年版，第 43 页。

学科体系是根据研究对象和方法不同而形成的学术门类，是知识体系的组成形式。例如，亚里士多德明确把知识分为理论的、实践的和创制的三类。再如，欧洲中世纪的哲学和我们今天看到的哲学并不一样，它是一个包括逻辑学、物理学、数学、形而上学和伦理学五个部分在内的知识体系。由于各学科的对象不同，因而学科之间有相对严格的界限。但随着人类知识的飞速发展与进化，从而出现了聚焦领域或问题的新兴学科、交叉学科等，这也是由于外在的社会需求而引发的学科自身的内生演化。

学术体系是指在学科框架内部，面向特定研究对象而形成的系统化、理论化的思想学说体系。即使在同一个学科体系内，由于研究主体的世界观、方法论的差异，也可以产生不同的思想学说和流派。先秦时期，诸子各派“蜂出并作，各引一端”(《汉书·艺文志》)，思想观点各不相同，甚至完全对立，形成了百家争鸣的局面。墨子虽曾“学儒者之业，受孔子之术”，但最终“背周道”而“非儒”(《淮南子·要略》)。即使在墨家内部，最终“墨离为三”(《韩非子·显学》)而“倍谲不同”(《庄子·天下》)。先秦时期的思想学说作为一个整体，是在各家学派相互批判和相互吸收的过程中才发展、完善起来的，正像《汉书·艺文志》所云：“其言虽殊，譬犹水火，相灭亦相生也……相反而皆相成也。”在现代科学领域亦是如此。以数学的哲学基础问题为例，在1900年到1930年三十年间，形成了以罗素为代表的逻辑主义、以希尔伯特为代表的形式主义和以布劳维尔为代表的直觉主义三大学派。尽管三大学派的观点不尽一致，但它们为数学基础理论的完善作出了积极贡献。

话语体系是刻画和表达一种思想学说和理论方法的基本概念和术语系统。我们可以通过核心概念和术语来具体把握一种理论或思想学说基本内容与特质，如“道”与“无”表达了道家的思想特质；也可以通过核心概念和术语体系来把握一种理论的基本结构，如词项、命题、推理和论证，刻画了西方传统逻辑的基本理论体系。

二、具体领域知识的层次

构建中国特色哲学社会科学学科体系、学术体系、话语体系，也涉及具体领域的知识。我们把这些具体领域的知识分为四个层次：完全自主的层次、以我为主的层次、内外结合的层次和共同知识的层次。可以说，这四个层次的知识领域涵盖了哲学社会科学知识体系的基本内容。

建构中国当代知识体系既与话语权、话语体系、学术体系、学科体系的建设密切相关，也涉及具体领域的知识，需要我们用人类命运共同体的价值观念和全球性视野来加以理解和认识。而这些具体领域的知识和人类历史上的知识一样，具有不同的层次，构成具有系统性的知识体系，体现着其内在的价值观念。我们可以从以下四个层次把握这些具体领域的知识。

第一，完全自主的层次。这个层次对中国当代知识体系的建构有直接影响，涉及形而上层面的知识领域，亦即在人类命运共同体建设的背景下，承载着中国当代知识体系的价值观念，引领中国当代知识体系的构建和发展。而这种价值观念需要体现在具体的理论领域，亦即当代中国的哲学社会科学的各人文科学领域。当代中国人文科学领域的建构与探索又是一项十分复杂而艰巨的工作。如前所述，中国近代以来的知识体系的转型与重构是以西方近代知识体系为框架和基础，分别仿日本和苏联而形成的，虽然中国知识体系的演变适应了不同历史阶段的现实需要，但这个知识体系的价值指向并没有真正确立起来，而是体现着一种中外结合的实用功效。近些年来，有诸多学者意识到这个问题，开始全面反思近代以来中国知识体系的建设问题，主张改变用西方知识体系中现有学科的理论和方法整理中国传统学术的方式，回归到中国文化本身来重新整理中华优秀传统文化的体系、内核与本质。这其中涉及诸多人文领域学科的重建问题，如中国哲学、中国逻辑学、中国伦理学、中国语言学等。这个层次需要加强话语体系的建设。

第二，以我为主的层次。在中国经济、政治、国防、社会等领域，基于中国历史和国情的道路、理论、制度和文化，根据中国实践、中国经验，形成中国理论，同时，在全球化视野下，形成开放的知识领域。如，面向中国经济社会的转型与发展，需要全面总结改革开放以来的成就与经验，形成当代中国特色的社会主义政治经济学理论，来指导中国经济建设与未来发展。从而摆脱“借助外在世界的尤其是西方的知识体系来认识自己，解释自己”[①]的局面；同时，能够借鉴西方经济学理论，在世界经济体系

① 郑永年：《中国的知识重建》，东方出版社2018年版，第103页。

和经济全球化链条中，保持中国经济的安全与可持续发展，在中国当代知识体系中形成“中国开放型经济学”知识体系。这个层次需要加强学科体系的建设。

第三，内外结合的层次。改革开放后，在建设中国特色社会主义市场经济过程中，中国在经济管理等领域借鉴西方发达国家的成功经验，初步建立起了结合中华优秀传统文化精华、结合中国实际的经济运行方式和管理方式。如以道家、儒家思想为基础，借鉴国外有益的管理理论和具体实践，形成了一系列的管理哲学、管理理论和管理体系等。在各行各业的微观管理实践中，出现了不同类型、不同风格的管理模式，为探索和形成中国特色管理理论提供了实证基础。这个层次需要加强学术体系的建设。

第四，共同知识的层次。当今人类社会处于经济全球化、世界多极化、全球信息化时代，共处于一个相互不可分割的世界体系之中。人类在长期的认识世界、改造世界过程中，形成了一系列具有共同性的知识，或者是将某些领域的具体知识作为共同性的知识，如，在自然科学领域，已经将基于西方知识体系的自然科学知识作为普遍性的知识。在各个国家和地区之间的政治、经济等交往领域已经形成了一部分具有相当普适性的知识或规则。如，在国际经济贸易领域以西方国家为主导的贸易规则体系占据着较大比重的话语权。在这些共同性知识领域需要我们不断加强理解、深度融入，同时加强话语权的建设。

从以上四个层次的知识领域来看，当代中国人文学科知识领域更需要通过重建来承载基于人类命运共同体的新价值理念，而这个重建过程的艰巨性与复杂性，也决定了构建中国当代知识体系的艰巨性和长期性。也就是说，既要重构这些领域具体知识的理论体系，又要呈现贯穿中国当代知识体系的价值观念；既不能推倒重来，也不能延续近代西化的方式，而是要立足于新时代中国特色社会主义建设和中国式现代化发展的实践，构建起中国当代知识体系。

三、中国知识体系的自主性

建构中国的自主知识体系的根本与核心是在中华民族伟大复兴战略全局和世界百年未有之大变局中，面向人类命运共同体发展和中国式现代化建设，坚持知识体系的自主性，承载着中国当代知识体系的价值观念，引领中国当代知识体系的构建和发展。

我们认为，中国知识体系自主性体现在这样几个方面：

一是坚持马克思主义为指导。习近平总书记指出："坚持以马克思主义为指导，是当代中国哲学社会科学区别于其他哲学社会科学的根本标志，必须旗帜鲜明加以坚持。"① 以马克思主义为指导和引领，既是建构中国自主知识体系的根本原则，也是区别于其他知识体系的根本标志。

二是坚持把马克思主义基本原理同中国具体实际相结合、同中华优秀传统文化相结合，不断推进马克思主义中国化时代化。中国共产党自觉把马克思基本原理同中国具体实际相结合，形成了毛泽东思想，为新民主主义革命和社会主义建设提供了中国化的马克思主义理论指导；党的十八大以来，坚持把马克思主义基本原理同中国具体实际相结合、同中华优秀传统文化相结合，不断推进马克思主义中国化时代化，形成了习近平新时代中国特色社会主义思想。中华民族有数千年赓续不断的优秀传统文化，承载着优秀传统文化的价值观念。建构中国自主知识体系的现实基础是中国的具体实际，也就是中国式现代化的建设与发展。坚持把马克思主义基本原理同中国具体实际相结合、同中华优秀传统文化相结合，是中国国情决定的，也是知识体系自主性的表现。

三是不断推进中华优秀传统文化创造性转化、创新性发展。习近平总书记指出"中国式现代化，深深植根于中华优秀传统文化，体现科学社会主义的先进本质，借鉴吸收一切人类优秀文明成果，代表人类文明进步的发展方向，展现了不同于西方现代化模式的新图景，是一种全新的人类文明形态"，强调"中国式现代化为广大发展中国家独立自主迈向现代化树立了典范，为其提供了全新选择"。② 中国式现代化根植于中华优秀传统文化，而传统文化在当代的创造性转化、创新性发展，进一步彰显了中国式现代化的文化属性，更加巩固了知识体系自主性的文化特质。

四是在文明互鉴的基础上，积极吸收和借鉴外来知识体系的合理成分，挖掘中华文明蕴含的全人类共同价值，推进人类命运共同体的建设与发展。中国自主的知识体系不是封闭的，而是自信的开放体系。接续中国近代对西方知识体系的接受，改革开

① 习近平：《在哲学社会科学工作座谈会上的讲话》，人民出版社2016年版，第8页。

② 《正确理解和大力推进中国式现代化》，《人民日报》2023年2月8日，第1版。

放以来，中国以开放的态度，积极吸收外来新知。特别是党的十八大以来，借鉴吸收近现代以来的外来成果，形成了中国特色社会主义新文化，体现了自主知识体系的时代性特征。

第二节　知识体系与文化

一、什么是文化

从知识体系本身的结构来看，它有不同的层次，其中自主的知识体系是一个民族知识体系的核心部分，它既是一定知识体系的组成部分，同时，它又体现或表达着这个知识体系所承载的文化的核心价值取向。因此，需要我们从价值的角度对文化的特性作出分析。

在西方的思想典籍中，“文化”一词源于拉丁文的“cultura”，其原始含义是指耕作、拜神等活动，进而引申为通过改造自然以满足人的衣食住行和精神生活需要的活动。在这个意义上，文化的含义得到不断扩充。古罗马哲学家西塞罗提出了智慧、文化就是哲学的思想，把文化的原意发展为人在完善内心世界过程中，开发和培养人的素质，累积而成的固定风尚。欧洲文艺复兴时期，人文主义者提出了复兴古希腊罗马文化的口号，把古代的农业、手工业、商业、教育、政治等都纳入到文化的行列。这样，文化是“耕作、拜神”的隐喻被明确化为与自然相对立的、人类通过认识自然、改造自然的活动，而获得的一切物质的和精神的财富。

18 世纪后期到 19 世纪后期，文化观念出现了重要变化。从 18 世纪后期开始，在英、德等国家的社会思潮中，文化的内容不断得到充实，范围愈展愈宽，其基本含义主要有以下四个方面：一是指与人的完善有十分密切联系的各种思想，心理的一般状态或传统；二是指作为一个整体的社会的精神风貌、道德、行为的发展状态；三是指以艺术等精神活动为主体的那一部分活动；四是泛指一定社会生活中人们的物质的、精神的生活方式。

1871 年，英国文化人类学家泰勒在《原始文化》一书中提出了第一个明确的文化定义。他认为：“从广义的人种论的意义上说，文化或文明是一个复杂的整体，它包括知识、信仰、艺术、道德、法律、风俗以及作为社会成员的人所具有的其他一切能力和习惯。”① 而后，泰勒在 1881 年所著的《人类学》一书中，更明确地提出了文化是人类特有的观点。泰勒的这种文化观最大的遗憾是把“文化”与“文明”视为一体，并没有对两者进行明确和严格的区分。另一方面，他仅仅对广存于社会生活中的一些文化现象作了列举性的描述，并没有深入挖掘和真正把握文化的实质。

1927 年，美国社会学家艾尔伍德在《文化进化论》一书中，把文化看作是人类社会赓续演进的产物。他指出：“文化是包括人的控制自然界和自己获得的能力。所以一方面它是包括物质文明如工具武器、衣服、房屋、机器及工业制度之全体；他方面是包括非物质的或精神文明，如语言、文学、艺术、宗教、仪式、道德、法律和政治的全体。”② 艾尔伍德的观点颇为具体，从外延上把握了文化的物质与精神的两个层次，较之泰勒的观点更为系统和深入。但同样，他也未能揭示出文化观念的核心本质内容，而把文明的两个方面作为文化的具体表现形式，仍旧囿限于文化等同于文明的论断。

在简要地考察了人类思想史上有关文化的界定之后，从揭示文化本质的角度，我们认为，文化，就其本质而言，是在协调人与自然的关系，人与人的关系过程中，体现人类价值的一切有意识、有目的的创造活动过程及其结果。文化的核心是人的价值观念体系。

二、核心价值观：文化的本质

我们可以通过以下几个方面来理解和认识文化的特性：

第一，就其特有属性而言，文化是与自然相对立的，是人类特有的东西。文化的原始含义是耕作、开垦，进而延展为人的创造性活动。人脱离开动物界以后，所进行的认识世界、改造世界的活动都是人的创造性活动。正是在这种创造性活动过程中，人类建构了以自然世界为依托，但又不同于自然世界的“文化世界”。这个文化世界中的每一件产品都深深地印上了人的自觉意志活动的痕迹。动物虽然也能在自然界中留下某些活动的“痕迹”，但这些痕迹并不是动物自觉的意识活动，而是动物遗传和生存的本能。蚂蚁筑巢、蜜蜂垒窝，虽然有一定的规则可寻，但这些都是由于自然进化，

① ［英］泰勒（E. Tylor）：《原始文化》，蔡江浓编译，浙江人民出版社 1988 年版，第 1 页。

② ［美］爱尔乌德（A. Ellwood）：《文化进化论》，钟兆麟译，世界书局 1930 年版，第 11 页。

动物遗传所赋予的适应自然的本能活动，还远远不能称得上是认识自然规律、自觉遵循自然规律而进行的创造性的文化活动。文化只是人类特有的创造性活动，这也是人与动物相区别的一个根本标志。

第二，人类文化的发展是一个由低级向高级不断演进的发展过程。在原始社会，人类所从事的“创造性”活动并不是现代意义上的文化活动。因为在原始社会时期，人类认识自然的能力极为低下，所进行的原始劳动还近乎于动物的本能活动，但就是在这近乎于动物的本能活动的原始劳动中，已经蕴涵了人类劳动的萌芽，但仍属于原始文化的范畴。不管原始文化是如何的简陋、单调，但它毕竟是人类文化发展的发源地。如果没有原始文化的延续和发展，人类便不可能存在下来，更谈不上什么现代文化活动和对未来的憧憬与追求、对未知世界的探索。

随着人的活动范围的不断扩大和对自然规律认识能力的逐渐提高，人的创造力日露端倪，并升华到一定的高度，在遵循自然规律的前提下，开始了更高级的文化创造活动。如果从人类活动的最明显的特征的角度来概括人类文化由低级向高级的发展过程，那么，从原始文化到现代文化的发展可以分为三个阶段：即群居与狩猎文化阶段、农耕文化阶段、工业与后工业文化阶段。随着文化形态的不断更叠变换，人的潜能不断得到发挥与升华。可以说，文化的进步推动了人的精神境界的发展，同时，又促进人类文化向更高的阶段发展。

第三，文化所要解决的基本问题是人与自然世界、人与文化世界的关系问题，这也是文化的核心和出发点。人与自然世界的关系问题是人类首先面临的一个至关重要的问题。如果没有提供人类生产资料和生活资料的自然界的存在，那么，人类的生存和发展就是一句空话。但是，人在自然面前，并不是机械地、被动地去适应自然，而是积极地、自觉地认识自然变化发展的规律，从自然中获取更丰富的生产资料和生活资料，维持人类的生存和发展。也就是说，人类的创造活动脱离不开自然世界这个依托。如何认识自然、如何改造自然，这是人类文化的一个根本论题，也是人类发展的一个根本论题。另一方面，人类也不能随心所欲、毫无节制地向自然索取，甚至破坏自然界的生态平衡。因此，协调人与自然世界关系是直接决定人类创造文化的一个根本前提，也是解决如何在人类脱离自然状态以后，与自然世界“和平共处”的核心内容。

人类在面对自然世界的同时，也面对着自己所创造的文化世界。特别是在建设文化世界的过程中人与人的关系问题，越来越居于重要的位置。人与人的关系包括诸多方面：一个民族与其他民族的关系；个人与个人、与群体、社会之间的关系；群体与群体、与社会之间的关系，等等。自从有了人，便有了人类社会；有了人的创造活动，便有了文化世界。在创造和认识文化世界的过程中，人在交往过程中形成了各种各样的社会关系，正如马克思所说人是“一切社会关系的总和”①。但是，在人类社会形成的初期，人的活动主要是以氏族部落为主，而维系氏族部落的主要社会关系是血缘关系。各个氏族之间的交往为之甚少，但它们面对的基本问题和根本目的都是一致的——即协调与自然世界的关系、维系氏族的生存与发展，所要解决的中心问题是人与自然世界的关系问题。

一定社会形态的经济基础决定和影响一定的文化进化，并决定和影响这种文化的价值观念体系的取向，而这种价值观念体系一经确立，便开始影响人们的思维方式、民族（或群体）的文化心理以及日常的行为方式，进而又影响这个社会的文化传统。同时，这种文化传统也在巩固着影响其形成的价值观念体系，从而推进文化进化的过程；随着社会形态的演进，进一步推动文化的螺旋式上升和向前发展。

在现代社会，各个国家、各个民族在精神领域所进行的文化交流活动，主要是各种是价值观念体系的碰撞冲突与交流会通。有些学者认为，当前世界文化危机的主要根源是各个民族在价值观念体系方面存在着差异，而不同价值观念体系的存在都有其合理性。因此，解决文化危机的基本途径是在各种价值观念体系之间展开对话。通过对话，使不同的价值观念体系能够认识和理解其他的价值观念体系，从而体认其文化传统，使各种不同性质、不同形态的文化共存于同一个世界。这种对话的基础是以各种价值观念体系都是平等的为原则，其目的并不是把一种价值观念体系强加于另一种价值观念体系之上，更不是取代其他价值观念体系。但是，在不同文化交流过程中，由于价值观念体系的不同，必然会引起不同质文化之间的冲突，这既是我们必须要正

① ［德］马克思：《关于费尔巴哈的提纲》，《马克思恩格斯文集》第 1 卷，第 505 页。

视的现实，也是我们必须要回答和解决的重要问题。正是文化的冲突与融合，从另一侧面为我们揭示文化的本质提供了深刻的实践背景。

第四，文化的历史发展和现实存在都凝聚了人的价值。如果说人类的实践活动是以认识世界、改造世界为根本的，那么，认识世界、改造世界的目的是为了创造世界——建设一个属于人的文化世界。

就文化的本质而言，凝聚了人的价值。首先，从人与自然世界的关系来看，人类认识自然、改造自然的现实的社会实践活动显示了人的力量和价值。当然，这一认识自然、改造自然的社会实践活动是一个由低级向高级不断演进和发展的历史过程，是与人类认识自然规律的能力和把握自然规律的程度同步进行的。正是在这种历史持续发展的过程中，形成了人类文化创造的传统，也就是体现人在自然面前价值的传统。

其次，从人的角度来看，文化显示了群体和个体的价值。文化并不是脱离一定的民族而独立存在的，而是以特定的民族为载体生长并呈现出区别于其他民族文化的特质。这种具有不同特质的民族文化的产生是一定的社会群体作为主体创造出来的，并反映了特定民族的价值观念体系，其现实存在的文化凝聚了这个民族中社会群体的文化价值。文化的民族性并不代表文化的优劣，恰恰相反，它既是一定民族体现其价值的创造性活动的历史发展的结晶，又是现实文化活动的综合体，是现实文化典型性的反映。

在民族文化的交流融合过程中，每个参与交流的民族的价值观念体系体现了这个民族文化的核心本质。尽管存在着不同的文化背景，迥然相异的价值观念体系，但在文化的交流会通、碰撞冲突过程中，各个民族及每个个体的价值得到了充分的发挥和弘扬；同时，又汲取了其他文化的精良荟萃，丰富了本民族文化的内容，民族文化的内在价值又得到了进一步的升华。

第五，文化是人类创造活动的过程及其结果。人类的创造活动是一个既改造自然又改造自身的文化活动。我们认为，对于人类创造活动的把握应该从两方面来理解。一方面，就创造活动的形态而言，要区分出物质创造活动和精神创造活动；另一方面，从创造活动本身出发，应区分创造活动的过程与结果。只有这样，才能具体地分析人类的文化活动，深刻地体认文化的本质所在。

首先，从人类创造活动的形态来看，在以人为主体的社会实践活动的历史发展过程中，人的创造力是由低级向高级不断演进的。人类最初的物质创造虽然是在自发意识影响下，带有某些本能的性质，但它毕竟蕴发了人的物质创造的生长点：从最简单的原始石器的加工制造，到利用现代化科学技术手段的高、精、尖产品的研制，都可以划归到物质创造这一随着人类社会进步而不断扩大的范畴中。人对自然世界的改造越来越多、越来越深刻地镶嵌上了人类意志的标记，使自然世界在越来越大的程度上变成了“人化的自然”，并且人类也在创造着扶植文化生长的社会生态系统。

人类在认识自然、改造自然的过程中，不断总结、提炼各种经验，凝结为宝贵的精神财富。同时在创造文化世界的过程中，形成了协调个体与群体、社会，个人与个人，群体与群体，民族与民族的文化传统。这种文化传统又为人类继续创造新文化提供了精神源泉，成为文化发展的动力。

其次，从人类创造活动的过程与结果来看，人的创造活动首先表现为一种过程，即内在的精神活动与外在的物化劳动的统一过程。在这个过程中，人的意识居于主要位置。就创造活动本身而言，也许没有任何现实的实际功用和外化形态，但它归根到底是一种有意识、有目的、自觉的人类认识自然世界、探索文化世界的创造活动，不能不归属于人类文化活动范畴。另一方面，人类文化活动的结果正是以此过程为前提和条件的。人类在文化活动过程中，创造出了繁丰盛彩的物质成就、精神成就、制度文化成就和追求人的力量的价值成就。由此可见，文化的发生、形成和发展是以人类对自然世界的认识和改造为依托，又以人对文化世界的建设为目的的，文化的根本属性是表现了人的创造力，是人的价值体现的所在。文化精神的核心是人类的价值观念体系。

三、知识体系对文化的承载功能

知识体系是人类文化得以传承、创新和发展的重要基础与直接载体。从人类文化发展的进程来看，古代中国、希腊为代表的中西知识体系都各自有着独立发生与演进的历程。中国知识体系的早期形态是周代官学的“六艺”，包括礼、乐、射、驭、书、数（《周礼·地官司徒·保氏》），后有孔子私学的诗、书、礼、乐、易、春秋新“六经”。自汉代起，知识体系开始以图书分类的方式呈现出来。刘向编有《别录》，刘歆在《别录》的基础上“撮其指要”而成《七略》，涵盖了当时知识领域的基本类型；魏晋时期，“四部”的分类方法开始出现，至唐初正式以经、史、子、集四部类目命名各类图书，涵盖了中国古代知识领域的基本类型。

古希腊时期是西方知识体系的初创阶段，初步形成了相对完整的基础框架和主体内容。智者学派的“三艺”和柏拉图的“四科”，初步奠定了西方知识体系的学科基础，亚里士多德的知识分类所涉及的分支领域，构成了西方知识体系的主体内容，后经不断补充和完善，到欧洲中世纪早期大学的教育体系建立，再到耶稣会《教育计划》的系统化，西方知识体系的框架结构基本定型。

知识体系作为文化的载体，也是一种文化的核心价值观念体系得以养成和延续的载体。尽管中西各自都有着独立的知识体系的传承演进历史，但都在延续着各自不同的价值观念和取向。如中国传统知识体系以儒家思想为核心的价值取向长期居于正统地位，对中国社会政治、文化以及伦理道德产生了深刻且长久的影响；西方知识体系的价值取向经历了从人到神再回归到人和自然的变化，对欧洲乃至整个西方社会整个中世纪和近现代的文化变迁与进化产生了直接影响。

中华民族伟大复兴战略全局和世界百年未有之大变局为构建新的知识体系提出全新要求。当今世界百年未有之大变局加速演进，世界进入新的动荡变革期，需要有新的思想理论引领世界发展；中华民族伟大复兴战略全局，推进构建人类命运共同体，需要构建面向全人类的价值观念体系。而人类历史上各民族各国家或地区知识体系独立平行发展的环境已不复存在，人类需要面对和处理越来越多的共同困难，解决越来越多的共同问题。因此，在这样的背景下，建构中国自主的知识体系，重构面向人类命运共同体发展的知识体系成为历史和时代的必然选择。

第三节　中国近代知识体系重建产生的问题

中国近代知识体系以“中体西用”的方式，将传统知识体系嫁接到西方知识体系而以崭新的面貌呈现出来，其背后也反映了近代学人的矛盾文化心态。一方面，既要学习西方文化以自强，同时，又对西方知识体系“覆盖式”冲击而深感不适，正如胡适所云：“我们中国人如何能在这个骤看起来同我们固有文化大不相同的新世界里感到泰然自若？一个具有光荣历史以及创造了灿烂文化的民族，在一个新的文化中决不会感到自在的。”① 另一方面，虽以西学为新学，但为维护民族自尊，使国人能保持外国人“所能发明者，安在吾必不能”的自信和优越感，通过“他人之所以有”，“吾亦有”② 的自我精神安抚，使人相信“西方的方法对于中国的心灵并不是完全陌生的”③ 而努力接受西方知识体系，进而构造出中国近代知识体系。

我们今天重新审视借助西方知识体系“覆盖式”地构建起来的中国近代知识体系产生的一系列问题，它既关乎于知识的内里，亦影响着文化的宏旨。只有在宏观旨趣的判摄基础上，才能洞察具体问题的根源与由来，因此，我们从宏观问题出发鞭辟入里对此进行分析。这些问题主要有：

一、以西方知识体系为基础的话语体系取代了中国的话语体系

以西方知识体系为基础的话语体系取代了中国的话语体系，而导致近代中国在大部分领域丧失了话语权。其根本原因在于清政府与西方列强签订了一系列不平等条约，在政治、经济、社会等领域丧失了话语权，而以西方教育体系为摹本的中国近代教育体系更是进一步对应和巩固了这一结果。西方知识体系在中国的传播与社会现实关联在一起，无论有关宗教价值取向引发的社会争议，还是殖民经济带来的社会变革，不仅不能被排除在知识体系的发展之外，而且在根基上与中国知识体系的变迁内含在一起。在这样背景影响下的“新学”，总体上就是西方知识体系所代表的话语权对近代中国话语权的替代。再者，随着近代工业体系的建立和世界体系的形成，各个领域的基本规则大多数以西方为主导，这在世界经济贸易体系、自然科学和技术领域尤为突出。这个问题至今还依然存在，正如郑永年早在2011年指出的那样：“无论从内部世界还是外部世界来看，中国缺失自己的知识体系的现状都令人担忧。从内部来看，因为没有自己的知识体系，对社会的发展趋势认识不清，更不知道如何解决越来越多的问题”，“就外部世界来说，随着中国的崛起，人们对中国抱有越来越巨大的不确定性”。④

① 胡适：《先秦名学史》，学林出版社1983年版，第7页。

② 梁启超：《先秦政治思想史》，《梁启超全集》第11集，第427页。

③ 胡适：《先秦名学史》，第9页。

④ 郑永年：《中国的知识重建》，第101页。原文载于2011年9月20日《联合早报》，题目为《中国为什么没有自己的知识体系？》。

“没有知识体系的一个严重结果，就是中国没有自己的国际话语权。”① 尽管郑永年的结论过于绝对，但是，中国在国际体系中话语权较弱的情况是存在的。

二、以“中体西用”的方式重建的中国知识体系

以“中体西用”的方式重建的中国知识体系，以面向自然物象的实用之学扭转了“德成而上、艺成而下”(《礼记·乐记》) 的文化传统，这对知识发展和现实生活都造成了不可估量的影响。无论是西方知识体系还是中国传统知识体系，都是“体用”合一的，不以西体而论的西方知识体系是偏颇和不完善的，不以中体而兴的中国知识体系亦难以满足中国社会的现实。西方知识体系的“体”存在于古希腊的民主政治、中世纪的宗教传统和近现代资本主义的发展中，它在近现代的发展过程中分裂为“理论”与“实践”两个维度，凸显为工具理性与价值理性之间的紧张关系。西方知识体系中的“二元分裂”为“中体西用”带来了便利，也埋下了隐患。当“中体西用”排除了上述因素之后，知识体系的发展凸出了“智能增强”的维度，却弱化了传统文化所尊崇的“伦理道德”，尽管现代知识体系不乏西方伦理道德的有益探索，但由于西方伦理道德观念背后都有其“西体”的根本，很难与中国社会有机地统合在一起。

三、中国近代知识体系与传统知识体系之间出现“断层”

将中国传统学术与西方知识体系作“比附”，构造出中国的新式学术改变了中国传统知识的径流。例如，梁启超与西方传统逻辑体系相对应，整理出了墨子的逻辑体系，构造了所谓的中国逻辑体系。这个体系的实质是用中国传统学术中的例证来讲解西方逻辑，而不是真正意义上的中国的逻辑。章士钊写作《逻辑指要》的方式也是“以欧洲逻辑为经，本邦名理为纬，密密比排，蔚成一学”②。被誉为借鉴西方语法理论而成功构造古汉语语法体系的《马氏文通》，则是仿拉丁文法加古代典籍的一些例子而完成的。马建忠说：“此书系仿葛郎玛（即语法——笔者注）而作。”③ 而近些年，也有学者

① 郑永年：《中国的知识重建》，第 103 页。
② 章士钊：《逻辑指要·自序》，《章士钊全集》第 7 卷，文汇出版社 2000 年版，第 293—294 页。
③ 马建忠：《马氏文通·例言》，商务印书馆 2010 年版，第 10 页。

对基于拉丁语语法而成的古汉语语法体系提出了质疑。

重建的中国近代知识体系与传统知识体系之间出现了“断层”。中国传统学术被嫁接到西方知识体系，从而以崭新的面貌呈现出了中国近代知识体系。这样得到的所谓“中国的”知识分支，虽有“新意”，但中国传统知识体系固有的系统性、整体性和内在联系被割裂开来，原本作为整体的传统“六艺”“四部”之学，被以“中体西用”的方式分割成与西方知识体系对应的近代新学，这样的新学并不能完全代表中国传统学术本原意义的那些内容。中国近代知识体系的构建在方法上是“以西释中”，本质上仍然是西方知识体系借助古代典籍中的例证而存在于中国的体现。同时，这样的知识体系也与传统知识体系所承载的文化意蕴和价值取向之间出现“断层”。

四、术语问题

中国近代知识体系的变革不得不使用了大量的舶来的术语，这些术语带着与生俱来的异质性，它们与历史和传统的用法有一定的差别，这为知识的传授和更新带来理解上的偏差与困难。新术语主要有借用了日本和制汉字术语，创译了新术语，另外还有部分音译术语。

借鉴日本和制汉字术语的主要其原因在于维新派代表人物大力主张翻译日文书籍，以期迅速推广西学。张之洞认为：“各种西书之要者，日本皆已译之，我取径于东洋，力省效速。”① 张之洞、康有为、梁启超等人均把翻译日文图书视为引进西学新知的捷径。据谭汝谦在《中国译日本书综合目录》一书代序中的统计，1660 年至 1895 年间，中译日文书 12 种，日译中文书 129 种，而 1896 年至 1911 年间，中译日文书则达到了 958 种。② 翻译日本图书极大地促进了西方知识体系和西学新知在中国的迅速传播。我们今天熟知的一些术语，如经济、社会等，均来自和制汉字。严复在翻译英国斯宾塞的《社会学研究》一书时，译为《群学肄言》，将社会学译为群学，将 induction 译为内籀（现译为“归纳”），将 deduction 译为外籀（现译为“演绎”）。另外，个别术语由于难以找到与之对应的汉语，而不得不使用音译，如将 logic 译为“逻辑”。

---

① 张之洞：《张之洞全集》第 12 册，苑书义等主编，河北人民出版社 1998 年版，第 9745 页。

② 谭汝谦主编：《中国译日本书综合目录》，实藤惠秀监修，香港中文大学出版社 1980 年版，第 41 页。

由此而产生的问题是，来自和制汉字的术语在汉语语境中的含义与原术语本意是否完全相符。这样，在中西两种文化或两种知识体系的交流过程中，在一定程度上会带来术语理解的偏差，也就是汉语刻画的某个术语的意义，与其本意存在一定的偏差。在此以哲学术语为例作一简要分析。早期来华传教士借用宋明理学的概念将哲学译为格物穷理之学、爱知学等，后直接借用和制汉字而为哲学。但是，对philosophy的理解，中国学界和日本学界实际是有一定差别的，却被“哲学”这样一个共同的语词所掩盖；另外，我们对作为和制汉字的“哲学”的解读和对作为汉字的“哲学”的解读也不完全一致。

清政府颁布的《奏定学务章程》也明确地提出了这个问题，指出：“日本各种名词，其古雅确当者固多，然其与中国文辞不相宜者亦复不少。……虽皆中国所习见，而取义与中国旧解，迥然不同，迂曲难晓。”① 术语意义的正确理解既是认识一种知识体系的前提，又是构建新知识体系的基础。因此，术语和术语体系问题也是直接影响到当代知识体系构建的一个重要问题。

比附于西方知识体系、术语意义理解等问题是中国近代知识体系重建过程中带有整体性和根本性的问题。然而，这些问题至今依旧保持其原有的惯性，在诸多领域普遍存在着。对这些问题进行深入反思和研究，是构建中国当代知识体系的一个重要的前提性条件。从这个意义上来说，近代中国知识体系的话语体系，尽管是全新的，但已经被西方知识体系的话语体系所取代。更为严重的问题是，这样的知识体系所承载的文化已经不再具有中国传统文化的基本精神，所承载的价值观念体系也和传统文化的价值观念出现了断层。因此，我们今天构建中国自主的知识体系，重构价值观念体系的历史任务迫在眉睫。

第四节　中国式现代化作为构建知识体系的实践基础

一、构建符合中国式现代化特征和价值取向的中国自主知识体系

习近平总书记在党的二十大报告中指出：“在新中国成立特别是改革开放以来长期

① 王杰、祝士明：《学府典章：中国近代高等教育初创之研究》，天津大学出版社2010年版，第254页。

探索和实践基础上，经过十八大以来在理论和实践上的创新突破，我们党成功推进和拓展了中国式现代化。”[①]中国式现代化既有各国现代化的共同特征，更有基于自己国情的中国特色。习近平总书记在学习贯彻党的二十大精神研讨班开班式上的重要讲话指出：“中国式现代化，打破了‘现代化 = 西方化’的迷思，展现了现代化的另一幅图景，拓展了发展中国家走向现代化的路径选择，为人类对更好社会制度的探索提供了中国方案。”[②]适应中国式现代化的发展，就需要构建中国自主的知识体系，而这样的知识体系要符合中国式现代化的本质特征，并彰显出中国特色、世界意义的价值取向。

中国式现代化是人口规模巨大的现代化。中国是世界上最大的发展中国家，有十四亿多人口，规模超过现有发达国家人口的总和，这是最为突出和基本的国情。中国式现代化拓展了具有中国特色的发展途径与推进方式，实现了十四亿多人口整体迈进现代化社会，不仅创造了中国奇迹，而且对人类社会发展也作出了世界性的巨大贡献，创造了人类文明新形态。中国式现代化的发展需要构建与之相适应的知识体系，从理论上作出回答。

中国式现代化是全体人民共同富裕的现代化。共同富裕是中国特色社会主义的本质要求，马克思在 1857—1858 年的《经济学手稿》中提出，在新社会制度中，社会生产力的发展速度将如此迅速，生产将以所有人的富裕为目的。[③]共同富裕也是一个长期的历史过程。中国取得了脱贫攻坚战的全面胜利，创造了人类减贫史上的奇迹，迈出了走向共同富裕的坚实一步。共同富裕是社会主义的根本价值追求，马克思在《资本论》第一卷中指出，只有发展生产力，创造物质条件，才能为一个更高级的、以每个人的全面而自由的发展为基本原则的社会形式创造现实基础。[④]共同富裕为实现人的价值和全面发展奠定了坚实的基础。

中国式现代化是物质文明和精神文明相协调的现代化，体现了促进人的全面发展的价值取向。马克思指出：“人以一种全面的方式，也就是说，作为一个完整的人，占

① 习近平：《高举中国特色社会主义伟大旗帜　为全面建设社会主义现代化国家而团结奋斗——在中国共产党第二十次全国代表大会上的报告》，第 22 页。

② 《正确理解和大力推进中国式现代化》，《人民日报》2023 年 2 月 8 日，第 1 版。

③ 《马克思恩格斯全集》第 46 卷下，人民出版社 1980 年版，第 222 页。

④ 《马克思恩格斯全集》第 23 卷，人民出版社 1972 年版，第 649 页。

有自己的全面的本质。”[①] 恩格斯也指出，通过社会生产，不仅可能保证一切社会成员有富足的和一天比一天充裕的物质生活，而且还可能保证他们的体力和智力获得充分的自由的发展和运用。[②] 人的发展是要从必然王国走向自由王国，物质文明和精神文明相协调为人的全面发展提供了充分条件。

中国式现代化是人与自然和谐共生的现代化，体现了人与自然和谐共生的价值取向。人与自然和谐共生是中华优秀传统文化的精髓，也是中国特色社会主义生态文明建设的核心。人与自然是生命共同体，正如马克思指出的那样：“自然界，就它自身不是人的身体而言，是人的无机的身体。人靠自然界生活。这就是说，自然界是人为了不致死亡而必须与之处于持续不断地交互作用过程的、人的身体。”[③] 无止境地向自然索取甚至破坏自然，不仅会遭到大自然的报复，而且还会威胁人类的生存，甚至带来人与人之间的各种冲突。人与自然和谐共生体现了人与自然可持续发展的价值追求，也是以中国式现代化全面推进中华民族伟大复兴根本所在。

中国式现代化是走和平发展道路的现代化，体现了人类追求的最高价值取向。和平与发展是人类进步的永恒主题，但西方一些国家的现代化却是以非和平的方式，通过战争、殖民、掠夺等方式，以牺牲他国发展为代价而实现的现代化。中国式现代化是站在人类文明进步的一边，高举和平、发展、合作、共赢旗帜，体现了人类共同追求的价值取向。

简而言之，中国式现代化的价值取向体现了中国特色社会主义建设以人民为中心的发展思想，这也是全面建设社会主义现代化国家的重大原则之一；中国式现代化也体现了以人类命运共同体为中心的价值取向，体现了对世界各国人民前途的关注。从这个意义来讲，中国式现代化的价值取向既是立足中国的，也是面向世界的，这也是我们构建中国自主知识体系价值取向的出发点和落脚点。

二、中国式现代化作为构建知识体系的实践基础

从历史上看，知识体系的每一次变化和发展都离不开社会形态的变迁与转型。中

① 《1844年经济学哲学手稿》，人民出版社2000年版，第85页。
② 《马克思恩格斯全集》第20卷，人民出版社1971年版，第307页。
③ 《马克思恩格斯文集》第1卷，人民出版社2009年版，第161页。

国式现代化为人类实现现代化提供了新的选择，为解决人类面临的共同问题作出了中国贡献，创造了人类文明新形态，因此，中国式现代化的创举是构建中国自主知识体系的实践基础。习近平总书记在二十大报告中指出："党的百年奋斗成功道路是党领导人民独立自主探索开辟出来的，马克思主义的中国篇章是中国共产党人依靠自身力量实践出来的，贯穿其中的一个基本点就是中国的问题必须从中国基本国情出发，由中国人自己来解答。"① 中国式现代化是中国共产党十八大以来在理论和实践上的创新突破，中国特色社会主义的现代化道路、理论、制度和文化为构建中国自主的知识体系奠定了坚实的基础。

中国式现代化拓展了实现中国家迈向现代化自信自强的道路。新中国成立以来，我们坚持独立自主，自力更生，用几十年时间完成了西方现代化国家几百年完成的工业化历程；改革开放以来，建立健全了比较完整工业体系，取得了举世瞩目的成就；进入中国特色社会主义新时代，中国式现代化拓展了发展中国家走向现代化的新道路，比历史上任何时期都更接近、更有信心和能力实现中华民族伟大复兴的目标。这充分说明，现代化之路不是只有一个模式，也不是只有一条道路。各国只要从自己的基本国情出发，由本国人民自己来解答，就完全可以走出自己的现代化道路。

中国式现代化创造了发展中国家实现现代化自信自强的理论。习近平总书记指出："中国式现代化蕴含的独特世界观、价值观、历史观、文明观、民主观、生态观等及其伟大实践，是对世界现代化理论和实践的重大创新。"② 中国式现代化是基于中国国情、中国具体实际的新实践，目前还没有哪种理论和学说能够对中国的发展模式作出科学的、有说服力的全面解释。从中国式现代化实践发展和提炼出来的现代化理论，为中国自主的知识体系构建提供了全新的思想内容。

中国式现代化完善了发展中国家实现现代化自信自强的制度。习近平总书记指出：中国式现代化"为人类对更好社会制度的探索提供了中国方案"③。中国特色社会主义建设是前无古人的伟大事业，而改革突进深水区更是没有任何现成经验和制度可循。

① 习近平：《高举中国特色社会主义伟大旗帜　为全面建设社会主义现代化国家而团结奋斗——在中国共产党第二十次全国代表大会上的报告》，第 19 页。

②③ 《正确理解和大力推进中国式现代化》，《人民日报》2023 年 2 月 8 日，第 1 版。

十八大以来，中国特色社会主义制度彰显出中国共产党坚强领导的最大优势，全面深化改革，破除各方面体制机制弊端，各领域基础性制度框架基本建立，中国特色社会主义制度更加成熟更加定型。中国式现代化为发展中国家实现现代化的制度建设树立了典范，也为中国自主知识体系构建提供了制度保证。

中国式现代化创新了发展中国家实现现代化自信自强的文化。中国式现代化既从中国的具体实际出发，又深深植根于中华优秀传统文化，代表着人类文明进步的发展方向，创造全新的人类文明形态。文明新形态的出现，必然要有与之相适应的新形态文化。中华优秀传统文化源远流长、博大精深，是中华文明的智慧结晶。中国式现代化为中华优秀传统文化创造性转化、创新性发展创造了广阔的舞台，为全面发展中国特色社会主义文化提供了沃土，也为中国自主知识体系构建提出了价值引领。

三、建构中国自主知识体系的基本原则

纵观历史上几种有代表性的知识体系的形成与演进，结合新时代中国特色社会主义的现实实践与未来发展，建构中国当代知识体系的基本原则是坚持和发展马克思主义，不断推进中华优秀传统文化创造性转化、创新性发展，与其他知识体系交流互鉴以丰富中国当代知识体系。

第一，做到坚持和发展马克思主义相统一。马克思主义传入中国后，对中国现当代哲学社会科学的发展产生了深远影响。1899 年第 121 期和第 123 期的《万国公报》分别第一次提及马克思和《资本论》。在 20 世纪初期，中国早期马克思主义者积极和宣传传播马克思主义。李大钊在 1919 年发表的《我的马克思主义观》一文中提出："一切社会上的政治的、法制的、伦理的、哲学的，简单说，凡是精神上的构造，都是随着经济的结构变化而变化"，① 明确地意识到了社会形态的变化必然引起"精神的构造"，也就是带来与知识体系直接关联的变化。20 世纪 30 年代后期，以毛泽东为主要代表的中国共产党人创造性地坚持和发展马克思主义，创立了毛泽东思想，成为引领中国新民主主义革命、社会主义革命和建设的世界观和指导思想。

① 李大钊：《我的马克思主义观》，《李大钊文集》第 3 卷，人民出版社 1999 年版，第 27 页。

中国共产党的百年历史发展，极大地推进了马克思主义中国化时代化。在坚持和发展马克思主义过程中，习近平新时代中国特色社会主义思想实现了马克思主义中国化新的飞跃，是中华文化和中国精神的时代精华，是当代中国马克思主义、二十一世纪马克思主义。当今世界百年未有之大变局加速演进，人类命运共同体的进程加快推进，中国的新发展为世界提供了新机遇，成为推动人类发展进步的重要力量，习近平新时代中国特色社会主义思想展现出强大的马克思主义真理力量，是中国当代知识体系构建的根本指导思想。

第二，不断推进中华优秀传统文化创造性转化、创新性发展。中华优秀传统文化在世界文化体系中独树一帜，形成了其独特的价值观念体系，成为中华民族的基因，深刻地影响着中国人的思维方式和行为方式，是中华民族的根和魂。作为文化的直接载体，中国当代知识体系的建构既需要吸收中华优秀传统文化的智慧结晶和精华，做到创造性转化，又要立足新时代中国特色社会主义的伟大实践，做到创新性发展，使中国特色社会主义文化屹立世界文化之林，不断推进中国当代知识体系的建设与发展。

第三，与其他知识体系交流互鉴以丰富中国当代知识体系。从历史上看，中国文化具有吸纳外来文化的开放性与包容性特质。如佛教传入中国后，与儒、道思想结合在一起，成为中国传统文化有机组成部分。以希腊和印度为代表的外来知识体系在中国都有传入与融合，对我们吸收人类文明成果，丰富自身的知识体系内容起到了积极作用。尤其是西方知识体系第二次传入中国后，成为建构中国近代知识体系的基础。哲学社会科学在融通古今中外文化、增进不同文明交流中具有不可替代的独特作用，外来知识体系能够在中国深度交汇与融合是任何其他知识体系所不具有的独特优势。要以平等、互鉴、对话、开放、包容为原则，挖掘和弘扬中华文明蕴含的全人类共同价值，推进人类命运共同体的发展，建构中国当代知识体系。

四、建构中国自主知识体系的基本途径

建构中国当代知识体系的基本途径是以重构全球和全人类视野的价值观念体系为核心，尊重社会发展规律和知识发展规律，在文明互鉴的基础上，实现中国当代知识体系与传统知识体系、外来知识体系的融合汇通，开辟和拓展中国当代知识体系的世

界传播渠道。

其一，重构全球和全人类视野的价值观念体系。知识体系作为文化传承、创新和发展的重要基础与直接载体，也是一种文化的核心价值观念体系养成和延续的载体。传统意义上的知识体系，亦即希腊、印度和中国的传统知识体系，最初都是基于各自（民族的或地域的）对自身与外部世界的认识和理解而形成的，其价值观念体系不可避免地带有民族性或地域性。即使在近代以后，知识体系形态有所变化和发展，但仍然都在延续着各自的文化传统与价值观念。当代知识体系的构建与传统知识体系有着不同的时代背景。人类面临着诸多的共同问题而构成人类命运共同体。尽管一种知识体系的构建不能脱离一定的民族文化，但新的知识体系需要全新的价值观念，亦即从民族性来讲，需要有全人类共同价值的视野；从地域性来讲，需要有全球性价值的视野。因此，中国当代知识体系的建构需要有新的价值观念引领，而人类命运共同体的价值取向恰恰符合这个知识体系的价值引领。

其二，充分尊重社会发展规律和知识发展规律。知识的形成与创造是由人来完成的，而人作为“一切社会关系的总和”①，总是处于特定的社会形态和一定的历史环境来创造和发展知识的。因此，构建全新的知识体系，一方面要在一定的社会中创造符合社会实际和未来发展、尊重社会发展规律的新知；另一方面，要尊重知识内在的发展规律，构建符合知识生长和发展规律的知识体系，而这样的知识体系既承载着特定民族或地域的文化传统，创造新的文化形态，又体现着对文化传承与发展的价值引领。正如习近平总书记指出的那样：“人类社会每一次重大跃进，人类文明每一次重大发展，都离不开哲学社会科学的知识变革和思想先导。”②

其三，在文明互鉴的基础上，实现中国当代知识体系与传统知识体系、外来知识体系的融合汇通。建构中国当代知识体系，需要深入研究中国传统知识体系的内在特质和基本形态，从其历史演进中揭示传统知识体系对作为整体的中华传统文化的承载与发展。在理解不同知识体系价值取向的基础上，挖掘其中所蕴含的全人类共同价值，构建推动人类命运共同体的价值体系。在新时代中国特色社会主义实践中，结合中国

① ［德］马克思：《关于费尔巴哈的提纲》，《马克思恩格斯文集》第1卷，第505页。
② 习近平：《在哲学社会科学工作座谈会上的讲话》，第3页。

经验、中国理论，建构具有开放性的中国当代知识体系，为人类文明新形态建设与发展提供具有世界视野的理论支撑。

其四，开辟和拓展中国当代知识体系的世界传播渠道。中国当代知识体系既是立足中国的，也是面向世界的。中国式现代化道路拓展了发展中国家走向现代化的途径，为解决人类重大问题作出了中国贡献，创造了人类文明新形态。作为基于人类文明新形态的中国当代知识体系，需要开辟和拓展中国当代知识体系面向世界的传播渠道，通过话语体系建设，获得更多的国际话语权。这需要立足中国大地，讲好中国故事，塑造更多为世界所认知的中华文化形象，传播中国思想，提炼中国理论，扩大中国的国际影响，传播引领人类命运共同体发展的价值观念体系。

建构中国当代知识体系既与话语权、话语体系、学术体系、学科体系的建设密切相关，也涉及具体领域的知识，需要我们用人类命运共同体的价值观念和全球性视野来加以理解和认识。

第五节　结语

中国式现代化创造了人类文明新形态，开辟了文明形态发展的新方向。人类文明新形态需要有与之相适应的知识体系。中国式现代化在实践上拓展了发展中国家走向现代化的途径，为世界发展作出了中国贡献；在理论上创造了人类社会发展的诸多全新成果。从这个意义来讲，中国自主的知识体系既是立足中国的，也是面向世界的。

构建中国自主的知识体系，中华优秀传统文化是取之不尽用之不竭的宝贵资源。中国传统知识体系作为传统文化的载体，彰显了中华民族文化自信的底蕴，体现了中华优秀传统文化的价值观念和价值取向。立足于中华优秀传统文化创造性转化、创新性发展，立足于中国式现代化，是建构中国自主知识体系的文化基础。

构建中国自主的知识体系，需要有面向世界开放的视野。从历史来看，外来知识体系在中国都有不同程度的传播，其中以西方知识体系的传播最为广泛，这是构建中国自主知识体系的比较优势。从现实来看，中国在世界体系中发挥着越来越大的作用，对世界发展产生了具有全局性的影响力。因此，这样的知识体系既是自主的，也是开放的。

构建中国自主的知识体系，不是一蹴而就的，是一项长期的历史任务。构建人类命运共同体，创造人类文明新形态，都是前无古人的伟大创举，在理论上没有现成的答案，在实践上也没有现成的道路，需要在实践中摸索，在理论上探索。因此，这样的知识体系构建，既不能回归到传统，也不能延续近代西化的方式，而是根植于中国式现代化的伟大实践，是一项艰巨的、长期的历史重任。

（作者：翟锦程）

第六章　构建中国自主知识体系的理论指引

当前，我们面临着“构建中国自主知识体系”的时代任务。这一任务的提出，是以当今中国历史性实践的发展为基础的：随着当今中国历史性实践的发展达到特定的转折点，中国自主知识体系的构建任务便历史地产生出来了；如果没有这样的实践基础，这一任务就不可能以其全部现实性展现在我们面前。

然而，构建中国自主知识体系的任务，同时又需要强大的理论指引。如果没有这样的理论指引，这一任务的开展就不可能获得正确的方向并得到有力的推进。本章重点探讨构建中国自主知识体系的理论指引。这一探讨将通过以下几个要点来进行：（1）构建中国自主知识体系的时代任务；（2）对“外在反思”的批判性超越；（3）唯物史观的方法论指引；（4）中国式现代化与中国自主知识体系的构建。

第一节　构建中国自主知识体系的时代任务

构建中国特色哲学社会科学是时代托付给我们的一项重大任务，而这项任务现在被更加明确地表述为构建中国自主知识体系的任务。如果说，中国特色哲学社会科学要真正成为中国自主知识体系，那么，这一任务就意味着中国的学术要能够经历一个决定性的转折。在这个转折过程中，中国学术将摆脱它长期以来对于外部学术的“学徒状态”，并开始获得它的“自我主张”。因为只有自我主张的学术，才能获得中国自主知识体系的本质特征，才能真正具有中国特色、中国风格和中国气派。

在这样的意义上，构建中国自主知识体系，就意味着构建摆脱了学徒状态并获得自我主张的学术。中国学术历史地进入到对于外部学术的学徒状态，是由现代性（现代世界的本质—根据）在世界历史中占据主导地位这一进程所决定的。由于现代性在特定阶段上的绝对权力开辟出“世界历史”，由于以往民族的、地域的历史已成为“世界历史”的组成部分，所以，现代化就成为各民族不可避免的历史性命运，而近代以来的中国也以其自身的方式开启了它的现代化探索。在这样一种必然性的展开过程中，就像中国的历史性实践在现实层面中所发生的情形一样，中国的学术在思想理论上也开始了它的现代化步伐，并因而从总体上进入到对于外部学术的学徒状态之中。

在“世界历史”的基本处境中，这样一种“学徒状态”不仅是必然的和必要的，而且是影响深远的和成果丰硕的。正是这样的学徒状态，开启了中国有史以来最广泛也最深刻的对外学习进程；没有这样一种大规模的对外学习，就像中国自近代以来的历史性实践是不可思议的一样，中国学术的现代化以及由之而来的全部收获也是完全不可能的。就此而言，中国学术从总体上进入对于外部学术的学徒状态之中，不仅是积极的，而且是意义深远的。但是，一种学术的真正成熟，总意味着它要在特定的阶段上能够摆脱其学徒状态，并开始获得它的自我主张。从不可避免的学徒状态进展到摆脱依傍的自我主张，可以说是达到成熟的确切标志——对于一个人的发展来说是如此，对于一种学术的发展来说也是如此。

纵观学术史和思想史，我们可以发现，经过学徒状态的酝酿发育，而后在特定阶段上取得其自我主张，乃是学术发展和思想理论发展的基本规律。任何一种真正的学术都有其自身的发展经历，而几乎所有发展成熟并产生伟大成果的学术，都在自身的发展进程中经历一个决定性的转折，即逐渐摆脱它对于外部学术的学徒状态，并从而提出它的自我主张——其本己的自律性要求。这里所谓的自我主张或自律性要求，意味着某种学术批判地脱离自身以外的权威，意味着它是“自我—授权的”。很明显，只有当一种学术已然摆脱了它对于外部学术的学徒状态时，这种学术才开始达于其成熟阶段；同样很明显，只有当一种学术坚定地获得了它的自我主张时，这种学术所取得的成果才从实质上来说是本己的，并且才因而成为自主的知识体系。

举例来说，近代西方哲学是从笛卡尔的“我思”开始的。这一决定性的开端意味着什么呢？它意味着哲学摆脱了它长期以来对于理性神学的学徒状态，并开始获得了它的自我主张。黑格尔因此把笛卡尔称作“近代哲学之父”——一个彻底从头做起，带头重建哲学基础的英雄人物。笛卡尔的原则是思维，是从自身出发的理性思维，近代哲学正是从这一根本支点上获得了它的自我主张，并开辟出它的繁盛时期。与中世纪的理性神学完全不同，近代哲学把从自身出发的思维当作最基本的立脚点，从而抛弃了僵化的外在性与权威。因此，“从笛卡尔起，我们踏进了一种独立的哲学，这种哲学明白它自己是独立地从理性而来的，自我意识是真理的主要环节。”①

与此相类似，19 世纪末的历史哲学理论力图使历史科学摆脱它对自然科学的学徒状态，从而要求成为自律的、自我主张的学术体系。这种自我主张意味着历史思想是不受自然科学统治的，它理应成为一种自律的科学。按照柯林伍德的说法，近代以来的历史科学显然一开始在基本立场和方法上依赖于并模仿着它的“长姐”（即自然科学），并因而长期处于一种显而易见的学徒状态。唯当所谓“历史批判”清楚地意识到，历史学家对过去唯一可能的知识乃是转手的或推论的（绝不是经验的），而这种转手性的知识也不能由经验来证实或实现时，史学理论方始获得了它的自我主张。这一转折被称为史学理论中的“哥白尼革命”，它意味着发现历史学家不再依赖自身以外的权威，“并且他的思想是自律的、自我—授权的，享有一种他所谓的权威们必须与之相符的、并且据之而受到批判的标准”②。

就不同民族的学术发展和学术成果而言，情形同样如此。在某种更广泛的意义上，任何一个民族之充满活力并能取得伟大成果的文化建构及其学术建构，只要它遭遇到足够强大的外来影响或冲击，都一方面表明它具有充分的容受性，并因而能够积极地对外学习；另一方面（也是更加重要的方面），则必然表明它在发展进程中有能力获得最坚决的自我主张。就此而言的一个典型例证就是希腊文化。黑格尔在谈到“希腊世界”时曾说，希腊人既有自己的传统，但同时又面临着当时更加优越、更为强势的东方文化；正是通过“文化结合”的艰苦锻炼，希腊人才产生其现实的和正当的活力，并开辟出他们胜利和繁荣的时代。这一过程的真正核心是希腊民族取得其文化上和学术上的自我主张，唯因其具备了这样的自我主张，所谓文化结合才显示出其积极的和原创的意义来。世界史上真正伟大的复兴运动都必然是一个自我主张的原创性的胜利，而不是单纯的容受性。正如卡希尔所说，文化精神史上最引人入胜的主题之一，便是

① ［德］黑格尔：《哲学史讲演录》第 4 卷，商务印书馆 1978 年版，第 59 页。
② ［英］柯林武德：《历史的观念》，中国社会科学出版社 1986 年版，第 268 页。

去探寻“自主性”和“容受性”这两个方面如何彼此交织并相互决定。①

由此可见，从“学徒状态”进展到“自我主张”，可以被看作是文化发展、学术发展的一般规律。甚至个人的发展，也同样经历这样的进程：一个学生长期在学校受到教育，也就是说进入到学徒状态之中；但当其真正成熟时，就意味着他能够获得自我主张。一个老师的真正愿望，就是希望他的学生能够在经历学徒状态的过程中迅速成熟起来，直至有朝一日他们能够以其独立性和自主性极大地超越老师。

中国自近代以来的人文学术和社会科学，一方面背负着自己过去的遗产，另一方面也面临着、容受着各种外来的学说、思想和观念。就其基本的潮流和趋势而言，中国的学术自近代以来无疑是普遍地进入到一种学徒状态中去了，并由此而开展出一种史无前例的、内容丰富的学习过程。这一学习过程是如此地波澜壮阔和激动人心，以至于我们对它的积极意义无论怎样评价都不会过高。然而，正像我们前面已经指出的那样，一种学术的真正成熟，总意味着它要在特定的转折点上能够摆脱其学徒状态并获得自我主张，从而积极地构建起它的自主知识体系。

当中国的历史性实践发展到特定的转折点时，构建中国自主知识体系的时代任务就会决定性地出现。换句话说，当这样的实践基础和条件已经具备时，作为其上层领域的学术就必然要发生相应的转折；也就是说，它或早或迟要能够摆脱其学徒状态并获得自我主张。中国特色哲学社会科学是何种性质、何种意义上的学术呢？它是摆脱了学徒状态并具有自我主张的学术，是具有自主性的知识体系。很显然，这样一种性质的学术对于我们来说还是一项任务，是一项有待积极建设从而去完成的任务。正如习近平总书记在哲学社会科学工作座谈会上的讲话所指出的那样：“构建中国特色哲学社会科学，要在指导思想、学科体系、学术体系、话语体系等方面，充分体现中国特色、中国风格、中国气派。我们的哲学社会科学有没有中国特色，归根到底要看有没有主体性、原创性。跟在别人后面亦步亦趋，不仅难以形成中国特色哲学社会科学，而且解决不了我国的实际问题。”②

由此可见，我们的哲学社会科学要具有中国特色、中国风格和中国气派，并不是

① 参看［德］卡西尔：《人文科学的逻辑》，关子尹译，上海译文出版社2004年版，第177页。

② 习近平：《在哲学社会科学工作座谈会上的讲话》，《人民日报》2016年5月19日。

就学术的某种形式或外表来说的，而是就其性质或立脚点来说的。我们的学术只有成为自主的知识体系，才可能真正具有主体性、原创性，否则的话，就还只能跟在别人后面亦步亦趋，因此也就难以形成中国特色哲学社会科学。如果我们把中国特色哲学社会科学仅仅理解为带有点中国色彩、加入点中国元素或涉及点中国题材的学术，那就在性质上完全误解了中国特色哲学社会科学；只有当我们的学术在大规模对外学习的基础上赢得它的自我主张时，才能够真正构建起中国自主知识体系。如果说，我们在历史性实践方面已推进到了一定的阶段，并为进一步的转折性发展做好了准备，那么，就像这种准备会在实践领域中继续为自己开辟道路一样，它也会在学术理论领域中把构建中国自主知识体系的任务明确地揭示出来，并将之托付给能够承担这一使命的哲学社会科学工作者。

对于构建自主知识体系来说，思想上的决定性进展在于获得一种真正的“理论自觉”。没有这样的理论自觉，从学徒状态摆脱出来并获得自我主张就是根本不可能的。理论自觉意味着什么呢？最为简单并且也最关根本地说来，理论自觉首先就意味着某种学术在理论上达到它的“自我意识”；换言之，意味着这种学术在理论上由“自在”的环节进展到“自为”的阶段。正如黑格尔在谈到“自我意识”的最初出现时所说的那样，它意味着：由之而来的是一种知识的新形态，它区别于对于一个他物的知识，而是对于自己本身的知识。① 换句话说，“自我意识在这里被表明为一种运动，在这个运动中它和它的对象的对立被扬弃了，而它和它自身的等同性或统一性建立起来了。”② 只有在这样的等同性或同一性被建立起来的地方，才开始有真正的自主性，才开始进展到所谓自为的阶段。我们知道，任何一种形式的自觉都是与特定发展过程中的自为阶段相联系的；或者毋宁说，所谓自觉，不过是这一发展阶段之自为性质的直接反映罢了。

如果由此论到学术上的理论自觉，那么，它总以这种学术能够达成其自我意识并进展到自为的发展阶段为前提，也就是说，除非某种学术在其展开过程中能够获得坚定的自主性或自我主张，否则的话，其理论自觉（或其他什么自觉）就是不可能的。

① 参看［德］黑格尔：《精神现象学》上卷，商务印书馆1979年版，第116页。
② 同上书，第117页。

反过来说，由于理论总是构成任何一种学术形式的核心领域，所以其理论上的自觉程度就会最关本质地揭示这一学术之整体的发育程度，就会成为衡量其自主性或自我主张的确切标志。在这个意义上，学术本身之进展到自为阶段，与它实际取得理论上的自觉就是同一件事情，是同一个过程的两个方面。构建中国自主知识体系的时代任务，一方面需要获得明确的理论自觉，另一方面又需要有积极的理论指引。如果没有积极的和正确的理论指引，自我主张就会成为一句空话，并且在很多场合就会沦为学术上的任意和武断。

第二节　对“外在反思”的批判性超越

从前面的讨论中我们知道，构建中国自主知识体系的时代任务，首先就意味着我们的学术要能够从长期以来的学徒状态中摆脱出来，并获得它的自我主张。尽管学徒状态对于中国学术的现代发展来说是绝对必要且意义深远的，但它作为学徒状态也有自身的局限和固有的弱点——它是依赖的和因循的，并因而在思维方式上往往局限于所谓的“外在反思”。

按黑格尔的说法，“外在反思”（区别于“思辨的反思”）乃是一种忽此忽彼的推理能力，它从不深入于事物自身的实体性内容之中，但它知道一般原则，而且知道把一般原则抽象地运用到任何内容之上。这听起来有点复杂，但实际上也就是我们通常称之为教条主义（哲学上更多地成为形式主义）的东西。因为教条主义就是不顾事物自身的实际内容，而仅仅把作为抽象原则的教条运用到任何对象、任何内容之上。就此看来，外在反思的本质特征突出地表现在以下两个方面：（1）把作为抽象普遍性的原则或教条当作“绝对”；（2）将这样的原则或教条先验地强加到任何对象、任何内容之上。

处于学徒状态中的学术之所以易于并且惯于采用这样的思维方式，是因为它从老师那里现成地学来了原则或原理，然后就不假思索地将之当作永远正确的公式强加到任何对象上去了。我们很熟悉的一个例证是，在中国革命时期就有一些被称为教条主义的马克思主义者，他们大多从苏联留学回来，操着一口流利的俄语，对马恩的经典倒背如流，对俄国的经验更是佩服到五体投地。于是就有了所谓“中心城市武装起义”

的革命纲领，由之而来的结果同样是我们非常熟悉的：中国革命因此遭遇到了严重的挫折，付出了惨痛的代价。这里的关键之点就在于教条主义，在于教条主义者所采取的“外在反思”的思维方式。如果说，当时中国的一部分马克思主义者还完全处在学徒状态之中，因而习惯于外在反思，那么，这里的问题恰恰就在于：被教条主义者用抽象的原则排除掉并取消掉的东西，正是当时中国的社会现实，是这一现实本身所具有的实体性内容。只有当中国共产党人终于意识到，中国革命的道路不是这样的，中国革命的道路不是“中心城市武装起义”，而是“农村包围城市”时，他们才在武装革命的主题上从外在反思中解放出来，才开始将马克思主义原理与中国革命的实际相结合。也就是说，他们才逐渐摆脱其学徒状态，并开始获得了自我主张——由此开启了马克思主义中国化的宏伟历程。

对于当今中国的哲学社会科学来说，外在反思的思维方式仍然在很大程度上占据着统治地位，甚至在有些场合比起教条主义的马克思主义者有过之而无不及；只不过那时的教条主要来自苏联，而今天的抽象原则大多来自西方罢了。这样的情形是和我们的学术长期处于学徒状态这一点相联系的。然而无论这样的教条来自何方，也无论这样的抽象普遍性看起来多么清楚明白而且理所当然，只要它们仅仅适合于外在反思的运用，那么，它们在性质上就既是主观主义的（就其无法通达事物自身而言），又是形式主义的（就其无关乎实体性内容而言）。我们知道，黑格尔思辨哲学最具特色之处就是对外在反思的持续批判。在《历史哲学》和《法哲学原理》中，黑格尔曾多次对他特别崇仰的拿破仑提出批评说：这位伟大的军事天才和政治天才想要把法国的自由制度先验地强加给西班牙人，结果他把事情弄得一塌糊涂，并且最终是不可避免地失败了。很显然，在黑格尔看来，当时法国自由制度所代表的新原则确实是真的并且是合乎理性的，但拿破仑的失败却意味着，这一原则的外在使用恰恰撇开了西班牙社会本身的实体性内容。所以《精神现象学》写道：“一个所谓哲学原理或原则，即使是真的，只要它仅仅是个原理或原则，它就已经也是假的了。要反驳它因此也就很容易。”①在这样的意义上，黑格尔很正确地把外在反思称为“诡辩论的现代形式”，把仅仅知道

① ［德］黑格尔：《精神现象学》上卷，第 14 页。

外在反思的人叫作“门外汉”。

近代以来占主导地位的知识样式乃是知性知识，就其基本建制而言，这样的知识一般地立足于抽象的普遍性之上，并且也一般地将抽象普遍性无差别地（外在反思地）加诸任何对象、任何内容之上（知性反思）。至于这样的普遍物是知性范畴还是知性规律，是理论的原则、原理，还是诸如“自由”“平等”“正义”等理念，在这里是无关紧要的。如果说，我们的学者在自我审视中发现自己的学术正是以这样一种方式来活动和运作的，那么，这只不过是因为现代性的知识和现代性的意识形态一样，在其基本建制上就是如此这般地被规定的。这样的知识样式确实达到了某种普遍性，即抽象的普遍性。既然抽象乃是思维最基本的功能之一，那么，抽象普遍性的达成就理所当然地属于思维的成果。但是，这里必须清晰辨明的是：抽象的普遍性还只是单纯形式的普遍性，亦即放弃实体性内容并对这种内容置之不理的普遍性；它无关乎任何内容，因而看起来似乎适合于一切内容。

但是，停滞在抽象普遍性之中并且满足于知性反思的学术只能是形式主义的学术；更加重要的是，这种形式主义的学术同时还必定是主观主义的，就像我们早就知道教条主义属于主观主义一样。之所以如此，是因为思维所达成的抽象普遍性同事物自身的实体性内容分离隔绝，是因为在这里根本还没有从事物自身发生出来的丰富内容，还没有各个形态给自身规定出来的差别，有的只是处于事物自身之彼岸的主观思想的反思活动罢了。因此，在抽象普遍性的外在反思中，在知性知识的基本建制中，也就没有真正的客观性，没有依此客观性而来的真理性。与此不同，黑格尔要求用“客观精神”来扬弃局限于主观思想的主观主义。加达默尔曾就此写道：“在古典哲学思想中，这种客观性的魁首当推黑格尔。他精确地讨论了物的活动，并且用以下事实体现了真正的哲学思考，即物在自身中活动，它并非仅仅是人自己的概念的自由游戏。这就是说，我们对于物所做的反思过程的自由游戏在真正的哲学思考中并不起作用。本世纪初代表了一种哲学新方向的著名现象学口号‘回到事物本身去’指的也是同样的意思。”① 在这里本质重要的是什么呢？是事物自身，是我们的思想能够通达事物自身。

① ［德］加达默尔：《哲学解释学》，夏镇平译，上海译文出版社 1994 年版，第 71 页。

只有当这样的通达在本体论的基础上成为可能时，才会有思想的真正客观性和真理性，才得以使学术理论超越抽象普遍性的外在反思，并摆脱其主观主义—形式主义的性质。

尽管马克思与黑格尔在本体论的基础上截然不同，因而对于“事物自身”的规定迥然相异，但他们在反对抽象普遍性及其外在反思方面却是高度一致的。例如，马克思指出，在政治经济学中，生产一般是一个抽象范畴；它可以是一个合理的抽象，即把共同之点提出来并定下来。但对生产一般适用的种种规定之所以要抽出来，正是为了不致因为有了统一而忘记本质的差别。从意识形态方面来说，“那些证明现存社会关系永存与和谐的现代经济学家的全部智慧，就在于忘记这种差别。”① 从学术理论方面来说，“粗率和无知之处正在于把有机地联系着的东西看成是彼此偶然发生关系的、纯粹反思联系着的东西。”② 在这里，所谓“纯粹反思联系着的东西”是什么呢？它们是一些抽象的普遍物，是一些可以由知性反思外在地、因而也是偶然地强加给任何对象、任何内容的东西。当这样的东西连同其反思形式在学术理论中占统治地位并大行其道时，就像本质的差别将被彻底夷平一样，有机地联系着的东西也就分崩离析了。与之相反，唯物史观恰恰要求超出这种“粗率和无知之处”，也就是说，要求学术理论从抽象普遍性的外在反思中解放出来。“总之：一切生产阶段所共有的、被思维当作一般规定而确定下来的规定，是存在的，但是所谓一切生产的一般条件，不过是这些抽象要素，用这些要素不可能理解任何一个现实的历史的生产阶段。”③

如果说，学徒状态的基本缺陷乃是外在反思，而外在反思的实质乃是主观主义和形式主义，那么，从学徒状态中摆脱出来，首先就要求批判地脱离外在反思，亦即批判地脱离学术上的主观主义和形式主义。只有在这样的前提下，具有自我主张的中国学术才开始成为可能，构建自主知识体系的任务才得以真正开展出来。在这样一种意义深远的学术转向过程中，学习的任务固然无可置疑地保持着，但思想的任务会变得尤为突出、尤为重要。孔子说：“学而不思则罔，思而不学则殆。”意思是说，“学”与“思”要互相支撑，彼此不可相失。局限于外在反思中的学术往往不是失之于“学”，而是失之于“思”。失之于思的学术便是“罔”，也就是犯糊涂、受蒙蔽。当年那些教

① 《马克思恩格斯选集》第2版，第2卷，人民出版社1995年版，第3页。

②③ 同上书，第6页。

条主义的马克思主义者不可谓知识不多学问不大，但他们的缺点却突出地表现为无头脑。难道饱学之士居然会无头脑吗？确实如此——将抽象的普遍性先验地强加给任何对象，就是不思且无需乎思。

因此，如果说中国特色哲学社会科学乃是具备了自我主张的学术，那么，这样的学术就势必要成为能思的、批判的学术，亦即要成为有自己头脑的学术。在这样的意义上，中国特色哲学社会科学就将不仅继续致力于“学”，而且尤其致力于“思”，它的自我主张就在于“能思”。所以，习近平总书记在2016年5月17日召开的哲学社会科学工作座谈会讲话中就引用了毛泽东的名言——“我们中国人必须用自己的头脑进行思考，并决定什么东西能在我们自己的土壤里生长起来”，并且还通过“为学之道，必本于思”的警句，来揭示并强调中国特色哲学社会科学所必须承担起来的思想任务。由此可见，学徒状态的基本缺陷就在于外在反思，就在于将抽象普遍性先验地强加到各种对象、各种内容之上。因此，摆脱学徒状态而获得自我主张，首先就在于对外在反思的批判性超越，亦即从抽象的普遍性中解放出来，从而深入到特定对象的实体性内容之中。只有在这样的前提下，自主知识体系的构建才是可能的。

对于中国的哲学社会科学来说，自主知识体系或具有自我主张的学术将具有怎样的基本特征呢？首先，从形式方面来讲，它是讲中国语的。中国自主知识体系的建构，只有立足于我们民族自身语言（“中国语”）的基础之上，才有可能实际地开展出来并积极地被构成。一言以蔽之，中国特色哲学社会科学必然是说中国语的。初看起来这是一种限制，然而，在单一语言的形而上学幻觉破灭之后，恰恰是这种限制本身方始开展出建构自主学术体系的现实的可能性。威廉·冯·洪堡以其恢宏的才能指证了语言在整个民族生活中的奠基作用：语言是一个民族生存永远不能须臾相失的“呼吸”；正是通过一种语言，一个民族才得以凝聚，其基本的特性方始能够完整地铸刻下来。不同的民族说不同的语言，不同的语言乃是不同的有机体，从而具有不同的从内部进行创造的原则。“语言仿佛是民族精神的外在表现，民族的语言即民族的精神，民族的精神即民族的语言，二者的同一程度超过了人们的任何想象。”① 由此便可以理解，尽

① ［德］洪堡特：《论人类语言结构的差异及其对人类精神发展的影响》，姚小平译，商务印书馆1999年版，第52页，并参看第33页。

管黑格尔在哲学上对沃尔夫评价不高，但却盛赞他的不朽功绩，称他为“德国人的教师”——因为沃尔夫开始“让哲学讲德语”，从而使哲学成了普遍的、属于德意志民族的科学。“只有当一个民族用自己的语言掌握了一门科学的时候，我们才能说这门科学属于这个民族，这一点对于哲学来说最有必要。”①

然而，更加重要的是，从实质方面来讲，自我主张的学术只有从抽象普遍性的外在反思中解放出来，才能深入于特定社会（“实在主体”）的实体性内容之中，也就是说，才能深入于特定社会的现实之中。外在反思的学术是非批判的和不思的学术，因为它仅仅局限于抽象的普遍性，并将之无条件地派送给任何对象、任何内容。用恩格斯的话来说，这样的做法实际上就会比解一个最简单的一次方程式更容易了。如果说，具有自我主张的学术乃是批判的和能思的学术，那么，这样的思想任务将从何处开始呢？它从超出抽象普遍性并因而能够深入于具体的现实开始。外在反思是以一般的抽象原则阉割了特定对象的实体性内容，亦即遮蔽了作为内容本身的现实。这里的真正要点乃是“现实”，主观思想—外在反思的要害在于使现实滞留于晦暗之中，而问题正在于揭示现实本身。加达默尔曾就此写道：“因为黑格尔哲学通过对主观意识观点进行清晰的批判，开辟了一条理解人类社会现实的道路，而我们今天仍然生活在这样的社会现实中。”②

马克思与黑格尔哲学的联系——无论是肯定性的联系还是否定性的联系——都是从这一根本之点发源的，亦即都是围绕着“社会现实”的真正发现而开展出来的。正是通过对主观思想—外在反思的全面批判，黑格尔把深入于社会现实当作一项根本的哲学任务提示出来了。就此而言，马克思乃是黑格尔哲学遗产的真正继承者；至于他们之间的根本差别，卢卡奇和洛维特说得对，两者是在“现实”本身上分道扬镳的。当黑格尔把现实的本质性置放在客观精神中，而客观精神又在为绝对精神的超越中找到其真正的哲学证明时，他是把现实本身神秘化了；而在马克思看来，社会现实固然意味着某种普遍者的决定性意义，但其本质性却在“人们的现实生活过程”中。因此，社会现实便被把握为具体化了的社会关系和经济关系，被把握为在人们的历史性实践

① ［德］黑格尔：《哲学史讲演录》第 4 卷，第 187 页。

② ［德］加达默尔：《哲学解释学》，第 111 页。

中不断生成的社会变动结构。这意味着社会现实在新的本体论基础上被重新开启：当黑格尔把所谓现实的内容最终转变为理性思辨的形而上学本质时，马克思则将它导回到理性前的物质生活过程之中——唯物史观的全部深刻洞见都是从重新开启通达社会现实的道路这一点上起源的。海德格尔在其晚期讨论班上指证了现代性意识形态对社会现实的强势掩盖，从而提示了马克思主义在社会现实这个主题上的优越性和重要意义：现今的所谓哲学只是满足于跟在知性科学后面亦步亦趋，这种哲学完全误解了我们时代的两重独特的现实，即经济发展以及这种发展所需要的架构，而马克思主义懂得这双重的现实。①

因此，如果说，构建中国自主知识体系的任务在于摆脱长期以来的学徒状态并获得自我主张，那么，这一任务就要求决定性地超出抽象普遍性的外在反思，并从而能够深入到事物本身的实体性内容之中，亦即深入到特定社会的现实之中。正是在这个意义上，唯物史观为构建中国自主知识体系提供了最具决定性意义的方法论指引。

第三节　唯物史观的方法论指引

黑格尔在阐述他的思辨方法时指出，外在反思的根本缺陷就在于它从不触动现实，因而完全无能把握事物的实体性内容，而哲学的任务（作为思想的任务）就在于持续不断地摆脱抽象，就在于坚持不懈地深入现实；因而哲学乃是同外在反思的“持久战”。这意味着：除非我们能够真正超出外在反思，否则的话，深入现实的思想任务就根本不可能完成。在这里，“现实”这个概念尤为重要，它并不像我们通常想象的那样轻而易举，相反，它意味着很高的理论要求：“现实”是指“实存与本质的统一”（一般所谓“事实”只是单纯的实存，即通过知觉可以直接给予我们的东西），是指“展开过程中的必然性”。因此，在黑格尔的《逻辑学》中，现实概念不属于“有论”，而属于“本质论”。如果说“现实”不仅是实存，而且是本质，不仅是展开过程，而且是必然性，那么，通达现实并且把握现实，难道不是我们构建自主知识体系所面临的一项具有原则高度的思想任务吗？

---

① 参看［法］F. 费迪耶等辑录：《晚期海德格尔的三天讨论班纪要》，丁耘译，《哲学译丛》2001年第3期。

当黑格尔将“现实”的本质性最终归结为绝对精神时，马克思则将这种本质性导回到“人们的现实生活过程”。尽管马克思在本体论上彻底颠覆了黑格尔的绝对观念论，但他们在反对抽象的普遍性，并以“现实”的名义要求决定性地超出外在反思的主观主义和形式主义方面，却是高度一致的。这种一致性也就是辩证法，而现代辩证法首先就意味着超出抽象的普遍性，超出外在反思，并通过这种超出而通达社会—历史的现实。我们可以用一句耳熟能详的短语——“从抽象到具体”——来表示这种辩证法的要义：真正的普遍性绝不停留于单纯的抽象之中，绝不分离隔绝与事物的实体性内容；它只有通过社会—历史之全面的具体化才能展示自身，从而在这种具体化的立脚点上开启出进一步的思想理论任务。正是在这样的意义上，恩格斯说，黑格尔划时代的历史观乃是新唯物主义观点的“直接理论前提”；也是在这样的意义上，恩格斯批评那些手握抽象原理而不能深入现实的“马克思主义者”说，唯物史观现在有许多朋友，而这些朋友是把唯物史观当作不研究历史的借口的；对此马克思早就说过：“我只知道我自己不是马克思主义者。”

自从黑格尔和马克思对立足于抽象观念（抽象普遍性）的主观主义和形式主义开展出决定性的批判以来，仍然局限于外在反思的学术理论就已经是时代错误了；而在这种批判中已经本质重要地提出了进一步的思想任务，即深入到社会—历史的现实之中。因此，从理论方面来说，中国自主知识体系的构建就意味着在学术上实现这样一种决定性的转变：摆脱其学徒状态并开始获得自我主张，而这样一种学术姿态上的转变在实质上是要求从外在反思的思维方式中解放出来，从而能够深入到社会—历史的现实之中，尤其是深入到当今中国的现实之中。中国特色哲学社会科学在继续其学习任务的同时，必须能够更加有力地承担起它所面临的思想任务——切中现实并且把握现实。唯物史观的方法论指引主要体现在以下几个方面：（1）只有在超越抽象普遍性及其外在反思的理论视域中，唯物史观的具体化定向才得以开启并付诸实行；（2）这一定向始终要求唯物史观在特定的社会—历史现实中展开出它的具体化，从而要求深入并且把握住特定对象的实体性内容；（3）唯物史观的具体化定向，必然诉诸并导致“历史科学”，从而使其原则或原理在历史科学中获得积极的生存；（4）唯物史观的具体化定向在开辟出历史科学新境域的同时，为构建中国自主知识体系提供了最具启发性的方法论指引。

这样的方法论也就是辩证法，而我们之所以把辩证法特别地把握为具体化，是因为辩证法不仅是一些原则、原理、范畴、规律，而且尤其是——必须始终是——一种具体化的实行，对于马克思和黑格尔来说都是如此。只要辩证法的原则或原理停止其具体化的实行，它们就立即成为辩证法的反面，也就是说，立即成为辩证法本身要去克服的抽象普遍性及其外在反思。由于现代性的意识形态及其知识样式的长期统治，伴随着绝对精神的解体过程，流俗的学术理论在把黑格尔“当死狗来打”的同时，也开始了它的大规模的退行性复辟。在这样一种氛围中，知性知识的建制不仅重新大行其道，甚至要将辩证法都纳入到它的势力范围中去。于是我们看到，辩证法也几乎完全被当作一种形式方法来理解了：它成了一种抽象普遍的方法，它的原理、范畴、规律可以被无条件地运用到——先验地强加到——任何对象、任何内容之上。然而，当我们这样来理解并运用辩证法时，在这里出现的难道不正是辩证法的对立物，即抽象普遍性的外在反思吗？这种将辩证法阉割为形式方法的情形是如此普遍，以至于人们现在很难想象，除此之外辩证法还可能是怎样的。对于这种情形，恩格斯早就说过：自黑格尔去世之后，官方的黑格尔学派从老师的辩证法那里只学会搬弄最简单的技巧来到处应用；黑格尔的全部遗产只不过成为可以用来套在任何问题上的刻板公式。多年之后，海德格尔就此写道：“辩证法发展出一种令人印象深刻的技能，只要学一年，一个人就能谈论一切，好像真是那么回事似的。”①

辩证法之所以沦落到当年黑格尔归诸外在反思的那种诡辩论的地步，就是因为它丧失了自身的具体化，丧失了活动于现实之中并因而占有其实体性内容的具体化；一旦这样的具体化被终止，辩证法就立即成为反辩证法的了。就此而言，辩证法的实质在于终止抽象的普遍性，在于要求普遍者的具体化，在于普遍的东西根据特定的社会条件和历史环境而开展出它的具体化行程。所以黑格尔说，没有抽象的真理，真理是具体的；真正的普遍性不是抽象的普遍性，而是能够深入到具体之中并且把握住具体的普遍性。对于唯物史观本身的原则、原理或规律来说，事情也是如此：只要它们停

① ［德］海德格尔：《存在论：实际性的解释学》，何卫平译，商务印书馆2016年版，第59页。

滞在抽象的普遍性中，只要它们放弃或拒绝经由社会—历史之现实而来的具体化，那就正如恩格斯所说，它们就立即转变为唯物史观的对立物。一个非常值得深思的例证出现在马克思对米海洛夫斯基的下述评论中："他一定要把我关于西欧资本主义起源的历史概述彻底变成一般发展道路的历史哲学理论，一切民族，不管它们所处的历史环境如何，都注定要走这条道路，——以便最后都达到保证社会劳动生产力极高度发展的同时又保证每个生产者个人最全面的发展的这样一种经济形态。"① 这里所说的东西，看起来不就是唯物史观的原理或规律吗？但是，多么出人意料，马克思竟毫不犹豫地拒绝了这种历史哲学理论，并且用"这样做，会给我过多的荣誉，同时也会给我过多的侮辱"这一著名说法，强调了他的严词拒绝。之所以如此，是因为在这里，"一般发展道路"就成了超社会、超历史的普遍性，而这种抽象普遍性的统治恰恰阻断了经由特定社会条件和历史环境而来的具体化，"这种历史哲学理论的最大长处就在于它是超历史的"②。

明白了这一点，我们也就能够理解，当查苏利奇 1881 年向马克思询问俄国道路的可能性时，为什么马克思不像"社会新栋梁的代言人"那样，能够立即从口袋里掏出一个由抽象普遍性而来的现成答案；如果说，避开现实的答案只需要外在反思就能轻易到手，那么，把握住现实的答案就必须通过社会—历史的具体化研究才可能达成。我们可以从现代化这个例证中来把握唯物史观具体化定向的绝对重要性。由于现代性在特定阶段上的绝对权力开辟出"世界历史"，由于现代性的权力在开辟出世界历史的同时，还为之布局了一种基本的支配—从属关系（它使未开化和半开化的国家从属于文明的国家，使农民的民族从属于资产阶级的民族，使东方从属于西方），所以，"世界历史"就把一切民族都卷入到现代—资本主义文明中来，并因此而使现代化成为每一个民族——如果它不想灭亡的话——普遍的历史性命运（海德格尔把这种普遍的历史性命运称为"地球和人类的欧洲化"）。然而，尽管在世界历史的基本处境中，现代化普遍地成为每一个民族的历史性命运，但对于不同的民族来说，其现代化的道路、任务、进程与方式却是非常不同的。我们可以很容易观察到，直至今天，现代化的历

① 《马克思恩格斯选集》第 2 版，第 3 卷，第 341—342 页。

② 同上书，第 342 页。

史进程不仅在基督教世界、伊斯兰世界、东亚、南美以及非洲等各个区域的展开方式非常不同，而且在经济、政治、社会、文化各个领域也都有其独特的表现形式——无论其展开方式是顺利的还是艰难的，总而言之，它们都实际地采取着相当不同的发展道路。

之所以如此，是因为每一个民族都处在非常独特的社会—历史的现实之中。正如马克思在致《祖国纪事》编辑部以及致查苏利奇的信中所指出的那样，一个民族的现代化道路与进程，完全取决于特定民族处身其中的“社会条件”和“历史环境”，而这样的社会条件和历史环境是非常独特、非常具体的。如果把西欧资本主义起源的历史转变成一般发展道路的公式，并把这种超历史的公式先验地强加给任何一个其他民族，就只会得出完全无头脑的荒谬结论。由此可见，现代化任务的普遍性，只有通过每一个民族在其社会—历史中的具体性，才可能得到现实的展开和特定的完成。中国的现代化道路是在特定的社会条件下开辟出来的，是在具体的历史环境中展开其前进运动的，这就是中国式现代化的现实起源或本质来历。离开特定的社会条件和具体的历史环境，就不可能有中国现代化实践的独特道路和实际进程，因此也就不可能在中国真正实现现代化。那种以抽象普遍性（实际上只是来自近代西方的某种观念）来先验地强制中国现代化进程的种种设想与方案，不过是一些纯粹的梦想或幻觉而已，在哲学上不过是局限于外在反思的主观主义和形式主义的表现而已。

因此，唯物史观的方法论指引，首先就在于超出抽象的普遍性，就在于使普遍者经由特定的社会条件和历史环境来实现其全面的具体化。正是在这样的意义上，唯物史观与“历史科学”建立起本质的联系，这种联系在本体论上的依据是：作为“实在主体”的既定社会（马克思）取代了作为“实体—主体”的绝对精神（黑格尔）。在唯物史观的立场上，现实中的本质性固然存在，这种本质性固然只有通过具体化才能通达，但就像本质的东西唯一地存在于社会—历史本身之中一样，通达本质性的具体化唯一地依循社会—历史的现实而开展出来。因此，唯物史观将具体化的学术理论任务指派给“历史科学”，而根本无意于也根本不需要来构造某种高居于历史科学之上的“太上科学”（例如，思辨的逻辑学）。唯物史观从来就不是什么太上科学，如果说唯物史观包含一系列的原则、原理、范畴和规律，那么它们所必须实行的具体化，就只能立足于对每个时代的个人的现实生活过程和活动的研究，也就是说，就只能通过一般所谓历史科学或社会科学的研究来完成。

马克思恩格斯在草创唯物史观时就非常明确地指出："在思辨终止的地方，在现实生活面前，正是描述人们实践活动和实际发展过程的真正的实证科学开始的地方。……对现实的描述会使独立的哲学失去生存环境，能够取而代之的充其量不过是从对人类历史发展的考察中抽象出来的最一般的结果的概括。这些抽象本身离开了现实的历史就没有任何价值。"① 这个论断无比清晰地表明，除非唯物史观的原则和原理能够开展出依特定对象（作为"实在主体"）而来的具体化，除非这样的具体化能够在历史科学中得到真正的贯彻，否则的话，它们"就没有任何价值"。这样一来，唯物史观与历史科学就直接贯通起来了；在这种贯通中，就像唯物史观将现实的本质性置放于历史科学在其中活动的那个领域中一样，唯物史观作为基本的原则或原理，就必然要在历史科学中来实行它的具体化。唯物史观通过具体化而成为历史科学，反过来说，历史科学则通过唯物史观的具体化而从知性的有限性中解放出来。就此而言，当唯物史观将其原理或原则的具体化任务托付给历史科学时，这种托付也就意味着历史科学由这种具体化任务而来的更新改造。如果历史科学不经历这样的改造，它就仍将在很大程度上局限于抽象普遍性的外在反思之中；如果唯物史观不经由历史科学来开展出多重的具体化，它的原则或原理就将沦为恶劣的公式或教条——对于唯物史观的创始人来说，这样的科学定向乃是不言而喻的。

正是在这里，唯物史观的方法论对于构建中国自主知识体系来说，具有重要的和多重的指引意义。如果说，唯物史观最坚决地要求普遍者根据特定社会—历史现实的具体化，并将这种具体化的实行与否看作性命攸关的，那么，唯物史观就将意义深远地引领并在总体上推进我们的哲学社会科学的自主发展。这绝不意味着唯物史观可以代替历史科学，也绝不意味着它要把自己的原则或原理先验地强加给历史科学；毋宁说，唯物史观诉诸历史科学，诉诸在历史科学中的具体化，并在这种具体化的行程中全面地展开、考验并且丰富自己的原则或原理。在这样的意义上，唯物史观在学术理

① 《马克思恩格斯选集》第2版，第1卷，第73—74页。

论上不仅开辟出一个内容极为丰富的广大区域，而且要求将自身直接置入历史科学之中，确切地说，使自身成为历史科学。正如恩格斯晚年所说的那样："必须重新研究全部历史，必须详细研究各种社会形态存在的条件，然后设法从这些条件中找出相应的政治、私法、美学、哲学、宗教等等的观点。在这方面，到现在为止只做了很少的一点工作，因为只有很少的人认真地这样做过。在这方面，我们需要很大的帮助，这个领域无限广阔，谁肯认真地工作，谁就能做出许多成绩，就能超群出众。"①

第四节 中国式现代化与中国自主知识体系的构建

构建中国自主知识体系的任务并不是凭空产生的，它是在当代中国历史性实践发展到特定转折点上产生出来的。也就是说，随着当代中国历史性实践发展到特定的转折点，构建中国自主知识体系的任务便获得了相应的实践基础。构成这一实践转折的决定性标志是，我们非常明确地提出了"中国式现代化"的重要概念；它意味着：我们的历史性实践本身自觉地要求立足于自身之上，要求根据中国独特的社会条件和历史环境来推进和完成自己的现代化任务。随着这一实践要求的确立，作为其上层领域的文化建设和学术建设，就将要求同样的自主性，亦即要求从长期以来的学徒状态中摆脱出来，要求构建自主的知识体系。不仅如此，由于学术理论的现实内容和思想课题同样植根于历史性的实践进程，所以，中国自主知识体系的构建就需要深入到当今中国的历史性实践之中，深入到中国式现代化的发展进程之中，并从中去发掘真正的时代课题，去把握不断发展着的社会现实。

前面说过，唯物史观绝不停留于抽象的普遍性，而是要求普遍者根据特定的社会条件和历史环境而得到充分的具体化。这样一种具体化当然也适用于理解和把握中国的整个现代化进程。为了完成现代化任务，中国自近代以来就进行了多方面的工业化尝试，并且也相应地开展了大规模的对外学习。但是，通过这种学习所获得的关于现代化的外部理论和外部经验，只有经过必要的中国化，也就是说，只有根据中国的社会条件和历史环境来加以具体化，才可能具有真实的效准并取得积极的成果。从具体

① 《马克思恩格斯选集》第2版，第4卷，第692页。

化的原则来讲，中国的现代化道路和任务必须立足于特定的社会条件和历史环境来加以确定，必须成为具有中国特色、符合中国国情的现代化，也就是说必须成为中国式的现代化。

从历史性的实践来讲，自新中国成立以来，探索中国式现代化建设的历史性进程就积极地开展出来了。毫无疑问，这一探索的成就是主要的，其意义是无比深远的，就像年鉴学派的历史学家布罗代尔在《文明史纲》中所指出的那样，中国的实验取得了无与伦比的、令人信服的成功。它在 1945 年还造不出摩托车，但现在已马上能够制造原子弹了。“在非常短的时间里，这一活着的最古老的文明就变成了所有欠发达国家中最年轻最活跃的力量。”①很明显，正是这一历史性进程为新中国奠定了大规模的工业化基础；同样很明显，在这一现代化建设的探索过程中也存在着曲折、失误和教训，因而在某种程度上迟滞了中国的现代化建设，干扰了现代化任务与中国实际相结合的进程。为了纠正这样的迟滞和干扰，十一届三中全会以来，党中央不仅作出了把工作重点转移到社会主义现代化建设上来的战略决策，而且指出：“经济建设必须适合我国国情，符合经济和自然规律；必须量力而行，循序渐进，经过论证，讲求实效，使生产的发展同人民生活的改善密切相结合；必须在坚持独立自主、自力更生的基础上，积极开展对外经济合作和技术交流。”（《关于建国以来党的若干历史问题的决议》）在这里得到明确体现的是：进一步重申并强调了我们所面临的现代化建设任务，并且尤为突出地要求将这一现代化建设的任务同中国的国情和实际紧密地结合起来；由这一明确的立脚点开辟出来的道路就是中国特色社会主义道路，而这条道路也就是更高阶段上的中国式现代化道路。

如果说，唯物史观为构建中国自主知识体系提供了方法论的指引，那么，当今中国的历史性实践就为构建中国自主知识体系提供了无比广阔的经验材料和实践内容。在这里，唯物史观的方法论要求我们牢牢地把握住当今中国的历史性实践已经抵达的新的“历史方位”，要求在这样的历史方位上，对于中国特色社会主义的历史性意义作出充分的估计。中国式现代化与马克思主义中国化是同一个历史性进程，而中国式现

① ［法］布罗代尔：《文明史纲》，广西师范大学出版社 2003 年版，第 215 页。

代化—马克思主义中国化的当代形态，就是中国特色社会主义——它是由中国革命为之奠基，承续着新中国的发展成就与历史脉络，以改革开放为起点而开辟出来的道路。这条道路在今天展现出怎样的历史性意义呢？

在经历了数十年的发展之后，我们现在能够对中国特色社会主义的当代意义作出充分的历史性估计了。这是因为我们不仅获得了相应的历史纵深，而且尤其是因为当今中国的历史性实践已抵达新的“历史方位”。只有站到新的历史方位之上，我们才能够获得清晰的尺度来衡量中国特色社会主义所取得的巨大进展，才能够依照真正的历史性来评估中国式现代化对于当今世界来说的非凡意义。中国特色社会主义在新的历史方位上展现出三重意义。（1）它对于中华民族来说所具有的历史性意义：近代以来，久经磨难的中华民族迎来了从站起来、富起来到强起来的伟大飞跃，迎来了中华民族伟大复兴的光明前景。（2）它对于世界社会主义来说所具有的历史性意义：中国特色社会主义以其自身的积极创新和壮大发展，从20世纪末社会主义普遍遭遇的巨大挫折中决定性地站立起来，在成为科学社会主义伟大印证和伟大实践的同时，历史性地开拓出世界社会主义在21世纪的积极前景。（3）它对于人类整体发展来说所具有的历史性意义：它敞开出一个无比广阔的实践探索领域，拓展出发展中国家走向现代化的新选择、新途径，为人类的整体发展和整体进步贡献了中国智慧和中国方案。因此，概括起来说：“中国特色社会主义进入新时代，在中华人民共和国发展史上，中华民族发展史上具有重大意义，在世界社会主义发展史上，人类社会发展史上也具有重大意义。”(《十九大报告》)

这是何种性质的意义呢？回答是：它是一种“世界历史意义”。这里所说的“世界历史意义”，是在黑格尔大体规定的那种含义上来使用的。它意味着：特定的世界历史民族，在特定的历史阶段上承担起新的历史任务，由于这种任务在世界历史中具有更高的普遍性，所以展现出它的“世界历史意义”。以中国特色社会主义来定向的现代化事业，在新的“历史方位”上，已开始建立起与人类社会的整体发展、与世界历史之未来走向的本质联系。正是由于这样的本质联系，当代中国的历史性实践才在特定的转折点上展现出它的“世界历史意义”。

在新的历史方位上，以中国特色社会主义为基本引领的中国式现代化进程，不仅极大地显示出它的独特性和优越性，而且不断地展现出它正在积极生成的全新内涵。如果没有现代化，中国就不可能在现代世界中具有积极的生存；如果没有中国式的现代化，我们就不可能取得巨大的现代化成就，并通过这样的发展成就而站到新的历史方位上。虽说在现代化的一般观念中，某些共同点是确实存在的，但对于任何一个民族的现代化任务的展开来说，其现实性总是植根于特定的社会条件和历史环境（即使是西方原生的现代化进程，同样是在其特定的社会条件和历史环境中实现的）。如果抹杀这一现实基础本身的具体性，并试图把来自近代西方的抽象观念先验地强加给任何其他民族，那么，在这里表现出来的不过是纯粹的主观幻觉罢了。正是唯物史观的方法论指引，要求我们在构建中国自主知识体系的过程中，去深入地把握中国式现代化的实践进程，去把握这一实践进程已经达到的新的历史方位，以及在这一历史方位上所展现出来的世界历史意义。

中国特色社会主义之所以在新的历史方位上展现出它的世界历史意义，是因为中华民族的伟大复兴不仅在于它将成为一个现代化国家，而且还在于：它在完成现代化任务的同时，在占有现代文明积极成果的同时，正在开创人类文明新形态。这意味着，在新的历史方位上，中国式现代化与人类文明新形态建立起非同寻常的历史性联系。如果说，中华民族的复兴仅仅是成为一个如英、美、德、法等的现代强国，那么，这一发展就不具有新的“世界历史意义”；毋宁说，它只是作为某种特例、某种表征而从属于现代—资本主义文明及其被规定的意义范围。只有当特定的历史性进程既能消化和吸收现代性成果，又能超越或扬弃现代性本身时，它所具有的世界历史意义才开始积极地展现出来。

从社会历史的现实来说，中国式现代化是具有中国特色、符合中国实际的现代化；从发展的进程来说，中国式现代化是人口规模巨大的现代化，是全体人民共同富裕的现代化，是物质文明和精神文明相协调的现代化，是人与自然和谐共生的现代化，是走和平发展道路的现代化。因此，“中国式现代化的本质要求是：坚持中国共产党领导，坚持中国特色社会主义，实现高质量发展，发展全过程人民民主，丰富人民精神世界，实现全体人民共同富裕，促进人与自然和谐共生，推动构建人类命运共同体，创造人类文明新形态。”（《二十大报告》）由此可见，中国式现代化的历史性进程不仅与现代化的实现具有本质的联系，而且与开创人类文明新形态具有本质的联系。

按照马克思历史理论的基本观点，人类文明的新形态必定具有两个最基本的规定。第一，完成现代化任务，从而充分占有现代文明的积极成果；如果不是这样的话，那就只会有贫穷的普遍化，并且会使一切陈腐的东西死灰复燃。第二，扬弃并超越现代性本身；如果不是这样的话，那就意味着依然从属于现代—资本主义文明，从属于这一文明的本质规定，因而就不可能开启人类文明的新形态，并从而展现其新的世界历史意义。因此，马克思非常严格地把扬弃了现代性本身的人类文明形态称为社会主义或共产主义。

当今中国的历史性实践之所以能在新的历史方位上展现出它的世界历史意义，是因为它坚持不懈地推进中国式现代化，是因为这一现代化进程在占有现代文明积极成果的同时，正在突破并超越现代性本身。我们可以从两个方面来把握这样一个发展进程，以便更深入地理解中国式现代化向着未来的历史性筹划，并从而更自觉地将这样的内容置入到中国自主知识体系的构建过程之中。首先是我们的发展目标。当今中国的历史性实践的战略目标是：全面建设社会主义现代化强国。这一目标作为未来筹划清晰地表明：第一，它是高度现代化的，它要求充分而全面地实现现代化；第二，它是以社会主义为定向的，也就是说，是以扬弃现代性本身为定向的。正是这两个方面的通同一体，意味着中国式现代化在特定的历史转折点上与人类文明新形态建立起本质的联系。

不仅从战略目标上来讲是如此，而且在我们当今的历史性实践中，与中国式现代化本质关联的人类文明新形态的诸多理念和要素正在积极地生成，正在我们眼前到处呈现出来。举例来说，以人民为中心的发展理念，只有在突破以资本为原则的现代性本身时，才真正成为可能；共同富裕的理念，只有在超越马克思所谓“犹太本质”(唯利是图)的现代性原则时，才具有真正的现实性。同样，走和平发展道路的现代化，只有在突破并超越“威斯特伐利亚体系”这一现代性国际关系的丛林法则时，才可能得到整全的理解和积极的实践。事实上，这样的例证还可以举出很多：“新型大国关系”的理念是如此，“文明互鉴”的理念也是如此；“人类命运共同体”的理念是如此，“大道之行天下为公”的理念更是如此。而所有这些实践要求和实践主张，无非意味着通过扬弃现代性本身而开展出一种现实的可能性，一种人类文明新形态的可能性；如果说，当今中国的历史性实践仍必须更广泛更深入地推动其现代化进程，那么，这一进程同时也将更多地展现出人类文明新形态的可能性，并且更经常地将这种可能性转变为现实性。

中国自主知识体系的构建，必须将这样的实践内容和实践筹划自觉地纳入到自己的思考背景和研究领域之中。如果这样的背景和领域还在我们的视野之外，那就还谈不上真正自主的知识体系。然而，中国自主知识体系的构建并不意味着我们要放弃或淡化对外学习，恰恰相反，它意味着更高阶段上对外学习的持续不断的开展，意味着立足于自身之上而使学来的东西成为能思的和批判的。因此，当我们以这种方式来谈论某一民族之文化和学术上的自主体系时，绝不意味着任何一种意义上的孤立主义或民族主义，而是意味着它在对外学习的过程中能够真正获得它的自我主张。

事实上，一个伟大的文明及其恒久的学术，虽说必有其独特的起源和传统，但往往都经历与其他世界历史民族的接触，并将自身置于“文化结合”的锻炼之中。我们在前面曾提到，黑格尔认为希腊文化的伟大成果是经历了文化结合艰苦锻炼的产物。关于这一点，尼采讲得更加清楚，他说：在很长的时间内，希腊人似乎要被外来的东西压垮了，他们的文化是一大堆外来形式和观念的混杂，包括闪族的、巴比伦的、吕底亚的、埃及的，等等，而他们的宗教则仿佛是东方宗教的一场混战；但希腊文化并没有因此成为一种机械的混合物或一种装饰性的文化，因为希腊人听从了德尔菲神庙“认识你自己”的箴言，坚定而诚实地反省了自己真实的需要。于是，希腊人终于取得了其文化上和学术上的自我主张，他们由此整理好那堆外来的杂物，而没有长久地背负着自己的遗产做东方的追随者。① 事实上，对于中国来说，经历这种文化结合的锻炼并不是第一次，一个非常突出的例证就是佛教的中国化。梁启超先生在对此加以研究后获得了充分的文化自信。他说，虽然佛教是外来的，但中国人在掌握佛教的时候，却表现出了伟大的创造力：中国化的佛教几乎都是大乘，而不是小乘；天台宗、华严宗，尤其是禅宗，很少有真正印度的渊源，几乎全是中国人的创造；唯识宗虽然有很

① 参看［德］尼采：《历史的用途与滥用》，陈涛、周辉荣译，上海人民出版社2005年版，第98页。

深的印度渊源，但当时的中国学者却在这方面达到了顶峰——而这恰恰是经历了文化结合艰苦锻炼之后产生出来的中国化的佛教。

因此，构建中国自主知识体系绝不意味着拒斥对外学习，而是意味着经历文化结合的锻炼，并从这种锻炼中获得它的自我主张。只有这样，中国自主的知识体系才可能产生出现实的和正当的活力，并开辟出具有伟大创造力的繁盛时期。如果说，唯物史观是构建中国自主知识体系的理论指引，那么，正是这一指引要求我们去把握当今中国和当今世界的历史性变迁，要求我们的学术在深入于这一实践变迁的同时，能够积极地构建起无愧于时代托付的自主知识体系。

（作者：吴晓明）

第七章　信息文明时代中国自主知识体系的一体化构建

由于涉及国家发展的根本，自主知识体系的研究和构建对于中国当代和未来发展至为关键。ChatGPT 的惊艳面世，一方面进一步表明国家自主知识体系构建的重要性，另一方面凸显了人类知识体系的类特性。对于中国自主知识体系的构建，两个方面都具有重要启示。从当代发展的特点看，信息的性质决定了信息文明时代的自主知识体系构建具有前所未有的学科一体化性质。基于自主知识体系成因和实践基础的研究，可以看到中国当代自主知识体系构建抓住人类信息文明转型发展历史机遇的关键性。从相应现实条件的分析出发，探索自主知识体系构建的策略选择，无疑是中国当前自主知识体系构建的当务之急。

第一节　自主知识体系的成因和当代构建的信息文明机遇

纵观所有新的自主知识体系的创立，无一不是基于人类文明发展转型的思想生产的系统产物。分析自主知识体系的成因，明确当代信息文明发展提供的自主知识体系构建历史机遇，当是中国自主知识体系构建的前提性基础工作。

一、自主知识体系的成因

知识是思想生产的成果，知识体系是思想生产成果的系统化；而思想生产则建立在相应实践发展的基础之上，并由此构成认识和实践发展的双向循环机制。这意味着，自主知识体系构建不是仅仅建立某种自圆其说的知识系统，而是根据现实实践的发展，以原创性思想生产为基础构建起系统知识体系的过程。根据人类文明发展转型的层次和特点，新的自主知识体系可以具有不同的思想生产规模和实践基础范围，但作为思想生产的系统产物，任何自主知识体系都产生自人类整体或部分领域的思想生产；而这种思想生产又建立在人类整体或部分实践发展的基础之上。这又意味着，人类知识体系首次创立之后，其发展就是一个层次不断提升的承续过程。在全球化时代，知识体系发展的承续性更为凸显，具有越来越明显的整体类特性。

在全球化发展时代，新的自主知识体系的构建都必须建立在人类文明发展成果承续的基础上，需要顺应和引领一种新的人类文明的发展。人类知识体系发展有“一个共同的规律”：“知识体系的每一次转型或变迁，都与一定的社会形态或文明形态的更迭交织在一起。”① 只是由于人类文明发展转型的不同层次，这种承续具有不同的性质，既可以是更具常规性的发展，也可以是具有颠覆性的范式根本转换。无论什么性质的承续，都意味着在人类文明发展历史潮流的风口浪尖弄潮，而不是自己在游泳池中造浪戏水。这一点，对于中国当代自主知识体系的构建尤其具有特殊意义。

关于中国当代自主知识体系构建的必要性，香港中文大学郑永年教授不仅是最早意识到的专家之一，而且其所发表的相关成果不乏深刻到位的肺腑之言。即使一些看上去似乎不尽合理的观点，也都具有重要启示。

关于中国近代以来引进西方知识体系，郑永年用了“被殖民”一词。他认为：“只要中国的知识界生存在思维和思想的‘被殖民’状态下，就不可能产生这样一种知识体系。”② 由于其特定含义，“殖民”用在知识体系创立中不尽合理。在人类知识体系的发展传承中，有如接力赛跑，类特性越来越凸显，因此关于这里的“殖民”一词，中性的理解有道理，贬义的理解有问题。因为按照这个逻辑，中国近代以来的自然科学技术发展更是“被殖民”的过程。由当代中国科学技术的发展及社会发展现实可以更清楚地看到，中国当代引进西方知识体系恰恰包含了一种人类文明发展的重要承续机制，只是随着人类信息文明的发展，西方主要建立在工业文明实践发展基础上的知识体系越来越不足以理解和解释当代信息文明的发展，中国需要自己探索和构建基于信息文明实践发展的新自主知识体系。这不仅是中国当代发展面临的重大历史机遇和发展的需要，而且是中国可以为整个人类作出更大贡献的重要历史契机。

---

① 翟锦程：《中国当代知识体系构建的基础与途径》，《中国社会科学》2022 年第 11 期。

② 郑永年：《中国为什么没有自己的知识体系？》，《中国与世界观察》2011 年第 3、4 合期，总第 23 期。《联合早报》2011 年 9 月 20、27 日。

由于当前面临人类文明发展的重要转型，人类知识体系的发展出现了新的发展契机。这种发展契机，在郑永年关于中国目前知识体系状况的研究中已有所反映。他认为，中国“缺失一个可以说明和解释自己的知识体系”。用西方理论解释中国实践，的确存在理论和实践之间的契合问题，他认为其“主要的责任在于中国知识界本身”[①]。事实上，在人类文明的当代发展中，某种程度上缺乏解释当代发展的知识体系并不是中国特有的现状，这也正是当前世界发展的问题，更确切地说归根结底是人类文明发展的问题。只是作为最大的新兴发展体，中国没有较小工业文明知识体系负担和由之而生的惯性，可能最先感受到这种缺失。也正因为如此，中国理当是首先觉醒和抓住引领信息文明发展历史机遇的国家之一。至于缺乏解释自己当代文明发展的新知识体系的责任，也不只是在中国知识界，而是反映了人类知识界共同的时代使命。就中国的发展而言，认为中国缺乏解释自己的自主知识体系主要责任在中国知识界，从表面看有点因果颠倒，往深处看事实上隐含着合理的人类文明发展承续逻辑。全球化时代任何人类新的文明发展，无一例外都是整个人类的文明，绝不可能像以往那样是某种国家或地域性质的文明。一个国家在新的人类文明发展中的重要作用和地位，就体现于是否在承续整个人类文明发展成果的基础上引领新文明的转型发展。

从根本上说，当代新自主知识体系构建是一个根据人类文明转型，在相应思想生产过程中实现基本范式转换的过程。而人类文明发展转型和思想生产基本范式的转换，则不仅意味着具有实践发展根据——越来越主要表现为科学技术发展及其基础上具有世界意义的社会实践，意味着在科学和哲学等人文学科发展前沿基础上新的知识体系的构建，而且意味着整个人类社会发展的历史机遇。

二、自主知识体系构建的历史机遇

任何新自主知识体系都是人类文明转型发展的结果，正是文明的转型发展提供了历史机遇；而人类文明的转型发展又以在此基础上不同层次思想生产领域基本范式转换为契机。人类文明及其知识体系的发展表明，自主知识体系的构建涉及三个重要方

① 郑永年：《中国为什么没有自己的知识体系？》，《中国与世界观察》2011 年第 3、4 合期，总第 23 期。《联合早报》2011 年 9 月 20、27 日。

面：一是人类文明的转型发展和相应思想生产中基本范式的转换可遇不可求的重大历史机遇；二是抓住历史机遇引领人类文明的转型发展；三是实现思想生产的基本范式转换。

人类社会的发展清晰地呈现出一个重要事实：新自主知识体系的创立总是引领一种新的文明发展的结果。其所引领的文明可能层次有不同，但引领一种新的人类文明是任何新自主知识体系创立都具有的共同规律。人类文明发展史虽然是人类活动的历史，但它是一个自然历史过程，在文明升级过程中，是否引领新的人类文明发展不是一种主观任意选择，而是对历史机遇的敏锐觉察和及时把握的产物。回顾人类知识体系发展的历史，情况无不如此。在人类文明发展史上，科学技术发展的层次越高，这一点越是明显。

就人类文明最基本的发展阶段而言，从农业时代到工业时代再到信息时代的发展，都是科学技术发展推动的。在科学技术发展的基础上，通过思想生产，人类创立了发展层次越来越高的知识体系。由于基于相对落后的科学技术发展，生产方式发展的局限使农业时代的知识体系具有典型的局域性，表现为世界各地区不同地方性知识体系的各自发展。蒸汽机的出现带来了工业时代，工业时代的生产方式大大推动了世界历史进程。基于工业化的思想生产创立了以现代性为主要特质的西方知识体系。西方知识体系的现代性特征既是从经济开始的全球化的旗帜，也是随着信息文明时代的发展越来越难以解释当代发展的根源。作为对现代性的反叛，后现代主义思潮具有标志性意义，但由于还没有深入到信息层次，后现代主义思潮对现代性的批判冲击甚至毁灭性有余，但建设性根基极缺，其根本原因就在于在物能范式中理解信息时代的发展。随着信息文明的发展，越来越只有在信息范式中才能更到位地理解人类信息文明发展的现实。需要通过对信息不断到位的理解，才能越来越充分地把握信息文明时代。

当代信息科技的迅猛发展，在科学和哲学一体化层面空前开显了信息及其基本特性。在科学和哲学一体化层次，可以更清楚地看到信息既不是物质也不是能量，而是感受性关系，其成熟形态就是信宿和信源间的感受性关系。作为感受性关系，信息具有创生性、涌现性、相互性（reciprocity）和共享性等基本特性。把信息理解为感受性关系，对信息编码及其与信息的关系就可以有清晰的认识：信息编码是作为感受性关系的信息的物能化和观念化。因此数据不是信息而是信息编码。信息编码有两种基本类型：信息的物能编码和信息的观念编码。① 信息的创生性意味着存在论意义上无中生有的创造，因此信息的创生性意味着信息世界创造是信息创生意义上的整体构建——创构。② 创构是相对于描述而言的，在信息层次表现得最为典型。作为感受性关系，信息是所有学科的共同基础，由此构成了学科发展从知识总体到分门别类的学科发展，再随着发展出现学科交叉到学科综合再到信息时代学科一体化的发展趋势。

由于信息具有学科一体化的性质，学科一体化是信息文明发展的时代特质；由于信息文明时代实践从而理论问题由交叉到综合再到一体化的发展，学科发展越来越具有从交叉到综合再到学科一体化的发展规律。正因为如此，只有深入到信息层次，才能对信息文明时代有一个到位的人类文明把握，才能看到当前我们正迎来更高层次自主知识体系构建的信息文明全新历史机遇。

三、当代自主知识体系构建的信息文明发展机遇

肇始于后工业社会探索的信息文明研究，最初自然以产业定位的“后工业社会”（Post-Industrial Society）③ 开始，后工业社会的基本特性就是：“其中超过国民生产总值的一半产生自信息经济领域，就业人数的一半在信息经济领域活动。”④ 信息技术革命拉开了信息时代的大幕，早在 20 世纪 80 年代初，托夫勒在《第三次浪潮》中就提到“信息时代”（Information Age）概念，并看到了“一种新的文明正在我们生活中涌现”，它“将拥有更多为自己所支配的信息，而且是更精细组织的信息”⑤。“第三次浪潮”所涌动的，正是“信息社会”（Information Society）发展的澎湃律动。

---

① 王天恩：《信息及其基本特性的当代开显》，《中国社会科学》2022 年第 6 期。

② 详见王天恩：《大数据中的因果关系及其哲学内涵》，《中国社会科学》2016 年第 5 期；《大数据和创构认识论》，《上海大学学报（哲学社会科学版）》2021 年第 1 期。

③ Daniel Bell, *The Coming of Post-Industrial Society: A Venture in Social Forecasting*, New York: Basic Books, 1973.［美］丹尼尔·贝尔：《后工业社会的来临——对社会预测的一项探索》，高铦等译，新华出版社 1997 年版。

④ Peter Sasvari, “The Effects of Technology and Innovation on Society”, *Bahria University Journal of Information & Communication Technology*, Vol.12, No.5, 2012.

⑤ Alvin Toffler, *The Third Wave*, Bantam Books, 1981, pp. 9, 177.［美］阿尔温·托夫勒：《第三次浪潮》，朱志良、潘琪、张森译，生活·读书·新知三联书店 1984 年版，第 177 页。

正如网络是信息社会的重要基础，信息文明发展的重要基础是大数据。随着大数据的发展，在“信息社会”和“信息时代”的基础上提出了“新信息社会”（New Information Society）和“新信息时代”（New Information Age）的概念，认为它们建立在大数据的基础之上，大数据是新信息社会的基本构成。在新信息社会中，一切都是可测量的，人和我们所能想到的几乎所有设备都通过互联网全天候连接在一起。① 在“新信息社会”和“新信息时代”之后，才有了作为人类文明形态的“信息文明”概念。

早在 20 世纪 90 年代，美国著名西方马克思主义批判理论家马克·珀斯特（Mark Poster）就在马克思的“生产方式”意义上提出了“信息方式”（mode of information）的概念。② 此后多位学者从马克思的社会生产方式范式出发，对信息文明进行了有理论深度的研究。加拿大卡尔顿大学法尔杭·拉贾伊（Farhang Rajaee）教授以马克思和恩格斯的生产方式范畴把握全球化发展，提出了基于信息科技发展、融合不同文明的全球化信息文明概念。③ 哈佛大学教授绍沙纳·祖博夫（Shoshana Zuboff）等的研究则不仅为保卫信息文明精神而展开了对“监视资本主义”（surveillance capitalism）的批判，而且涉及美国和欧洲通向信息文明的桥梁等实践问题。④ 由于更具信息技术发展优势，国外的信息文明研究在信息社会和信息时代研究阶段成果丰硕，而且更多把信息文明作为一种全球化的文明研究，但相对于中国这方面研究的后来发展，总体呈前强后弱趋势，而且主要局限在后工业文明的范畴。中国关于“信息社会”和“信息时代”的研究，基本上是跟踪式的，但把研究提升到信息文明层次，却开始得较早，呈现出与国外相对而言的前弱后强发展态势。中国后期关于信息文明研究的深化，明显超越了国外的同类研究，为信息文明研究的不断深化奠定了基础。

国外关于信息文明的理解，目前为止也主要有两个层次：一是根据技术发展的人

---

① Sander Klous and Nart Wielaard, *We Are Big Data: The Future of the Information Society*, Atlantis Press, 2016, pp.xiv, xviii, 77.

② Mark Poster, *The Mode of Information: Post-structuralism and Social Context*, Polity Press, 1990.［美］马克·波斯特：《信息方式——后结构主义和社会语境》，范静华译，商务印书馆 2000 年版。

③ Farhang Rajaee, *Globalization on Trial, The Human Condition and the Information Civilization*, Ottawa: Kumarian Press, 2000, pp.8–9.

④ Shoshana Zuboff, Obama, Merkel, and the Bridge to An Information Civilization, *Frankfurter Allgemeine Zeitung GmbH*, 17.01. 2014. Shoshana Zuboff, “Big Other: Surveillance Capitalism and the Prospects of an Information Civilization”, *Journal of Information Technology*, No.30, 2015, 75–89.

类社会文明形态划分，将信息文明纳入农业文明、工业文明、信息文明的逻辑框架，其中信息文明与农业文明和工业文明并列；二是根据人类文明发展的根本基础，将人类文明划分为更基本的物能文明和信息文明，将信息文明看作是与整个人类物能文明并列的人类文明形态。

在信息就是信息，既不是物质也不是能量①，但在信息既必须以物质为基础，又需要能量传播的意义上，信息文明是一种与物能文明相对和并列的人类文明形态。信息文明之所以是一种与物能文明相对的人类文明形态，就因为信息是完全不同于物能的存在。由于在更深层次涉及人类自身的存在本性，信息文明具有与以往所有人类文明不同的性质和特点，这与信息的本性及其基本特性密切相关。

由于知识建立在信息编码的基础上，中国自主知识体系的构建意味着深化到了信息创生层次。正是在信息层次，涉及哲学最基础研究领域的关系范式，涉及哲学和科学一体化层次的更基本范式转换。根据信息及其基本特性，信息文明是一种基于信息本性的共享文明，作为人类文明的信息层次，它是一个公共信息对称化的过程，具有其人性依据和哲学基础。②人类文明发展到当代，信息文明的转型发展正是创立自主知识体系的全新历史机遇。

新的自主知识体系的构建，必须恰逢相应的历史机遇，而在当代发展中，信息文明的发展不仅正是新的历史机遇，而且是迄今为止人类知识体系发展面临的最大历史机遇。信息文明的性质意味着，基于其上的思想生产及其所生产的知识体系必定是整个人类文明发展的产物，不可能存在脱离整个人类文明而具有信息文明层次类特性的局域性新知识体系。也就是说，只有引领信息文明的发展，才可能有代表整个人类的实践新发展，才可能有基于这种实践发展的新的系统思想生产，才可能产出代表整个人类文明发展、比现有西方知识体系更高层次的自主知识体系。

由于人归根结底是信息性存在，而信息的最基本特性是相互性，人类信息文明具有根本意义上的类特性。根据其类特性，人类信息文明很可能不是主要由一个国家引

---

① Norbert Wiener, *Cybernetic, or control and communication in the animal and the machine*, second edition, MIT Press, 1985, p.132.

② 王天恩：《信息文明论》，《南国学术》2015 年第 3 期。

领，而是由若干主要国家协同引领。因此，成为引领人类信息文明的主要甚至最重要国家，在其中发挥尽可能大的作用，对于中国构建具有代表人类性质的自主知识体系具有决定性意义。只有在信息文明发展的引领中，才可能创立新的自主知识体系，因为只有这样，才可能拥有必不可少的相应人类实践基础。

第二节　当代自主知识体系构建的实践基础

由于实践是思想生产的基础，思想生产的发展建立在实践发展基础之上，人类知识体系的转型发展是人类实践转型发展的结果。

人类实践一般分为三个基本方面：一是生产实践，即人类为满足社会生产而改造对象世界的能动活动；二是处理社会关系的实践，即以调整和改革人与人之间社会关系为目的的活动；三是科学实践，即探索宇宙间普遍规律的有目的的能动性实践活动。在人类实践的发展过程中，三个基本方面的地位也发生着变化。生产总是人类最基础的实践；随着生产社会化程度的提高，处理社会关系的实践在越来越大程度上影响生产实践的效率；而在此基础上，随着生产实践不断涉入世界深处，科学实践在人类实践中具有越来越重要的地位。这与技术的发展密切相关，就当代而言，尤其是信息技术突飞猛进的发展。随着信息科技的发展，当代科学实践发生了使整个人类文明从漫长的物能文明时代发展到信息文明时代的历史性转变。从信息的感受性关系理解，可以看到其具体机制。

一、当代实践发展的科学实践层次

作为感受性关系，信息的获取在越来越大程度上决定于关于对象世界感受的深入，因此日益与科学一体化的技术重要性日增。由于技术决定了获取对象世界信息的深度，技术发展在实践发展中具有越来越重要的地位；由于技术在根本上基于科学发展，科学实践发展是思想生产发展的根本基础；由于科技发展目前最为关键的是人工智能的通用化，而人工智能的通用化发展具有更深刻因而也更明显的学科一体化性质，因此相关学科特别是哲学和科学一体化发展，从而为这种发展所必不可少的基础研究支持具有核心战略意义。

在科学实践发展中，基础学科发展的范式转换涉及基本构架的更新甚至重建，在这一环节，宏大叙事不仅不是空泛的，而且不可或缺。郑永年认为，西方“知识体系是建立在一系列‘宏大的论述’基础之上的”，这涉及自主知识体系构建中对宏大叙事的更到位认识问题。我们一度几乎将之等同于空泛的宏大叙事，在新的自主知识体系构建中具有关键地位。郑永年认为：“改革开放之后，中国的社会科学过度美国化。现在的学者根本就没有‘宏大的论述’的意识；相反，他们不觉得这样的论述有什么价值。他们往往用美国化的思维来研究中国问题。实际上，这种应用性的研究并不是真正的研究，而是用‘橘子’（西方）的理论来评判（中国）‘苹果’。”①关于“宏大的论述”，这里放在了作为自主知识体系构建前提的地位。具体而言，其中的道理还在于：在人类工业文明发展中，美国处于细化发展阶段，而对于人类信息文明发展来说，则需要更高层次的宏大叙事：学科一体化发展的宏大叙事。其中的“宏大的论述”与“宏大叙事”具有关联，但不是空洞的宏大叙事，而是涉及基础理论原创的更深层次，涉及更大范围的基础研究领域。越是涉及更深层次基础，理论越是必须有宏大的基本构架，只是对于当代实践发展来说，由于科学技术的地位越来越重要，对作为其发展必不可少的基础缺乏充分认识，就不可能引领人类信息文明的发展。对于科学实践的发展来说，基础理论研究具有长程决定地位，而科学实践的发展对整个人类实践的发展具有权重越来越大的决定性意义。

科学实践的发展不仅在越来越大程度上决定生产实践的发展层次，而且在根本上影响新知识体系的创立。新的知识体系的创立不仅涉及哲学的科学技术基础，而且涉及文化和意识形态。自主知识体系构建是一个从自然科学技术到哲学，再到社会科学和文化，最后到意识形态的系统过程。而在科学技术实践发展的基础上，生产实践和处理社会关系的实践将会有完全不同于以往方式的相应发展。由于发展到更高层次，由此构成的认识和实践双向循环机制使思想生产特别是解释世界变得越来越具有更明显的前提性地位。

解释世界之于改造世界越来越具有前提性地位，蕴含着对基础理论研究重要性的

① 郑永年：《中国知识体系的缺失与建设问题》，《学术界》2012年第1期。

更深层次阐明。而就当前发展而言，则是科学和哲学一体化的基础理论研究越来越是更高层次实践——改变世界的前提。

二、当代实践发展的生产实践层次

信息科技的发展日益呈现出人类实践发展的一体化，生产实践和科学实践的发展关系最明显地体现了这一点。

在以往的人类实践中，生产实践和科学实践的关系就内在相关：没有生产实践的发展，科学实践就没有现实基础；没有科学实践的发展，生产实践就不可能有真正意义上的进步。而在信息科技的发展中，生产实践和科学实践则在此基础上构成了双向循环机制，从而日渐一体化。在这个双向循环机制中，科学实践发展必须落地为生产实践发展；生产实践的发展必须以科学实践的发展为前提。而在根本上说，则由于生产实践的发展是思想生产的现实基础。基于生产实践的思想生产的层次，决定于作为其基础的科学技术实践发展的层次；而基于生产实践的思想生产产生的知识体系，其自主性程度则决定于科学技术实践发展的自主性程度。人类社会发展史上历次科技革命不仅使其发生的社会的生产实践获得突破性发展，而且构成更高层次的新自主知识体系。人类发展史上的每一次科技革命，都进一步强化了思想生产的重要性。它意味着在人类生产实践发展中，科学实践的发展具有越来越重要的地位。

正是在科学实践发展的基础上，生产实践的发展将发生革命性转换。由人工智能的通用化所将带来的无人工厂普遍发展，就可以看到生产实践一方面越来越通过智能机器甚至由机器智能进行，另一方面对于人类来说，生产实践的重要性越来越是作为基础的重要性。正是信息科技的发展，这一点得以日益明显地凸显。

越是在科学技术发展的物能发展阶段，科学和技术的发展越可以是具有相对独立性的，这使科学实践和生产实践的关系也相应表现出相对独立性。这一点集中表现在基础科学研究与生产实践发展一定程度的相对游离上。很长一段时间，欧洲更多发展基础科学理论，而美国更多开发技术实现生产实践的发展；20 世纪 90 年代以前，日本生产实践发展的奇迹很大程度上建立在搭欧美基础理论研究公共汽车的基础上；我们改革开放带来的生产实践的高速发展，都与此不无关系。然而，当代科学和技术的关系越来越呈现出一体化的发展趋势，这与物能科技基础上的信息科技发展密切相关。

由于信息科技涉及信息及其机制的涌现性，科学和技术越来越是一体化的：科学基础理论的突破就意味着相应技术的发展。由此便相应带来了科学实践和生产实践发展的一体化趋势：技术的发展直接带来社会生产的发展。从人工智能核心机制的突破就可以最典型地看到，基础理论一取得突破，就意味着通用人工智能的诞生，意味着生产实践具有颠覆性的发展，同时也意味着社会关系处理的实践面临前所未有的挑战。由此将引发两方面的连锁反应。一方面，科学实践和生产实践的关系就面临一个新的发展形势：以往科学基础理论研究主要发表论著，在此基础上再发展出相应技术的格局将彻底改变，由于科学和技术的一体化发展，一些基础理论研究成果不再以论著发表的方式出现，而是直接表现为相应的技术，从而直接表现为生产实践的发展。显然，科学实践和生产实践的一体化发展，意味着生产实践越来越必须建立在自己的科学基础理论的基础之上。这不仅对于自主知识体系的构建，而且对于信息文明时代的国家发展具有特别重要的启示。另一方面，信息科技特别是其基础理论发展的颠覆性影响，同时使人类实践发展中社会关系处理的实践内容日益深化。

三、当代实践发展的社会关系处理层次

信息科技的发展不仅使人类实践发展一体化，而且这种一体化关联越来越深入到机制层次。科学实践与生产实践内在直接关联，而社会关系处理的实践则直接关联二者，一方面以比生产关系和生产力更具体的关系直接决定生产实践，另一方面通过人的自由全面发展在根本上直接决定科学实践的发展层次。

随着信息科技的发展，科学实践发展及其生产实践发展落地，在越来越大的程度上决定于处理社会关系的实践发展。这不仅是因为在信息文明时代，思想生产的发展需要与物能文明时代完全不同的社会条件，而且由于人工智能将使生产实践发展到无人工厂的普遍化，社会关系的处理将进到一个完全不同的层次甚至机制关系。一方面，信息文明时代的思想生产需要生产者更是内在而不是外在需要驱动，因此人的自由全面发展越来越具有前提性地位。另一方面，人工智能的发展是迄今所能看到的最大红利，适应这一发展的社会制度安排就成了越来越重要的人类实践。以 ChatGPT 为标志，

生成式人工智能的发展取代人类重复性劳动以构变的方式发生发展，正由此引出大量新的社会问题。由于人工智能承担了重复性的劳动，人类主要甚至只是从事创造性活动，因此处理社会关系的实践怎么能够最大程度地解放人的创造力，使人的创造性得到尽可能充分的发挥和发展，就成了处理社会关系的实践的核心任务。这不仅涉及社会财富分配的公正，而且涉及制度安排使人各得其所，由此达到各尽所能的根本问题。更为重要的是，两个方面显然构成了一个双向循环发展机制：信息文明时代的思想生产客观上需要人的自由全面发展，由此才能推进以人工智能为最典型也是最重要标志的信息文明发展；而人工智能的发展则提供了越来越充分的现实条件，不断强化人自由全面发展的主观需要。正是由此构成的双向循环，会越来越成为信息文明发展的核心机制。由此可见，对于当代中国自主知识体系构建而言，适应信息文明发展的社会改革具有决定性地位。

由于信息文明发展的性质和特点，人类实践的一体化发展更充分地展开了学科发展的一体化。由此从人类实践的一体化发展可以更深刻地理解学科发展的一体化，进而更清楚地看到中国当代自主知识体系学科一体化构建的历史机遇、现实条件和策略选择。随着哲学和科学各学科的一体化发展，人类的科学实践、生产实践和处理社会关系的实践也相应越来越一体化。正是在实践一体化发展的基础上，可以根据中国现实条件的分析，更到位地理解自主知识体系构建的策略选择。

第三节　中国当代自主知识体系构建的现实条件

信息文明的到来，给了我们一个千载难逢的机会，可遇而不可求。中国自主知识体系构建面临千载难逢的历史机遇，现在的关键是明确自身的现实条件。

在信息文明发展时代，在现代化强国的建设中，引领信息文明发展的自主知识体系构建具有决定性地位。现代化强国必须包括经济发展基础上思想生产的相应发展，自主知识体系的构建是信息文明时代中国式现代化应当有的更根本标志，它应该是引领信息文明发展的自主知识体系。

引领信息文明发展的自主知识体系具有与以往自主知识体系不同的特点，它必须反映物能生产和信息生产的双向循环机制。在信息文明时代，由于物能生产和信息生产构成了双向循环，而且思想生产越来越成为该双向循环的主要驱动，不仅只有在经济相应发展基础上思想生产尽可能同步跟进，而且必须在引领信息文明发展的自主知识体系的构建中，才可能抓住信息文明发展的历史机遇。

信息文明发展给中国带来的历史机遇，甚至将一些中国本来的劣势反转为最大的优势，人口就是最典型的例子。就物能文明来说，一个人一张嘴，由于质能守恒，物质不可创生，这意味着资源非常有限，在目前所拥有的物能资源基础上发展，14 亿人口物质不可创生能量守恒负担之重可想而知。蛋糕是固定的，分享的人越多，每个人得到的就越少。而对于信息文明的发展来说，一个人一个脑袋，由于信息的创生性意味着资源无穷无尽，14 亿个头脑成了难得的独特优势。信息共享及其基础上的思想生产具有群集效应，对于信息来说，共享的人越少，得到的反而越少；共享的人越多，得到的反而越多。微信群就是典型的例子，共享信息的人越多，每个微信群成员得到的信息反而越多，如果涉及群集效应，还会发生呈现为爆炸式增长的相互激励。将劣势反转为优势的历史机遇即使人类发展史上已有先例，信息文明发展给中国带来的历史机遇也肯定是迄今最重要的。

由于信息文明的不同性质和特点，与传统的物能文明不同，信息文明很可能由多个国家共同引领，但无论在什么情况下，在人类信息文明发展的历史阶段，如果不进入引领信息文明的行列，中国就不可能抓住这一千载难逢的历史机遇，不可能获得构建当代自主知识体系的时代条件。中国最不应该错失这一难得的历史机遇，因为就所具有的现实条件而言，中国的确具有抓住这一历史机遇的特殊优势。深入系统地理解信息文明及其发展特点，厘清我们的优势从而明确如何扬长避短，对于中国当代发展和自主知识体系构建具有前提性意义。

由于信息具有与物能不同的特性，信息文明时代的发展一方面具有以往所没有的巨大竞争风险，另一方面也蕴含着完全不同的发展机会。信息文明发展的风险主要由于信息产品完全不同于物能产品的价值性质①，它意味着机会的重新切换和配置，意味着发展时局的重新洗牌。物能文明发展与已有物能条件和技术基础具有根本依赖性，

① 王天恩：《大数据的价值创生性及其价值论意蕴》，《江海学刊》2022 年第 5 期。

而信息文明发展最重要的基础甚至前提性条件之一，就是国人智商优势及其转化为创新优势的条件和机制。这对于我国将物能文明时代的人口劣势转化为信息文明时代的人口优势，从而中国当代自主知识体系的构建，正具有举足轻重的地位。

从自主知识体系的构建看，中国的人口优势有一个更重要的因素：国人的平均智商。不少研究表明中国人智商处于高端，比如在英国阿尔斯特大学教授理查德·林恩（Richard Lynn）的“世界本土居民智力分布地图”（World distribution of the intelligence of indigenous people）上，中国处于 IQ 指数最高地区。① 而与此相应，中国自主知识体系构建还有与之密切相关的另一个重要现实。一方面，中国人平均智商高，而且中国人口基数大，具备引领信息文明的首要条件；另一方面，由于各种历史和文化的原因，中国人的创新能力并没有得到普遍发挥，创造力没有得到充分解放。如果这两个方面能够有一个更好应对，中国当代自主知识体系的构建就有了得天独厚的条件。面对这一历史机遇，具有引领信息文明潜力的中国别无选择，只有抓住机遇，充分利用中国人的智商优势。② 这种智商优势与其充分发挥之间的异常距离，亟待深入研究。

中国人平均智商高但近代之后未能得到充分表现，已成为一个特殊的历史现象。通过研究得到中国人平均智商高结论的理查德·林恩对其原因作了深入思考，可资我们借鉴。他认为：“在公元元年至 1500 年期间，中国人建立起在一些方面领先欧洲的显赫文明。例如中国人发明的印刷、造纸术、纸币、火药、指南针和石堤运河，领先欧洲人几个世纪。而在 1500 年后，智力成就不如欧洲。历史学家把这一现象视为一个没有公认解释的历史之谜。”③ 在关于这一历史之谜的思考中，他得到这样的结论：“其中一个重要因素就是中国整个历史是一个单一国家，封建专制统治者可以压制自由，包括思想的自由。”④ 实际上，关于国人智商优势发挥的效果，在现实发展中有引人注目的现实体现。我国的改革开放为中国人智商优势转化为创新优势，为充分发挥国人的聪明才智提供了前所未有的社会条件和舞台，极大地解放了创造力。

---

① 详见 Richard Lynn, *Race Differences in Intelligence An Evolutionary Analysis*, Washington Summit Publishers, 2006, p.vii。

② 王天恩：《重新理解“发展”的信息文明“钥匙”》，《中国社会科学》2018 年第 6 期。

③④ Richard Lynn, *Race Differences in Intelligence An Evolutionary Analysis*, Washington Summit Publishers, 2006, p. 239.

由于大大解放了人的创造力，改革开放以来，中国信息科技得到长足发展。在科学技术特别是信息科技的很多领域，中国的发展都令人瞩目。在当前最关紧要也是竞争最为激烈的信息科技特别是人工智能研究领域，中国都进入了前列，有些研究领域还走在了前沿。即使在信息生态研究领域，中国研究成果的产出早已是仅次于美国和英国。[①] 由于最先发展工业化，从“后工业社会”到“新信息时代”和“新信息社会”的研究西方占有绝对优势；由于信息文明发展的特殊性，关于“信息文明”的研究中国后来居上，优势越来越明显。作为信息文明研究的基础，信息的研究在中国也拥有优势。信息和信息文明研究的优势，正是信息文明时代中国自主知识体系构建的重要基础。

由改革开放后的发展成就可以看到，中国的高速发展不仅由于发挥了越来越多人的积极性，解放了越来越多人的创造性，还在于由此各个领域涌现出了出类拔萃的优秀人才。国人的平均智商高固然是首要基础条件，但只是平均智商相对较高并不一定能赢得发展优势，要达到这个目的，还必须在平均水平高的基础上涌现出出类拔萃的球员。由于信息文明时代的发展竞争越来越激烈，平均智商高和出类拔萃个体的涌现之间必须建立起双向循环关系，才能在越来越激烈的信息文明发展竞争中充分发挥自己的智商优势。只有这样才能构成个体和群体发展的双向良性循环。而这又关乎采用什么样的社会体制机制，不同的体制机制会决定国人智商发挥的社会条件以及时代关联。人的智商是其创新能力的基础，而当今时代，国人智商的发挥程度及其发展与信息文明发展的介入程度和性质内在相关。

根据其性质，信息文明的发展全靠创新驱动；根据中国人的平均智商处于最高层次的事实，中国引领信息文明发展具备最根本的条件。充分解放和发挥国人的创造力，在人类知识发展现有知识体系的基础上，中国一定能够构建引领信息文明发展的自主知识体系。

鉴于信息文明的特性，中国自主知识体系一方面是自己思想生产的成果，另一方面又由于不仅基于自身实践发展，而且基于整个人类的实践特别是科学实践发展，从

---

① Xiwei Wang etc., “Information Ecology Research: Past, Present, and Future”, *Information Technology Management*, No.18, 2017, pp. 27–39.

而又必定是集人类信息文明发展之大成的人类知识体系。随着人类知识体系的发展，“共同知识的层次”越来越明显。“在自然科学领域，已经将基于西方知识体系的自然科学知识作为普遍性的知识。”① 中国自主知识体系的构建显然要立足于中国实践，但代表人类的新知识体系构建又必须建立在整个人类实践发展的基础之上，而二者协调的前提性基础就是中国在引领人类信息文明发展中发挥尽可能大的作用。毫无疑问，这在根本上涉及中国当代自主知识体系构建的策略选择。

第四节　中国当代自主知识体系构建的策略选择

中国当代自主知识体系的构建自身具有独一无二的优势，现在的另一个关键是在现实条件的基础上，作出尽可能合理的策略选择。

对于一个国家来说，其知识体系具有不同的自主性程度，即使当前西方知识体系也具有同样的性质。“欧洲人建立假设，美国人来检验。这种分工和合作，一直相当有效。”② 这正启示了一种不同层次的新人类文明的整体分工。但郑永年显然没有涉及这一点，因为他仍然在强调中西对立式的知识体系发展关系。中国自主知识体系可以是建立在代表整个人类的思想生产的成果，也可以是某些局部领域思想生产的产物，其规模决定于自己的实践发展在多大程度上代表了整个人类。而在自己的实践发展基础上产生代表整个人类的思想生产，则正意味着引领一种新的人类文明。在这个意义上，我们涉及知识体系自主程度的选择。

一个引领人类文明发展的国家，其知识体系的自主程度可能经历一个因相对独立发展而高度自主的初级阶段；当进入世界历史发展进程，在全球化高级发展阶段则呈现出完全不同的性质：越是在高层次发展阶段，人类文明的转型发展越是由更多主要国家协同引领。在这一发展趋势中，人类历史发展的不同时代条件就决定了有不同自主程度的知识体系构建。就中国当代的自主知识体系构建而言，可以选择不同层次自主程度的方案。如果思想生产不是基于整个人类实践进行，不可能产生代表整个人类的自主知识体系。主要基于自身局部实践发展，只能进行局部性的思想生产，建立某

---

① 翟锦程：《中国当代知识体系构建的基础与途径》，《中国社会科学》2022 年第 11 期。

② 郑永年：《中国知识体系的缺失与建设问题》，《学术界》2012 年第 1 期。

些局部领域层次的自主知识体系。这就涉及自主知识体系构建的策略选择，其选择根据是对信息文明和自身相关条件的理解。根据信息文明的发展和中国的具体条件，在人类信息文明发展中构建起什么层次的自主知识体系，主要取决于我们自己的眼光、抉择、准备和策略。

中国自主知识体系构建的首要策略选择，显然就是引领信息文明的发展。这就不仅涉及中国与世界关系的更深层次理解和更高层次构建，而且涉及内在驱动机制的更新。根据信息文明的性质和时代条件，一个具有基础地位的策略是合作竞争（Co-competition）。这既涉及发展机制，又关系到自主知识体系构建的创新驱动。

信息文明发展的引领完全由创新驱动意味着，越是基础的原创越必须源自内在需要而不是外在需要的驱动。在这方面，ChatGPT 的推出具有重要参考价值观，而郑永年关于中国建立自主知识体系的思考则具有重要意义。

人工智能领域的发展最为典型，中国的人工智能研究发展进入了前列，相关论文产出甚至名列前茅，但以 ChatGPT 为标志的大型语言模型发展，我们却落下距离。在 2022 年 AI 绘画出现之前，至少国内业界曾有观点认为在人工智能领域中美平分秋色。年底 ChatGPT 惊艳登场，巨大差距才赫然惊现。这不仅表明了文化等方面的原因，而且让我们清楚地看到中文语料与英文语料的距离，而这种更深层次的距离与社会的整体文明水平联系在一起。由此可以得到的启示涉及很多方面，其中的几个方面亟待深入系统总结。首先，人工智能领域大型语言模型的发展，进一步表明中国自主知识体系的构建必须建立在整个人类文明成果的基础之上；其次，提升全社会的整体文明水平关键在国民创造力的普遍解放；最后，创造力的普遍解放与社会发展驱动机制的转换密切相关。OpenAI 创始人的一句名言也许足以说明创造伟大原创产品的理想追求驱动机制。阿尔特曼（Sam Altman）说："不要问我赚钱的问题，我怎么知道？"这一名言典型地表明颠覆性基本创新所需眼光对于眼前经济考虑的超越。有人总结的"只想跟随，没有想过真正去引领人类"和"简中互联网世界谣言谎话水军太多，垃圾数据影响了大数据的健康发展"，让人不胜感慨，甚至不胜唏嘘。创新的内在需要驱动和信息生态的优化具有机制联动性，充分利用这种联动机制对于推进当代中国自主知识体系构建具有决定性意义。而郑永年则认为："一旦当思想成为物质利益的奴隶的时候，思想就不再是思想；一旦当思维被控制的时候，不管是被政治权力所控制，还是被物质利益所控制，就不再具有想象和创新能力。”① 这不仅发自肺腑，而且见地深刻，对于引领信息文明发展的驱动机制来说无疑正中要害，而对于现实状况而言也显然一针见血。创新驱动落到实地，归根结底就是国人创造力的解放以及实现这一解放的生态条件营造。

以解放创造力为目标，作为处理社会关系的实践的发展既决定于相应的社会体制改革，又与具体机制及相关观念变革密切相关。在目前的条件基础上，中国在信息文明发展的引领中担当什么样的角色，主要决定于相应的社会改革。适应信息文明发展需要的社会改革，根本目标是解放创造力。而创造力的解放则涉及更高层次的双向循环发展机制。创造力的解放为自主知识体系的构建提供条件，而自主知识体系的构建又为创造力的发挥奠定基础。谈到自主知识体系和原始创造力的关系，郑永年认为：“只有拥有了自己的知识体系，才会拥有真正的原始创造力。”② 这一判断看上去显然颠倒了因果关系，但如果将二者看作是双向互动关系，就可以在自主知识体系和原创力的双向循环机制中得到更深刻的理解。一个国家国民创造力的普遍解放，必须建立起一方面群体有利于个体出类拔萃发展，另一方面出类拔萃的个体引领群体发展的观念和具体机制，以达到从实践活动发展到基于其上的思想生产，再到知识体系构建都建立在自主的基础之上。

解放创造力是一个社会整体文明水平提升的工程，而在当代，提升的标志就是社会发展的信息文明水平，而其最重要的具体体现之一，则是信息生态。在信息文明构建中，信息生态建设是至关重要的层面。一方面，在全球化竞争的时代，越来越重要的是能吸引创新性人才的信息生态环境；另一方面，创造力解放与信息生态建设越来越密切相关。

在信息文明时代，随着人越来越多地以信息的方式存在和发展，信息的流通和交流越来越是社会发展和人的发展的基础和前提性条件。ChatGPT 等生成式人工智能的发展将进入重要赛道，竞争会愈演愈烈，这就在根本上凸显了互联网通畅和流速问题

---

①② 郑永年：《中国为什么没有自己的知识体系？》，《中国与世界观察》2011 年第 3、4 合期，总第 23 期。《联合早报》2011 年 9 月 20、27 日。

的重要性。当生成式人工智能发展到与互联网实时连接，网络的通畅程度将决定生成式人工智能的进化速率和程度。保持网络通畅才可能在尽可能大的范围内获得互联网实时数据，使生成式人工智能以更快的速度更高的质量进化。而生成式人工智能的发展，将决定一个国家在信息文明时代的竞争力。我国人口密度大，具有数据优势，通畅的网络和尽可能快的信息流速将使这一优势得以保持和发展。而网络的通畅程度和信息流速与人口密度之间，又具有值得我们关切的重要关联。在《资本论》第一卷谈到人口密度和人口流动的关系时，马克思曾有相关论述。把握信息文明时代的发展，需要展开马克思主义理论的内在逻辑。

关于物能文明时代的发展生态，马克思有深刻论述："人口密度是一种相对的东西。人口较少但交通工具发达的国家，比人口较多但交通工具不发达的国家有更加密集的人口；从这个意义上说，例如，美国北部各州的人口比印度的人口更加稠密。"① 马克思这一论述的启示意义，在信息文明时代更为凸显。一方面，人口不仅与信息扩散速度密切相关而决定了信息流速，而且在这个意义上决定了信息共享程度和信息生产效率；另一方面，信息流速又与相对人口密度密切相关，正常情况下，二者成正比关系。由尽可能快的信息流速与中国人口基数大的叠加优势可以清楚地看到，无论对于中国自主知识体系的构建，还是对于中国社会和人的发展，信息文明发展中的信息生态建设都特别重要。自从大数据开启信息文明，人类的信息存在方式日渐凸显。人的信息存在方式，使信息生态成了自然生态和社会生态基础上日益重要的生态文明层次。以人的创造力的发展为核心，反思信息生态的哲学基础，当是至关重要的信息生态研究内容，无论对于信息文明生态维度的展开，还是深入挖掘信息生态的哲学意蕴，都至为重要。② 在某种程度上可以说，中国信息生态建设的发展水平，就直接标志着中国自主知识体系发展的层次。

在信息文明时代的社会发展中，一个社会的信息生态是实践发展层次和状态的表现，而实践发展归根结底又越来越取决于科学实践的发展。由此不仅可以更清楚地看到信息生态与学科发展一体化的内在关联，而且可以更深刻地看到中国当代自主知识

① 《马克思恩格斯全集》第44卷，人民出版社2001年版，第408—409页。

② 王天恩：《信息文明和中国发展》，上海人民出版社2021年版，第137、140页。

体系学科一体化构建的合理性和重要性。

中国当代自主知识体系的构建，重在落实到具体的机制性推进。无论信息生态的优化还是信息文明的发展，都必须推进信息的科学和哲学一体化研究，为信息文明及其发展的理解奠定理论基础。由此一方面在信息文明的发展中深化信息的理解和研究，另一方面在深化信息的理解和研究中更到位地把握信息文明的发展，从而构成双向循环，为信息文明时代中国自主知识体系的构建奠定机制基础。

第五节　结语

自主知识体系是引领人类文明发展过程中思想生产的系统成果，信息文明的发展为中国当代自主知识体系的构建提供了千载难逢的历史机遇。抓住这一历史机遇，关系到当代中国发展的前途和命运。由自主知识体系构建的实践基础，可以看到信息文明时代的科学实践越来越重要的地位。根据信息文明时代学科发展的一体化，可以为中国当代自主知识体系构建的策略选择奠定基础。在当代中国自主知识体系的构建策略中，抓住信息文明发展的历史机遇是首要选择，中国人平均智商处于最高层次是抓住信息文明发展历史机遇的根本条件；解放中国人的创造力是关键环节。信息文明时代学科发展的一体化涉及基本机制，而信息生态的优化则在中国自主知识体系的构建中具有基础性地位。

（作者：王天恩）

第三部分

中国自主哲学知识体系的构建

第八章　走向自主的哲学知识体系

在“中国自主的哲学知识体系”这一表述中，“哲学的知识体系”可以看作是哲学领域的观念系统；“自主”则意味着不依傍于其他思想构架而形成自身特有的概念、理论体系。这种体系如何可能？或者说，要达到这样一种系统，需要具备什么样的前提和条件？这里简要地从若干方面对此作一探讨。

第一节　哲学领域中的自主知识系统

就其历史起源而言，哲学通常被视为“科学之母”，从这一方面看，谈“建构哲学知识体系”似乎与历史趋向不太一致：哲学既为各个学科所从出，则应早已存在，不需要现在去“建构”。然而，问题在于，这里所说的，是“建构中国自主的哲学知识体系”，其关键之点在于“自主”。哲学固然古已有之，中国虽然没有 philosophy 之表述，但相关的观念也同样早已出现。不过，近代以来，随着西学东渐，人们往往习惯于接受并非源于自身创造性活动的观念、理论，并以此为主导的思想，所谓“建构中国自主的哲学知识体系”，首先意味着通过独到的探索，以形成具有自身特点的哲学系统。这一意义上的“建构”，以创造性的思维为其前提。从历史上看，以往的思想家们都是通过创造性的探索过程，以建构各自的理系统，他们成为独领风骚的哲学家，也是基于这种创造性的思维活动及其成果。也就是说，他们首先是具有引领意义的思想家，然后才成为历史中的研究对象。以中国哲学史而言，先秦诸子中老子、孔子、墨子、孟子、庄子、荀子，两汉哲学中的董仲舒、王充、扬雄，魏晋玄学中王弼、嵇康、郭象，宋明时期的北宋五子，包括张载、周敦颐、二程、邵雍，以及南宋的朱熹、陆九渊，明代的王阳明以及明清之际的王夫之、黄宗羲，等等，都是以自己创造性的成果而形成独特的哲学观念系统。从今天看，这些观念系统实际上也就是当时的哲学知识系统。每个时代都有自身的哲学知识系统，以上哲学系统都是那个时代的思想家创造性的探索过程的结果。

以往的思想发展过程是这样过来的，当代中国也并不例外：新时代中国哲学领域的学人同样需要为形成当代中国的哲学知识系统而不懈努力。在这里，重要的是超越标语口号式的“创新”或“自作主张”，进行扎实的创造性研究，由此形成具有积累意义的建设性成果。中国哲学的自主知识体系，是通过创造性的探索做出来的，不是靠口号、主张获得的，唯有通过空无依傍的创造性思考，才能形成为中外学术共同体所承认、所尊重的成果。仅仅提出某种响亮的要求和主张是比较容易的，而扎实的研究则需要付出艰辛的努力。然而，只有基于这种研究工作，才能积累和展示知识文化的深层内涵。所谓自主的知识系统，主要就是指形成于这种文化系统中，被其他的文化系统所确认的创造性成果。知识系统要在世界学术之林中独树一帜，显然不能依赖抽象的意象或自我亢奋的情绪，而是需要进行脚踏实地的建设性的研究。如果不能提出一套有创见的理论、无法对历史中的问题作出自己独特的回应、仅仅停留在观念层面傲视天下的气势，那么，与之相关的口号与“主张”固然华丽铿锵，但可能只有浪漫自乐的外在意义。

任何创造都不能从无开始，而是需要以过去的思想成果为出发点，后者构成了建构中国自主的哲学知识体系的另一方面。前面提到的创造性思考主要以独立、自主为旨，然而，空所依傍并不是无视以往的思想成果。中国思想和中国哲学经过几千年的演化，已经积累出丰富的成果，其中包含了不少创造性的见解。这种成果内在的意义之一，在于为哲学思想进一步的发展提供新的出发点。通过总结反思已有思想成果，当代的哲学建构可以获得多重的理论资源。这里包含史和思之间的互动：一方面，思想的发展以回溯、反思以往的思维发展成果为前提，另一方面，理解哲学史中已经有的观念、概念、理论的意义，又以已经形成的深层理论积累和开阔的哲学视野为前提。从中国哲学来说，其中不少文献、经典所包含的概念、理论、命题，无疑渗入了深层的哲学智慧，但是如果诠释者没有相当的理论积累和开阔的视野，这些哲学意义就很难被真正地揭示出来。当然，在研究的具体进路上，个体可以有所侧重：根据不同的学术积累和性之所趋的理论旨趣，有的可能侧重于历史，有的则也许更为注重理论，这些多样的探索都是有意义的。冯友兰先生曾区分两种讲哲学的方式，即照着讲与接着讲，照着讲可能更多地接近于历史的进路，接着讲则与理论探索有更多的相关性。尽管具体的“做法”有所不同，但是都属于广义的哲学思考。从总的哲学研究过程来看，应当注重历史和理论之间的交融，但是对具体个体来说，则难以实现面面俱到：形成不同的注重之点，属自然而然。

在对以往思想文化成果的继承、总结的过程中，需要特别避免一种偏向，即所谓“以中释中”。关注以往的思想成果，并不意味着仅仅把自己限定在单一的传统之中。事实上，每一个时代在理解以往思想之时，都无法单纯地囿于线性的视域。历史地看，佛教传入后，中国思想不仅获得了多元资源，而且逐渐形成丰富的形态，其中包含外来的文化，宋明时期的理学之所以在哲学上能够别开生面，相当程度上与吸纳东渐的佛学相关。从总的思想进路看，理学对佛学可以说是相拒而又相融，后者显然不同于“以中释中”。在创造性的思维过程中，应当超越狭隘的眼界。

在建构自主的哲学领域中的知识系统过程中，同时需要注意源和流之间的统一。这里所说的“流”，主要指观念层面的思想演进：思想的衍化同时表现为思想之流。与之相对的“源”则更多地表现为社会的变迁、历史的演化以及时代的发展，后者更多地展开为一个现实过程。哲学的发展既不能离开对观念流变过程的回溯、省思，也需要关注社会领域的实际变迁。从中国哲学来说，先秦时代的礼法之争，更多地表现为社会历史层面的变迁，后者为先秦哲学衍化提供了历史背景。明清之际，社会发生了多方面的历史剧变，黄宗羲将当时的历史格局概括为“天崩地解”，这种剧变构成了当时思想发展的重要社会根源。到了近代，社会进入新陈代谢的历史演变中，在这一过程中，哲学的衍化表现为“哲学革命”：冯契先生对中国古代哲学和近代哲学做区分，相对于古代哲学的“逻辑发展”过程，中国近代哲学更多地表现为一种“革命进程”，而近代社会的历史变迁、新陈代谢，又为后者提供了内在的根据。

今天，建构自主的哲学领域中的知识系统，依然需要关注社会的历史变迁，包括现时代面临的百年未有之大变局，这种变局无疑是重大的历史变迁。在进行哲学层面的创造性思考的过程中，同时需要对人类普遍面临的历史问题以及现代存在的各种困境作出回应，提出应对之道，后者既为哲学演进提供了现实之源，也构成了哲学发展的内在动力。从科学领域来说，随着信息科学、生物技术（包括基因工程），以及与之相关的人体增强、人工智能等的发展，一方面，人类的生活变化面临新的前景，另一方面，人类又需要回答以下问题：现代科学究竟走向何方？如何使之给人类的未来带来正面的意义？解决这些问题既离不开哲学层面的思考，也需要正确的价值引导。

进一步看，在社会领域中，面对各种极端的意识形态偏向，如何对国际政治中复杂的政治伦理问题作出深入的分析和合理应对？怎样既吸取近代以来注重民主自由的价值观念，又指出现有形态下将这种观念当作工具来划分阵营、引发对峙的历史局限，以一种真正体现人类历史发展的视野，超越以上观念，这同样是通过创造性的哲学思考以建构自主的哲学领域中的知识系统过程中无法回避的问题。民主、自由是人类共同的价值观念，但现代西方的政治势力和文化又对其作了种种片面化的理解，这种视域无疑需要超越。福山曾提出历史的终结论，其前提是将西方式的意识形态和政治体制终极化，这种看法显然是非历史的。与之相对，哲学的思考应着眼于历史的大尺度、长时间段的演化，以此梳理近代以来各种纷繁复杂观念，扬弃其中的各种偏见。这是今天所面临的又一现实问题。

引申而言，哲学领域中的知识系统与更广意义上的近代知识体系具有相关性。从近代知识体系看，其基本核心包括两个方面：即逻辑与实证。逻辑的注重与自觉运用，使知识体系呈现条理化、形式化的特点；实证的视域，则使知识体系始终面向现实世界，避免了反身向内以及玄虚趋向。以上两个方面同时体现了近代自然科学的特点：逻辑的注重与近代科学的数学化一致，实证的立场则表现了基于实验的近代科学趋向。然而，如前文已提及的，在以上两个方面（逻辑与实验科学），中国传统思想都显得相对薄弱。如果说，关注哲学思想衍化之“流”意味着在考察思想流变的同时从形式（逻辑）的维度梳理其内在脉络，那么，指向哲学知识系统之“源”则蕴含着对现实对象的注重；二者既为自主的哲学知识体系的建构提供了前提，也构成了更广意义上自主知识体系形成的条件。

要而言之，哲学的发展既关乎观念层面的流变，需要反思中西哲学历史的变迁过程，也应站在现实的社会背景之中，正视时代所提出的政治、科学等不同领域的问题，并对此作出深层的回应。当代的中国哲学将在这样的创造性思维过程中逐渐的丰富自身，自主的哲学领域中的知识系统也将由此形成并不断取得新的形态。

第二节　中国哲学与世界哲学

近代以来，中国哲学的发展以世界哲学为其背景。世界哲学在广义上包括阿拉伯哲学、印度哲学、日本哲学，等等，但对中国哲学而言，其更为具体的形态则与西方哲学相关。从历史的衍化看，世界范围内，中西两大哲学传统在中国彼此相遇，显然是哲学史中的重要事件，今天的研究哲学问题如果离开了这一前提，便难以切实地展开。

追本溯源，便可注意到，凡是哲学，总是包含哲学之为哲学的一些共同之点，这些特点普遍地存在于中国哲学和西方哲学之中。当然，它们也存在个性的差异，表现形态也不完全一样：从语言风格，到命题形式，等等，不同的哲学系统都并不雷同。就个体研究而言，探索哲学问题，每一个研究者都可以有所侧重，或主要关注西方哲学，或首先指向中国哲学，但是在研究的时候，所面对的问题又都具有共同点或普遍品格。同样，从哲学形态考察，中西哲学的追问，也具有相通之处。

对哲学这一大家族中的普遍性品格，需要给予充分关注，如果离开了这些普遍性，研究哲学的意义就会减弱甚至不复存在。中国哲学从先秦开始，其衍化过程便一直包含哲学之为哲学的普遍品格。尽管 philosophy（哲学）这个词来自西方，但 philosophy 所面对的基本问题，诸如何为世界，何为人；如何理解世界，如何理解人，等等，则具有普遍性。同时，在哲学领域，对特定的“词”与“观念”需要加以区别。从“词”的层面看，中国以往确实没有出现 philosophy，但与之相近的“观念”，则古已有之：从先秦开始，中国人就开始追问“性”与“天道”的问题，这种追问后来被概括为“性道之学”。在中国古代哲学的终结时期，龚自珍已自觉地区分“性道之学”（性与天道的追问）与其他知识形态。在评价清代学者阮元的思想与学术时，龚自珍便明确表述了这一点。在他看来，中国的学术思想体现于不可学科，后者包括：训诂之学（包括音韵、文字）、校勘之学、目录之学、典章制度之学、史学、金石之学、九数之学（包括天文、历算、律吕）、文章之学、掌故之学，以及性道之学。[①] 这里所说的训诂之

① 参见龚自珍：《阮尚书年谱第一序》，《龚自珍全集》，上海古籍出版社 1999 年版，第 225—227 页。

学、校勘之学、目录之学，等等，属于当时的具体知识学科，值得注意的是，龚自珍将这些知识学科与“性道之学”视为不同类型的学术和思想形态。在龚自珍看来，“性道之学”的具体内容包括经学、理学、问学与德性等方面的思想，从今天看，其中包含的内在“观念”即是“哲学”：“性与天道”之中的“性”关乎人的本质，并与人的存在紧密相关；“天道”则表现为世界总的原理，从而，“性与天道”之辩所涉及的，也就是何为世界、如何理解世界以及何为人、如何理解人等根本问题，对这些问题的追问和探索在中国哲学中一直绵绵不绝。总之，表述方式、语言形式诚然不一样：西方名为 philosophy，中国则是“性道之学”，但关切的问题则具有相通性。

不过，“性与天道”这一表述更多地具有古典哲学的形式，现代中国哲学无须执着于此。事实上，若与世界哲学展开对话，以此为话语形态，显然很难彼此沟通。自中西哲学相遇之后，从语言形式到论述方式，等等，哲学都应取得现代的形态。相关命题涉及的问题固然古老而常新，但如果要使围绕这些问题展开的探索成为现代学术共同体中讨论的对象，则其表述方式、概念运用、命题推论，等等，都需要在传统的基础上加以转换。以“话语”而言，中西各自的传统中确实有不同的话语系统，后者同时关联着相应的知识体系。不同的系统之间的对话和接触，既无法出现于彼此隔绝的状态，也很难在互不理解的形态下展开，表达形式的现代转换，是避免这类情形的前提。

如何使中国哲学在世界哲学之林中获得一席之地？这一问题涉及今天常说的中国哲学的话语权，其中涉及两个要素。一是背景性要素：一种文化形态之获得国际话语权，与这种文化形态背后的政治、经济、军事和文化等综合实力无法相分，这几年中国哲学受到某种重视，很大程度上得益于中国综合实力的大幅提升。二是内涵性要素，即真正形成具有创造力量或原创造意义的思想系统，并为其他文化形态所承认。从后一方面看，中国哲学除了取得现代的形态之外，还需要为这种形态注入新的内容，也就是说，应在现代的话语形态下，形成新的哲学内涵。为此，应当充分吸取和融合西方哲学的理念。同时，创造性的研究工作也不可或缺，唯有通过切实的思与辨，才能形成为人所注重的思想系统，并进一步与世界范围内的其他学派展开对话，唯有真切地展现自身文化创造的意义和内在力量，才能得到其他文化形态的尊重和认可。就不同文化形态的互动而言，这里重要的不是俯视或漠视其他文化价值的“自作主张”，而是入乎其中而又出乎其外。自成一系的学说不同于观念层面的美好的愿望，而是由建设性、创造性的思考而形成的话语系统，这种话语具有默然不语声如雷的特点，即使不发声，也是其他哲学系统所无法忽视的。

在尊重并承接自身传统的前提之下，应当以开放的视野去看待西方哲学。在这方面，近代以来的中国哲学做了不少工作；从 19 世纪末到 20 世纪，熊十力、梁漱溟、冯友兰、金岳霖等，已提供了较好的学术范例。熊十力、梁漱溟基本上以传统儒学为依归，但同时又吸取了一些西方哲学的观念。这里需要区分两种对待西方哲学的方式，一种是哲学家的方式，一种是专家的方式。从专家的角度来看，熊十力、梁漱溟等中国哲学家对西方哲学知识似乎十分有限，甚至不值一提，但事实上，他们对于西方哲学总体上的把握，远超一些仅仅关注细枝末节的专家。梁漱溟的《东西方文化及其哲学》在今天看来也许对西方哲学的理解比较粗疏，但该书对中西哲学之间差异的总体把握上，又有其独特的见解。后来的冯友兰、金岳霖，都有留学海外的经历，对西方哲学的了解自然也更为深入、系统，但同时，他们并没有远离中国传统的哲学。概要而言，以比较开放的视野，把中西不同传统的文化成果加以融会贯通，构成了这一时期中国哲学家的特点。

20 世纪 80 年代，西学东渐呈现再度复兴的之势：20 世纪末和 20 世纪初在这方面似乎高度重合。与 20 世纪初相近，20 世纪 80 年代也可以看到介绍、翻译西学的热潮。伴随这一现象的，是一些具有创造性的哲学家逐渐在哲学舞台上显山露水。他们在中国哲学领域做了不少建设性的工作，并试图做出某种理论建构，冯契提出了智慧说，李泽厚提出了历史本体论，等等。对此当然可以从不同层面加以评说，但这些思想都无疑构成了当代中国哲学的内容。到了 21 世纪，从哲学的角度来看，也有一些学人开始试图从“照着说”转向“接着说”，希望在学术上有所建树。

从学术的角度来说，理论建树须基于中外哲学的发展：如前所述，从古到今，哲学的发展都是以历史上形成的思维成果为前提，无法仅仅从现在或当下开始。进一步看，理解哲学史中已有观念的意义，也以形成深沉的理论素养和开阔的哲学视野为前提。就中国哲学史而言，其中的很多观念、概念、命题确实包含深刻的智慧，但是如果没有相当的理论积累，没有开阔的视域，往往很难读出其内在意义。在对中国哲学深切理解的同时，又需要以开放的视野吸纳人类文明创造的各种成果，包括西方哲学的成果，并对时代问题给予自觉关注和积极回应。由此建构的思想系统不仅可以获得学术内涵，而且将形成哲学的影响力。

就世界文明的发展过程而言，现在面对的各种思想成果，并非属于某一种传统，为其所专享或独有，而是人类文明的共同财富，可以为今天的人们所共同运用，也就是说，它们可以成为当代思考世界哲学中的共同的理论资源。哲学的研究和探索不仅需要将中国传统思想视为重要的资源，而且应该把视野扩展到整个人类文明的演化过程。上个世纪初，王国维曾经提出：学无中西，中西之学，盛则俱盛，衰则俱衰。从哲学的角度看，王国维所说的学无中西，本质上体现了世界哲学的眼光，其中蕴含着运用人类思想发展的多重资源来丰富中国哲学之意。学无中西的具体指向在于：吸取多重的智慧资源，形成开放的哲学视野，这也是世界哲学视野的实质意义。

将哲学理解为“世界哲学”，首先与历史已成为世界的历史这一现代背景相联系。与之相应，世界哲学意味着超越地域性文化背景和文化传统的限定，从“世界”的角度来理解世界本身。近代以来，随着知识的不断分化，学科意义上的不同知识系统逐渐取得了相对独立的形态，并愈来愈趋于专业化、专门化。在经历了知识分化的过程之后，如何真正回到对世界的整体性的、智慧形态上的把握？这是今天的哲学沉思无法回避的问题，而回应这一问题的过程，同时也是走向世界哲学的过程，在此意义上，所谓“世界哲学”，也可以理解为智慧的现代形态，或者说，现代形态的智慧。从以上方面看，世界哲学显然不仅仅是一个空间的概念，而是同时包含历史性和形而上层面的深沉内涵。作为智慧的形态，哲学既超越知识的限定而表现出普遍的向度，又涉及价值的关怀，与之相联系，世界哲学意味着从更普遍的人类价值的角度，理解世界对人的意义。近代以来，在历史走向世界历史的背景下，哲学逐渐有可能在一种比较普遍的、人类共同的价值基础和前提下，提供关于世界的说明，把握世界对于人所呈现的意义，并进一步为在实践层面实现这种意义提供引导。

从中西哲学的具体互动看，这里包含几个方面。首先是中西哲学的彼此参照。如前所述，中国哲学中的很多观念、概念、理论，等等，确实包含深层的哲学智慧，但是如果解读、回顾以往思想时缺乏理论积累，没有开阔的视野，那么，以往哲学中隐含的哲学意义，便很难真切地把握。在理解、诠释、反思中国古典哲学之时，需要以开放的视野来吸纳人类文明创造的各种成果，包括西方哲学的成果，由此进一步从传统哲学中读出更多的东西。基于这一过程而建构的思想系统，不仅可以获得创造性的学术内涵，而且将形成广泛的哲学影响。质言之，回顾以往思想需要一定的理论出发点并具有丰富的哲学思想背景，后者以接纳世界文明中多样思想和学说、不同文明传统中具有普遍意义的思想成果为前提。

其次，中西哲学之间的相互作用，还包括克服各自潜在的问题。中西哲学在相当长的历史时期中，都是在各自文化传统中发展，二者之间没有实质性的影响。这里既体现了中西独特的思想进路，也可能存在着其特有的历史限定。从今天来看，对于以往思想传统中的历史不足，可以用开放的视野，以中西哲学的互动为背景加以扬弃或克服。就中国哲学来说，其中的明显特征，是对形式逻辑的相对忽略。冯友兰先生曾区分哲学的实质体系和形式体系，以此为划分标准，则中国哲学更多地注重实质体系，对形式体系往往有所忽略。在比较长的历史时期中，中国哲学对形式逻辑确乎未能给予充分的关注。尽管在先秦之时，中国已经形成了《墨辩》的逻辑，后者与亚里士多德的逻辑系统、印度的因明，构成了传统的逻辑体系之一。但是，《墨辩》很快被遗忘。魏晋时期，随着名辩思潮的复兴，鲁胜曾注《墨辩》，然而，他的《墨辩注》的正文不久便佚失，现在只能在《晋书》看到其序文。隋唐以后，印度的逻辑系统因明学随着佛教而传入中国，但主要存在于唯识宗之中，从宗教系统看，唯识宗由于其思辨烦琐而影响不大，其中的因明学也因此而不彰。在中国广泛传播的主要是中国化的禅宗，后者的特点之一在于主张不列文字，并相应地对逻辑疏而远之。相形之下，西方哲学从古希腊开始，便比较注重形式逻辑，柏拉图的主要著作虽然是用对话方式写作的，但是其中包含着比较严密的逻辑形式，《理想国》即以正义问题为主线而层层展开，包含内在的逻辑脉络；亚里士多德更形成了系统的逻辑思想，后者在西方文化中影响深远，直到现代分析哲学，依然延续了这种注重形式逻辑的传统。中国哲学在走向现代、取得现代形态的过程中，需要吸取西方哲学注重形式逻辑的传统，以此克服自身存在的历史限定。

从西方哲学来说，也同样存在不少问题，包括本体论中形上与形下之间的脱节、伦理学中形式和实质之间的分离，等等。以伦理学而言，如所周知，康德具有形式主义趋向，其道德哲学常被称为形式主义伦理学，对实质的价值问题，则往往有所忽略。现代现象学中的舍勒，则比较注重实质的方面，并由此批评康德忽视实质内容。不难注意到，形式和实质在西方的伦理学中常呈现出相互分离的状况。反观中国哲学的传统，从早期开始，中国便比较注重仁和礼、仁和义之间的相互沟通。仁更多地表现为实质层面的价值关切，礼和义则在不同意义上呈现规范性：礼表现为一套外在社会规范系统，义则可以看作是内化的规范意识。中国哲学，特别是其中的儒学强调仁和礼、仁和义的统一，其中包含着对伦理学中实质内容和形式方面之间的沟通。这一哲学进路对扬弃近代以来的西方哲学中形式和实质的对峙，无疑有其积极意义。可以看到，中西哲学各有自身的理论成果，也存在其历史限定。通过兼容不同的哲学传统，可以在吸纳各自积极的思想成果的同时，扬弃和克服可能存在的不足。

以开放的视野对待中西学术传统而不限于一端，意味着范围古今中西而进退之，由此自成一家之言，形成自主的哲学系统或者学说，后者既有历史的价值，又呈现世界性意义。基于这种创造性的哲学系统，中国哲学可以进一步参与世界性的百家争鸣，通过走进世界的哲学舞台，以不同方式就共同的哲学话题与国际哲学界的同人展开对话、讨论以及相互批评，由此，一方面开阔自身眼界，另一方面又作为哲学大家庭中平等的一员介入世界性的哲学事业。

当然，在中西哲学的以上互动中，需要警惕与“以中释中”相对的另一极端，即对西方文化亦步亦趋，将西方的思想学说作为放之四海而皆准的唯一标准，以此来评判和裁剪中国哲学和中国文化中的观念。这种偏向具有人云亦云、拾人牙慧的特点，它与建构中国自主的哲学知识体系格格不入，同样需要加以抑制。

第三节　哲学问题及其意义

在中国哲学的具体研究方面，既宜关注哲学家，也应分析相关的哲学论题。以当代中国哲学而言，牟宗三与冯契显然是具有代表性的人物。尽管两者哲学立场不同，但牟宗三重良知坎陷，冯契讲智慧说，这种观念在某种意义上有相通之处，其共同特点在于不满足于知识之维而表现出追求智慧的趋向。但两者的进路又存在重要差异。牟宗三在哲学上具有比较明显的思辨性、抽象性。坊间一直流传着一段公案，内容涉及冯友兰与熊十力关于如何理解良知问题的争论。牟宗三对此作了如下记载："二三十年前，当吾在北大时，一日熊先生与冯友兰氏谈，冯氏谓王阳明所讲的良知是一个假设，熊先生听之，即大为惊讶说：'良知是呈现，你怎么说是假设！'吾当时在旁静听，知冯氏之语的根据是康德。（冯氏终生不解康德，亦只是这样学着说而已。至对于一良知，则更茫然）而闻熊先生言，则大为震动，耳目一新。吾当时虽不甚了了，然'良知是呈现'之义，则总牢记心中，从未忘也。今乃知其必然。"① 简言之，冯友兰认为良知是一个假设，熊十力则表示：良知不是假设，而是呈现。这一分歧和论争的哲学意义究竟何在？对此似乎很少有人作具体研究。人们往往习惯于人云亦云，重复牟宗三的转述：良知是呈现，而非假设。然而，为什么良知是呈现？这一说法的理论含义体现在何处？从哲学的角度说，这里事实上涉及道德直觉。道德直觉主要表现为：对行为的选择或对行为结果的判断，常不假思索，当下决定，"良知呈现"可以视为对这一现象的描述。这种情形类似《中庸》所说的"不勉而中，不思而得，从容中道"，也与孟子所说的看到小孩快要掉到井里去了，便会近乎本能地前去救助这一情形相近。以上这一类行为体现的便是道德直觉，所谓良知呈现，即肯定了道德意识（良知）的直觉性。

如果进一步追问，直觉来自哪里？对此若加以回应，便需要将视域扩展到现实的社会生活与实践活动。然而，牟宗三似乎止步于此，即仅仅肯定道德意识（良知）的直觉意义，而不再考察直觉本身形成的现实根源。事实上，道德直觉并非先天具有，而是经过长期教育、熏陶，以及个体实践逐渐形成的。在后天的道德实践中，普遍的道德规范逐渐化为内在于个体的道德意识，使之呈现不思不免、自然涌现的特点。只讲呈现而不谈过程，"良知"便成为无源之水、无本之木，只能归之于神秘的先天意识。比较而言，冯契虽然没有直接面对以上问题，但是按照他的哲学思路，显然难以忽略道德直觉产生的现实根源。

① 牟宗三：《心体与性体》上，吉林出版集团有限责任公司 2013 年版，第 156 页。

就另一方面而言，从道德意识的角度谈呈现与假设，显然也有其理论的意义。假设侧重于逻辑的设定，作为逻辑层面的预设，假设可以外在于人，亦即不与人的行为发生直接的关联。无论假设这个世界中的外在定律，还是假设可能世界的存在，都可以与人没有直接联系。作为人的内在道德意识，良知确实不能仅仅被看成假设：良知总是内在于人并对人行为产生实际的制约作用，从而不同于外在于人的逻辑假设。但是，只讲良知呈现、仅仅肯定道德直觉，显然是不够的。这里重要的是进一步追问其根源，如果没有这种追问，便难以将其与人的现实存在沟通起来，并把握直觉的现实根据。在现实源头阙如的情况下，道德直觉便容易成为不可捉摸的先天直觉。

思辨的进路常常容易获得认同，与之相关，在中国哲学的研究领域中，港台新儒家往往得到比较多的重视，而当代中国大陆的哲学家，如冯契的哲学，则往往未能获得应有关注和研究。事实上，当代中国大陆的哲学同样有值得注意的人物和理论。以冯契而言，其哲学视野相当开阔，他的研究既基于中国哲学，又兼及康德、黑格尔和现代西方哲学，同时上溯马克思主义，作为哲学思考成果凝结的“智慧说”三篇，便对世界和人作了十分独到和深沉的把握。总体上，冯契对相关哲学问题的看法，不像牟宗三那样充满思辨、抽象的意味。遗憾的是，海内外的学人往往热衷于讨论所谓“宗教性”“内在超越”“圆善论”等话题，却很少关注这种理论内含的云遮雾罩、缺乏真正理论推进等偏向。与之相关的理论取向所追求的，主要是思辨的满足，对真切理解世界与人的学说，则每每显得比较冷漠。

值得注意的是，在中国哲学的研究领域，往往存在一种倾向，即：把哲学还原为哲学史，哲学史还原为思想史，思想史还原为学术史。这可能或多或少受海外汉学家影响。汉学家有地缘的优势，总体做了不少工作，成果也是显而易见的。但从整个学术界背景来看，他们又表现出“让开大道，占领两厢”的倾向：所谓“让开大道”，是指对正史或历史主导方面不作充分的讨论和研究；“占领两厢”，则表现为将主要关注之点放在边缘性的、枝枝节节的方面。此外，海外的中国哲学学者对中国往往有点隔岸观照的趋向，并更多地从典籍上了解中国。这种观照不同于身临其境的关怀：即使对华裔学者而言，远隔重洋的目光，总难免伴随着对故土的隔膜感。同时，西方汉学界比较流行的是实证研究方法，这也使汉学家们在理论的建构上显得相对弱一些。受其影响，中国的哲学史研究以也常常习惯于走思想史、学术史之路。

就哲学问题的研究方式而言，关注前文提及的中西之间的互动显然具有积极意义。真正的哲学问题总是具有普遍性，即使以中国哲学中的问题为主题，也需要放在世界范围之内去讨论，不宜关起门来用“以中释中”的方式去分梳。前述哲学的还原趋向，即把哲学还原为哲学史、把哲学史还原为思想史、把思想史还原为学术史，也需要以中西互动的视野去化解。现在做中国哲学，应当有一种比较宽广的视野，所谓世界哲学，便提供了这样一种背景。此外，从社会角度来说，也需要扩大中国哲学的影响，既让世界知道中国哲学，也让社会了解中国哲学的声音。

第四节　建构自主哲学系统与扩展研究视域

从世界哲学的视域考察哲学问题，同时需要关注马克思主义。马克思主义传入中国之后，对其接受和认同逐渐成为比较普遍的趋向，可以说，在中国哲学的当代衍化中，马克思主义已逐渐成为中国哲学不能忽视的方面。为什么会出现这种状况？这一问题显然引人思考。撇开近代以来的具体历史背景，反观中国文化的演进过程，便不难看到，中国传统文化中的诸种观念与马克思主义的理论之间，存在着多方面的思想契合；作为中国现代社会思潮的马克思主义，其传入和接受、认同，也相应地受到传统思想的内在制约。自较早的历史时期开始，中国文化便形成了天下大同或天下为公的社会理想。孔子已包含这一观念，《礼运》《大学》等传统经典更具体地展开了这一方面的思想。天下为公以社会的安平为指向，其中内含着对人与人之间和谐相处的肯定。与确认“天下为公”相近，马克思主义所追求的未来社会，是自由人的联合体，其中既包含人类解放的观念，也以人类的和谐交往为内涵，从总的价值方向来看，以上两者显然具有相通之处。近代中国的仁人志士谈社会理想的时候，往往既以天下大同、天下为公为依据，也基于马克思主义的观念，事实上，两者在中国大地上相遇之后，能很容易相互融合。

就马克思主义的研究和发展而言，在中国从事马克思主义的研究，离不开中国文化的背景。按其实质内涵，马克思主义的中国化或马克思主义在中国这一土壤上的生根，总是以马克思主义与中国思想传统的彼此沟通为前提。历史上，佛教传入中国以后，其系统中不少思辨的、完全与中国已有文化隔阂的观念在中国便无法生长；思想的衍化表明，佛教的观念只有适应中国已有的文化传统，才能获得持久的生命力。当然，作为外来的思想，从语言形式到思想观念，佛教对中国文化，包括中国哲学也具有某种制约意义。类似的情形同样体现于马克思主义与中国文化的关系。作为新的观念形态，马克思主义只有与中国的现实相结合，才能在中国存在和发展。从其内涵看，马克思主义的很多观念与中国哲学之间存在着相互一致之处，这既为马克思主义与中国文化的交融提供了内在的根据，也使之在中国文化的进一步发展中具有引导性和规范性。如前所述，在学术研究的过程中需要运用多重资源来解决现实面临的问题，马克思主义便构成了其中重要的资源。

从大的背景来讲，任何一种外来文化要扎根中国本土，都离不开本土化过程。在学科的层面，一种有生命力的中国哲学概念、理论或体系，应该是既中国哲学的，又是西方哲学的，同时又是马克思主义哲学的。以正义而言，这本来是来自西方的概念，但对正义更深入的理解，则需要运用中国哲学的资源，其中特别应当关注的是仁道观念。正义基于个体权利："得其应得"常被认为是正义的基本内涵，而得其应得也就是获得个体有权利获得者。然而，对个体权利的过度强化，往往容易引向个体之间的分离，比较而言，仁道以肯定每一个人的内在价值为基本内涵。要避免将正义仅仅理解为得其应得，便需肯定仁道高于权利，这一观念构成了将正义扩展为"得其需得"的前提。同时，中国哲学从早期的孔子、孟子开始就强调人性平等，所谓圣人与我同类，便体现了这一点："故凡同类者，举相似也，何独至于人而疑之？圣人与我同类者。"① 这样的观念同时指向得其需得：既然人性平等、每一个人都是有内的价值的，则正义便应体现为在发展资源、发展机会方面，都以得其需得为指向。要而言之，从得其需得这一角度理解正义，体现了正义观念的扩展，而仁道高于权利和人性平等则构成了以上观念的两个基本支撑点。基于人的内在价值而引入对需要的关注，同时也为马克思主义对正义的超越提供了依据。在《哥达纲领批判》一书中，马克思提出"按需分配"的观念，这种理论不同于仅仅从个体权利出发的"得其应得"意义上的正义，它

① 《孟子·告子上》。

虽然不限于基于仁道观念的“得其需得”，但可以视为这一观念的进一步发展。这里，可以看到马克思主义理论与中国传统哲学的关联。

此外，就时下经常提到的自由而言，柏林曾区分了消极自由（freedom from）与积极自由（freedom to），并强调前者。现在学人一般习惯于追随柏林，推崇所谓消极自由，甚而认为：凡消极自由皆好，凡积极自由皆坏。这一取向的根据是积极自由意味着对人的干预，消极自由则具有放任性，并维护了个体权利。这种理解显然有其局限。从逻辑上说，只讲消极自由，不讲积极自由，往往容易导向负面归宿：没有任何理想寄托，没有任何价值承诺，一旦有所追求，便被视为权威干预，这种取向的逻辑结果，就是消解一切意义，走向虚无主义。进一步看，消极自由之下的饥寒交迫，与积极自由下的丰衣足食，究竟哪一种生存状况合乎人性？前者固然没有外在干预，但同时忍饥挨饿，无人关切；后者也许处于社会治理之下，但生活又有所保障。在贫困、饥饿、疾病等处境中，人的消极自由并未被侵犯，但却依然处于悲惨无助之境。对于社会中的弱势群体而言，积极自由中的生活安顿，无疑较之消极自由中死于非命更合乎人性。同时，消极自由也不能与积极自由完全相分离，事实上，消极自由的获得乃是以积极自由为其条件的。在军事安全、社会治安、社会保障等方面，无疑需要发挥政府的力量，后者体现了某种形式的积极自由：在以上领域，如果一味强调消极自由，便很难保证社会的健全运行和合理发展。从这方面看，消极自由无疑有其抽象、空洞的一面。

中国哲学在这方面提供了很重要的智慧。早在先秦，儒家就讲忠和恕的统一。所谓“忠”，即以“己欲立而立人，己欲达而达人”为指向，其要义在于注重正面的价值引导和努力，这一取向与积极自由具有相通性。“恕”则肯定“己所不欲勿施于人”，其中包含宽容的原则，它的内在精神近于消极自由。在此意义上，忠和恕的结合，同时也蕴含积极自由与消极自由的统一。可以看到，在这一方面，中国哲学同样蕴含了重要的思想资源，其观念对理解和应对现在面临的问题，也具有启示意义。马克思主义的自由观念，同样包含多重内涵，可以从不同角度去理解，马克思既肯定积极意义上的价值追求，也注重个体自由，反对强制性的干预。这种自由理念，与中国哲学无疑呈现一致性。

以上这一类的观念，以多样的形态存在于中国哲学之。通过揭示、阐发这些内容，马克思主义与中国哲学、中国文化的结合便不再呈现空洞、抽象的形态，而是可以落实在比较具体的方面。而马克思主义与中国哲学的融合，则构成了建构中国自主的哲学知识体系的重要方面。

第五节　既成与生成：自主哲学知识体系的开放性

以中国哲学为视域，则哲学的话语既关乎中国传统哲学或中国古典哲学，也与当代中国哲学相涉。中国的传统哲学主要表现为已然或既成的形态，作为已经存在的思想系统，其哲学的内涵主要凝结于已有的各种文献中。然而，前面已提到，蕴含于这种已然系统中的哲学思想的意义，应通过现代的诠释加以揭示，这种阐释并非仅仅在于将古代汉语转换为现代汉语，而是需要基于理论的解读，敞开其深沉内涵。在这里，每一时代的诠释者所具有的理论积累无疑十分重要，事实上，《老子》《论语》《庄子》等承载古典哲学的文献在历史上很少发生根本的改变，但不同的诠释者却可以从中读出新的意义，这种新意，首先与诠释者的理论视野的提升或深化相关。通过阐释蕴含于已有文献中的思想，同时又对其作不同层面的逻辑重构，并赋予它以现代哲学的形态，诠释者也将在展示中国古典哲学深沉内涵的同时，使之获得内在的话语力量。

中国哲学并不仅仅是历史的陈迹，而且具有面向未来的生命活力，这两重品格具体展开为历史性与生成性的统一。作为过程中的哲学，中国哲学在当代依然面临进一步发展的问题，后者既表现为中国哲学在当代的延续，也意味着中国哲学的当代生成。与中国古典哲学在今天的话语力量需要通过现代的诠释而获得展示有所不同，中国当代哲学在现代世界哲学中的话语权，乃是基于其自身创造性的建构。如前文一再提及的，在这里，哲学的话语与哲学的建构无法相分：形成创造性的哲学系统与获得哲学的话语力量，表现为同一过程的两个方面。

前面已提及，中国当代哲学成为世界哲学的百家中的一家，并由此获得话语力量，需要在回应时代问题、运用多元的智慧资源进行原创性思考和建构过程中，形成自主的思想形态。作为创造性的思想系统，当代中国哲学在参与世界性的百家争鸣中，也将逐渐得到其他哲学系统的认可和尊重。

智慧不同于知识：知识主要指向经验世界之中各种特定的领域和对象，智慧则要求超越经验领域的界限，把握作为整体的世界。知识在对世界分而论之的同时，也蕴含着对存在的某种分离，哲学则要求超越“分”或“别”而求其“通”。从哲学的层面看，所谓“通”，并不仅仅在于哲学体系或思想学说本身在逻辑上的融贯性或无矛盾性，它的更深刻的意义体现在对存在的统一性、具体性的敞开和澄明。在历史越出地域的限制而走向世界历史的前提下，哲学思维在存在背景方面的限制得到了某种扬弃，这就为真正超越特定的界限（包括知识的界限）而走向整个世界，提供了更为切实的历史条件。在这一方面，无论是中国古典哲学，还是中国当代哲学，都需要展示其独特的思想意义和历史作用。事实上，中国古典哲学对“性与天道”的追问，已呈现了以上视域，中国当代哲学在通过创造性的研究而形成自身独特的概念系统、理论构架的同时，也应当不断展现这一智慧的进路。

（作者：杨国荣）

第九章　模仿与原创：中国近现代哲学的构建

尽管当代中国经济的发展举世瞩目，但是当代中国的哲学并没有荣膺引领时代的先声。当代中国哲学不仅与先秦中国哲学的原创时期思潮蜂拥、学派纷呈的子学时代不可同日而语，就是与近代“五四”古今中西各种思想激荡、精神高昂的时期也相去甚远。如何结束“五四”以来对西方哲学的“依傍”，深刻反思中国现代哲学的创体系时期，进而告别模仿的时代，开启繁盛的中国原创的哲学时代，这是当代中国哲学学术、学科和话语体系建构的紧迫任务与未来图景。

第一节　百年中西哲学比较研究回眸

一、中西知识谱系与文明的构建

中国文明之所以能够与世界其他文明古国相继生发，并且在漫长的岁月里超稳定地发展，成为古老文明的不朽瑰宝之一，其中强大的决定因素之一在于传统中国在古代世界所建构的知识谱系：从三代以前的经、史和三代以后兴起的子学时代，特别是孔子在六艺的基础上删定的六经。《庄子・天下》说：《诗》以道志，《书》以道事，《礼》以道行，《乐》以道和，《易》以道阴阳，《春秋》以道名分。从中国文明的特点探究，传统中国知识谱系大体上以成人为目标，因此六经之学也以此为归旨，究天人之际，通古今之变，将安身立命与人伦秩序浑然天成，融合为一。正如辜鸿铭先生所说：要估价一种文明，不是看它是否修建了和能够修建巨大的城市、宏伟的建筑与宽阔的马路，也不是看它是否制造了和能够制造精致实用的工具，甚至不是学院的建立、艺术的创造和科学的发明，而是看它能够造就什么样的人。① 与传统中国巨大规模的农

① 辜鸿铭：《中国人的精神》，黄兴涛、宋小庆译，海南出版社 2007 年版，第 13 页。

耕文明相适应的中国古代知识谱系的建立与传承，其引领并成就了古代中国人的生产方式与生活方式，特别是中国传统知识谱系所衍生的文官制度和宗法社会，使得中国人在古代世界里能够长期保持领先地位，并且超稳定地发展。无论是与人类文明初起时的古巴比伦、古埃及、古印度、古希腊罗马、还是近代崛起的西方文明相比，中国文明一直以其独特的方式发展着，这就不难理解为什么在17、18世纪以前中国曾经是世界上最强盛的国家之一。世界上不少古文明相继衰亡以后，她却生生不息。

自先秦起作为中国古代知识谱系的核心的中国哲学开启了思潮激荡、精神高昂、流派纷呈的局面，诸多原创的思想都产生于那个时代。儒、道、墨、法、名、阴阳等诸子百家贡献了中国学术文化不朽的经典，为我们存留了无数的经、史、子、集，中国哲学在二千多年的学术发展中也历经先秦子学、两汉经学、魏晋玄学、隋唐佛学、宋代理学、明代心学、清代朴学的思想历程。传统中国知识谱系的灵魂即是以儒学为核心，不断融合道家与佛学以及其他诸子百家的中国思想与中国智慧：儒家讲仁义与礼制、道家追求自然与无为，禅宗崇尚顿悟与超越。中华民族在五千年的历史长河中，以其独特的思维方式和生活方式屹立于世界民族之林，因此，在18世纪以前，与其说，西方文化深刻地影响了中国，不如说，中国文化给予西方思想界以更多的启迪。古代中国人在研究学问的时候，近代欧洲很多地方还过着茹毛饮血的生活。文艺复兴时期，伏尔泰认为中国文化传入是对西方文化一次巨大的“文化冲击”，他说，中国是“举世最优美、最古老、最广大、人口最多和治理最好的国家”。当中国已经成为广大繁庶而且具有完善而明智的制度治理国家的时候，“我们（欧洲各国）还是一小撮在阿尔登森林中流浪的野人哩！”他甚至说：“早在四千年前，我们还不知读书识字的时候，他们就已经知道我们今日拿来自己夸口的那些非常有用的事物了。”①

与传统中国知识谱系相比较而言，古希腊文明在亚里士多德时期即开始了学科分类研究的自觉，由此开启了一个人类知识体系开创性、奠基性的大时代，亚里士多德将科学知识分为理论科学（数学、自然科学、形而上学）、实践科学（伦理学、政治学、经济学、战略学、修辞学）和制作科学（即诗学），特别是逻辑学和作为第一哲学

① 伏尔泰：《论中国》，《哲学词典》（上册），王燕生译，商务印书馆2017年版，第341页。

的形而上学的原创性建构，对后来近现代西方文明的兴起，起着至关重要的作用。

近现代西方文明的崛起，一方面乃是传承了古希腊罗马的知识体系，另一方面，从英国的《大宪章》肇始，特别是以“人的觉醒”为标志的“文艺复兴”为先导，经过了一系列的政治革命、科技革命和社会革命，尤其是 18 世纪中叶，从英国开始，在西欧兴起了工业革命的浪潮，广泛涉及经济、政治、科技、法律、国防、交通、城市等各个领域；无论是现代化的原型英国、还是稍后的德、法、美，在漫长的数百年历史变迁中，政治革命、科技革命和工业革命成就了欧美国家从传统的农耕社会向现代工商社会的转型，带领人类渡过了茫茫的中世纪，从野蛮到文明，引领人类由农耕文明进入了工业文明的新纪元。资本主义的工业化浪潮使工业生产迸发出前所未有的活力，极大地改变了人们的生产方式和生活方式，创造了人类历史上空前的繁荣。正如马克思在《共产党宣言》中所说：“资本主义在它的不到一百年的阶级统治中所创造的生产力，比过去一切世代创造的全部生产力还要多，还要大。”①

在人类由农耕文明向工业文明的更替中，西方世界一方面传承了古希腊罗马先哲的知识体系的力量；另一方面则创造性地建构起人类普遍的近现代知识体系，爱因斯坦曾经在回复学生的信中写道：西方科学的发展是以两个伟大的成就为基础：希腊哲学家发明形式逻辑体系（在欧几里得几何中），以及（在文艺复兴时期）发现通过系统的实验可能找出因果关系。在我看来，中国的贤哲没有走上这两步，那是用不着惊奇的，能够有这些发现是令人惊奇的。

中国传统知识体系比较正式的分类从隋朝开始，是目录学上按照部类结集形式之不同所做出的区分，主要有“经”“史”“子”“集”四个“部”，“部”下有“类”，“类”下有“属”，包括了文史哲和农医百科等内容的混合。直到晚清时代，中国并没有形成独立的哲学社会科学与人文学科的学科体系与门类，自然科学和逻辑学也极为薄弱，连“哲学”这个名称也是通过日本学者转译至中国，意指传统的儒家思想。我国对于西学体系的大规模引进大约是在 19 世纪中叶以后开始的，鸦片战争以后，西方人开始大量进入中国，他们以各种媒介带来西方的新知识。而由于经历了鸦片战争之后的多

① ［德］马克思、恩格斯：《共产党宣言》，《马克思恩格斯选集》（第一卷），人民出版社 2012 年版，第 405 页。

次惨败，清朝政府在1860年代开始推行洋务运动，希望学习西方的科学技术、近代工业和军事装备，虽然他们采取的是“中学为体，西学为用”的方法来学习西学，尤其是过度拘泥于器物的层面，但这毕竟是古老帝国的一种新姿态，同时也客观上导致了西方知识体系的进入中国。新文化运动以来，在一片打倒孔家店的呼声中，儒学遂成为博物馆的陈列品，西方的民主与科学成为时代的主潮，其意在“输入学理，再造文明”，中国近现代的知识体系也由“中体西用”走向“全盘西化”或者说“充分世界化”。

五四以降，中国哲学界也经历了现代西方各种哲学思潮的洗礼：如实证主义、唯意志论、生命哲学、逻辑实证主义、实用主义以及马克思主义，等等。各种西方的哲学思潮纷纷涌入中国的思想界，五四思想界这种空前规模的“学理输入”就如冯友兰先生当时所说：“自从本世纪以来，他们重新审查、估价的对象……欧洲、亚洲各个伟大的心灵所曾提出的体系，现在都从新的角度，在新的光辉照耀下，加以观察和理解。”①

二、百年中西哲学比较研究的历程

中西哲学比较研究作为中国近现代哲学主题之一，旨在从中西哲学源流两个方面来探索哲学的元问题，即究竟什么是哲学这一中西古今之难题。这一难题不仅引发了古今中西各种哲学思潮与流派的激烈论战，更是在21世纪初导致了中国哲学合法性问题的讨论。

而研究中外文化交流的历史，我们大约可以追溯到东汉末年的佛教传入，经过无数世代的磨炼，中国人最终成就了禅宗这一原创的佛学流派。而中西哲学交流的历史，相比较而言则要晚得多。从利玛窦、伏尔泰、狄德罗到黑格尔，西方哲学家对中国哲学意见纷呈，而中国的哲学家对西方哲学的深入研究，特别是中西哲学的比较研究也只有超过百年的历程，如何对百年来中西哲学比较这一时代主题作深刻的反思，这既是我们对百年来中西哲学比较研究的总结，也是我们未来建构原创的中国现代哲学的

---

① 冯友兰：《冯友兰学术论著自选集》，北京师范学院出版社1992年版，第500—549页。

基础所在。

追溯历史，世界开始认识中国，我们大约可以上溯到公元前 4 世纪的古代中外贸易与文化之交流。其时中国之名已经出现在西方的著作中，到了东汉末年佛学传入中国，则才真正开启了中外文化交流的历史，然而西方对中国的深入了解，可能要到唐宋时期。无论是学术文化、还是经济贸易，那时候中国都要比西方世界发达得多。费正清先生曾经写道："唐宋时期以至马可·波罗时代的中国就其幅员和成就而言都比同一时期中世纪的欧洲要文明得多。作为一个标志，可以看出在长期的历史发展过程中有多少主要的成果从中国传入欧洲，而不是从欧洲传入中国：首先是经过中亚直到罗马的丝绸贸易；其次是来自中国的一大批发明——传播文化的纸和印刷术、便于保持洁净的瓷器、汉代军队所用的弓箭、铸铁、运河的闸门、手推车、在海上行船的舵、航海用的罗盘、火药以及其他的发明。与这些物质技术发明对应的还有中国的先进的官僚政府形式，其中包括文官考试制度，更不用谈像绘画这样的艺术了。总之，欧洲人的扩张不仅反映了他们的贪婪、好奇、热情和爱国心，而且在某些方面反映了他们的落后。"①

就如 18 世纪的欧洲人喜欢中国的器物业已成为一种时尚一样，欧洲文艺复兴时期的思想家亦对当时的中国的思想文化心仪已久，他们不仅对儒家伦理道德和政府的开明专制制度加以理想化，而且还狂热地喜爱中国的艺术风格，喜爱中国建筑、瓷器、家具和装饰的风格。所以，在 18 世纪以前，与其说，西方文化深刻地影响了中国，不如说，中国文化给予西方思想界以更多的启迪，我们可以说这是中学西渐的时期。特别是法国启蒙运动的大师们曾对此赞美有加，上文曾经提到伏尔泰认为中国文化被发现，对西方思想家们来说，是与达·伽马和哥伦布在自然界的新发现，具有同等重要意义的一件大事。狄德罗在法国《百科全书》的《中国》条目中也赞美：中华民族，其历史悠久，文化、艺术、智慧、政治、哲学的趣味，无不在所有民族之上。德国哲学家莱布尼茨在《中国近况》一书中更是写道：全人类最伟大的文化和最发达的文明仿佛今天汇集在我们大陆的两端，即汇集在欧洲和位于地球另一端的东方的欧洲……

① ［美］费正清、赖肖尔：《中国：传统与变革》，陈仲丹、潘兴明、庞朝阳译，江苏人民出版社 1996 年版，第 247 页。

中国。欧洲较之中国优越之处，在思维和思辨的科学……但一转到实践哲学，即生活、伦理、政治实践、欧洲人便难于和中国人相抗衡。这无疑是较早地切中了中西哲学的特性与异质以及两种不同的形而上学。以后，德国古典哲学大师黑格尔则是从纯粹哲学的高度开始批评中国，在他著名的《哲学史讲演录》中断言中国文化乃处于幼年时期，中国最受重视的孔子哲学，也只是一种道德信条。虽然在孔子的主要作品中，可以看到许多正确的道德箴言，但是，黑格尔以为这不过是一种常识道德，在任何民族中都能够找到。所以，孔子只是一个实际的世间的智者，在他那里思辨的哲学是一点也没有的，而他的学说有的是毫无出色之点的东西，这引发了以后中西哲学的分野乃至中国究竟有无哲学的讨论。

百年前中西哲学比较研究的背景是中国近两百年的沉沦，中国曾经的长达两千多年的封建社会所带来的经济发达、文化繁荣、社会稳定的局面，一直历经康乾盛世，维持到乾隆末年。约 200 年前，中国的经济总量仍占世界的第一位，人口占世界 1/3，对外贸易长期出超，所以，乾隆在给英王乔治三世的信中称：天朝物产丰盈，无所不有，原不借外夷货物以通有无。当欧美国家纷纷借助工业化走向现代的时候，康乾盛世的三位帝王却把封建皇权推上空前集权的巅峰。清廷一方面引导知识分子只钻研儒家经典，科举、考试，要以朱子的注释作为准则，另一方面采取高压政策，文字狱盛行。知识分子只好潜心古籍、埋头注疏和考据。胡适评价清代朴学的研究方法虽近于科学，但最终却又未能向科学方面发展。如果将其与西方的实证主义相比较，实在是不可同日而语。

如所周知，当近代欧洲工业革命如日中天，科学发展一日千里之际，清代学者却只知在古籍中寻章摘句，考证校勘。这种从文本到文本的研究如仅仅限于几位学者，几个人文学科那倒并无大碍，但如作为一个时代的主流哲学思潮，则实不可取。难怪对清代朴学褒奖有嘉的胡适也认为：这三百年的古学研究“范围太狭，学者的聪明才力，被几部经书笼罩了。况且在这个狭小的范围里，还有许多更狭小的门户界限”①。清代朴学衰落的另一个重要原因在于其创造力的丧失，大量的注经活动尽管使得清代

① 胡适：《国学季刊发刊宣言》。参见钱穆：《国学概论》，商务印书馆 1997 年版，第 316 页。

学术日益精微，但由于清代学者“太注重功力而忽略理解。学问的进步，一是材料的积聚与剖解，一是材料的组织与贯通。前者靠精勤的功力，后者全靠综合的理解”①。所以胡适感叹：这三百年中，几乎只有经师而无思想家。只有校史者而无史家。只有校注而无著作。冯友兰说得很确切，他说：“清朝人的思想只限于对宋明儒学作批评或修正。但他们的修正，都是使其更不近于高明。”“清朝人很似汉朝人，他们也不喜欢作抽象的思维，也只想而不思。他们喜欢‘汉学’，并不是偶然的。中国哲学的精神的进展，在汉朝受了一次逆转，在清朝又受了一次逆转。”②现代新儒学大家方东美说得更为尖锐，他断言：“中国哲学到清初已经死了。”“所有创造性的思想停止了，到今天三百多年，哲学已经死了三个世纪。”③方东美先生的评语虽然有些夸张，却道出了中国传统学术在近代日渐式微，并丧失其生命活力的实情。

20 世纪中西哲学比较研究当首推严复、王国维、蔡元培、谢无量诸先生。虽然，介绍西方哲学并不是从严复开始，但是，严复可以说是“第一位对现代西方思想那样认真，那样严谨以及那样始终热情地进行研究的中国学者”④。蔡元培先生曾经在《中国五十年之哲学》中写道：五十年来介绍西洋哲学，要推侯官严复为第一。严复所译西方学术名著，之所以影响了一个时代，乃是因为严复翻译西方著作的目的，决不在“汽机兵械”和“天算格致”，而是要探索西方文化精神所在。所以，他的眼界已经不限于当时一般的西方自然科学与社会科学译介，而是上升到了探索西方哲学思想的层面；他的学术翻译，除了“信达雅”的标准，还有 30% 是自己的批注，表达了自己独特的思考，由此成为百年经久不衰的经典。

在中西哲学比较的深度方面，王国维则比严复更进了一步。王国维是近代中国学术界最有贡献之人，特别是西方哲学的介绍，“继严氏以后只第一人，对于叔本华、尼采之哲学尤有心得”⑤。其实，王国维研究哲学是从康德入手的，这才有了后来其对非理性主义和理性主义的著名格言“可爱者不可信，可信者不可爱”；只是，他对中西

① 胡适：《国学季刊发刊宣言》。参见钱穆：《国学概论》，第 316 页。
② 冯友兰：《冯友兰学术著作自选集》，北京师范学院出版社 1992 年版，第 344 页。
③ 方东美：《中国哲学之精神》，《方东美新儒学论著辑要》，中国广播电视出版社 1992 年版，第 233 页。
④ ［美］施沃茨：《严复与西方》，滕复、黄小榕、付小平译，职工教育出版社 1990 年版，第 2 页。
⑤ 郭湛波：《近五十年中国思想史》，山东人民出版社 1997 年版，第 59 页。

哲学的评论要比对西方哲学的评论更加出彩，他认为："盖吾中国之哲学，皆有实际的倾向，而此性质，于北方之学派中尤著，故生活主义者北方哲学之一大宗旨也，……此足以见理论哲学之不适于国人之性质，而吾国人之性质，其彻头彻尾实际的有如是也。"①这和黑格尔的说法有异曲同工之处。

王国维以后，蔡元培的《中国伦理学史》开始使用诸多中西方哲学概念和范畴，如宇宙观、世界观、有神论、人生观、人性论、理想人格、道德价值、道德利害、道德法则等名词概念，其中既有"以西释中"也有"中西互释"。回眸百年中西哲学比较的历史，我们不能不提到谢无量先生，他 1916 年 10 月由中华书局出版的《中国哲学史》要比胡适的《中国哲学史大纲（卷上）》早问世三年，虽然，学界对谢无量的哲学史著作是近代哲学史还是古代中国传统经学的叙述方法至今仍然具有争议，但是，谢无量的哲学史研究因为是建立在中西哲学比较研究基础之上，所以他的视野在当时已经相当开阔，他不仅比较了中西哲学的缘起、概念的分析、哲学诸部分的分类，而且最早提出了中国哲学也有自己的本体论传统，也有与西方一样的纯粹哲学。因此，他的哲学史研究，一方面致力于用西方哲学的分类方法来整理中国古代的哲学思想，另一方面，他也强调同时要结合中国古代学术史的方法论来研究中国哲学史，虽然他与后来的梁漱溟、熊十力先生一样，并没有经历系统的学院式的哲学训练，但是先贤大哲却都在百年中国哲学史上写上了浓重的一笔。

1919 年，胡适出版了他的《中国哲学史大纲（上）》，这既是他的成名之作，也是中国哲学史作为学科的开山之作。胡适致力于用现代学术方法特别是借鉴了西方哲学的研究方法来研究中国哲学史，在《导言》中他不仅定义了"哲学"的概念，还阐述了哲学的门类、哲学史的种类、哲学史的目的以及研究方法；特别是他系统地比较了东西两支哲学，论述了"中国哲学在世界哲学中的位置"："世界上的哲学大概可以分为东西两支。东支又分印度、中国两系。西支也分希腊、犹太两系。初起的时候，这四系都可算做独立发生。到了汉以后，犹太系加入希腊系，成了欧洲中古的哲学。印度系加入中国系，成了中国中古的哲学。到了近代印度系的势力渐衰，儒家复起穗，

① 王国维：《戴阮二家之哲学说》，转引自郭湛波：《近五十年中国思想史》，第 60 页。

遂产生了中国近世的哲学，历宋元明清直到于今。欧洲的思想，渐渐脱离了犹太系的势力，遂产生欧洲近世哲学，到了今日，这两大支哲学互相接触，互相影响。五十年后，或竟能发生一种世界哲学，也未可知。”① 胡适的中国哲学史研究，是站在中西哲学两大学术背景下展开的，这种中国哲学的自我意识和自我主张相当强烈，但是在“五四”知识分子整体的反传统的时代背景下明显带有模仿西方哲学研究方法的痕迹，无论是形式还是方法，难怪金岳霖先生说：“胡适之先生的《中国哲学史大纲》就是根据于一种哲学的主张而写出来的。我们看那本书的时候，难免一种奇怪的印象，有的时候简直觉得那本书的作者是一个研究中国思想的美国人。”② 这可以算作是“以西学解释中学”的时期，它开辟了一个新的时代，标志着中国传统学术向现代学术的转型。

与自由主义和西化派先驱胡适同时期，保守主义和现代新儒家的先驱梁漱溟的《东西文化及其哲学》(1921)，在学术上与胡适一起首开中西哲学比较研究之先河。被认为是“在当时大家热烈批判中西文化的大潮中，比较有系统、有独到见解，自成一家言，代表儒家，代表东方文化说话”③ 的代表作。梁漱溟的比较哲学的立论之本与他解答东西哲学与文化问题的钥匙乃是他著名的“三大文化路向”或“三种人生态度”说，在梁漱溟看来，文化“不过是那一民族生活的样法”，梁漱溟将“向前要求”“调和持中”“向后要求”这三种生活方式分别派给了西方、中国和印度，并认为文化没有什么优劣之分，有的只是时代的差别，中国的特征在于“文化早熟”“理性早启”，因此，中国文化和哲学将在最近之未来复兴。梁漱溟百年前的预言，不仅成就了他现代新儒家的先声，而且在20世纪中西哲学比较研究中属于用中学来解释西学的主要代表时期的主要代表人物。

胡适以后，比较著名的中国哲学史研究成果是冯友兰的那部“神游冥想与立说与古人处于同一境界”(陈寅恪语)的《中国哲学史》(上下篇)。在书中，冯友兰将中国以往的哲学分为“子学时代”与“经学时代”两大篇，1960年代，冯友兰又开始了《中国哲学史新编》(七册)的写作，在该书中，冯先生将哲学定义为“人类精

① 胡适:《中国哲学史大纲》，上海古籍出版社1997年版，第4页。
② 金岳霖:《审查报告二》，冯友兰:《中国哲学史》(下册)，华东师范大学出版社2000年版，第437页。
③ 贺麟:《当代中国哲学》，胜利出版社1945年版，第11页。

神的反思”，这和其早年的“哲学之目的即在确定理想人生”有着很大的区别，标志着他对西方哲学理解的深入。按照西方对于一般哲学学科的分类，冯友兰在《中国哲学史》开篇中曾经将哲学分为宇宙论、人生论、知识论，而其中每一大部分又复分两部。宇宙论的两部是：一研究“存在”之本体，及“真实”之要素者，此是所谓本体论（ontology）；一研究世界之发生及其历史，其归宿者，此是所谓宇宙论（cosmology）。冯友兰按照他建构的“新理学”体系，将共相与殊相、一般与特殊这样真正的哲学问题为基本线索，贯穿他的整个哲学史研究。共相与殊相，即普遍与特殊，是结合普遍概念中的重要问题之一，而所有这一切又都是建立在普遍概念基础上的、冯友兰正是试图在这个层面上去写《新编》的，他试图在中国哲学中找出普遍概念，又以共相与殊相为重要问题写他的《新编》。这说明，他对西方哲学的理解在不断加深。

除了上述奠基性的中国哲学史著述，这方面特别值得提及的还有牟宗三在《心体与性体》《才性与玄理》《佛性与般若》等著述中展现的中国哲学史、张岱年的《中国哲学史大纲》、任继愈主编的《中国哲学史》（四卷本）以及冯契《中国古代哲学的逻辑发展》和《中国近代哲学的革命进程》，它们都具有鲜明的时代特征。

五四以后，中西哲学比较研究进入了一个专业化时期，张东荪、黄建中、唐君毅诸先生是这一时期的重要代表人物，他们从中西哲学的内涵、对象、要义、方法之异同，深入比较了中西哲学在形而上学、语言、逻辑等方面的差异。如果说五四前后的中西哲学比较研究大多只是从大文化的视角、笼统的差异等方面的比较研究，那么上个世纪 20—30 年代专业化时期的中西哲学比较研究则已经深入到了中西哲学类型和特质方面，以及中西伦理等专门学科的比较研究。

中国现代著名哲学家张东荪是中西比较哲学专业化研究时期最重要的代表人物，他以介绍和研究西方哲学而步入学问的堂奥。张东荪首先揭示出中西哲学类型之不同。尔后，张东荪更深入地从中西语言构造之不同而导致哲学思维之差别。他敏锐地提出：中国语言上没有词尾变化，以至主语与谓语不能十分分别，这件事在思想上产生了很大的影响。以中西语言构造的不同而探索中西哲学之异同，进而得出中西文化之不同只是民族性而非时代性的差异。随着中西哲学问题和方法的进一步追问，张东荪认为西方哲学是本质或本体的哲学，即因果原则的哲学，而中国哲学则属于“实践哲学”“文化哲学”或“生命哲学”。相对于张东荪的比较哲学、黄建中的比较伦理学而言，唐君毅的中西哲学比较研究更着力于从文化的角度论哲学。他试图抓住“天人合一”这一中心观念来比较中西思想的不同，不过，唐君毅的目的在于“惟知其大异者，乃能进而求更大之同”，主张“世界未来之哲学当为中、西融合之局面”，并断言“中国哲学精神当为其中心”。这在20世纪中西哲学的比较研究中，无疑是上承梁漱溟先生，下启当今仍然热门的现代新儒家思潮的。

第二节　中国现代哲学的创体系时代

一、告别模仿的时代

中西哲学比较研究在20世纪初经历了上述各阶段后，在30、40年代终于迎来了一个中国现代哲学的创体系时期。它集中反映了中国现代哲学家如何应对中西文化与哲学的矛盾与冲突，以及希望贯通古今、融会中西并建构中国现代哲学体系的思想历程。其中不但有“多元认识论”“新理学”“新心学”“新唯识论”这样融合中西哲学的新哲学体系的出现，而且还有浓厚西学意味却是中国哲学名称的经典之作《论道》的问世。中西哲学比较研究由此步入了一个全新的创建时期，那些专攻佛儒或西哲的中国现代哲学家们开始热衷于融合中西哲学来建构自己的哲学新体系。其中又以张东荪的多元认识论、冯友兰的新理学、熊十力的新唯识论、金岳霖的论道等最为有名。

张东荪是现代中国第一个试图建构自己哲学体系的哲学家，这主要是源自他对西方现代哲学深入的理解和中西哲学比较研究的广阔的视野。在20世纪初的中国哲学界，就对西方现代哲学的理解方面，很少有学者能与张东荪比肩，如柏格森、怀德海、胡塞尔、弗洛伊德、皮亚杰等当代哲学的热门，张东荪在20世纪20、30年代即已经相当熟悉，并且能够提出自己批评的见解。

如果说，哲学是时代精神的精华，而形而上学则是哲学的灵魂，张东荪堪称是中国现代哲学界较早涉及这一中西哲学核心问题并试图建立自己哲学体系的哲学家之一，这从他的哲学新体系所要解决的问题即可以看出。他探究中西语言、逻辑与哲学的关系，旨在以综合方法将下列若干问题合并解决，这些问题是：（1）西方哲学究竟是什么？（2）语言与思想的关系是什么？（3）名学与哲学的关系是什么？（4）哲学与社会政治思想的关系是什么等学科前沿问题。张东荪研究上述难题的基本方法是中西哲学比较研究的方法，与前述西方哲学是纯粹思辨的哲学形态不同，张东荪认为中国各派哲学均源于《易经》，但更注重“实践哲学”，先秦儒道墨三家在政治上都“取法于天”，因而是一致。直到清代方开始表现出“思想方法上”有些不同，这种状况，造成了中国政治上缺乏民主，科学上无以发达，精神上不够自由等现象。

在中西哲学比较的基础上，张东荪构建起自己的哲学体系，在《新哲学论丛·一个雏形的哲学》中，张东荪融合了新康德主义、新实在论、佛学和现代自然科学的一些观念，构建了“泛架构主义”的宇宙观，并进一步提出了“层创的进化论”“多元的认识论”的哲学新体系，张东荪甚至断言最近哲学的尤其是宇宙论的新潮流已经由质料主义走向架构主义。由宇宙观进而到认识论，“多元认识论”则是张东荪哲学新体系的主体部分，也称为“认识论的多元论”“知识的多元说”“知识作用的多重因子说”。在康德先验主义认识论的基础上，张东荪提出外物只是一个“空无自性”的架构，以实质而言，本来就没有外物，以构造方式而言，大部分的方式乃是属于认识作用本身的，换言之，即属于主观的。张东荪认为他的主张既非唯心论又非唯物论，更不是生命派的哲学。张东荪将康德、新实在论的认识论加以改造而铸成的“多元认识论”，虽然开启了中国现代哲学的创体系时代，但是其创新的哲学体系大体上还只是对于近现代西方哲学的模仿，因此，40 年代以后，张东荪就将其抛弃了。他不仅否定了其《多元认识论》的诸多思想，而且试图重新建构一个独立的知识论体系，内含哲学认识论、文化论、中西哲学思想等方面，以文化而说明知识的性质，同时又以知识而表明文化的作用，最后证之以这个哲学思想传统。平心而论，张东荪的尚处于雏形的新哲学体系，与他中西哲学诸多研究的深度相比相差较远，特别是他对比较研究方法的强调以及对纯粹哲学的重视对现代中国哲学的发展都具有相当的意义。而其从语言、逻辑、范畴等方面开展中西哲学的比较研究，至今仍然有极高的价值。这些开创性的研究工作，就是他的批评者也相当认同：“中国哲学在五四时代才开始其古代哲学地否定，现在固然没有坚强的近代体系，然而已在建设之中了。作这种企图的首先要算张东荪。——如果我们说梁启超和陈独秀是中国近代哲学的启蒙运动者，那么张东荪就是中国近代哲学系统的建立人。”①

与张东荪创体系时代的发端者不同，冯友兰是中国现代哲学的主要建构者。从大学毕业就怀着东西文化这个巨大的时代课题，远赴美国研究哲学，冯友兰自述：我生活在不同的文化矛盾冲突的时代，我所要回答的问题是如何理解这种矛盾冲突的性质；如何适当地处理这种冲突，解决这种矛盾；又如何在这种矛盾冲突中使自己与之相适应。② 冯友兰立志要致力于从哲学上解答这个问题，于是他怀昔贤之遗风，对当世之巨变，中心感发，不能自已，数年积累得有寄托，从 1939 年到 1946 年，冯友兰出版了他的“贞元六书”：《新理学》《新事论》《新事训》《新原人》《新原道》《新知言》。在这个精深的新理学思想体系中，他一方面改造了程朱一派的宋明理学，另一方面吸取西方实在论特别是维也纳学派的逻辑实证主义，进行了新哲学体系的建构。冯友兰先生在哲学与科学的关系方面，断言“新理学”乃“最哲学底哲学”；在东西方哲学的关系方面，突出了中国哲学中的直觉主义和西方哲学中的逻辑与语言分析（《新理学》）；强调对中国哲学传统的继续和改造，达到“极高明而道中庸”的境界（《新原道》）；同时又干预了当时的社会实际和文化问题（《新事论》）；注重人生观和伦理学（《新事训》《新原人》）；而《新知言》则阐述了方法论问题以及“新理学”与现代世界哲学的关系问题。

冯友兰自认既传承了中国哲学的道统，又吸取了西方哲学的精华而创新出一种全新的哲学形而上学。在他的新理学的形上学系统中，有四组主要的命题，这四组主要的命题都是形式命题，四个形式底观念，就是从这四组形式的命题出来底。冯友兰强调，提出和说明上述观点是“真正底形上学底任务”。他特别意识到中国哲学形而上学与西方形而上学有很大的区别，由此提出了“新理学”的使命不在于提高人的知识水平和能力，而在于提高人的境界。冯友兰将形而上学看成是“哲学中最重要的一部分，因为它代表了人生底最后觉解”。冯友兰“新理学”之新，还在于其方法，诚如他自述：由其方法，亦可见新理学在现代世界哲学中之地位。承百代之流而会乎当今之变，新理学继开之迹，于兹显矣。冯友兰提出两种真正的形而上学方法，即正的方法和负

① 参见叶青：《张东荪批判》，辛垦书店 1934 年版。
② 冯友兰：《三松堂学术论文自选集》，北京师范学院出版社 1992 年版，第 9 页。

的方法：正的方法是以逻辑分析的方法讲形上学；负的方法是讲形上学不能讲，讲形上学不能讲，亦是一种讲形上学的方法。这种方法论的建构是中西方哲学融合的一种尝试。

在中西哲学比较研究中，冯友兰最重要的贡献在于：一是他将中国哲学的精神介绍到了西方世界，如果说中国人因为有严复而知有西方学术，外国人因为有冯友兰而知有中国哲学（李慎之语）。二是冯友兰的“新理学”可以说是中西哲学比较研究的重大成果之一，也是现代中国创体系时代的代表作之一。但是就“新理学”体系本身而言，因为它是借鉴了西方哲学本体论的思路和方法建构起来的，并不符合中国哲学精神，因此洪谦批评说冯友兰的玄学在理论上的根据以及在哲学中的地位有被“维也纳学派”取消之虑。而冯友兰的形式主义的玄学上的“人生哲学”，不但不能超过传统的玄学，而且远不如传统的玄学之既伟且大的。同时，“关于玄学的方法问题”，若“应用冯先生所谓形式主义的方法，则似乎有失去玄学这个伟大意义的危险了”。①

二、反思中国现代哲学的创体系时期

在中西哲学比较研究方面，金岳霖先生堪称最为典型的代表，他不仅引领了中国近现代哲学的创体系时代，而且其《论道》、《知识论》和《逻辑》这些“体大思精”（冯友兰语）的著作，铸成中国近现代哲学的经典之作。冯友兰在《中国现代哲学史》中单列一章，评述金岳霖先生的论道体系确实是“中国哲学”而不是“哲学在中国”。②

中国现代哲学对形而上学和纯粹哲学的研究，由张东荪开始、经冯友兰到金岳霖，则更深入了一步，在金岳霖的论道体系中，已经不仅仅是简单模仿西方传统哲学的本体论（也译“是”论），而是旨在创立中国哲学的本体论。金岳霖先生的《论道》是其建构自己纯粹哲学体系的代表作，在这部20世纪中国哲学经典作品中，金岳霖先生自述《论道》谈的是“超现实的思想”，“思想又包含了思议与想象”两部分，而“思议底范围比想象宽”，“思议底范围就是逻辑，思想底限制是矛盾，只有矛盾的才是不可思议的，而可以思议的总是遵守逻辑的”（《论道·绪论》），金岳霖先生认为《论道》属

① 洪谦：《论“新理学”的哲学方法》，《哲学评论》1946年12月。
② 冯友兰：《中国现代哲学史》，广东人民出版社1998年版，第198页。

于纯粹哲学（元学）的范围，它试图构造的是形而上学的体系，“这所谓思想不是历程而是所思的结构”①。这表明金岳霖先生是深刻理解了西方传统哲学的现代中国哲学家，其实，在冯友兰《中国哲学史》的审查报告（1930）中，金岳霖先生就提出了“普遍哲学”是一种“空架子”的说法。他说：寻常谈到论理两字，就有空架子和实架子的分别，“我们的问题是把实质除开外，表现于这种思想之中的是否能代表一种空架子的论理。如果有一种空架子的论理，我们可以接下去问这种论理是否与欧洲的空架子的论理相似。现在的趋势是把欧洲的论理当作普遍的论理”。虽然，“以欧洲的哲学问题为普遍的哲学问题当然有武断的地方，但是这种趋势不容易中止”②。金岳霖先生在这里所论述的“元学”“普遍哲学”即西方哲学中形而上学或者本体论部分，而《论道》正是根据这种哲学形态所建立起来的纯粹概念与思辨的哲学体系。

之所以说《论道》是纯粹概念与思辨的哲学体系，因为金岳霖先生自己也说：《论道》“它的任务是把基本的概念整理出来，调和起来……使所有的基本概念成为一套形而上的思想体系”③。这无疑铸成了金岳霖论道体系的特征之一，即论道体系乃是绝对概念的建构和推演，在纯粹思想的领域，“我们底范畴都是概念，而我们底概念有两方面的作用：一方面是形容作用，另一方面是范畴作用”，“概念不仅形容所与而且范畴所与”(《论道·绪论》)。“我现在把事体与东西联在一块叫作事物。次序问题虽可以告一段落，而事物底理与逻辑底理底分别仍在，这分别并且非常之大，前者实而后者虚，前者杂而后者纯，前者虽难免给我们以拖泥带水的感觉，而后者总似乎干干净净的由纯理出发我们底概念是绝对的，从绝对的概念这一方面着想，我们免不了想到绝对的时空。”④如果我们进一步追问，论道的体系是如何把基本的概念整理出来，调和起来，并建构起一套形而上的思想体系？金岳霖这里所使用的方法是逻辑的方法，金岳霖认为：在思考自然界的次序的时候，受维特根斯坦等哲学家的影响，才知道逻辑命题都是穷尽可能的必然命题。这样的命题对于一件一件的事实毫无表示，而对于所有的可能都分别地承认之。对于事实毫无表示，所以它不能假，对于所有的可能都分别地承

① 金岳霖：《论道》，商务印书馆1985年版，第1页。
② 冯友兰：《中国哲学史》(下册)，第435页。
③《金岳霖学术论文集》，中国社会科学出版社1990年版，第346页。
④ 金岳霖：《论道》，第12页。

认之，所以它必真。[①]显然，金岳霖的《论道》已经进入到了纯粹概念和思辨的领域，而“从逻辑这一方面着想，如何世界，即与现实世界完全不同的世界，只要是我们能够想象与思议的，都不能不遵守逻辑”(《论道·绪论》)。这里，金岳霖先生建构论道体系所使用的逻辑的方法，即是“本体论”哲学这一西方传统主流哲学的基本特征之一，这种纯粹概念与思辨的哲学体系以及绝对概念的推演与逻辑的运用在传统中国哲学中比较少见。诚如冯友兰先生所说：近代化的中国哲学，并不是凭空创造一个新的中国哲学，那是不可能。新的中国哲学，只能是用近代逻辑的成就，分析中国传统哲学的概念，使那些似乎含糊不清的概念明确起来。[②]

金岳霖的哲学体系是有最抽象的概念“道”引发的，在比较了中国、希腊、印度三大文化区以后，金岳霖先生从儒、道、墨等诸子百家中找到了与欧美的中坚思想即“希腊精神”类似的中国文化区中最崇高的概念与最基本的原动力——“道”，来作为他的形而上学的基础和枢纽：“道是哲学中最上的概念或最高的境界。”“万事万物之所不得不由、不得不依、不得不归的道才是中国思想中最崇高的概念、最基本的原动力。”“所谓行道、修道、得道都是以道为最终的目标。思想与感情两方面的最基本的原动力似乎也是道。成仁赴义都是行道；凡非迫于势而又求心之所安而为之，或不得已而为之，或知其不可而为之的事，无论其直接的目的是仁是义，或是孝是忠而间接的目标总是行道。”[③]金岳霖先生这里所说的道，既是人的安身立命之处；又是贯穿天地、宇宙、人生之过程。既是庄子“天地与我并生、万物与我为一”中整一的道；也是孟子“得志与民由之，不得志独行其道”中分疏的道。

由哲学中最上的概念或最高的境界的“道”出发，金岳霖先生视“道”为“无极而太极”的过程，达到太极便是“至真至善至美至如”。这里，金岳霖先生试图将一部中国传统的名词（所谓道、式、能、无极、太极、几、数、理、势、情、性、体、用）运用到《论道》的概念上去，以此来演绎一套概念的逻辑体系。“宇宙及其中事物的发展，是一个由‘可能’到现实的历程。古今中外的大哲学系统，都以说明这个历程为主要内容。金岳霖的《论道》的内容，也是说明这个历程，在这个历程中，有许多阶

---

① 金岳霖：《论道》，第2页。

② 冯友兰：《中国现代哲学史》，第2页。

③ 金岳霖：《论道》，第16页。

段、环节。金岳霖在《论道》中也说明了。”① 金岳霖的哲学系统我们在西方传统主流哲学（从柏拉图到黑格尔）中已经有所领略，正如有中国当代学者评论所说：“金先生的《论道》正是通过改造了的中西范畴的架构及其推演，表达这种成见，即中国人的宇宙观念、人生态度和文化理想。从名言世界到本然陈述，从分析到综合，金先生追溯‘太极’超越之境，重建了本体论、形上学。”②

综上所述，金岳霖先生的哲学体系是借助于西方传统哲学本体论的思路建构起来的，只是它的术语更多的是中国传统的。冯友兰先生后来说，金岳霖在英国剑桥大学说过：“哲学是概念的游戏。”消息传到北京，哲学界都感到很诧异……现在我认识到，这个提法说出了哲学的一种真实的性质，试看金岳霖的《论道》不就是把许多概念摆来摆去吗？岂但《论道》如此，我的哲学体系，当时自称“新统”者，也是如此。③

以张东荪、冯友兰和金岳霖先生为代表的创体系时期的中国哲学家，试图以西方传统的本体论哲学的方法来改造和创新现代中国哲学，遗憾的是他们的努力并不成功。这是因为：其一，西方传统的本体论哲学本身业已终结并开始解体；其二，中国哲学形而上学的特征乃是非本体论的。

20 世纪中西哲学比较研究在 80 年代重开东西文化论战时又曾风靡一时。但是，平心而论，无论是提出的问题，还是研究的思路和方法，都并没有超越我们前辈学者所已经达到的水准。因此，才有世纪之交“新一轮中西哲学比较研究”的提出。借助于“本体论”到“是论”研究的突破，使我们得以重新反思西方哲学的传统，探索现代西方哲学的问题；由中西形而上学、哲学形态的比较，越发凸显中国哲学的问题和特质，并进而告别“模仿的时代”，创建中国现代哲学。告别模仿与“依傍”的时代

第三节　建构原创的中国现代哲学

一、在中西比较中重构中国现代哲学

20 世纪中西哲学比较研究的主流趋势是从王国维、张东荪的中西哲学不同类型论

① 冯友兰：《中国现代哲学史》，第 178 页。

② 郭齐勇：《冯契对金岳霖本体论思想的转进》，《中国哲学智慧的探索》，中华书局 2008 年版。

③ 冯友兰：《中国现代哲学史》，第 239 页。

（中国哲学偏向实践生活哲学、西方哲学偏向纯粹理论哲学），到金岳霖、冯友兰转向试图建构中国哲学的形而上学本体论；也许正是对创体系这一“模仿的时代”的不满，到了20世纪80年代的中国又重启了东西文化论战，其要旨在致力于完成新文化运动未完成的大业。其间，中西哲学比较研究作为东西文化的核心问题成为显学，稍后中国哲学合法性的讨论，更是将此推向高潮，由此开启了新一轮的中西哲学比较研究，特别是突破了对西方传统哲学形而上学特性的理解，广泛涉猎了中西方哲学的开端乃至进一步追问“什么是哲学”这样的元哲学问题，使得新一轮的中西哲学比较研究得以渐入佳境。

新一轮中西哲学比较研究是建立在对中西哲学特别是西方传统哲学的深入研究基础之上的，从90年代开始，尤其是在千年之交，国内一批学者强力主张将“being”翻译成“是”而不是“存在”，由此引发了对西方传统哲学理解的颠覆性的突破，论文集《being与西方哲学传统》的出版将此研究引向深入，因为这意味着我们必须重新理解西方传统哲学形而上学的核心与主线。① “是论”的横空出世，是指西方传统哲学的一种特有的一种形态，它是将系词“是”以及分有“是”的种种“所是”（或“是者”）作为范畴，通过逻辑的方法构造出来的先验原理体系。作为形而上学的一般性的或理论性的部分，作为关于“是”的一般理论，“是论”常常用以指整个形而上学。② 对“是论”的语言特征的研究，反过来也使得“是论”这种特殊形态哲学的状况更加清晰，“它是靠从概念到概念的推演构筑起来的先天的原理系统”。因此，“是论”是在独立的特殊的语言王国里的纯粹思辨的哲学。③ 其实，张东荪早期已经指出中西因为语言构造之不同导致思维之差别，所以对中国哲学来说“其影响于思想上则必致不但没有本体论，并且还是偏向于现象论”④，后来陈康先生首先将“being”翻译成“是”，千年之交的一些学者在此基础上“一是到底”并进一步认定中国哲学是非先验的，所以断言中国哲学没有本体论。当然，在新一轮中西哲学比较研究中，也有不少学者“反对把本体论归结为西方语言特有形式那种论断”，而是主张“凡是有生活的地方就有生活世界及相

---

① 王路：《“是”理解西方哲学的有效途径》，《社会科学报》2017年4月13日。
② 参见［英］尼古拉斯·布宁：《西方哲学英汉对照辞典》，余纪元编，人民出版社2001年版。
③ 参见俞宣孟：《本体论研究》，上海人民出版社1999年版，第72页。
④ 张汝伦编：《理性与良知——张东荪文选》，上海远东出版社1995年版，第341页。

关的本体论，在此意义上，无论东方和西方，都有生活世界以及相关的本体论。纵然东西方的哲学及本体论有差异，但并非意味着本体论是西方语言特有的产物。语言是生活形式的一部分，语言产生于人的生存方式及其交往行为。因此要考察本体论，需从生活入手”①。李泽厚先生发表了他的“情感本体论”，虽然并不是在这个意义上建构的，但是，他提出通过中国传统，让哲学“走出语言”的见解，值得我们深思。

二、开创中国哲学繁盛的原创时代

尽管当代中国学者在中国哲学究竟是否有本体论这一点上存在着明显的分歧，但是，对中国哲学形而上学或者说第一哲学的存在，并没有太大的争议，只是认为中西哲学形而上学的形态并不一样。“西方哲学的宗旨在于求得关于世界的普遍知识，认识论和逻辑学就是在这个方向中发展出来的。中国哲学被认为逻辑学和认识论不发达，它取的显然不是西方哲学那样的宗旨。有人以为中国传统哲学是关于人伦的哲学，那是对照着西方哲学内容的分类得出的看法。中国哲学绝不是没有一种‘世界观’……中国哲学的宗旨在于求得生命的自觉。”从哲学的开端处比较，“中国古人提出太极作为哲学的开端，西方哲学以普遍的观念为开端，二者的取向和特征有明显区别。普遍对于特殊是逻辑的关系，它们二者是同时存在的，或者说，它们不是时空中的关系，而只是思想上所把握的一种关系。太极对于从中生化出来的东西是时间的关系，哪怕中国哲学中谈到的有与无也不是逻辑关系，而是从无生有的关系。照西方哲学的思想，问题讲得深，就是要把握事情的本质，而本质是普遍层面的东西。照中国哲学的思想，问题讲深了就是去追溯它的来历。……在这个意义上说，中国哲学的开端比西方哲学的开端要更切近原始性。越切近原始性，想得就越深。此外，西方哲学一开始就限定哲学是观察、解释世界的，把人自己遗落在外；中国哲学讲万事万物的起源，包括人的起源在内，哲学所包容的整体性比西方哲学广；而且，其主旨在于求得生命自觉。讲生命自觉需对世界有仔细的了解，把关于世界的知识作为生命自觉的条件，也能用来驾驭了解世界的方向和方法；光讲世界的知识不涉及生命自觉，虽然对世界的了解

① 张庆熊：《语言、生活形式与本体论问题》，《世界哲学》2020年第4期。

很仔细，但是，任凭了解世界的方法自由发挥，有失去生活方向之虞。”① 也有学者通过对中国哲学中的“道、太极、阴阳、有无、中庸”等那些最基本范畴的剖析，证明中国哲学的开端或基点就是对间或间性的关注和追究。正是这种关注和追究，创发了中国哲学属于中国的基本特质：间性哲学，亦即以间性论为基础的哲学。“中国哲学将间或间性预设为世界万物生成运行的基础和开端来思考，从而其初始的那一刻起，一种不同于西方本体论的间性论思想，就已经在中国萌芽并发展起来，成为各家共同探讨和争相辩证的基本主题，并由此创立了自身独特的范畴和概念系统，及其不同于古希腊哲学的焦点、基本问题和话语范围。也恰是这种间性论的哲学路线，使得中国未能发展（甚至压根就没有）类似‘存在 / 是’或实体这样的基本概念，也未能产生以这些范畴为中心论题的本体论。”② 那么，究竟什么是间性？如果我们将世界比作一幅画或相片，其中显示的除了具体的对象实体，也同时记录了对象周围的情境，包括背景、时空、色彩、明暗、组合、秩序，以及整体画面所表现出来的精气神志，等等。所有这些也许均不能由对象自身的概念和定义所概括。它们只是弥漫在虚无之中的各种属性。这些属性不能简单地归属于实体对象自身，相反，它们却为实体成其所是提供了可能性和现实性的基本条件。或者可以这样问：在一幅有关某物的画像里，我们是否会看到不属于此物本身的其他东西？或者更哲学化一些：那些与实体同时显现却又“不是实体 / 是”（not-being）或“实体 / 是之外”（other-than-being）的东西会是什么呢？对此我的第一个回应是，“不是实体 / 是”或“实体 / 是”之外的“东西”是现实存在不可忽略的一部分。我的第二个回应是，那些不属于实体的部分可以概括为“间性”（interality）。就像巴门尼德选择了“是”（Being）作为其哲思的终极问题那样，《易经》选择了间或间性作为理解和解释世界的出发点。③ 更有学者在比较了古今中西哲学观念之后指出：虽然中西哲学形而上学有着显著差别，但是哲学的本源在于创制行为、反思、秩序和历史共时发生的事件，这是具有创世性的存在论事件，既是一切问题的开端，也是万事的开端，也是历史的开端，三者合一，而其中蕴含的初始问题也是人类生活中始终递归在场的问题。在这里立即就显示出“开端”的极端重要性。不

① 俞宣孟：《关于哲学的开端问题》，《哲学分析》2016 年第 3 期。

②③ 商戈令：《图像、丛生和间性》，《文史哲》2017 年第 3 期。

仅因为“原始的本性”最直接地置身于开端之中，而且因为开端处的事业或作品最切近地实现原始的本性并从而将“事情自身”的意义呈现出来。就此而言，开端的性质，不是历史学的，而是历史性的。①

自此，新一轮中西哲学比较研究业已达到了这样关键的时刻，就如李泽厚先生在《该中国哲学登场了？》谈话录中所说的：一是这命题能否成立？二是如果成立，如何可能？无疑，新一轮中西哲学比较研究的深入开展使得当代中国哲学开始从“模仿的时代”进入到了“原创的时代”，她不仅消解了中国哲学的合法性等世纪难题，也进而可以深入探索中西方哲学的开端、形态、要义乃至进一步追问“什么是哲学”这样的元哲学问题，由此，学问的进步也是在这个意义上说的。

反思当代中国哲学的发展历程，如何结束五四以来对西方哲学的“依傍”，深刻反思中国现代哲学的创体系时期，进而告别模仿的时代，开启繁盛的中国原创的哲学新时代，这是当代中国哲学研究者的共同责任。只是，短期来看，我们所说的“中国哲学”的当代建构，一方面可能仍然不得不采取一种“论理”的方式来展开，因而透彻第理解现代西方哲学传统及其当代开展的自我批判，从而建立一种中国学术的“现代意识”与自觉，是必须继续深入展开的前提性工作；另一方面，所谓“中国哲学”当代形态的建构，不应当期望以“一家一派”的方式来完成，而很可能是一种学术生态的整体性更新，是文化、思想和精神等主干领域的全方位变革，并由此更新和变革中，在各个方面和各个领域涌现一批现代汉语基础上的当代中国学术经典。

第四节　结语

中西哲学比较研究是近代以来所有“在中国的”哲学研究的基本语境，而建构“中国哲学”的当代形态是目前哲学界面临的一项紧迫任务。与狭义的中西哲学比较研究相比，西方哲学的系统引介和马克思主义中国化，以及重写百年“中国哲学史”，是我们当下更加需要重视和梳理的历史经验。中西哲学深入比较的同时，我们不得不看到其中的困局：距离会通中西马，一度似乎不是愈近而是愈远，并在世纪之交遭遇所

① 赵汀阳：《形成本源问题的存在论事件》，《哲学研究》2021 年第 12 期。

谓中国哲学的“合法性”问题。问题的矛头所向，既质疑“中国哲学史”书写的“中国性”，也质疑中国传统哲学的“哲学性”。因此，新一轮中西哲学比较研究的深入开展，不仅要在真正深入把握西方哲学传统之精义的基础上，破除关于“中国非哲学”和“哲学非中国”的双重执念，而且需要在与当代西方哲学最新进展的批判性对话的基础上实现马克思主义哲学阐释的当代发展，需要在保持“我们”和文化传统之间恰当的“距离”意识的基础上，以现代言说方式复现中国古代传统真精神，需要以当下中国为参照系，反观与整理近代以来中国社会生活与哲学的学术生态的整体性更新，这也是新的时代精神在一切文化和思想领域的必然展开。

（作者：方松华）

第十章 中国哲学开端的自我主张

伴随着对西方哲学本体论的深入了解，我在中西哲学的比较中得出结论：中国哲学与西方哲学是两种形态不同的哲学；依据这个观点进一步得出，中国哲学史的写作不能依傍西方哲学。那么，就有更深的问题：中国哲学的真实面貌究竟是什么？一种形态不同于西方哲学的哲学还是哲学吗？

为了回答上述疑问，我提出了哲学开端的问题，试图从开端处说明产生形态差异的中西哲学的原因。当这样去开始考虑的时候，我所能面对的只是哲学史的开端而不是哲学的开端。黑格尔以来，人们已经相信了他的说法，认为哲学就是哲学史，或者反过来，哲学史就是哲学，那么，哲学史的开端与哲学的开端还能有什么区别吗？如果哲学史的开端就是哲学的开端，那么，以本体论为核心的西方哲学开始于柏拉图哲学，而中国哲学，则非老子、孔子莫属。然而，不必深入研究，我们马上就可以感觉到，柏拉图和老子、孔子差别很大，他们的学说简直无法相提并论。中西哲学在其开端上的种种不可比令人头昏目眩，当其沉淀下来以后，还是那个问题：中国哲学究竟是不是哲学？

上述困境迫使我提出与哲学史的开端有别的哲学的开端。也许，有哲学的开端，哲学史的开端只是哲学开端的展开，中西哲学都须从哲学的开端方面去获得哲学的身份。这意味着，哲学史的开端可以多种多样，哲学的开端只能有一个。那么，什么是哲学唯一的开端？它的特征是什么？中西哲学史各自的开端与哲学的开端有什么关系？有什么理由说不同形态的哲学，即中西两种哲学都是从这个唯一的开端生发或演化出来的？怎样将这个生发或演化的过程说明出来？从哲学的开端中还可能开辟、发展出新的哲学吗？每一个问题都令人深思，值得研究。这里首先要提出的是，究竟是否存在所谓哲学的开端？哲学的开端有些什么特征？然后我们才可以进一步问：中国哲学史和西方哲学史的开端是否符合或接近哲学理论上应该有的开端？

关于什么是哲学的开端，我曾经有《关于哲学的开端问题》① 一文。我认为，如果一切学问必须从一个假定为开端，而假定作为假定是可以进一步追问的话，那么，作为哲学开端的假定则是不能进一步追问的。一切学问的假定也是限定，包括对自身学问对象的限定，那么，哲学的假定恰恰不能排斥任何对象，因而是无所限定的。不可进一步追问和无所限定，这两个特征都指向“无”。

有了哲学开端特征的初步认定，我们就可以分别用它来与西方和中国历史上被认为是最早的哲学的那些史料作比较，检验它们的哲学属性。这里可以先讲一下我所作检验的结果：中国的孔子和老子都把自己学说的出发点定在“无”的近处，甚至直接以“无”为出发点；西方哲学史的开端却离开“无”很远，以至于令人怀疑，哲学是否需要有一个理论上的开端？或者，西方哲学史的哲学是不是从那个理论上的哲学开端发展出来的？这是一个难题。我后来细品海德格尔的有关论述，忽然明白，当海德格尔说西方哲学史是一部忘“是”的历史，这就是指对于哲学开端的遗忘。从西方哲学史追溯上去，追溯其立论的最终根据到“是”，“是”就是哲学的根据，就是哲学的开端。这个开端在西方哲学史上从来没有出现过，因而对于西方哲学来说，是一片新的领域，然而，这里却隐藏着西方哲学的来历。海德格尔不仅从西方哲学史追溯到了哲学的开端，而且反过来，还着力说明从这个开端展开为西方哲学史上那种哲学的可能的途径。

中西哲学在形态上存在着重大差异的情况下，人们还是感到海德格尔哲学与老子思想的接近。现在可以说，二者的这种接近，缘于他们在开端问题上的交集。这一交集不仅使我们对他们各自思想的理解可以深入一步，而且也有力地说明，哲学的开端是唯一的，由于进入了这个唯一的领域，他们相遇了。本文最后将对哲学开端问题作一点展望。

第一节　西方哲学史开端的概观

对于哲学来说，没有一个领域被排除在外，因而，真正的哲学开端不能限定任何

---

① 俞宣孟：《关于哲学的开端问题》，《哲学分析》2016 年第 3 期。

对象。西方哲学史的开端并不符合这个要求。让我们具体考察一下，西方哲学史在其开端处究竟作了什么设定？

讲哲学史开端问题，必须要有衡量开端的尺度，不然，开端问题可以在时间上无限度地追溯上去。例如，就希腊哲学而言，一般从前苏格拉底哲学家谈起，事实上，这些所谓哲学家其实根本不知道什么是哲学，他们有各种不同的身份，其活动涉及宗教、政治、军事，甚至商业等各方面，只是通过柏拉图和亚里士多德的转述，他们才成了所谓哲学家。在中国哲学方面，有的学者追溯哲学的源头到巫术；就《周易》而言，哲学与占卜的联系似乎更明显。那些领域尽管与哲学存在着联系，但是，它们毕竟不是哲学。哲学发展起来以后，宗教、政治、巫术、占卜仍然作为它们自己而存在着。如果一味地把时间上先在的东西当作开端，那么，哲学的开端就要追溯到语言的产生，语言又可以追溯到意识的萌发，等等，以至于无穷尽。

黑格尔曾经讨论过哲学的开端问题。他说："……，开端必须是绝对的，或者说，是抽象的开端（这在此处意义相同）；它于是不可以任何东西为前提，必须不以任何东西为中介，也没有根据；不如说它本身倒应当是全部科学的根据。"① 他肯定了哲学的开端本身不以任何东西为前提，这与前文所述哲学开端的特征是一致的。所谓"绝对"，即不是相对的，指开端的概念不须从其他概念得到自己的规定。他还认为，开端就是根据，哲学的开端尤其是"全部科学的根据"；"根据就是结果。……所以哲学的开端，在一切后继的发展中，都是当前现在的、自己保持的基础，是完全长留在以后规定的内部的东西。"② 所以，开端可以到结果中去找。伽达默尔后来把这一点说得更简明扼要，他说："事物的开端乃是永远与终点或目的相关的。……如果我们没有指出我们所谈论的开端与什么相关，那么我们就是在说一些无意义的东西。"③

然而，关于什么是结果人们实际上存在着不同的看法。对结果的不同看法必然追寻出不同的开端。大多数人承认，西方传统哲学在黑格尔这里达到了顶峰，而黑格尔哲学体系的核心在于逻辑学，即形而上学或本体论。那是一个以普遍概念逻辑地推论

---

① ［德］黑格尔：《逻辑学》，上卷，杨一之译，商务印书馆 1974 年版，第 54 页。
② 同上书，第 56 页。
③ ［德］伽达默尔：《哲学的开端》，赵灿译，华东师范大学出版社 2019 年版，第 10 页。

出来的原理体系，这就是西方哲学的结果。要建立这样一个原理体系，关键是要获得普遍概念，进入普遍概念表达的世界。他说："什么地方普遍者被认作无所不包的存在，或以普遍的方式把握了存在的地方，以及思想本身被思想时，则哲学便从那里开始。"①他把普遍者的提出看成是哲学的开端。现在我们这里人们对普遍者、普遍概念似乎不觉得稀奇，他们把任何一个能够涵盖多个经验事物的概念都称作普遍概念。然而，黑格尔所说的普遍者存在于一个与经验世界有别的世界里，这种性质的普遍，最初只是出现在柏拉图的理念中，理念是存在于经验世界之外的。所以有人说，一部西方哲学史就是对柏拉图主义的注释。

普遍者既然被黑格尔这样看重，我们不得不讲讲清楚。人们往往从经验方面去理解普遍，认为普遍就是从多概括出来的一。然而，经验所能覆盖的"多"总是有限的，它在不断扩大，无法保证没有例外。或者，人们也把普遍用作没有例外地覆盖全部经验的意思，而普遍要覆盖全部经验的话，普遍本身必须站在经验之外，成为超经验的东西。这样的普遍也可以称之为"绝对普遍"，其本身就站在经验之外了。我多次说过，西方哲学中绝对普遍的概念和从经验概括得到的普遍概念是截然有别的，如果我们把"普遍"一词，即 universal，专门用来指称绝对普遍的概念；由经验概括的所谓相对的普遍就不能称为普遍，而只能称作"一般"，即 general。区分普遍和一般是进入西方哲学的一个门槛。

一般概念是日常中随时使用的，普遍概念却不是人们容易进入的。当用一般概念思考的时候，人们可以把一般与一般所代表的个别一起思考，也就是说，二者是不分离的。如，说到一般概念的"水果"，人们可以认为"水果"同时就具体指称着苹果、香蕉、梨，等等；反过来，人们是根据那些具体的水果来理解水果这个词的。但是，当说到普遍概念时，二者是分离的，普遍概念表示的对象是超经验的，就像几何学上的点是没有大小的，线是没有粗细的，面是没有厚薄的。这种概念纯粹是思想的对象，是没有经验内容可据的。用冯友兰先生的话来说就是，理论思维的概念"红"是不红的，"动"是不动的②。这就是说，普遍概念不能从经验方面去获得自己的意义。凡是在

① ［德］黑格尔：《哲学史讲演录》第一卷，贺麟、王太庆译，商务印书馆 1959 年版，第 93 页。

② 见冯友兰：《中国哲学史新编》第一册，人民出版社 1964 年版，第 22 页。

这种普遍概念中思考的哲学家都认为，普遍概念表达的对象比经验对象优越，它表达了世界的原理，是哲学追求的真理。

要形成不红的“红”，不动的“动”那样的概念，对于一般人来说确实是困难的，因为在日常生活中人们习惯上总是把概念当作与某个实际事物相关联的名来理解的。最早把事物和表达事物的名或概念割裂开来的是柏拉图。柏拉图以追求关于世界的“真知识”的名义，提出了理念论。原因是，他认为人们从感觉世界直接获知的认知往往杂乱而互相矛盾，他相信存在着确定而一致的知识，那是关于感觉世界之外的知识，是一个用心灵的眼睛看得见的世界，就好像你能透过具体的形状而看到几何学上的点、线、面一样。理念就是心灵的眼睛能看到的那种东西。最初，理念被认为是存在于另一个世界的实在的东西，直到近代，伴随着认识论的兴起，理念被明确为是人的思想上的纯粹概念（笛卡尔）；它是不能从经验概括中得到的（休谟）；普遍同时也是必然的，是先天的范畴（康德）。它的演变这里不能详说，然而可以说，如果没有最初出现的与可感世界相割裂的理念，那么，就不一定会产生出西方哲学中那种普遍的概念。有了普遍概念，哲学才能“沿着这条自己构成的道路”而成为“客观的、论证的科学”①。

普遍概念不仅决定了西方哲学主体部分，即形而上学或本体论的特征，也决定了西方哲学其它的特征，例如逻辑。逻辑是西方哲学重要的特征，形成这一特征的原因，是因为普遍概念既被认为优越于经验事物，又与经验事物没有直接联系，即，普遍概念是超越于经验的。于是，哲学家们不能像使用日常概念一样，从与概念相关的经验事实方面赋予概念的意义，这就迫使哲学家发展出一种通过普遍概念之间的相互关系获得概念意义的方法。概念之间相互结合的方法，这就是逻辑。例如，“红”不是“非红”，又，“红”是“颜色”的一种，等；前者是相反或对立的概念关系，后者是概念的种属关系，二者都没有从经验事实方面说明“红”的意义，而却摆脱了无处寻找“红”的意义的困境。logos 这个词最初就有“结合”的意思。而从形式逻辑到辩证法的变化，则说明逻辑作为概念结合的规则并不是一成不变的，而是可以根据需要调整的，

① ［德］黑格尔：《逻辑学》，上卷，第 5 页。

以至于有人认为，逻辑也是使用语言的游戏。逻辑并非代表了世界和思维所谓不变的客观规律。

哲学的核心既然是一个逻辑地构造出来的概念体系，其起始概念当然必须是一个逻辑规定的概念。这个概念，在黑格尔这里，最后确定为“是”。“是”是“是者”的整体，但它又不是任何“是者”，即，“是”是没有任何具体规定性的。“是”还是“空的直观”，即没有内容的意识。“是”不仅表示对象，还表示主观意识，这是黑格尔对他之前的本体论的发展。在经院哲学中，本体论只表示世界的本质，康德则将本体论移用于表示人的认知功能。黑格尔的本体论是前二者的综合。综合以后，“是”无论是用作对象还是意识的表述，都是没有内容的，因而“实际上就是无”①。于是，我们看到，在黑格尔这里，哲学核心理论的开端是“是”，“是”的规定性是“无”。

当谈到西方哲学史的开端时，黑格尔也像其他人一样，认为泰勒斯是哲学史的第一人。泰勒斯被认为是哲学的那句最有代表性的话是：“水是万物的始基。”这句话是怎么成为哲学起点的呢？黑格尔说过：“什么地方普遍者被认作无所不包的存在，或什么地方存在着在普遍的方式下被把握或思想之思想出现时，则哲学便从那里开始了。”②简而言之，哲学出现在普遍观念产生的地方。为此，黑格尔要把泰勒斯作为最早追寻普遍概念的人。他不仅认为泰勒斯的“水”是“普遍的本质”，而且认为，在泰勒斯这里，“普遍”被认定为“实在”，即具有比日常生活事物的更高的真实性；在此，发生了“一种对我们感官知觉的离弃”③。事实上，泰勒斯是否真的达到了黑格尔这种水平的认知，我们是不知道的。把泰勒斯打造成为普遍概念的追求者，黑格尔也不是第一人，最早这样做的显然是亚里士多德。亚里士多德之所以这样做，是因为他在柏拉图的理念论里悟出了普遍性概念的作用。而柏拉图使用着理念的时候，他并没有使用“普遍”一词来描述理念的性质，尽管理念实际上是普遍概念的始祖。

经过一番打造，泰勒斯成了西方哲学史的第一人。但如果以普遍概念的出现作为哲学开端的话，西方哲学真正的开端应当是柏拉图。黑格尔将这个开端归结为与“无”

---

① ［德］黑格尔：《逻辑学》，上卷，第 69 页。

② ［德］黑格尔：《哲学史讲演录》第一卷，第 93 页。

③ 同上书，第 186 页。

相关的“是”，至于这个开端究竟是柏拉图传统的哲学（即哲学史）的开端呢，还是哲学本身的开端？让我们看后面的讨论。

第二节　中国哲学史的开端及哲学开端的意义

不以普遍概念作为自己的开端，那么，作为不同形态哲学的中国哲学，它的开端究竟是什么呢？如果我们根据开端一定与结论相关的观点找一下中国哲学的开端，首先就要找到中国哲学的终点在哪里。当我们这样去想的时候，我们能看到的是一幅刻画中国学术变迁的图景：先秦子学、两汉经学、魏晋玄学、隋唐佛学、宋明理学（或曰宋代道学，明代心学）、清代朴学（又曰考据学）。各个时期学术的名称虽然不同，但有一条主流贯穿其中，这就是儒学。哪怕佛学曾一时势盛，它要在中国落户，也要与儒学商量结合。儒学形成于先秦，在两汉时上升为经学，在宋明理学中形成高峰；清代朴学并非只是技术活，只是因为它出现在宋明理学之后，它才被认为是儒学的余绪。中国哲学的开端主要就是儒学的开端。此外，老子在中国哲学开端处的意义也是不可或缺的。

先讲儒学的开端。儒学的开端不消我们去找，有朱熹编定的“四书”被认为是这个学说的入门。从哲学的角度说，其中《大学》和《中庸》两篇作为哲学开端的意义尤为重大。

朱熹引程子的话：“大学，孔氏之遗书，而初学入德之门也。”《大学》原文开头说：“大学之道，在明明德，在亲民，在止于至善。”这里所谓“德”包括，但绝不限于伦理道德的德，它指示着更原始、更根本意义上的性质。如果说哲学的开端既是事情本身的开端、又是哲学之可能的开端，那么，作为其必要条件，首先就要有那种照亮世界万物的光，这个光不是别的，就是每个人自己也有的灵性。灵性能照亮，就称为明德。明明德是要让灵性觉醒起来。有了明德，必有所明，所谓人生、世界不过就是所明。虽然《大学》没有提出“所明”的观念，但它接着讲“亲民”，讲“止于至善”，都是明德的实现、是所明。《大学》在“明明德”后先讲“亲民”，一下子就将注意力聚焦于人的方面，把“亲民”作为所明确立起来了。然后讲“在于至善”，这个“善”也不只是伦理的意义。《周易》“系辞上”说，“一阴一阳之谓道，继之者善也”，“善”是通过道能够展示出来的结果。一切事物都是道的展示，然而，“一阴一阳之谓道，继之者善也”这句话的所明，不限于事物，其重点在于事物得以展示的过程、途径，即道。《大学》开头这短短几句话，不仅讲了哲学的开端，而且关联着终点，即所谓“物有本末，事有终始，知所先后，则近道矣”。

《大学》把明德作为哲学的开端，《中庸》是接着《大学》讲的。①《中庸》开头就讲“天命之谓性”，我理解，这里所谓的“性”就是明德。何以见得呢？因为接着几句交代了道的不可须臾离之后，马上说“是故君子戒慎乎其所不睹，恐惧乎其所不闻”，不睹不闻看似是对道的背离，而之所以是对道的背离，是因为“不闻”“不睹”正是对“明德”的遮蔽，故而岂不要戒慎、恐惧吗？所谓戒慎、恐惧，在现行哲学中是没有地位的，因为它们不入普遍意识的流，然而，它们却揭示着人的原始的生存状态，即，揭示着还没有进入主客分离前的那个领域的状态。至于“喜怒哀乐之未发，谓之中”，这是求明德的途径：喜怒哀乐都是明德的展现，收敛起来，回到明德。

中庸的核心意义是说：“中也者，天下之大本也，和也者，天下之达道也。致中和，天地位焉，万物育焉”，这是中庸，也是一条万物通达的道路。让万物通达，正是《大学》所谓“止于至善”。世界向世人展示出来如此这般、丰富多彩，这不奇怪；奇怪的是，当人发问：世界何以会如此这般？有了这个发问，世界就向人透露出另一个向度，即它“是其所是”的一度：天地万物俱在“中和”中。看到了“中和”，同时也可明白有“非中和者”。人可以“合辙”（to attune）成为谋得“中和”的自觉者，在儒家看来，人不只是“可以”，而是“应当”“合辙”，这是为人的大义。

“诚”是《中庸》里的重要观念，第二十二章说：“唯天下至诚，为能尽其性；能尽其性，则能尽人之性；能尽人之性，则能尽物之性；能尽物之性，则可以赞天地之化育；可以赞天地之化育，则可以与天地参矣。”与天地参，这是圣人的境界。那么诚究竟是什么性质的东西呢？诚与明是联系着的：“自诚明，谓之性；自明诚，谓之教。诚则明矣，明则诚矣。”可以认为，诚既是明德的一种实现，反过来说，诚也是回到明德的一条途径。《中庸》又说：“诚者，天之道也；诚之者，人之道也。”可见，诚既可用来描述人的状态，又是天即自然状态的描述。用现在的哲学语言来说，诚既是主观

① 在《礼记》中，《大学》列于《中庸》之后，经朱熹整理，二者的编排秩序反过来。这样的编排，反映出来的正是关于开端的自觉意识。

的，又是客观的，确切地说，诚应当是主客未分的状态。

既然诚是主客未分的，而诚是明的一种实现，那么，这就迫使我们认为明更是一种主客未分的原始状态。这就涉及一个严重的问题：难道语言不是人的表述？它可以作不分主客的表述吗？哲学能够进入主客不分的领域吗？接受过现代哲学训练的人会产生上述疑虑，它使我们在孔子哲学面前不知所措。这种情况更见于老子哲学。

传说孔子曾向老子问学。当我们担忧主客不分会造成意义模糊不清时，却发现《老子》不仅对主客不分是无所顾忌的，而且还极力追求主客不分，甚至把一切不分辨的状态看作是得道的途径。例如："曲则全，枉则直，洼则盈，敝则新，少则得，多则惑。是以圣人抱一为天下式。不自见，故明；不自是，故彰；不自伐，故有功；不自矜，故长。"（第 20 章）这里说的"一"，指的是将对立的双方消融在一起。而要达到这一点，就要"抱一"。什么是"抱一"呢？粗看之下，"抱一"可以指我的一种看法，我只是一个把天地万物当作一的旁观者。然而，第 10 章说："载营魄抱一，能无离乎？专气致柔，能婴孩乎？"这就进一步指出，"抱一"必须"无离"，是自身也要融进去的一种状态，也就是说，"抱一"最终要达到的是物我一境，天人合一的境界。怎样才能达到这种境界呢？大多数人只是从字面上理解，在那种理解中，"我"就是一个对上述意思的理解者。然而明末的王夫之这样理解，他说："载，则与所载者二，而离矣。专之，致之，则不婴儿矣。"① 这就是说，当你想着让自己的魂与魄合在一起的时候，作为这样想着的人，你其实是在"一"之外的；当你专心、致力的时候，你就不是婴儿，真正的婴儿是无分辨的，因而还不会专心、致力。王夫子所理解的，正是一种泯灭主客、混同一体的状态，确切地说，应当是主客未分的状态，即，不是从主客有了区分返回去的状态，而是主客区分之前的原始状态。

老子说了许多话，都是要回到那种原始不分的状态，那种状态是天地之始、万物之母（第 1 章）；是"太上，不知有之"（第 17 章）；是无名。而正因为那是无名的，要说出来很困难。庄子是真正懂得这个意思的，他在提到"天地与我并生，万物与我为一"这两句话后接着说："既已为一矣，且得有言乎？既已谓之一矣，且得无言乎？"

① 王夫之：《老子衍》，见《船山全书》第十三册，岳麓书社，第 22 页。

（齐物论）恰恰透过这种困境的揭示，我们知道，在所能言说的一切之外，还有一个不能言说的领域，而那个不能言说的领域却是我们能言说的领域的根据，是哲学努力追寻的东西。于此，我们看到了中国古代人们从事哲学的方法，那不是概念的思考，而是修养，或被称为功夫。

与从事哲学的这种方法相关的是，中国哲学没有把获知世界之“是什么”当作自己的任务，而是努力让自己与世界融为一体。与世界融为一体，这也就是得道的境界。但是，道无名，在这个意义上，道是无。老子的这个主张被认为是一种消极的观点，尤其在充分分化的现代社会面前，更被视为是倒退的观点。但是老子自己说，这样做是“贵食母”（第17章），所谓“母”，注家一般认为，母者，生之本，也可以说，就是道。贵食母就是重视返回根本，即返回道。这样才能“执古之道，以御今之有。能知古始，是谓道纪”（第14章）。回到道，就是回到开端。这里的开端指的是一切的开端，包括人的开端；反过来说，人的开端也是世界的开端。二者出于同一开端。能够把开端归结为道，这是很了不起的。因为，以道为一切开端，必须让道成为能通达一切但又站出在一切之外，对此，老子书中用名和无名来表达道和一切的关系，“一切”无非是各种名所表示的东西，是“有”，而道则无名，或者说，道是无名意义上的“无”。面对各种“有”，想到了“无”，并且以“无”为“有”的源泉，这是真正的哲学开端意识的表达。老子以道为开端，道无名，在“无”的境域。孔子的学说以明或明德为开端，明虽不是所明，但明本身仍是一个名。孔子学说对于老子学说推进了一步。从孔子返回老子，更接近哲学本身的开端。

本文“导言”部分提出哲学开端的两个特征或要求：不可进一步追问和无所限定。老子的思想是合乎这个要求的。当黑格尔的《逻辑学》把“有”（也可译为“是”）作为开端的时候，他也是努力要把这个“有”规定为“无”，这有两点意义：1.“有”是“纯有”，没有任何更进一步的规定；2.“有”也作为“纯知”，是没有任何内容的知，即，“有”是一种空的思维。他说：“有、这个无规定的直接的东西，实际上就是无，比无恰恰不多也不少。”① 这样说来，黑格尔说的与老子不是一样的吗？不是。首先，老

①［德］黑格尔：《大逻辑》上卷，杨一之译，商务印书馆1974年版，第69页。

子说的无是真正的无，是无法进一步追问的；而当黑格尔口口声声说无是纯有的规定性、是没有内容的纯知时，他实际上已经夹带了特定的规定性和认知内容，即，他的“有”和“无”都是逻辑范畴，“逻辑范畴”本身就是规定性。其次，哲学的开端与事情本身的开端应该是一致的，这一点黑格尔也是承认的。那么，从人类认识的过程说，运用范畴做逻辑的思维，不是人类最初的思维形式。黑格尔哲学是这种方式最成熟的表达，其萌芽最早出现在柏拉图这里。然而，哲学却不是从任何现代意义上的“思维”开始的，“思维”，从现代意义上说是主体的思维。在哲学的开端处，主客尚未分离，不应该把那种“思维”带入哲学的开端。第三，有人或者会说，在黑格尔哲学中，其逻辑范畴所表达的绝对理念体系也被规定为是主客体的合一，难道也不符合哲学开端的要求吗？不符合。因为，他所谓主客合一，是分离以后的合一，而在哲学开端处则是主客未分，而不是二者经历了分离以后的合一。再说，黑格尔强调结果是向开端的回复，他用他那个带着“无”的招牌的“有”表示这种回复，这不是真正的回复，而是带着逻辑范畴印记、有过主客分离经历的回复。虽然任何回复都不可能回复到开端原始的样子，然而，回复是一种复习，以便重新展现多种可能的发展。而黑格尔的回复只是总结，或终结。

这样说来，中国哲学史的开端触及了哲学本身的开端，从这个开端发展出来的中国哲学史，当然是哲学的一种表达；而西方哲学史的开端则没有触及哲学本身的开端，因而似乎是半路出家的哲学，它的哲学性倒是需要证明的。得出这个结论让我自己也吓了一跳。当然，西方哲学作为哲学是毋庸置疑的，所谓它的哲学性的证明，就是要看一下，西方哲学是怎样从这个哲学唯一的出发点展开出来的？这个过程其实也是对所谓唯一开端的检验。

西方哲学是不是也是从这个唯一的开端生发出来的呢？首先，是不是有必要去作这种联系呢？当我们在中西哲学的比较研究中才想到哲学开端问题的时候，其实有一位大哲学家已经思考过，并深入研究过了，他肯定哲学有唯一的开端。西方哲学追溯上去，也应当是从这个开端发生出来的，只不过人们不加追溯，因而遗忘了有这样一个开端。这位哲学家就是海德格尔。

第三节 海德格尔关于哲学开端的论述

海德格尔肯定哲学有唯一的开端。通过（西方）哲学史的开端作为过渡，可以追溯到哲学的唯一开端。他称哲学史的开端为“第一开端”，这或许是因为我们最先能发现的只是哲学史的开端，而真正的哲学开端则称之为“另一开端”（the other beginning）。

在海德格尔之前，人们从来也没有想过在哲学史的开端之外还会有另一开端，更没有想到哲学史的开端会成为向另一开端的过渡。海德格尔之所以能提出这些想法，要从他对西方哲学史所作的与众不同的总结说起。一般认为，西方哲学史的核心内容展示的是形而上学或本体论的产生、发展、衰落的历史，形而上学是超越于经验性的东西；但是在海德格尔的总结中，形而上学的根本特征在于：它是对是者整体的真理的追问。是者或所是，在西方主要语言中是指出现在系辞“是”后面的那个词所表达的东西，即“是的东西”（that what is），一般用系辞“是”的动名词来表示。所谓“是者”整体，就是语言上可以表达的一切所是，其中当然不排除日常语言中所能表达的东西。这样看来，似乎模糊了一般认为形而上学所具有的超验性质。其实，在海德格尔看来，超验性质的所是仍然是所是，因而没有特别突出的必要。无论是日常意义的是者，还是超经验的是者，都是传统哲学研究的对象。反过来说，传统哲学就是通过是者这种表象性观念来表达世界的。所以，当海德格尔口口声声把形而上学看作是传统哲学的特征时，他并没有突出形而上学的超经验特征，他所突出的是其表象性的特征，即，传统哲学是通过是者表达出来的、主体对于客体的表象性思维。把传统哲学归结为对是者整体的研究，这就引出了海德格尔哲学的中心问题，即“是”的意义问题。因为，是者是根据“是”而是为所是的，所以，“是”的意义问题是比是者的问题更深的问题。这不是从语义学上对“是”的讨论，而是把“是”的种种意义看作与人的有意识的生存状态相关而加以讨论的哲学问题。或者换一种说法，“是”的意义须从是者之“是”着手，而人自己正是这样一个适宜于被研究的是者，因为，人这个是者在自己“是”的时候是明白这自己的“是”的。但是，海德格尔认为，柏拉图以来的传统哲学的眼光只盯着是者，却忘记了“是”的问题，而是者问题的根据在“是”的问题。在《存在与时间》[①]一书中，海德格尔站在我们每个人自己都是的那种是者即此是方面，就此是之“是”的过程解释了传统哲学种种问题的根源，如，是者何以成为是者？是者何以结合为世界？自己这个此是何以成为种种的“谁”？此是中何以区分出主客？等等，最终追溯“是”的意义到时间。海德格尔称这部著作的任务在于分解或摧毁传统本体论。能够对传统本体论进行分解甚至摧毁，说明本体论或形而上学不再具有第一原理和哲学核心的地位，取而代之的是他对本体论的分解或摧毁，即所谓基本本体论[②]。

光凭上述论述，海德格尔已经被认为是对哲学作了极大贡献的人。但是，他本人并不就此感到满意，相反，他在《存在与时间》一书结尾中提出一系列问题，认为这些问题都是从他的研究中生发出来的，其中包括：物质和意识何以会分家？为什么要从现成摆明的事物方面看事物，而不是从尚未现成摆明却已经上手的事物方面去看事物？“是”的意义问题是否一定要通过是者之“是”去研究？等等。问题还有许多，关键的一个问题是，他意识到自己已经作的工作都是以此是之“是”为出发点的，他称之为此是的解释学。这个出发点，他意识到，“不可把这一命题当作教条，而要当作那个仍然遮蔽着的原则问题的表述”[③]。他的这些思考都指向一个问题，即，从“是”本身出发的意义问题，而不是从是者之“是”出发的“是”的意义问题。

如果说，海德格尔此前研究的“是”还与语言中使用的系词相关，而语言是此是的语言，现在，连此是也不能作为出发点了，他用了一个古德语 Seyn 取代 Sein（Being），以突出他现在谈的是更原始的“是”。碰巧，汉语中也有一个“是”的古体字：昰，可以取作 Seyn 的翻译。所谓更原始的昰，一个明显的意义是说，这个昰还不是此是之“是”，它在此是之前。此是作为是者，倒是在昰的展开中才成为此是的。

---

① Martin Heidegger, Being and Time, translated by John Macquarrie and Edward Robinson, 1962，中译本《存在与时间》，陈嘉映、王庆节译，生活·读书·新知三联书店 1987 年版。

② 至今人们时常把海德格尔哲学称为一种本体论哲学，这很容易造成混淆。传统本体论是以一个逻辑推论出来的范畴体系作成的原理体系，它虽然形式上以“是”为核心范畴，实际上却是“是者”，英语中只是囿于语言习惯而写成“是”（在德文中是分清的，“是”写作 Sein,“是者”写作 Seiendes）。海德格尔有时也称自己的哲学是本体论的，那是说，这是“基本本体论”，是从“是”出发的思考。海德格尔哲学决不是传统哲学意义上的本体论哲学。

③ Heidegger, Being and Time, pp.486–488. 见《存在与时间》，第 512 页。

这里，关于此是要多说几句。海德格尔用此是称呼人，这种称呼离日常对人的认知很远，因而似乎很难被人接受。其实，日常关于人的称呼也是多种多样的，细思起来，每种称呼都有一种依据。如，把人称作理性动物，那是从人与动物的区分方面看的；所谓夫妇、父子、兄弟姐妹等，那是依家庭关系的称呼；走出家庭到社会，则成为领导、干部或人民群众；依人与人之间的亲疏关系，则有熟人、陌生人、朋友、敌人之分；依职业，则农、工、商、学、兵，现代社会的职业分化得越来越复杂，等等，不一而足。海德格尔从"是"的方面看人，你可以把这个"是"看作是人之区别于物的"灵性"，或《大学》所谓"明"，因为他说，"是"的基本意义是出场或显示，人是以领悟着自己的"是"而是着的，故曰此是。现在，问题从"是"深入到了昰，从这个角度看人，此是还未成为此是，这不是说，人没有了，而是此是这个名称还没有出现。既然此是的名称还没有出现，那么，在此是中被称道的一切，都还没有得到称道。但这不等于说，哲学遇到了绝对的无，绝对的无是不能有所开放的，哲学是从一个"域"（realm, region, horizon）中发生的，只是这个域中的东西在没有开放出来的时候是没有名称的，如果硬要把它们说出来，我们且说，它们就是天、地、人、神。海德格尔死后才出版的那本《哲学论稿——关于事发》[①]，就是专门讨论一切是者、特别是关于此是这个是者开放出来的过程，这个开放过程或者使得开放得以发生的作用，就称作昰的发生，或曰昰的真理。

让我们作一比较：《存在与时间》一书是通过对传统哲学的解说，来论述此是之"是"是产生各种问题的根据，而《哲学论稿——关于事发》，则跳跃到了一个对传统哲学来说完全陌生的、新的领域，它要研究昰本身，即昰的展开，或曰昰的真理。海德格尔称之为哲学的另一开端。这个开端显然是超出在西方哲学史的开端之外的，然而它却是哲学真正的开端，或者，是哲学真正应当进入的领域。

"事发"，是海德格尔用来述说昰的发生的一个词，其原文是 Ereignis，译成英文

---

① 此书有孙周兴的中文译本：《哲学论稿》（从本有而来），商务印书馆2013年版，英文译本有两个，一是 Parvis Emad and Kenneth Maly 译的 *Contributions to Philosophy: from endowing*, Indiana University Press, 1999，另一是 Richard Rojcewicz and Daniela Vallega-Neu 译的 *Contributions to Philosophy (of the event)*, Indianan University Press, 2012。本文主要根据第二个英文译本，兼参考中译本和第一个英译本。

作 event，即事件。事件可以指一件已经完成的事件，而海德格尔这里谈的是正在发生过程中的事情，而且，其重点就在发生上，所以我试译为“事发”。又，海德格尔不时把 Ereignis 拆开来写成 Das Er-eignis，以暗示事发有 eignen/appropriate 的意思，即是“合适”或“占有”的意思。这就是说，事发之能发生，一方面是在于昰的主动求适配（appropriating），另一方面，则是出现了被配适的方面（appropriated），一旦适配了，就打开了空间，触发了时间，“此是”由此而苏醒。此是即每个人自己，是 Ereignis（事发）的结果，可能从这方面去考虑，Pavis Emid 把 Ereignis 译成 enowning，意为，“使成为自己”。这是解释性翻译，走远了。在汉语中，“物”可以独立存在，而谈及“事”则肯定涉及人，甚至物要被人知，也必须进入“事”，故有“物，犹事也”之说①。事发中必有人，人在事发中是为此是，这是可以理解的。

既然在关于昰的发生中，此是本身是一个有待形成的是者，那么，就不可能有作为主体、认识者的人，更没有人关于客观对象能够说的一切。那么，关于事发还能说些什么呢？让事情本身说，这应该是现象学那句名言“回到事情本身”的沿用。那么，事情本身说了些什么呢？海德格尔列出一个提纲，共有六点：回响、互动、跳跃、奠基、未来者、最后的神。既然这里说的不是关于“对象”的，那么，它们并不指示可以向我们呈现的任何东西，这些东西只是事情本身发出的“消息”，是事情的脉动。既然人已经在事情中，事情的脉动也是人的性情（disposition）。

就这样，海德格尔带我们进入了哲学的另一开端，有别于西方哲学史开端的另一开端，即哲学真正的、唯一的开端。这里有两点要注意。第一，海德格尔用昰这个词来讨论哲学的开端，这是西方哲学文化传统特征的体现，哲学的开端不一定从昰开始讨论。然而，他具体述说昰的特征的时候，就把哲学开端的一般特征说出来了。他反复说，昰的根本特征在于它是隐退着的澄明，即它照亮所是，其自身却在照亮是者中隐身而去。无论是澄明还是隐退，总之，昰本身不是任何所是。这就等于说，哲学的开端必定是从“无”开始的。这里的无不是绝对的空无，而是是者之否定。如果把是者看作种种名的话，那么，这里说的无实际上也就是无名之无。

① 说见《礼记正义》“大学”，郑玄注。

第二，既然在哲学开端处，一切还处于无名的状态，似乎没有什么可以言说了。然而，海德格尔毕竟说了那么多，那些说出来的东西尽管也使用着我们平常的语言，这些语言绝不表达着我们面前的各种对象，它们表达的是我在其中、物我不分的原始状态，是这种状态的消息。

把海德格尔的这些思想与老子的说法互相参照着看，二者的意义能够得到更清晰的显现。

第四节　海德格尔与老子

当海德格尔进入哲学的“另一开端”的时候，他的种种说法总是让人联想到中国的老子哲学。关于这个问题，学界已经有许多研究。已故张祥龙先生曾详尽搜寻出海德格尔明确提到老子思想的六条文献。① 其实，海德格尔与老子思想的关联不仅明白无误地表现在他提到老子的地方，有时候，即使老子的名字没有被提到，显然也是与老子思想有关的。这里有一个例子，在“全集”第 65 卷《哲学论稿——关于事发》一书第 214 节，有如下一段话：

> 然而，当每次是者（不仅指手头最切近的事物）站出到其中之际便将自己隐蔽起来的那个敞开之域，它事实上就像一个凹圹，一个罐子内的空间。必须明白，这个凹圹并不是因为周围被围起来了、其中又正好没有“充实”东西而随便形成的空间。情况恰恰相反，正是由于这个凹圹，才决定、形成并承受着周围之“围”及“面”所起的作用。“围”和“面”不过是原始空域的衍射，而这个原始空域则是一经激发就可以产生出自己的敞开状态，围绕着和向着自身，成为这样那样的“围”（特殊的“器”）。这就是这个空域如何在其围墙中和对围墙的反射中本质的发生。②

① 张祥龙：《海德格尔与中国哲学：事实、评估和可能》，《哲学研究》2009 年第 8 期。

② Martin Heidegger, Contributions to Philosophy—of the Event, trans. Richard Rojcewicz and Daniela Vallega-Neu Indiana University Press, 2012, p. 268. 参见孙周兴译，《哲学论稿》（从本有而来），第 60 页。

这里，虽然老子的名字没有出现，然而，读过《老子》的人肯定会想起其中第11章所说："三十辐共一毂，当其无，有车之用。埏埴以为器，当其无，有器之用。凿户牖以为室，当其无，有室之用。"据张祥龙，老子的这段话在海德格尔一篇题为"诗人的独特性"（作于1943年，载全集第75卷）的文章中被明确引用。因此，本文所引海德格尔的这段话肯定与老子的说法有关。这说明，不必一定要提到老子才能证明海德格尔与老子思想的相关，关键在于这两种思想是否有实质意义上的关联。

从思想实质方面去看，老子的全部学说归结为一个"道"字，那么海德格尔是否通达于"道"呢？海德格尔是明确提到过老子的"道"的。在一篇题为"语言的本质"的文章中，海德格尔写道：

> "道路"（Weg）很可能是一个语言中古老和原初的词，它向深思着的人发话。在老子的诗化的思想之中，主导的词在原文里是"道"（Tao）。它的"原本的"或"真正切身的"含义就是"道路"。但是，因为人们将这道路轻率和浮浅地说成是连接两个地点的路径，他们就仓促地认为我们讲的"道路"不适合于"道"的含义。于是"道"（Tao）就被翻译为"理性""精神""理智""意义"或"逻各斯"。①

海德格尔知道老子的"道"的原文与道路的意思有关。要是进一步思考，那么"道路就是让我们通达的东西"②。海德格尔的这一理解又使我们想起庄子的话："道通为一"（"齐物论"）。张祥龙先生那篇文章所列第六条文献，正是说明海德格尔是读过并引用过《庄子》的。看到这些材料，我们应当想见，海德格尔提出的"另一个开端"，岂不是在摸索是通达到此是和一切所是之路吗？凡我们所处已是种种通达的结果，我们并不知道那些没能通达出来的东西，那是我们不能知道的，于是，人们就容易把包括自己这个此是在内的各种所是，看作是必然在场的东西而想不到去追寻它们出场的途径。从深入追问使是者是为所是的"是"的意义，进而从"是"及乎是，更从头探

① 转引自张祥龙：《海德格尔与中国哲学：事实、评估和可能》，《哲学研究》2009年第8期。又见，［德］海德格尔：《在通向语言的途中》，孙周兴译，商务印书馆1997年版，第165页。

② ［德］海德格尔：《在通向语言的途中》，孙周兴译，第164页。

寻是之展现为此是和一切是者，海德格尔全部哲学之所为就是奔走在这条求其通达的道路上。用中国人熟悉的话来说，海德格尔哲学所寻求的就是从“赞天地之化育”到“与天地参”。

老子的“道”，到了海德格尔这里，就是能通达的“路”。“路”就是能通达，至于究竟通达到何处，要沿着路走去才知道。我们看到，他把“路”字写到了自己的一些论集的标题中：《林中路》《路标》《通向语言的途中》，在这后一部论集的论文中，有《走向言说之路》《田间路》这样题目中带有“路”字的文章。他还特地为论文集《林中路》写了一个题铭，曰：

> 林乃树林的古称，林中有路，遍生杂草，或止于无路可循处。
> 此之谓林中路。
> 人各奔其路，虽仍处同林。看似路路相同，只是看似而已。
> 伐木和护林者识得这些路，他们明白走在林中路上是什么意思。①

海德格尔所谓“路”，是充满荆棘的蛮荒之地的路，是探索的路，他正是在这个意义上理解中国哲学的“道”。然而一般所谓“路”指的是连结两个固定地点的既定的路，于是，他们认为“路”不足以翻译老子的“道”，而将“道”翻译成理性、精神、理由、意义、逻各斯等。海德格尔认为那是不对的，他特别表明，所谓“路”并非指连结两个既定地点的路径②。英译者遂将书名译成 *Off the Beaten Track*，意为，鲜有人涉足的路。由此可见，海德格尔所谓“道”，既是可通达于某处的路，但也不是现成的路。他把“道”理解为那样的“路”，于是，可以认为，那些带有“路”字的题目实际上表达出来的是他对“道”的探索。

仅据上面这些材料，还不足以严格说明海德格尔思想与老子思想的关联。要真正说明二者思想上的联系，必须深入到二者思想深处，深入到他们表达各自思想的关键

---

① Heidegger: Off the Beaten Track translated by Julian Young and Kenneth Haynes, Cambridge University Press, 2002.

② ［德］海德格尔：《在通向语言的途中》，第 165 页。

观念。那些关键观念都是用来表达哲学开端这个思想的，反过来说，只有从哲学开端的方面，那些关键性的观念才能被我们深入理解。这里，我只能略举几端。

1. 哲学开端的问题

海德格尔和老子哲学都深入到哲学开端。哲学开端谈的是万物的开端，是思想的开端，也是哲学的根据。老子谈开端是大家熟悉的，他的表达是："天下万物生于有，有生于无。"（四十章）又说："'道'生一，一生二，二生三，三生万物"（四十二章）。追忆开端问题是理清各种问题的途径，所谓"执古之道，以御今之有，能知古始，是谓道纪。"（十四章）老子时没有"根据"这个词，他用以表达根据观念的词是母或甫（父）。他说："天下有始，以为天下母。既得其母，以知其子；既知其子，复守其母，没身不殆。"（五十二章）用母比之于"道"，喻"道"是根据性的；又，"自古及今，其名不去，以阅众甫。吾何以知众甫之状哉！以此"（二十一章），"阅众甫"就是认知"道"，"道"既可比之于母，也可比之于父。

海德格尔曾经提出"为什么有是者，而不是无?"①他认为这是形而上学的深层（fundamental）问题，这个问题把哲学的眼光从所是导向"是"的意义问题，而"是"的问题就是关于一切是者的根据问题。海德格尔更是明确表示，这就是哲学开端问题。哲学的开端不同于哲学史的开端，西方哲学史当然有它自己的开端，但是，那不是从"是"的问题谈起的，而是谈是者的，因而海德格尔称西方哲学史是一部忘记"是"的历史。提出"是"的意义问题，就是回到哲学的开端，找回哲学的根据，以便保持哲学的活力。

2. 作为哲学开端的无

老子说过："天下万物生于有，有生于无"，无疑，"无"就是开端。照理，既然是无，就不能再多说了。然而老子对这个"无"仍然喋喋不休地说了许多。他说："'道'之为物，惟恍惟惚。惚兮恍兮，其中有象；恍兮惚兮，其中有物。窈兮冥兮，其中有精；其精甚真，其中有信。"（二十一章）又，"有物混成，先天地生。寂兮寥兮，独立而不改。周行而不殆，可以为天下母。吾不知其名，强字之曰'道'，强为之名曰

① Martin Heidegger, *An Introduction to Metaphysics*, trans. Ralph Manheim, Yale University Press, 1959, p.1.

‘大’。”（二十五章）这说明“道”不是绝对的无，绝对的无是无法提及，更无法讨论。到了绝对的无，人也没有了，怎么还会有人的谈论呢？老子是明白这一点的，所以，当他说：“天下万物生于有，有生于无”的时候，这个“无”不是绝对的“无”，而不过是无名罢了。所以老子要说：“道可道，非常道，名可名，非常名。无名，天地之始；有名，万物之母”（一章），哲学以此开端。

哲学的开端必须从不能进一步追问的地方开始，哲学的开端也不能有任何规定性。老子是从“道”开讲的，他用“无名”的办法免除了对“道”的任何规定。

海德格尔从“是”，进而从昰讲开端。其早期还使用着系词“是”的时候，已经使人想见“是”还不是任何所是，在这个意义上，“是”也是无名。后来，海德格尔提出昰的时候，与系词脱离了关系，不再从所是的对立面方面去理解昰的意义，而是直接赋予昰以“澄明着的隐失”的性格。所谓“澄明”，指昰启示、照亮着一切；而昰本身则始终是隐失着的。即使作为澄明，它照亮的是他者，其自身作为纯粹的光，是不可见的。在这些意义上，昰不是任何所是，是无，它也是无名之无。

3. 作为哲学开端的“域”

既然哲学不能以绝对的无为开端，哲学的开端处是有东西、有内容的，不过这些东西还没有名而已。这些东西也决不是全部现成世界东西的阴影，而只是些最基本的、最初步的东西。这些东西在老子这里是天、地、王、道，其居所即称为“域”：“故‘道’大，天大，地大，王亦大。域中有四大，而王居其一焉。”（二十五章）注家认为，此处“王”即“人”，有的本子径作“人”。但是，关于这个“域”，老子并没有作更多的论述，所谓诗意般的语言，留下许多想象的空间。海德格尔也谈“域”。在英译本里我们读到的 open、realm、region，甚至 horizon，谈的都是这个“域”①。更令我们吃惊的是，海德格尔谈到“域”中的内容包括天、地、人、神，与老子几乎不差。他的意思颇明白，即，人原始地就在哲学的开端处，只是这样的人既不是生物学的人，也不是社会学的人，甚至还不是《是与时》一书中谈到的那个“此是”；他没有

① 海德格尔多处谈论“域”，可参阅《哲学论稿》，还可见“The Thing”，载 *Poetry, Language, Thought*, translated and introducted by Albert Hofstadter, Harper and Row Publishers, 1971。又，《艺术作品的本源》，载《林中路》，孙周兴译，上海译文出版社 2004 年版。

任何规定，没有名，更不是主体，那时，有的只是昰的运作。一旦昰获得了一个立足点，即“此”，同时就将大地、天空揭示出来了，而“此”，就成为“此—是”。至于昰究竟怎么运作，它何以抛出了“此—是”，它还要怎样运作，那是人无法掌握的。这种运作着的神秘力量或过程，就是“神”。人总是企望着神，而神是永远不会显身的，这样的神，理性、规律都不足以命名。在海德格尔这同样诗一般的语言里，我们可以体会到老子的话：“道隐无名。”（四十一章）也想起的是庄子的话：“道隐于小成。”（“齐物论”）

4. 哲学开端的认知

认知都是人的认知，是主体的认知。但是，在哲学的开端处，人还远非主体，那么，有非主体的认知吗？然而，我们毕竟还在谈论开端问题，这总算是一种认知，这样的认知是怎样一种认知呢？在这个问题上，老子和海德格尔的出发点并不是一样的。对海德格尔来说，他面对的哲学传统已经把主体、客体区分得清清楚楚，甚至很绝对；一切的“有所说”都已经归结到主体对于客体的“表述”，或曰“表象”。老子的时代，虽然尚未见主体—客体这样的明确区分，然而，人的言论已经初步展示出了它的繁荣，顺着每一个话题都可以无穷无尽地说下去，以至于离题万里、言不及义。在老子这里，这个“义”或“题”当然是“道”，是万物所从出的根据。所以他主张“多言数穷，不如守中”（五章），要回到源头的“道”。而要回到源头的“道”，就不能固执于种种有，种种有无非是一；有生于无，一出乎道。视万物为一，在于泯灭万物的差别，即所谓“涤除玄览”（十章）。这就进入了某种程度的不区分状态，这个状态，老子称之为“婴儿”：“专气致柔，能婴儿乎？”（十章）“沌沌兮，如婴儿之未孩。”（二十章）“圣人在天下，歙歙兮，为天下浑其心，百姓皆注其目，圣人皆孩之。”（四十九章）圣人退了一档，从婴儿变成了孩童。老子并不是要人回到原始状态，那是不可能的；他只是要人们不忘记一切的根源，所谓“万物并作，吾以观其复”（十六章）。

海德格尔同样强调回到源头，并且认为西方哲学史是一部忘记了源头，即忘记了“是”的历史。回到源头，在海德格尔这里就是进入与传统哲学形而上学“第一个开端”不同的“另一个开端”。既然“另一个开端”从无谈起，连作为“此是”的人还没有出场，这个“域”中萌动着的种种“消息”就不是“人”所能表达的，但，它却是作为“情态”(disposition)表达着“人”的，这样的情态有恐惧、震惊、节制等。或者我们可以这样来理解，即，在哲学的开端处所说的一切，都不是作为主体的人所说的，而是事情本身在说。用海德格尔自己的话来说就是：

> 问题不再是述说“关于”某物某事、去表达某个客观的对象，而是被适配到(appropriated over)在寻配(appropriating)的事发(event)中去。这相当于实现了人的一次本质性的转换，即从“理性动物”变成了此-是(Da-sein)①。

这就是说，哲学在其开端中所讨论的是，包括作为此是的人展开出来的过程，这个过程即所谓“事发”(event)。事发即事情求得通达的过程，而要求得通达，就要寻配到适合的场合，而那个原来处在黑暗中的东西(或许可以称之为灵性)一旦被适配、进入那个在寻配着的场合，就有了“此”，成了此-是。此是写作此-是，说明这还是一个形成中的此是。此-是中还没有主客分离，站在这样的“立场”去思考，海德格尔称之为“将来的思”，其所思的是事发本身：

> 将来的思是过程的思想，在此，至今还隐藏着的那个昰的本质性发生的域被通达了，因而被初次点亮、并获得了其作为事发的最适宜的特征。②

“过程”，即是展开的过程。这里，海德格尔看似说着一些与老子不相干的话。但是，如果我们理解，他们谈的主题都是哲学开端，即关于如何表述事情的初步通达，那么，他们想法的一致处在于，让事情自身说话。其区别在于，对老子而言，为了让事情说话，人要回到婴儿状态；在海德格尔这里，则要回到主客未分之前。

以上所举各点虽然还很粗疏，但大致反映了海德格尔与老子哲学相关的要点。老子哲学可以作为理解海德格尔哲学的入门，而海德格尔哲学则大大扩展和深化了老子哲学，值得进一步研究。

---

①② Heidegger, Contributions to Philosophy, p. 6. 中译本《哲学论稿》，第2页。

第五节 结语

据说海德格尔家属，他的妻子和儿子，反对讲海德格尔和老子思想的关系。其理由是，海德格尔不懂中文，他怎么可能关注老子？①这有点奇怪，海德格尔关注老子，这有他自己的文字为证，懂不懂中文，最多涉及他能关注的程度。他曾经与萧师毅先生一起试译过老子的前八章，这也有萧师毅先生文章为证。为什么要反对海德格尔思想与老子的联系？这一情况引起过学界的议论，我认为那些议论都属不经。如，有以为海德格尔治学严谨，他既不懂中文，不可能随便攀附老子；有以为海德格尔已经深陷与纳粹纠缠不清之嫌，怕更招惹是非，这简直把老子视作纳粹了！也许，知识产权也会是一个问题？种种说法都令人啼笑皆非。这倒使我必须把海德格尔思想与老子相关的意义说明一下。

海德格尔思想与老子哲学的关联是出现在中西哲学比较中的一件大事。通过二者的联系，中西哲学各自在哲学中的地位显示出来了。中国哲学和西方哲学都是从同一源头发展出来的，其区别在于对哲学开端处的原始结构的不同偏重。西方哲学偏重于获得关于世界的知识，中国哲学偏重于在世界中的人自身的自觉。人和世界在其源头处原来是构成同一结构的因素。比较起来，西方哲学比中国哲学发展得离源头更远些。

海德格尔思想和老子哲学的交集点在于哲学的开端问题。哲学史的开端可能有多种，哲学的开端只能有一个。那是哲学这门学科本身的性质决定的：如果一切学问都必须从一个假设开始，那么，作为哲学开端的假设必须是一切追问中不能进一步追问的；如果一切学问开端的假设都是对本学科对象的划定，那么，作为哲学开端的假设是没有任何划定的，正因为没有任何划定，哲学不排除任何对象。不排除任何对象，这是哲学作为哲学的尊严。哲学开端的这种性质，使得一切试图探寻哲学开端的哲学都奔向了同一地点。这就是海德格尔哲学和老子思想关联的可能的基础。

提出哲学开端问题，带出了一系列哲学的问题。这在哲学几乎失去前进方向的今天，无疑是“山重水复又一村”，是哲学又一次繁荣的先兆。首先一个问题是，开辟了

① 曹街京：《海德格尔与老子思想》，https://www.aisixiang.com/data/2305.html。

对西方哲学重新认知的新视角。形而上学是柏拉图以来在西方哲学占统治地位的学说，然而，一百多年前，就有人喊出“形而上学终结了”，甚至“哲学终结了”。此后，有人回到古希腊、回到前苏格拉底哲学，试图从中开辟新的哲学方向。然而，文献中保留下来的所谓前苏格拉底哲学不过是经过柏拉图、亚里士多德复述的哲学。回到哲学开端，这本身是一个哲学问题，而不是史料问题。在前苏格拉底哲学中找不到哲学的开端，这说明经过柏拉图、亚里士多德的工作，西方哲学似乎已经与哲学的开端脱节了。要使西方哲学连结上哲学的开端，必须突破哲学始于柏拉图的看法。柏拉图作为哲学史的开端，是以形而上学为结果的哲学史的开端，其前提已经站在主客分离的立场，为的是获取关于客观世界的真实知识。海德格尔实现突破的一步是，将形而上学看作是对是者整体的研究，这与传统关于形而上学的说法是不同的。传统的说法是突出形而上学的超越性质，即，形而上学是关于超越于经验领域的学问，它使用的概念是超经验的普遍性概念。而海德格尔说，形而上学是关于是者整体的学问，他把超经验的概念也归结为一种是者，这样，他就可以提出是者之所以“是”的问题，即“是”的意义问题。从是者追寻到“是”的意义问题，是海德格尔走向哲学开端的钥匙。但对于他来说，这同一个问题还有另一个方面，即，对于从“是”展开为是者，首先展开为此是作出说明。这就是《哲学文稿——关于事发》一书的内容。海德格尔的这部著作也是值得我们研究的，因为这关系到西方哲学究竟是不是还应该有一个更深的起源？这个起源是不是哲学唯一的起源？而我们为中国哲学之为哲学的辩护，其最终的根据就在这个唯一的哲学开端。

哲学开端问题落实了中国哲学作为哲学的地位。中国哲学是否是一种哲学，这不应该以历史上既有的西方哲学为判断的标准。哲学本身的开端是衡量哲学之为哲学的唯一标准。我们的工作是，说明中国古代文献在那些方面体现了哲学开端的特征。其中一项任务是说明，为什么从中开展出来的中国哲学会与西方哲学形成如此之大的差别？为此，哲学开端处的“域”的结构是一个需要仔细讨论的问题。

不仅中国哲学之为哲学的问题、中西哲学的进一步比较问题，可以从哲学开端的议题中获得新的意义，就是中国哲学史自身发展中的问题，也有望在开端问题的背景中获得深入的意义。我这里主要指的是宋代和明代儒学的差别。二者既然同为儒学，为什么还会不同？照当事人看来，甚至这个差别非同小可。这个答案也许在哲学开端的结构中。

比较起来，上面所述种种问题不过是学术，开端问题真正的意义是，在重温开端中，我们将获得生活的新的动力，包括生活方向和方式的确认和调准。历史不会完全按照人类的要求去发展，人类也不能完全掌握自身发展的命运。人类在天地间的发展是一个寻配和适配的过程，或者说，是合辙的过程。人类需要时时回复到原始状态的源头，以便发现合辙的问题。

目前人面对人工智能有困惑，我觉得主要原因在于：原来以为，一切都是原始结构的展开，然而，人工智能似乎在原始结构之外。这样说的理由是，人工智能计算速度之快，几乎是不用时间的，它似乎超越于时空世界的存在。人类的世界是在时空里的世界，意识受肉体的限制就是受时空的限制。人工智能脱离了肉体，它超脱了时空的限制吗？我们面临了新的世界了吗？正像我们曾经适配到一个寻配者中去一样，我们遇到了另一个寻配者吗？人类将会在新的适配中变得如何？或者，人工智能的发展将迫使我们对哲学的开端作出新的认知吗？哲学开端问题也许是展开这一系列问题的途径之一。

（作者：俞宣孟）

第四部分
实践智慧

第十一章　当代知识观重建的概念基础及其启迪

科学知识体系是人类知识体系的典范，也是人类的共同财富。基于近代科学知识体系形成的传统知识观，对人文社会科学知识体系的发展乃至科学政策的制定等都产生了广泛影响。然而，当代科学知识体系的建立暴露出传统知识观的局限性，催生了各种反传统知识观的立场。这两类知识观在经验与理论、事实与价值、理性与社会等二元关系中分别位于两个极端，在数据、信息、知识之间形成了彼此反向的线性关系。在这种情况下，打破传统知识观的桎梏，批判性地吸收反传统知识观的启迪，架起融通经验与理论、事实与价值、理性与社会等“概念对”之间的桥梁，重建符合当代科学知识体系的知识观成为引领当代文明转型的时代任务。新的知识观不仅对人文社会科学知识体系的重建同样具有借鉴作用，而且为中国自主知识体系的构建提供了现实机遇和方法论启迪。知识体系的历史超越性和社会性特征决定了，中国自主知识体系的构建既需要立足于中国实践，又具有学理性支撑，才能融入人类文明进程之中。

第一节　传统知识观及其局限性

当代知识观的重建要求我们重新思考“什么是知识”的问题，对“什么是知识”的反思是一个典型的哲学问题。不同时代的哲学家都对这个问题都有所论述。皮尔士在《什么是知识》一书中指出：“就像笛卡尔那样，如果我问自己我真的知道多少，我只有在知道什么算作是知识时才能回答这个问题。判断知识的标准总是相同的？还是根据主题，不同类型的知识具有不同的判断标准？”① 皮尔士认为，哲学家对这一问题的回答，就像树根有很多分枝一样，也存在着很多派别。然而，尽管观点众说纷纭、

① David Pears, *What is Knowledge?* First Torchbook Library Edition Published, Harpet & Row, Publishers Inc., 1971, p.v.

立场林林总总，而且，不同类型知识的衡量标准也不会完全统一。但皮尔士明确强调，知识必须是有意义的和为真的，绝不能是猜测。近代自然科学的产生，为“知识何以为真”树立了榜样，乃至以石里克为代表的维也纳学派将近代科学知识体系看成是所有知识体系的典范。

一、传统知识观的内涵

荀子在《荀子·解蔽篇》中明确指出：“凡以知，人之性也；可以知，物之理也。”意思是说：“能够认识事物，是人的本性；可以被认识，是事物的自然之理。”同样，亚里士多德把“求知是人的本性”写在了他的《形而上学》一书的扉页。人的求知本性和事物可以被认知的特性，为自然科学的诞生奠定了现实基础。在近代科学知识体系基础上形成的知识观被称为“传统知识观”。

传统知识观的核心要义可概括为下列五个方面。其一，承认存在着一个客观的、离开感知主体而存在的实在世界，这个世界构成了科学研究的对象域；其二，科学家提供的关于其研究对象的知识来自测量、观察、实验等感性物质活动和理性的思维活动；其三，科学家加工感性材料而形成的理论或知识体系是对客观对象内在本性的直接或间接反映；其四，理论或知识体系的正确与否，除了符合自洽性或融贯性等逻辑原则之外，还需要经受进一步的实验验证；其五，得到实验证实的理论或知识体系不仅对实验现象具有说服力，而且还具有指导人们作出新的预言，从而变革现实世界的作用。更一般地说，传统知识观通常把实验数据看成是原始数值和事实，把信息看成是经过处理或提炼之后的数据，把知识看成是得到经验证实的可靠信息，把知识体系看成是对客观世界的正确描述，并且假设，存在着能够经过处理后产生信息的数据，这些数据通常来自各种各样的观察和实验。科学家通过对信息的归纳总结、阐释与剖析，获得形成知识的洞见，将零散的知识或经验定律最终系统化为知识体系。之后，新数据和新信息的丰富进一步拓展和完善知识体系，在整体上呈现出线性的知识进步观，树立了科学知识就是提供准确无误的知识以及科学理论就是揭示世界运行规律的思想意识。

哲学家培根甚至宣称“知识就是力量”来强调科学知识的强大威力。培根认为，人们只有通过归纳感知经验，才能获得关于客观外界的知识，科学的目标就是用新发明和新方法来改善人类生活。被黑格尔称为“现代哲学之父”的笛卡尔，则高举理性主义认识论的大旗，强调人们只接受清楚明白的观念。培根对实验方法的强调和笛卡尔对数学方法的重视，构成了科学知识来源的经验维度和理性维度，并为近代自然科学知识体系的建立奠定了方法论基础。

传统知识观对实验方法与数学方法的崇尚，突出和强调了经验观察与事实的中立性与客观性，将“事实”定义为是脱离理论的“经验块”。也就是说，“事实”与社会、文化、先前理论以及科学家的价值无关，从而使人们形成了客体与主体、事实与价值、实体与关系、科学与人文、理性与社会等二分的思维方式。传统知识观是人类在日常生活中形成的朴素实在论观念的具体化，普特南称之为“上帝之眼”的观点。

虽然到 19 世纪末，随着精密科学的兴起，科学研究呈现出向着工程化或实验室科学发展的趋势。而且，实验室活动越来越远离人的感官经验或超越人的直接感知阈限，体现出技术化和去身体化的倾向，同时也揭示出传统知识观和线性进步观的局限性，并且还受到了三位科学家出身的哲学家马赫、彭加勒和迪昂的批评。但这种情况丝毫没有实质性地摧毁传统知识观的典范形象，科学的成功反而极大地助长了传统知识观向其他学科乃至国家决策等方面的渗透。

二、传统知识观的影响

传统知识观的影响是深远的，也是多方面的。在科学家群体中，爱因斯坦是恪守传统知识观的典型代表。这一点在爱因斯坦从早期量子论的积极促进者后来转变为量子力学的强烈质疑者，以及与玻尔就如何理解量子力学展开的三次争论中体现出来。爱因斯坦在《关于实在的本性问题同泰戈尔的谈话》中指出：“相信真理是离开人类而存在的，我们这种自然观是不能得到解释或证明的。但是，这是谁也不能缺少的一种信仰——甚至原始人也不可能没有。我们认为真理具有一种超乎人类的客观性，这种离开我们的存在、我们的经验以及我们的精神而独立的实在，是我们必不可少的——尽管我们还讲不出它究竟意味着什么。”①

① 《爱因斯坦文集》第一卷，许良英、范岱年译，商务印书馆 1976 年版，第 271 页。

诺贝尔奖获得者温伯格也持有同样的观点。他认为，驱使我们从事科学工作的动力正是在于，我们感觉到，存在着有待发现的真理，真理一旦被发现，将会永久地成为人类知识的一个组成部分，在这方面，我们只能把物理学的规律理解为是对实在的一种描述。如果我们的理论核心部分在范围和精确性方面不断增加，但是，却没有不断地接近真理，这种观点是没有意义的。① 温伯格在 1992 年出版的《终极理论的梦想》一书中更加明确地强调了这种观点。他在这本书的序言中指出："尽管我们不知道终极规律可能是什么，或者我们还需要有多少才华才能发现它们，但是，我们认为，我们正在开始隐约地捕获到终极理论的大概要点。" ②

传统知识观除了对科学家的思想观念产生了影响，并引领了近代自然科学的发展之外，还超出自然科学的范围，影响了逻辑原子主义、语言哲学、科学哲学、科学社会学、经济学、管理学、美学等人文社会科学的发展，乃至成为各国制定科技政策的理论基础。

"逻辑原子主义"的创始人罗素试图通过对语言结构的分析来认识经验世界结构的做法，隐含了传统知识观。他认为，万物皆可分析，最后不能再被分析的就是逻辑原子，因此，逻辑原子是构成万物和思想的基础。经验世界中的"逻辑原子"是"原子事实"，语言世界中的"逻辑原子"是"原子命题"，或者说，原子命题是语言系统中有意义的最小单位，原子事实是分析物质世界结构的最小单位。科学的语言是表达经验世界的，语言世界与经验世界之间存在着一一对应关系，并且，"原子命题"由"原子事实"来证实。通过逻辑分析，复杂命题可以还原为原子命题，复杂事实也可以还原为原子事实。如果我们认识了所有的原子事实，并且也认识到除此之外没有别的事实，我们就能从理论上推出任何形式的知识。

更严格和更一致的逻辑原子主义观点是由罗素的学生维特根斯坦在 1921 年出版的《逻辑哲学导论》一书中阐述的。在这本书中，维特根斯坦阐明了下列论点：（1）世界是由独立的原子事实组成的；（2）语言由对应于原子事实的原子命题组成；（3）语言

① Steven Weinberg, Physics and History, Jay A.Labinger, H. M. Collins, eds, *The One Culture: A conversation about science*, University of Chicago Press, 2001, pp.116–117.

② Steven Weinberg, *Dreams of a Final Theory*, Pantheon Books, 1992.

中所表达的思想是对这些事实的“描绘”;（4）我们能够分析我们的思想和语句来表明它们的真的逻辑形式;（5）我们不可能进行这样分析的那些思想和语句是不可能被有意义地讨论的;（6）哲学只能由下列分析组成:“人们不可言说的东西，人们必须对它保持沉默。”维特根斯坦的这些思想实际上是试图将物理学家赫茨的图像论与弗雷格和罗素的逻辑原子主义联系起来的产物。①

维特根斯坦的图像论观点进一步影响了第一个有影响力的科学哲学流派：逻辑经验主义。卡尔纳普把科学术语划分为理论术语和观察术语，把科学命题划分为理论命题与观察命题；主张通过经验事实确证观察命题，通过观察命题确证理论命题；认为知道一个命题的意义就是知道证实它的方法，否则，该命题就是无意义的。逻辑经验主义者坚持把经验作为命题意义和知识的唯一来源的观点与传统知识观对相吻合，赋予经验事实不可错的优先地位。

传统知识观的影响还在科学社会学家默顿的思想中体现出来。默顿在阐述他的科学社会学体系时，只讨论科学建制和如何规范科学家的行为问题，并且默认科学知识本身是客观的。在默顿看来，科学建制的目标是增加知识，科学家的任务是提供准确无误的知识。为了确保科学家能够提供这样的知识，他们需要具备下列精神气质：一是普遍性原则，认为科学知识是普遍的，与科学家个人无关，应该采用逻辑与经验标准对其作出判断；二是公有性原则，认为科学成果是社会公有的，其分配与占有实现公有主义；三是无私利原则，认为科学活动的目标在于追求真理和拓展知识，科学家要树立“为科学而科学”的信念，超越任何个人私利，提供正确无误的科学知识；四是有条理的怀疑主义，认为科学家不能盲信任何没有经过经验和逻辑证实的知识。这四种约束只是规范科学家的科研行为，并没有对传统知识观提出任何质疑。

在更一般意义上，经济学中主张用数学符号和方法来表述问题的数理边际效应学派、社会学中倡导用自然科学方法研究社会现象的实证主义传统、管理学中从经验管理模式转向科学管理模式的泰勒制、美学中的写实主义画派、科学哲学中力图摒弃思

---

① Ulrich Majer, “Heinrich Hertz’s Picture-Conception of Theories: Its Elaboration by Hilbert, Weyl, and Ramsey”, Davis Baird, R. I. G. Hughes, and Alfred Nordmann, eds., *Heinrich Hertz: Classical Physicist, Modern Philosopher*, Kluwer Academic Publishers, 1998, p. 233.

辨传统将哲学科学化的维也纳学派、物理主义、还原论乃至科学主义思潮等，都是在接受传统知识观的方法论原则和思维方式之前提下形成的。第二次世界大战之后，当世界各国把大力发展科学技术作为强国战略时，传统知识观潜移默化地渗透到整个社会、经济、文化和教育等不同领域，体现出在国家建设和基金分配中重科技而轻人文、在社会活动中遵从专家建议、在教育体制中突出分科设置等现象。

三、传统知识观的局限性

自 19 世纪末和 20 世纪以来，以量子力学为核心的当代科学知识体系的建立，科学哲学家对成为传统知识观支柱之一的科学方法的研究，以及科学哲学的当前发展趋势，揭示了传统知识观在认识论、方法论和本体论意义上的局限性。

首先，从几何学和物理学的发展来看，非欧几里得几何的产生及其应用揭示了欧几里得几何的五条公理的不完备性，其中，第五公设（即，平行公设）并不像原来被认为的那样是自明的。这对笛卡尔坚持的自明原则提出了挑战，强调了前提假设对建立几何知识体系的决定性作用。狭义相对论确立了相对时空观，破除了牛顿物理学中关于绝对空间和时间的幻想，质能公式的提出将曾经不相关的两个物理概念统一起来，揭示了质量和能量的转化关系；引力方程的建立将物理量与几何量统一起来，揭示了空间弯曲与引力之间的关系。量子力学的不确定性原理反映出，物理学家不可能同时准确地得到两个共轭变量的数值，摒弃了决定论的因果性假设，确立了统计因果性的观念，粉碎了关于可控测量过程的牛顿式梦想。

从系统科学的发展来看，爱德华·罗伦兹提出的混沌理论揭示了即使在确定性的系统中也会产生出“随机”过程，呈现出决定论的系统会出现随机结果的事实，从而否定了原先认为一旦给定一个系统的初始条件，我们就能够确定系统所有状态的决定论观点，意味着需要适当放弃对决定论因果性的期待。哈肯创立的协同学理论描述了系统和运动现象从无序到有序转变的共同规律，为解释激光、贝纳德对流、贝洛索夫—恰鲍廷斯基反应（也称 BZ 反应）等现象提供了理论依据，揭示了开放系统与环境之间的相互作用。

从心理学和科学哲学的发展来看，诞生于德国并在美国得到发展的格式塔心理学，与构造主义心理学相对立，揭示出人的经验与行为的整体性，以及人的先前经验对认识的实质性影响；科学哲学家汉森在批判逻辑经验主义者倡导运用观察命题来证实理论命题的观点时，阐述了“观察渗透理论”的立场，否定了理论与经验绝对二分的观点，以及把“事实”看成是“经验块”的习惯性认知。

当代科学的这些发展所带来认识论教益是：科学知识并不像原先认为的那样，是绝对必然的；理论定律的应用范围也不像原先认为的那样，是普遍适用的。任何一个科学理论的形成都隐含着一定的前提假设。科学理论不是无条件的绝对真理，而是有条件的相对真理，科学定律只在一定范围内有效，不是普适的，即使是最清晰和最明确的概念，都无法逃脱被修改的命运。这些认识揭示了传统知识观在认识论意义上的局限性。

其次，科学哲学家对科学方法的研究表明，从培根时代起，科学方法就成为科学知识具有可靠性的基本保证。培根把科学方法看成是获得真理和结束科学争论的工具。笛卡尔认为，科学方法包含了人类推理的基本原理和易于运用的可靠规则，因此，如果人们严格地遵循这些规则，就不会以假乱真，相反，则会不断地增加自己的知识。莱布尼兹十分推崇的计算方法，也支持了这一点。卡尔纳普坚持根据证实方法排除形而上学，波普尔主张区分形而上学与科学，认为证伪方法能使理论更逼近真理，拉卡托斯试图通过科学研究纲领方法论来评价两个不同纲领在认识论意义上的优劣等，这些观点都隐含了对方法论的推崇。

然而，当我们进一步追问究竟什么是方法时，却发现，对科学方法的精确理解，面临着摧毁科学知识体系的危险。意大利科学哲学家佩拉在《科学之话语》一书中揭示了科学方法的三大悖论。他认为，人们对科学方法的理解可归纳为三种：

（1）科学方法是一套程序，一个表明一系列有序步骤（或者阶段、措施、操作）的总体性战略，科学家为了达到科学目标，必须执行（或贯彻）这些步骤，比如，演绎法、归纳法、假设—归纳法等；（2）科学方法是控制这种程序的每一个步骤的一组规则、标准或规定，比如，培根、笛卡尔、波普尔和拉卡托斯所倡导的方法；（3）科学方法是一组为程序所需步骤提供的技巧。人们在谈论观察、分类、计算、做实验等方法（或技巧时），就体现了这样的意义。

然而，对科学方法的这三种理解，却蕴含三个悖论：（1）科学程序悖论：已经一个适当的科学程序，找到满足该程序的被认为是伪科学的探索，是可能的；（2）科学技巧的悖论：一门科学的学科会合理地采纳伪科学的学科所运用的技巧；（3）科学规则的悖论：已经任何一个方法论规则，总是存在着在探索过程中违背这个方法论规则的科学探索。①

这三个悖论说明，科学方法不是万能的，而是具有内在局限性。事实上，自然科学史的发展表明，最伟大的科学发现，反而是科学家违背通用方法的结果，比如，非欧几何的产生、量子概念的提出等。为此，库恩基于科学史的发展提出，知识是相对于范式的，在科学史上，前后相继的范式是不可通约的，是理论拯救了经验，而不是经验证实了理论。费耶阿本德甚至在 1970 年发表的《反对方法：无政府主义的知识论纲要》一文中提出了《无政府主义的方法论》，主张“怎么都行”。罗蒂要求放弃“遵循方法能使我们透过现象明确地把握内在本质”的观点。

对传统科学方法的这些批评与超越得到的启迪是，科学方法不是保证科学必然成功的秘诀，也不是确保科学家一定会获得真理性知识的唯一途径，更不能成为科学与非科学的严格划界标准。在科学史上，许多重要的科学成就和科学突破并不完全是逻辑推理或理性地运用科学方法的结果，而是无形中已经嵌入了机遇、信念、直觉等因素。因此，科学方法不只限于传统知识观所理解的经验、逻辑与理性的方法，而是有一系列包括情感因素和直觉在内的可能方法，不同的方法在特定的时间适合于具有特定目标的特定学科，不能一概而论。这些研究揭示了传统知识观在方法论意义上的局限性。

最后，物理化学家波朗尼在《个人知识》和《意会的维度》两本专著中认为，以科学理论或定律形态存在的明言知识或明确知识，只是知识的一种存在形式，而不是其全部。还存在着另外一种知识：意会知识。这种知识是存在于共同体的文化或生活方式中的知识，是在师徒关系的个人接触中传播的，无法用文字、图表、语言来表述的知识，因此，是一种过程性知识。科学认知是对所认知的事物的能动领会，是一项

① ［意］马尔切洛·佩拉：《科学之话语》，成素梅、李洪强译，上海科技教育出版社 2006 年版，第 19、22、27 页。

技能性活动。领会既不是任意的行为，也不是被动的体验，而是一项负责任的、具有普遍效力的行为。个人知识是领会过程中的个体性与客观性的融合，是一种求知寄托，具有内在的冒险性。基于这种认识，波朗尼强调指出，个人知识不等于是主观意见，而是在实践中作出判断的知识和根据具体情况作出决定的知识。这种知识更多地体现为一种能力。

近年来正在兴起的专长哲学研究，不仅强化了波朗尼的观点，而且打开了知识论研究的新领域：从传统上只限于语言范围内围绕命题性知识的讨论，拓展到研究科学家的知识与技能的获得过程。这种关注视域的扩展有可能把政治哲学、法哲学、科学的人文社会科学研究等整合起来，从跨学科的视域讨论知识论问题。当我们关注意会知识和技能性知识的研究时，我们会看到，在被传统知识观当作是主观的和心理的东西，反而成为生产明言知识或命题性知识的必要前提，或者说，明言知识或命题性知识是运用意会知识和技能性知识的结果。因此，专长哲学的研究把关于知识问题的讨论带回到了知识产生的原初状态。

知识论研究的这些新进展表明，科学家在长期的科学实践活动中形成的意会知识和技能性知识，既是他们能够提出形式化和公理化知识体系的前提条件，也是他们在科研工作中能够做出从 0 到 1 的原创性科学突破的思想保障，更是他们能够体现出超常灵感与直觉的智力来源。传统知识观由于只强调知识的表征功能，而极大地忽视意会知识与技能性知识的潜在作用，体现出在本体论意义上的狭隘性。

第二节　反传统知识观及其问题

反传统知识观认为，在数据、信息、知识的关系中，不是从数据到信息再到知识，而是反过来，从知识到信息再到数据。也就是说，知识是在获得信息和数据之前就存在的，信息是知识的符号化，数据则是认知者在辨别观察或测量过程之后收集到的。这就颠倒了传统知识观中关于数据、信息、知识的关系。这种观点假设：知识不可能外在于认知者而存在，认知者在收集和观察数据时，首先需要明确如何收集数据、收集什么样的数据以及数据的用途等方面的想法。这样，基于前期知识背景的引导所获得的数据就不再是价值无涉的，而是经过取舍之后的产物。因此，理论术语、科学定律是科学家对说明观察现象的精神工具和储存、记忆、搜集感觉材料的手段，而不是对世界真实情况的揭示。总体上看，在科学哲学和其他人文社会科学中，反传统知识观表现为各种形式的反实在论，其中，社会建构论的知识观是比较有代表性的。

社会建构论的观点是在20世纪70年代由科学知识社会学家提出的。与以默顿为代表的传统科学社会学的研究进路截然不同，科学知识社会学家试图运用社会学的方法，通过对当代科学家产生知识的实验活动进行跟踪调查，揭示社会因素在科学知识生产过程中所起的重要作用，由此对科学知识的客观性与真理性提出质疑。比较有代表性的两种观点是布鲁尔等人提出的“强纲领”和柯林斯阐述的相对主义的经验纲领。

“强纲领”的三个论点是：（1）关于特定论题的信念是变化不定的；（2）在这些可变的信念中，哪些信念能够被接受与持有者相关；（3）所有的信念，不管是真理，还是谬误，其可信性都是同样成问题的。最后这个论点被称为“对称性论点”，意指一个信念无论为真，还是为假，都必须寻找能够被相信的原因。这种观点的代表人布鲁尔认为，传统知识观将信念与持有者脱离开来，将认知者的能动作用理想化。事实上，在说明一个人或一个共同体为什么喜欢一个特殊的科学理论时，不仅涉及社会利益，而且涉及政治操纵。在科学知识体系形成过程中，利益和政治操纵与观察和推理是共存的。

“强纲领”揭示了在科学知识生产过程中社会因素的存在性，但却削弱了当代科学知识体系的认知价值。在柯林斯看来，布鲁尔所采取的方法论预设属于“行动者的范畴”，这种方法论允许我们在研究自然界时可以不受任何约束，甚至可以采取一种错误的、不合理的、不成功的或退步的方式来研究自然界，这种绝对的相对主义态度是不可取的。为此，柯林斯在维特根斯坦的后期哲学与库恩的范式论思想的启发下，以一名社会学家的身份，在观察重建激光器与探测引力波两个物理学案例的过程中，在与科学家进行直接对话之基础上，把相对主义和经验主义结合起来，阐述了相对主义的经验纲领。这个纲领包含三方面的内容：①

（1）科学家对实验结果的解释是灵活的。科学家把实验的可重复性看成是验证科

① H. M. Collins, *Changing Order:Replication and Induction in Scientific Practice*, University of Chicago Press, 1992, pp. 25–26.

学发现的公认基础和解决争论的决定性因素，或者说，实验的可重复性成为科学系统的最高法庭。然而，柯林斯在科学实验室里的调查发现，把可重复性看成是检验科学发现或实验现象的标准，不只是一个价值问题，而是一个实践问题，在当代前沿性的科学实验中，科学家对科学实验的重复并非像过去认为的那样简单易行。

随着实验规模的不断扩大，实验费用的不断增加，实验难度的日益提高，科学共同体只重视与重复那些他们所认可的实验结果。因此，对于一位科学家而言，他的研究成果能否得到科学共同体的关注与认可要经过一个社会化的过程。如果科学家希望自己的实验结果得到他人的认可，那么，就必须形成一系列的公共规则，即“以相同的方式进行下去”的一套切实可行的方法论程序，使得其实验结果具有可重复性。

但是，实验室之间的知识流动会受到许多因素的限制。除了有意的保密性成分等外在因素之外，单就内在因素而言，在科学实验中，实验技能与规则的运用包含着意会知识，而意会知识是无形的，很难靠形式化的语言体系或规则系统来传递，只能在娴熟的实践者的长期指导下，在实践中逐步地体会与感悟。实验者在对一个实验的重复取得成功之前，并不知道自己是否完全掌握了相关技能。

因此，柯林斯认为，就像根本没有私人语言和私人规则一样，也根本没有私人发现。语言与规则的稳定性是在社会中联合确立的，是一种社会约定。科学家对实验现象或科学发现的认可，也是如此。当某个实验结果不可能得到重复时，科学家对实验现象的理解与解释就会产生异议，并将理解实验结果的焦点从自然界转移到社会世界，呈现出解释的灵活性。

（2）终止科学争论是社会行为。在柯林斯看来，科学家先验地把实验的可重复性作为判定实验的可靠性与有效性的标准，是非常幼稚的。因为他们的这种做法只不过是对常识的一种延伸外推，没有意识到，“常识”是基于规则的社会约定。因此，在科学共同体中，终止科学争论也应是一种社会行为。柯林斯通过对探测引力波实验的观察来论证这一观点。

柯林斯认为，在通常的科学实验中，有统一的判定实验质量高低的标准，但当这些标准不再适用时，就会出现“实验者回归”现象。这种现象是指，科学家把对实验的重复，转变为对实验过程中每个零部件性能的测试与校准，甚至转变为对科学家本人的科学训练与素养的评价，以及实验仪器是否合格和实验者是否有胜任能力等方面的争论。在这些争论中，社会因素在未来把什么算作是“以同样方式进行下去”的方式中起到了决定性的作用。

（3）终止科学争论还与社会和文化网络相关。柯林斯认为，“实验者的回归”是由把实验的可重复性作为判定实验结果是否为真的标准所导致的。可重复性事实上等价于被科学地建制化了的感知的稳定性，而感知的稳定性又依次与相应的概念框架共存。因此，如果科学家在实验检验中不能明确地重复出实验结果，那么，他们将喜欢最大限度地维护先前达成的联盟，尽可能地选择在科学网络中产生最小干扰的办法来解决争论。科学家的先前知识与理论共识是在科学训练的过程中形成的，他们总是生活在一个社会化的网络中，一种观念或一个实验结果，越是远离科学概念的核心网络，就越难以得到科学共同体的认可与接受。这样，概念网络的稳定性既起到了纠正错误的作用，但也对科学家的创造性发挥具有束缚作用。

从整体上看，社会建构论者虽然都强调“科学是通过社会方式来建构的”，但他们对这个“座右铭”的理解并不不完全相同。“强纲领”要求，对好的科学与坏的科学、成功的科学与失败的科学，都必须以相同的方式来说明，不应该只诉诸合理性来说明成功的科学，诉诸歪曲的社会因素来说明失败的科学，认为说明工作都是出于所谓的利益考虑：政治利益、专业利益、个人利益等。拉图尔等人所进行的经验研究则认为，科学家在证实结果和验证假说时，不能在假说的认知基础和负载有利益的社会基础之间作出区分。①

科学哲学家劳丹站在自然主义的立场上对相对主义的经验纲领进行了批评。他认为，柯林斯断言社会学家假设，我们关于世界的信念与世界毫无关系，是难以令人置信的。因为这种断言最终否认我们的信念来自我们与物理世界中的客体的因果相互作用，事实上，只要我们承认，我们在形成信念时，自然界起到了一种因果性的作用，那么，自然界就会对物理上可能的信念形成约束。

① ［美］海伦·朗基诺：《知识的命运》，成素梅、王不凡译，上海译文出版社2016年版，第15—17页。

为此，在劳丹看来，柯林斯把相对主义与经验主义混合在一起是自相矛盾的。一方面，经验主义的前提假定，我们的科学理论与科学信念一定是建立在有效证据之基础上，关于科学的先验推测应该让位于详细的经验案例研究；另一方面，相对主义主张，我们关于自然界的信念与自然界无关。这两种观点很难结合在一起，特别是当柯林斯坦称，他的相对主义论点是根据具体案例研究确立起来的时候，更是如此！因为在任何一个经验研究的领域内寻找证据都是寻找反映了世界某些特征的陈述。证据概念是表示一种关系。证据总是某物的证据。因此，柯林斯是打着相对主义的旗帜，干着经验主义的事情，是在“同时拥护两种不可调和的观点”。①

科学知识社会学家克诺尔–谢廷娜批评说，对于经验主义者来说，柯林斯关于限制解释的灵活性的机制是无效的。因为经验主义者通常认为，科学共识的达成建立在不断积累的实验证据以及实验结果与先前接受的知识断言相一致之基础上，经验主义者是理性的，而不是社会的。②还有人批评说，相对主义的经验纲领不承认自然界在科学知识形成过程中能起到决定性作用的观点，是站不住脚的。因为在科学研究与实验的过程中，运用完全相同的理论校准仪器，然后，再用这种仪器检验理论的情况，是几乎不会发生的。大多数情况下，在校准检验仪器所使用的理论在逻辑上是彼此独立的。③

概而言之，在当代，科学研究进入了大科学时代，不仅技术工具的使用成为科学研究的前提，而且研究对象的隐匿性与制备性，使得实验现象成为多重要素共同决定的结果。观察负载价值，并不必然意味着，社会价值比其他价值更重要，而是意味着，科学家在确定证据时，研究对象、实验数据、前提假设、社会价值等许多因素会相互影响。总而言之，以社会建构论的知识观为代表的反传统知识观，揭示和强调了社会、政治、文化、可重复性标准等因素在知识建构活动中的作用，丰富了我们对知识生产过程的理解，但忽视自然界的作用、贬低知识的客观性，事实上，是对传统知识的倒转，同样具有局限性。

---

① Larry Laudan, “A Note on Collins’s Blend of Relativism and Empiricism”, *Social Studies of Science*, Vol.12, 1982, pp.131–132.

② Karin D. Knoee-Cetina, “Relativism-What Now?”, *Social Studies of Science*, Vol.12, 1982, pp.133–136.

③ Robert Klee: *Introduction to the Philosophy of Science*, Oxford University Press, 1997, p. 225.

第三节 当代知识观重建的逻辑起点

虽然反传统知识观在哲学史上自古有之，并且观点繁杂，虽然20世纪以来的科学发展揭示出传统知识观和近代科学知识体系的局限性，但是，从斯诺在1959年出版的《两种文化和科学革命》小册子中所描述的科学家与人文学家之间安然相处的情况来看，传统知识观在20世纪60年代之前并没有遭到人文社会科学家的广泛质疑。斯诺本人既是科学家也是文学爱好者，他生活在两个不同的群体当中。他观察到，科学家与人文学家各自热衷于生活在具有不同规范的学术群体中。人文学家虽然不懂科学，但他们满足于缺乏科学知识的现状，不对科学知识的产生作出任何评论，同时，科学家也很少关注文学与历史，好像物理学的科学大厦不是人类心灵最美丽而神奇的集体智慧的产物。①

30多年之后，由纽约大学的物理学教授索卡尔发起的“科学大战”彻底地显露出传统知识观与反传统知识观之间的对立。索卡尔认为，反传统知识观把科学理论理解成是一种社会与语言的建构，而不是反映客观实在的观点，不过是用隐晦、比喻或模糊的语言取代了证据与逻辑，是重新把早已被抛弃的理论诡辩术充当了理论的功能。②这场科学大战带来了与“理解科学”相关的许多值得深思的问题，需要科学哲学家重新阐述科学知识体系的客观性、合理性、真理性以及科学进步等概念，重新反思实验证据与观察在理论选择中所起的作用，重新审视与评价传统知识观的局限性，系统研究成熟科学的逻辑结构与主体的认知能力之间的相互关系，剖析科学理论形成过程中成熟科学的图像、模型、隐喻的作用等。

在传统科学观中，科学研究活动中的社会与政治因素被视为是科学的“污染源”，应该尽可能地加以排斥。反传统知识观则立足于20世纪以来的科学实践，尽可能地揭示科学方法的局限性与科学活动中建构性，突出当代科学知识形成过程中必然蕴含的各种形式的社会因素。他们认为，如果科学知识的增长和科学判断不可能只根据与人

① C. P. Snow, *The Two Culture and the Scientific Revolution*, Cambridge University Press, 1959.

② Alan Sokal and Jean Bricmont, *Intellectual Impostures: Postmodern philosopher's abuse of science*, Profile Book Ltd., 1998.

无关的证据、逻辑特别是科学方法做出充分说明，那么，社会、历史与政治等因素就会融入到对科学知识的理解中。因此，在科学知识的产生过程中，社会条件与政治因素不再成为科学知识的“污染源”受到排除，而是科学知识的产生、保持、扩展与变化的必要前提或基本要素。正是在这个意义上，作为一个维度和一种影响的“社会”因素与证据和理性因素相并列，在知识产生与理论选择中占有了合理的位置，从而使传统科学观最终陷入了难以自救的困境。

“科学大战”已经表明，传统科学观的摒弃，并不意味着，由反传统知识观取而代之，而是意味着，需要我们在剖析两类对立知识观之基础上，基于当代科学知识体系形成的新特征，重建当代知识观。美国科学哲学家朗基诺把这两类知识观之间的对立，看成是理论与社会二分造成的，认为双方都起源于同一种二值逻辑的思维方式，要么，基于强调科学知识的真理性与客观性，忽视社会等因素；要么，基于具体的科学案例分析，强调科学知识形成与理论选择过程中必然蕴含的各种非证据类因素，由此而认为科学是纯粹的社会建构，得出科学提供的不是知识的极端结论。①

情况之所以会如此，是因为不论是科学知识社会学家、人类学家，还是人文主义者，在关注看待科学知识时，从一开始就肩负着批判传统科学观的重任。这一目标内在地决定了，反传统知识观与传统知识观一样，也在潜意识中假定了绝对真理的前提，以及对科学方法论的信赖，并把科学理论的客观性作为科学研究的起点。正是基于这些潜在的共同前提，关于科学的人文社会科学研究对传统知识观的批评与反叛，必然会走向其反面，产生了名目繁多的反传统知识观。事实上，虽然反传统知识观在揭示传统知识观的局限性方面起到了推动作用，但是，他们的观点同传统科学观一样，也是失之偏颇的。

传统知识观强调关注知识与世界的关系，忽略了知识形成的实践过程和知识生产者（即科学家）的主体作用，忽视了知识生产过程的复杂性和不确定因素；而社会建构论的知识观强调关注知识与实践的关系，但是却忽略了自然界的作用。两类对立的知识观实际上都是以近代科学知识体系为基础的，其最大的缺点是，没有把科学知识

① 参见［美］海伦·朗基诺：《知识的命运》。

体系看成是过程的产物，而是把科学知识的客观性作为思考问题的出发点。这个出发点没有为社会等因素的存在留出任何空间，或者说，在科学认识的起点上，研究主体是局外人。

然而，当科学研究进入到人类永远无法直接感知的微观领域，或者，以大数据为基础的知识生产领域时，经验证据之外的其他因素的作用在科学研究过程中开始突显出来。如果我们仍然沿袭传统的思维方式，一旦发现科学研究的现实过程有偏离这个起点的倾向，那么，对科学知识的理解就自动地向着主观性的方向移动。然而，任何微量的移动都会掺入非客观性成分，这也就是为什么传统知识观很容易陷入困境，而反传统知识观很容易否定科学知识之客观性的原因所在。

除此以外，从这个起点出发，人们往往基于常识，习惯于把科学语言理解为是对自然界的直接描述，把科学理论理解为是命题的集合，把命题与实在的符合，看作是真理的判别标准，认为科学知识体系描绘的图像是关于自然界的真实图像。然而，当我们立足于量子物理学的研究成果以及生成式人工智能的知识生产特征，接受反传统知识观的合理批评，重新思考科学知识生产的逻辑起点时，我们发现，在科学认识的坐标轴上，科学知识的获得既不是完全从数据到信息再到知识，也不是完全从知识到信息再到数据，而是以信息为中介形成数据与知识之间双向互动发展。

承认科学知识生产过程中既有受对象约束的信息，也存在着社会等因素，构成了当代知识观重建的逻辑起点。从这个逻辑起点出发，一方面，能够包容反传统知识观的立场，使它们成为理解科学知识体系的一个具体环节或一种视角而被保留下来；另一方面，也不等于把科学研究看成如同诗歌或散文等文学形式那样，是完全随意的主观创造和情感抒发。在科学知识的生产实践中所蕴含的非证据类因素，总是要不同程度地受到来自对象信息的约束和校准，科学知识体系总是建立在尽可能客观地揭示与说明实验现象和解决科学问题之基础上的。

这种思维方式的转变与对认识中介的强调，蕴含着把科学知识体系理解为是在特定条件下对自然界内在机理的一种整体性模拟。在这种模拟活动中，科学的话语并不是在字面意义上对自然界的直接言说，即，不是关于自然界本身的直接陈述，而是对理论思考与认知内容的表达，是科学家为了超越具体现象的限制，扩展认知范围，创造新符号的一种灵活的智力工具，或者说，是对我们形成具有预言能力的新的“理论观念”的表达。在这种知识观中，与实在世界相关联的，不再是科学理论的具体内容、原理、概念和规律，而是理论模型提供的图像与预言，或者说，科学理论的内容只属于模型本身，不完全属于自然界。这样就进一步带来了概念的重新理解。

第四节　当代知识体系蕴含的概念重解

如果说，传统知识观是近代科学知识体系的产物，那么，反传统知识观则在当代科学知识体系基础上，形成的“半传统”和“半当代”的知识观。“半传统”是指在根本意义上依然沿袭了传统知识观的思维方式；“半当代”是指立足于人文社会科学的视域揭示了当代科学活动中存在的社会等非证据类因素。“科学大战”的爆发及其争论暴露了争论双方的狭隘性，同时也发出了重建当代知识观的战斗口号。重建当代知识观首先需要揭示当代知识体系所蕴含的关键概念的意义变迁，或者说，重新界定与理解对象、事实、理论、实在之间的相互关系。

一、对象与事实是相互塑造的

在传统知识观中，研究对象是现存的实在本身，并且，它们的存在性是第一位的，具有天然的优先性，它们客观地存在于那里，要么可以被直接观察到或对它们进行操作，要么可以被借助仪器进行间接操控。然后，借助实验和数学方法来揭示它们的属性和变化规律，而仪器在这里只是扮演工具的角色，不会对对象的存在形态等产生实质性的影响。在这一认知过程中，概念与对象之间具有直接指称关系，也就是说，概念能够在不依赖于任何理论的前提下直接指向实在本身，这种指称通常被称为“真指称”。就像大人教小孩认识物体一样，概念与对象具有一一对应关系。因此，由包含“真指称”关系的概念与语言构成的理论，顺理成章地成为是对世界的描述。在这种概念图景中，对因果关系的追溯属于本体论问题，而不是认识论问题。

然而，细胞生物学、分子生物学、量子力学、当代精准医学等学科的诞生，对传统知识观中将认识论问题本体论化的思维方式提出了巨大挑战。这也是为什么 20 世纪两位伟大的物理学家爱因斯坦和玻尔就量子力学的基本问题争论不休的关键所在。在当代科学中，诸光子、电子、DNA 之类的对象是依赖于理论的“实体”，而不再是能够被直接感知到的东西。这些概念的指称不再是“真指称”或“实际的指称”，而是“理论上的指称”或“推定的指称”。在这种指称关系中，建构对象与说明现象是同步进行的。这样，对象与事实之间的关系，就不可能像传统知识观所认为的那样，具有先后关系，而是变成了相互塑造的关系，或者说，成为互为前提的共存关系。

1905 年，爱因斯坦提出的“光量子”概念和确立“光电效应”事实之间的关系就是如此。光电效应是指，当一束光照射在金属表面时，如果光的频率大于金属中电子逸出的极限频率，金属表面就会有电子逸出，称之为“光电子”，逸出电子所获得的能量的大小，取决于照射光的频率，而与照射光的强度无关。这种现象最早由电磁波的预言者赫兹在 1887 年发现。可是十多年来，物理学家运用当时普遍接受的光的波动说，一直无法解释这种现象。1905 年，爱因斯坦将普朗克提出的能量子假说推广到光的情况，提出了“光的粒子说”，认为光是由一份一份不连续的或离散的光量子（后来简称之为“光子”）组成的，而不是连续性的波动，当频率大于某个极限频率的照射光照射到金属表面时，光子的能量立即被金属中的电子全部吸收，电子由于吸收了光子的能量，所以，能够逃逸出金属表面，即使照射光的强度很弱，也是如此。而当频率小于某个极限频率的照射光照射到金属表面时，无论照射光的强度有多大，金属表面都不会有电子逸出。

这样，爱因斯坦利用“光的粒子性”假说，很好地说明了金属中的电子为什么在光照射下能够逸出金属表面的事实，以及光电子的能量为什么只与照射光的频率有关，而与照射光的强度无关的事实。1916 年，密立根证实了爱因斯坦的光量子理论的正确性。爱因斯坦也因此而荣获 1921 年的诺贝尔物理学奖。“光子”概念进入了物理学家的研究视域，并达成了光具有波粒二象性的共识，这种共识致使德布罗意在他的博士论文中通过类比提出了“物质波”概念，而“物质波”概念的提出，又进一步成为薛定谔创立具有划时代意义的“波动力学”的导火索和奠基石，而量子理论在创立几十年之后，又变成了量子计算和量子信息理论与技术的理论资源。

在这个案例中，爱因斯坦提出的“光量子”概念之所以被物理学界所接受，是因为它能够很好地说明“光电效应”现象，反过来说，“光电效应”现象之所以能够由一个实验现象转变成为一个科学事实，是因为爱因斯坦提出了“光量子”概念。在这里，“光量子”作为对象与“光电效应”作为事实，是相互塑造的关系，两者同时成立，相互支撑，形成了“光的粒子说”。

意大利科学哲学家佩拉在阐述“认识论与修辞策略”时，以“太阳黑子”为例更广泛地阐述了同样的观点。他论证说，假设“太阳上有斑点”是某位天文学家的观察报告，这个观察报告是理论性的，其他天文学家必然会对这一理论性的观察报告展开验证和讨论，只有当天文学家之间达成共识时，“太阳黑子”这个概念，才能成为一个对象，“太阳上有斑点”才能成一个事实。在这里，佩拉区分出“看见”和“看出”两个概念：

（1）某人看见现象 $a_1, a_2, \cdots, a_n$；

（2）某人看出 $a_1, a_2, \cdots, a_n$ 是 A（A= 太阳黑子）

佩拉指出，在这个过程中，“看见”是与认知无关的“看”，而“看出”是与认知相关的“看”。与认知无关的“看见”只依赖于日常范畴，比如，时间顺序，空间布局等，而与认知相关的“看出”则需要运用适用于感知对象 $a_1, a_2, \cdots, a_n$ 的概念——太阳黑子，这个概念本身是依赖于理论的。一个人如果没有天文学知识，就无法看到太阳上有斑点。[①] 这种观点也可以进一步推广到我们的日常生活当中，比如说，缺乏相应医学知识的病患，看不懂医院的各种检查结果。这也支持了“观察负载理论”的观点。

不管是从提出新的理论（光的粒子说），来创构对象（光量子）和说明事实（光电效应），还是运用公认的理论知识，来“辨认”或“看出”某个事实（太阳上有斑点），而形成新的对象（太阳黑子），都揭示出，在当代科学研究与科学实验中，对象与事实成为理论建构的产物，对象与事实之间的相互塑造关系，就像“上”与“下”和“左”与“右”等概念之间的关系一样，是相互依存和互为前提的关系。问题在于，如果对象与事实成为依赖于理论的产物，那么，就需要进一步重新理解理论或科学知识体系与实在世界的关系。

① ［意］马尔切洛·佩拉：《科学之话语》，第 150—151 页。

二、理论与实在是共同构建的

我们在理解理论与实在的关系时，需要在实在、对象、理论之间区分出两层关系：实在与对象的关系；对象与理论的关系。在这里，对象在理论与实在之间起到了承上启下的作用，成为沟通“实在”与“理论”之间的中间桥梁。如前所述，在当代科学研究实践中，我们不可能再像在传统知识观中那样，在“实在”与“对象”之间简单地画等号，然后，将一切认识论问题都本体论化，将理论看成是对实在本身的直接描述或言说，而是将实在看成是只具有本体论意义上的优先性，是确保科学研究得以客观地进行下去的基本前提，在具体实验活动中，能够进入科学家认知视域的是“对象性实在”，而不是“自在实在”本身。

具体而言，我们不能将像DNA、电子、光子之类的理论实体看成是“自在实在”，而只能看成是“对象性实在”。对象虽然是理论建构和实验制备的产物，是经由人的认知理解之后，才能作为对象而存在的，其固有规定也体现在与人（包括测量在内）的相互作用中，并且，随着相互作用方式的变化而变化，但是，对象性并不改变其客观性，而是赋予客观性以建构的特点。

对象的客观性是通过对象与事实的相互塑造关系来保证的，因为对象与事实共同植根于实验现象之中，是同一实验现象的两个方面，而实验现象则是由自在实在与特定的测量环境共同作用之后产生的，经受过严格检验的实验现象的物质性及其理论理解的融贯性，使科学对象和科学事实具有了一定程度的客观性。这样，对象与事实的客观性成为打通理论与实在世界相关联的中间环节。

理论与实在的同构关系使理论话语的指向性发生了变化。在将认识论问题本体论化的传统知识观中，理论话语或概念是指向世界或实在的，而在对象与事实相互塑造、理论与实在共同建构的视域中，理论话语或概念是指向模型的，而不再是指向实在本身。这样，理论不再是直接描述实在，而是借助模型来谈论实在。正如量子物理学家玻尔所认为的那样，我们被悬置在语言中，我们依赖于无歧义交流的概念框架，科学的任务是澄清关于自然界我们能说些什么，而不是凭直觉理解“自然界本身是什么”。

描述实在是对实在的刻画和对实在内在属性的揭示，描述的对错通过是否与实在本身相符合来加以判断；而谈论实在则是建立在理解的基础上，是科学家在特定条件下对实在的认知内容的具体表达，或者说，是对自在实在内在机理的整体性模拟，而不是直接的描述。机理性的模拟是数学模型与物理模型的集合，是科学家在不断地进行认知迭代的动态过程中完成的。在这个过程中，认知主体由从扮演“上帝之眼”的角色变成了建构者的身份。因此，从这个意义上来说，理论与实在只具有共同构建的关系，不存在传统知识观中所蕴含的一一对应的符合关系。

三、双层理论观

人类知识的积累是一个长期的社会发展过程。在此过程中，文明共建和文化互鉴是人类社会演进的常态。在科学知识体系诞生之前，不同的国家具有不同的文化传统，并体现出具有鲜明地方性特征的知识体系。近代科学知识体系的建立和科学技术的成功赋予科学知识体系典范地位，为构建其他知识体系提供了方法论基础。

由于科学理论的任务是向着揭示实在世界的真相和提升人类文明化程度的方向不断演化的，而科学理论的建立则需要把可变的事物简化为不可变的，把错综复杂的现象简化为个别的组成部分来进行，所以，科学知识体系只是具有相对稳定性，随着科学研究领域的拓展和深化，科学知识体系就必然要发生变化。就当代科学知识体系而言，体现出两种类型的理论。

一是“说明性的理论”（explanatory theories，简称 E 理论）。意指用理论术语来阐述并接受实验检验的假设，这些假设说明了事实和规律性。E 理论一旦被科学家所承认，就会成为可以加以利用的科学知识体系，同时，也创建了新的话语体系、创生了新的学科体系，带来新的学术体系，比如，量子力学的形式体系是由概率波、光子、自旋、算符等前所未有的理论术语来阐述的，它不仅使普朗克在 1900 年提出的量子假设成为它的一个推论，而且还为人们思考微观物理现象与认识微观世界提供了有效的语言框架，带来了量子信息技术和相关新型学科。

说明性理论由于能够提供说明，因而是可以接受经验检验的理论，或者说，可以被经验所证实或证伪。如果一个说明性理论的预言能够得到经验的证实或者得到技术应用，那么，它提供的是关于实在的数学模型与物理模型，就具有一定程度的拟真性，比如，量子信息技术的发展间接地证实了量子力学中的态叠加原理及其蕴含的量子纠缠现象，便是最好的事例。

二是“解释性理论”（interpretative theories，简称 I 理论）。意指对世界及其具体领域提供本体论解释的假设，这些假设要么是日常共识，要么是特定的说明性理论的基本前提所蕴含的一种哲学解释，是在总结过去认知结果的基础上形成的。但是，它不等同于认知结果。就其目标而言，这种“假设的目的不是提供说明，而是解释世界，即依据基本的本体论，把某一结构归于世界，或者，归于世界的具体领域”①。这类假设提供的是形而上学的观点，既不可能被经验所证实，也不可能被经验所证伪。解释性理论所提供的假设通常有两种类型：一是科学研究得以进行的普遍假设，即适用于任何学科的假设，例如，自然界是可理解的、有规律的、统一的等；二是与具体的学科发展相联系的特殊假设，例如，经典物理学中的机械论、生物学中的活力论、地质学中的渐变论等。

从科学史的发展来看，I 理论提供的是关于实在世界的基本假设，E 理论提供的是对现象的说明，所以，E 理论与 I 理论的变化并不总是同步的。每一个 E 理论都与一个 I 理论相联系，比如，牛顿的万有引力理论（E 理论）与近距作用的世界观（I 理论）相联系，量子力学与统计决定论的世界观相联系。反之则不然。一个 I 理论可以同时与多个 E 理论相联系，比如，因果决定论的世界观（I 理论）可以与牛顿力学（E 理论）、电磁学理论（E 理论）、相对论力学（E 理论）等相联系。这表明，I 理论的变化一定会带来 E 理论的变化，而 E 理论的变化则不一定总是带来 I 理论的变化。

E 理论和 I 理论的联合构成了一个学科体系的核心。在 I 理论保持不变的情况下，E 理论的变化是学科亚系统的常规理论的变化，如果 I 理论和 E 理论同时发生变化，就是学科内部的基本理论的变化，用科学哲学家库恩的话来说，就是范式的转变。但是，科学家接受了新的 E 理论，并不意味着必然会接受其基本假设所蕴含的新的 I 理论，这就会导致关于如何理解新理论的争论，物理学家关于量子力学的解释之争就是如此。

在 I 理论不变的情况下，科学家很容易接受新的 E 理论，并且，承认与新的 E 理

① ［意］马尔切洛·佩拉：《科学之话语》，第 109 页。

论相符合的新结果。但当科学家必须付出巨大努力修改或扩展他们过去接受或默认的I理论，才能理解新的E理论时，就会出现关于E理论本性之争。当科学家经过概念辨别、实验证实和技术应用等阶段之后，最终既接受了新的E理论，也接受了新的I理论时，就意味着，相应地确立了新的话语体系、学科体系和学术体系。

因此，当代知识观的重建是E理论与I理论同时发生变化的结果，或者说，是新的知识体系所蕴含的产物。旧的知识体系在不断地被域境化（contextualization）、去域境化（decontextualization）和再域境化（recontextualization）的动态过程中限定其适用范围，新的科学知识体系在同一过程被建立起来，也就相应地提出了重建当代知识观的要求。新的科学知识体系所带来概念意义的变化，为当代知识观的重建提供了新的概念基础。

第五节　结语

就像传统知识观影响了19世纪末和20世纪初的哲学社会科学发展一样，当代知识观的重建同样应该对当代哲学社会科学知识体系的发展提供方法论启迪。就哲学社会科学知识体系而言，虽然不同的国家具有不同的习俗、文化和制度体系，但是，一方面，地方性知识和一般知识是不断向着更高水准的多样化和统一化方向发展变化的，另一方面，在以人工智能为核心的第四次技术革命的冲击下，当人类社会进入由科学技术来驱动发展的时代时，文明转型所导致的文明共建，使得对人类本性和社会本性的揭示，由理论问题变成了实践问题。在这种背景下，中国自主知识体系的构建，既不能游离于人类共同的知识体系之外，也不能离开相关学科的发展背景，而是需要在接受人类行动的不可逆性和文明转型的不可预见性之前提下，为理解这个不确定的世界和推动人类文明的健康发展贡献中国智慧。

（作者：成素梅）

第十二章　百年中国伦理知识体系的现代性转型*

作为一门古老而青春的学问，伦理学以其深沉的实践智慧诠释着人类文明进步的方向，伦理学业已成为21世纪的“显学”。伦理学知识体系的当代中国重建，不仅关涉当代中国伦理学的转型与创新，而且是彰显中国文明价值的重要标识，是推进伦理学学科体系、学术体系、话语体系建设和创新的重要组成部分。对于中国伦理学的发展而言，伦理学知识体系的转型创新可以促使其获得更多的未来话语权和解释力，更好地参与到世界性百家争鸣之中。重构中国现代伦理话语形态和知识体系，不仅是新时代理论创新精神的呼唤，也是学术自我发展的内在要求。

中国古代文化传统中有丰厚的道德学说，并且形成了以儒家思想为主体的伦理文化形态。然而，由于中国传统伦理文化缺少实现自我转型的强大内驱力，在近代中国内忧外患的双重危机下，中国传统伦理学被迫开始了艰难的现代性蜕变。在古今中西之争的激荡与回应中，现代学术意义上的伦理学学科才得以在中国确立并逐步发展起来。当代伦理学知识体系的建构正是针对现代学科意义上的伦理学而言，同时也体现了当代社会对伦理学发展的要求。在这种意义上，中国现代伦理学的建构与发展状况正是当下我们重思中国伦理学知识体系的历史依据和学理基础。

在会通中西的基础上，创建一个具有中国气派的现代伦理学知识体系，一直是中国数代学人内在的冲动。从刘师培、蔡元培到当代中国学人，立时代潮头，发风气之先，做出了无愧于时代的艰难学术探索，取得了巨大成就，对中国现代伦理学知识体系的建构具有奠基性意义。中国现代伦理学大致经历了三个发展阶段：19世纪末至1949年新中国成立，是中国现代伦理学发展的奠基时期；新中国成立后至改革开放前，

* 【基金项目】国家社会科学基金重大项目“伦理学知识体系的当代中国重建”（19ZDA033）；国家社会科学基金一般项目“中国现代伦理话语建构路向研究”（18BZX106）。

是社会主义伦理学体系的初创阶段；改革开放后，中国伦理学进入到多元伦理观的争鸣发展阶段。百年中国伦理话语经历了从“革命话语”到“建设话语”再到“改革话语”的转变，伦理学学说经历了从“新道德论”到“道德革命说”到“道德科学说”再到“社会主义新道德体系说”的历史转变。在每一个阶段，中国现代伦理学在伦理学学科建设、伦理学学术发展、社会道德实践方面都展现出来不同的特征，并且涌现出丰富的理论成果，这些都构成了广义上的伦理学知识体系的一部分。

第一节　中国现代伦理学知识体系的初创

中国古代并无伦理学之称，现代“伦理学”概念的诞生一般认为源于严复所译赫胥黎的《进化论与伦理学》。自严复之后，中国思想界开始有意识地传译西方伦理学典籍，以新知附益旧学，努力尝试在中国建立伦理学的学科体系，并开始用现代伦理学的理论范式对中国自身的文化思想作出新的解读和诠释。

一、现代学科意义上的伦理学身份认同

近代早期对伦理学科的认知仍以传统的修身教育为主。在清末的新式学堂中已开设有专门的伦理学课程，是以“力行”“修身”为主的学科。[①]1910 年代之后，伦理学应以学理研究、知识建构为主旨逐渐成为共识。刘师培最早指出了现代伦理学学科应该是以学理为主，他于 1906 年编著的《伦理教科书》是中国历史上第一本体系化的伦理教科书，其中就明确指出中国传统伦理思想与哲学、政治学、教育学混在一起，学科的范围和特征并不明确，而且存在重实践而轻理论的问题。蔡元培在《中国伦理学史》一书中更是明确区分了“修身书”与“伦理学”，认为修身书主要是教人道德规范，而伦理学则以研究学理为鹄的，“盖伦理学者，知识之径涂；而修身书者，则行为之标准也”，并指出“持修身书之见解以治伦理学，常足为学识进步之障碍”。[②]伦理学

---

① 1902 年的《钦定高等学堂章程》中，将“伦理”一科的教学宗旨确定为“考求三代汉唐以来诸贤名理，宋元明国朝学案，暨外国名人言行，务以周知实践为归。”对“伦理学”的课程考核也以“力行”为主：“伦理一科，不在多言，而在力行。”皮锡瑞在湖南高等学堂师范馆教授伦理学的讲稿《伦理讲义》(1903) 中，开头就讲“伦理首重忠孝”；姚永朴所编纂的教材《中等伦理学》(1906) 也是以“立教、明伦、敬身为纲”。

② 蔡元培：《中国伦理学史》，东方出版社 1996 年版，绪论第 1 页。

学科应该关注学理、以建构知识为面向，这得到了近代伦理学研究者的普遍认同。关于伦理学的界说，江恒源折衷群言，阐幽抉微，指出“伦理学，是论究道德行为的根本原理，辨明道德判断的最高标准，定出至善之鹄，以期达到最圆满的做人目的”①；此外，谢幼伟的《伦理学大纲》(1941)、汪少伦的《伦理学体系》(1944)、黄建中的《比较伦理学》(1945)等都对伦理学的性质、目的、研究对象等基本问题进行了探讨。首先，伦理学是规范科学，同时有实践科学和理论科学的性质。“伦理学者，科学也，规范科学也，实践科学也，判断行为善恶之规范科学也，知行并进之实践科学也。”②伦理学是规范科学，同时也是实践科学。其次，伦理学的目的是研究学理，指导人生实践。“伦理学之最高目的，即在用理性研究道德现象或社会习俗，以明了其起源与背景，以确定其最高原则或标准，以厘定其详细内容或规律。”③质言之，伦理学是为了解决实际的人生问题，是一种人生论和行为学。第三，伦理学的研究对象是道德现象和道德行为。黄建中将西方伦理学史上伦理学的研究归为研究行为与品行之学、研究终鹄或至善之学、研究道德律及义务之学、判断正邪善恶之学、研究人类幸福之学、研究道德觉识之学、研究道德事象之学、研究道德价值之学、研究人生关系之学等九个方面，并对其异同得失作了归纳分析，指出伦理学是以行为为对象，立道德之准则。④同时，围绕伦理学的一系列重大问题和重要范畴，他通过对中西伦理思想资源的系统研究和对比分析，强调中西伦理思想虽然相异，实可相通，可以相互发明补益，对于中国现代伦理学科的建立具有范式创新意义。

二、现代意义上的伦理学术面向

在现代伦理学学科确立之前，近代早期关于伦理学的讨论主要是围绕道德教育问题进行的。⑤伦理学的学科意识和学术意识建构，主要表现在：

---

① 江恒源：《伦理学概论》，大东书局1932年版，第21页。

② 黄建中：《比较伦理学》，山东人民出版社1998年版，第12页。

③ 汪少伦：《伦理学体系》，商务印书馆1946年版，第2页。

④ 黄建中：《比较伦理学》，第27—35页。

⑤ 在当时的报刊上出现了一批关于这一问题讨论的文章，像《德育》(《新世界学报》第8号，1902)、《论道德教育之关系》(《东方杂志》第2年第4期，1905)、《修身教案》(《直隶教育杂志》第1年第19期，1905)，等等。

第一，对西方伦理学学科、思想和学说的译介和研究。如，杨昌济翻译的《西洋伦理学史》(1916)，这是我国近代第一部比较全面介绍西方伦理学史的著作；蔡元培翻译的包尔生的《伦理学原理》(1909)等。西方近现代哲学家像斯宾诺莎、康德、费希特、黑格尔、谢林、叔本华、尼采、柏格森、杜威等人的伦理思想，在近代译介中都有提及，对近代中国思想界产生了重要影响。

第二，关于中西伦理文化整体比较的研究。如陈独秀《东西民族根本思想之差异》(1915)、李大钊《东西文明根本之异点》(1918)、梁漱溟《东西文化及其哲学》(1922)、胡适《今日中国的文化冲突》(1929)、钱穆《世界文化三型——东西文化之探讨》(1942)、熊十力《略说中西文化》(1947)、唐君毅《中西文化精神之不同论略》(1947)等。总的来看，围绕中西伦理观念的根本特征与差异，阐述了西方伦理文化是个人本位，高扬个性和权利，公德发达；中国伦理文化是家族本位，更重伦理责任与义务，私德更盛，等等。

第三，关于伦理学原理和伦理学史的自觉研究。这方面的成果主要集中在伦理学原理、体系、伦理学史、中国伦理思想以及道德问题研究等方面，展现了中国近代伦理学者建构自身伦理学体系的自觉和努力。刘师培的《伦理教科书》吸收借鉴了赫胥黎的进化论的伦理学思，围绕个人伦理、家族伦理、社会伦理、国家伦理四方面，建构起了一个完整的伦理学体系；王耘庄的《道德论集》(1930)、张廷健的《现代伦理学》(1934)、黄方刚的《道德学》(1934)、谢幼伟的《伦理学大纲》(1941)、申自天的《伦理学》(1938)、孙贵定的《伦理学》(1945)、黄建中的《比较伦理学》(1945)等著作，都在各自的意义上建构了比较完整的伦理学知识体系，涉及的问题除了伦理学的基本问题，还涵盖中西道德之异同、道德律、动机与效果、乐利与幸福、乐观、进化与伦理、理性与欲望、直觉与良知等方面的内容。

第四，以现代伦理学科范式研究中国传统伦理思想。先后出版了蔡元培的《中国伦理学史》、薛正清的《儒家的伦理思想》、谢扶雅的《中国伦理思想述要》、潘新藻的《中国人生哲学史纲》、陈安仁的《中国先哲之伦理思想》等。其中，蔡元培的《中国伦理学史》是20世纪中国伦理学史研究的开山之作，在书中区分了伦理学与伦理学史的区别，认为二者体例不同“伦理学以伦理之科条为纲，伦理学史以伦理学家之派别为叙”①，并且伦理学是主观的，而伦理学史则是客观的，概括介绍了我国数千年来的伦理思想，初步清理了传统伦理思想的历史遗产，为现代中国伦理学知识体系构筑了最初的框架。

三、现代学术意义上的中国伦理文化走向之争

中国现代伦理学知识体系的建构和发展，除了上述明确自我标识为伦理学的学科、学术的发展，对时代伦理道德观念产生最深刻影响的是三大伦理思潮，即自由主义西化派伦理思潮、现代新儒家伦理思潮和马克思主义伦理思潮。这三大思潮不仅对近代社会影响深刻，而且在某种层面上，可以说主导了整个 20 世纪中国伦理思想学说的建构，近现代中国的伦理学说大多可以归类为其中一个方面，或者体现了这三者之间融合的努力。

19 世纪末 20 世纪初，救亡和启蒙成了当时中国社会面临的两大任务，思想界纷纷提倡道德革命的口号，呼吁伦理觉悟，致力于唤醒现代中国人，塑造新的人格。19 世纪末以康有为、梁启超为代表的“维新派”开始引入西方近现代道德观念对传统伦理进行批判，20 世纪初梁启超明确提出“新民说”，进行道德启蒙；章太炎提出“道德革命”的口号，将道德革命视为社会政治革命的基本条件；五四新文化运动时期，“反对旧道德提倡新道德”成为当时思想界的旗帜，而围绕如何建设新道德或者说中国伦理文化向何处去的问题，则出现了以胡适、吴稚晖为代表的自由主义西化派的伦理主张、以梁漱溟为代表的东方文化派及现代新儒家伦理主张，这两种主张引发了近代思想史上两大激烈的思想争论，即“科学与人生观”的论战、全盘西化与中国本位文化的论战，中西伦理文化之争使得中国传统伦理的现代性转型问题凸显出来。以李大钊、陈独秀为代表开始在中国传播以共产主义道德学说为核心的马克思主义伦理思想，试图在中西伦理之争中探索中国社会变革和发展的新可能。总的来说，这三大思潮都是“当时深刻的民族危机和伦理危机的反映”，“都带有强烈的民族主义情绪”，“都希望中国走出中世纪、迈向现代化，并建设起与现代化相适应的中华伦理文化”②。

---

① 蔡元培：《中国伦理学史》，商务印书馆 1999 年版，第 1 页。

② 唐凯麟、王泽应：《20 世纪中国伦理思潮》，高等教育出版社 2003 年版，第 23—25 页。

1. **再造新伦理**。自由主义西化派以胡适、吴稚晖、张东荪等为代表，认为中国伦理文化的现代化就是要全盘西化。他们认为，西方近现代伦理道德是社会化的新道德，最大的特色是不知足，而且倡导自由、平等、人权，注重个人的权利和价值，强调个人主义和功利主义。中国的伦理传统则是私人化的道德，强调知足，以及重族群而轻个人、重义而轻利，这些都落后于西方伦理文明，是造成中国社会不能现代化的伦理文化根源。因而他们主张要彻底抛弃传统伦理学，而全面向西方伦理文化学习。他们致力于传播介绍西方伦理道德主张，主张“以自然主义来对抗‘德性主义’，以个人本位来取代家庭本位，以功利主义来取代‘义务主义’，以自由平等来取代等级服从”①。总的来说，自由主义西化派坚持个人主义的伦理原则，坚持功利主义的原则立场和评价标准，相比于现代性儒家伦理思潮，自由主义西化派具有科学主义的特征，认为科学可以支配人生观和决定人们的道德行为，认为善必须以真为基础，没有真就没有善，一切伦理道德都必须建立在科学主义的基础上。这些主张造成了民族文化的虚无主义以及唯科学主义的问题。

2. **返本开新论**。以梁漱溟、熊十力、牟宗三等为代表的现代新儒家，坚持以继承儒家道统、弘扬儒家伦理为己任，以儒家心性之学为大本大源，吸纳西方伦理文化中的科学民主、自由精神与平等原则等现代性因子，通过返本开新，实现内圣开出新外王的治世理想。从做中国伦理学的角度看，现代新儒家的学说对中国传统伦理学的发展具有学理上的创造性，吸收西方近现代哲学的成果来改造传统儒家思想，这对于中国传统伦理自身的发展有积极意义。但总的来说，其基本前提依然是传统主义的，本质上还是对儒家伦理的合理化调适与现代性诠释，决定了现代新儒家不可能完成重建中国现代伦理学的历史任务。

3. **伦理觉悟乃最后之觉悟**。五四运动前后，面对民族危亡的局面，李大钊、陈独秀等都意识到伦理启蒙的重要，陈独秀提出“伦理的觉悟，为吾人最后觉悟之最后觉悟”②，而不同于自由主义西化派和现代新儒家。他们从俄国十月革命中得到鼓舞，开始在中国传播马克思主义思想。他们不仅认识到了中国传统伦理文化的弊病，而且深刻

① 钱广荣：《中国伦理学引论》，安徽人民出版社 2009 年版，第 115 页。

② 陈独秀：《吾人之最后觉悟》，《青年杂志》第一卷第六号，一九一六年二月十五日。

认识到西方近代资本主义伦理文明的弊端，既反对盲目学习西方，同时也革新中国千年伦理文化之必要。在近代的科玄论战中，他们既“批评了东方文化派的伦理保守主义和玄学派的科学伦理二分说”，同时也批评了西化派的伦理虚无主义和以真代善论。三四十年代，艾思奇、李达等运用马克思主义的唯物史观分析探讨了道德同社会生活、经济利益的关系，阐发了道德的时代性、阶级性和民族性等问题。马克思主义伦理学的核心成果是毛泽东思想的初步形成，真正开创了中国化的马克思主义伦理思想体系。

总的来说，近代社会处在急剧转型的动荡变迁时期，社会的巨大变化不仅是器物和制度层面的，更是国家民族文化心理层面的，道德革命正是近代变革中的重要内容，这是中国现代伦理学繁荣发展的根本动力。经过近代的酝酿发展，中国现代伦理学学科从无到有，不仅对伦理学的基本问题有了较为清晰的探讨，而且对伦理学体系的运用更加自觉，出现了本土化的现代伦理思想体系，不同伦理思想体系的竞争最终又表现在社会政治革命上，推动着现实革命的发展。

第二节 新中国伦理学知识体系的建立

如果说革命时期是以思想推动社会政治革命的话，那么新中国的成立可以说开启了以社会政治革命的胜利来确定伦理思想建设方向的模式。政治革命的胜利使得中国道德建设的方向明朗起来，共产主义道德成为国家占主导地位的道德体系，马克思主义伦理学的学科体系建构进入到探索奠基阶段。

新中国成立之初，伦理学学科一度被认为是旧社会意识形态而被取消。对伦理学问题的研究主要表现为“对共产主义道德观和人生观开展一些具有道德教育意义的研究，而在共产主义道德观和人生观的研究中还存在着将其与历史上各种道德观和人生观截然对立开来的倾向”[①]。伦理思想的发展主要是以实践的面貌呈现的，主要表现为在社会实践层面上对资产阶级个人主义道德和封建道德思想的批判，并且依然提倡发扬当代优良革命传统，号召向当时涌现出许多共产主义的道德楷模学习，这一特点贯穿于新中国成立后三十年道德建设的始终。

① 王泽应：《历史性的发展成就与创新发展的新呼唤——新中国伦理学70年的总结与思考》，《道德与文明》2019年第3期。

20世纪50年代中期到60年代中期，在张岱年、周辅成、周原冰、李奇、罗国杰等人的努力下，中国的伦理学建设有所恢复。1960年代，苏联学者施什金的《马克思主义伦理学教学提纲》《共产主义道德概论》在苏联出版后，很快就在中国翻译出版；这一时期伦理学学科、学术的建构主要是围绕建构马克思主义伦理学展开的，并初步对马克思主义伦理学的体系建构进行了探索。这一时期的伦理学知识体系主要延续了革命时代的"共产主义道德"规则体系，"从严格的理论意义上说，它还处于一种道德设计的常规化、常识化层次，缺乏缜密系统的伦理理论建构"①，而从直接以知识的建构为直接目的伦理学知识形态的角度看，主要是发展了"道德科学"说的理论。

围绕关于共产主义道德问题的讨论，李奇在《马克思主义对伦理学的革命变革》《论无产阶级道德原则和功利主义》等文章中，"明确提出了建设马克思主义伦理学的重要性，论述了马克思主义伦理学的特征、任务、方法和基本内容"；周原冰在《道德问题论集》中系统论述了马克思主义道德科学研究的对象、范围和方法，明确提出"当代中国对于道德的研究，应该称为'道德科学'而不是'伦理学'"②，这对后来中国伦理学界对伦理学性质的认识影响深远；罗国杰主编的《马克思主义伦理学教学大纲》是新中国第一部伦理学教学大纲，为社会主义伦理学学科体系建构进行了初步探索。周辅成、张岱年、冯友兰、吴晗、冯定、许启贤、王煦华等也参与了这一讨论，这些共同促成了马克思主义伦理学理论体系的初步创立。

这一时期也涌现出许多伦理学术讨论成果，学者们从马克思主义伦理学出发对道德的本源、道德的阶级性和继承性以及道德中的善恶等问题进行了回答，并且对幸福观、荣辱观、婚恋观、职业观、人生观等方面的问题也有所讨论。吴晗的《说道德》《再说道德》以及《三说道德》则引发了60年代关于道德的阶级性和继承性的大讨论。除了对马克思主义伦理学的研究，对中国伦理思想的研究成果主要是张岱年的《中国伦理思想发展规律的初步研究》；对西方伦理思想的研究，主要是周辅成出版了《西方伦理学名著选辑》等著作，这些书为我国研究马克思主义的西方伦理思想史做了资料和理论准备。这些都是新中国社会主义伦理学知识体系的重要组成部分。

---

① 万俊人：《论中国伦理学之重建》，《北京大学学报》1990年第1期。

② 赵修义：《伦理学就是道德科学吗？》，《华东师范大学学报（哲学社会科学版）》2018年第6期。

总的来说，新中国成立之后的前三十年，初步形成了以爱国主义和集体主义为核心的社会主义道德体系。从伦理学知识体系的建构角度看，主要表现为以马克思主义伦理学为核心的发展。建构马克思主义伦理学体系是社会主义革命在中国取得胜利后的必然要求，“在建设社会主义物质文明的同时，必须建立起与之相应的精神文明和新道德体系”①。但是由于过分强调道德的阶级性立场，以及对前苏联模式的盲目模仿，这些都使得新中国社会主义伦理学知识体系的初创，存在对马克思主义伦理观的封闭性理解。对中国传统伦理的研究以及西方伦理学的研究都受到了很大的限制，马克思主义伦理学体系与中国传统伦理文化未能实现有机地结合，而且受到“左”的思想的影响，马克思主义伦理学也存在着教条化倾向，新中国社会主义伦理学的建构总体上举步维艰。

第三节　多元伦理学理论体系的演进

改革开放迎来了中国社会伟大变革的新时期，社会经济文化生活的巨大变革，呼唤与之相适应的社会伦理道德体系的革新，中国的伦理学研究真正迎来了浴火重生的时代。伦理学学科重新恢复并迅速发展，伦理学研究也不再局限于马克思主义伦理学的视野，对中国传统伦理思想的研究以及西方伦理学的研究都取得了丰硕的成果，应用伦理学也发展迅速，社会伦理观念呈现出多元发展的面向，伦理学参与社会道德体系建构的话语能力不断增强。总的来说，与改革开放以来中国社会政治经济文化的发展相适应，当代中国伦理学知识体系的建构大概经历了三个特征鲜明的发展阶段。

一、新时期伦理学的复苏与反思

改革开放之初，围绕“文革”的反思成为这一时期中国伦理学讨论的热点，伦理学研究和话题讨论呈现一种反思“文革”的话语和思想观念的革新。首要的就表现在“关于真理标准的大讨论”中，恢复了“实践”的权威性。但是因为改革开放初期，伦理学知识体系的建构也是在“摸着石头过河”，对伦理学知识体系建构具有指导意义的是四项基本原则所确定的根本政治方向，而建构的具体展开方向却并不明确，这使得

① 万俊人：《论中国伦理学之重建》，《北京大学学报》1990 年第 1 期。

伦理学的研究呈现出建国初期政治化的革命伦理学理论范式的某些特征。

70 年代末 80 年代初，伦理学研究恢复后，对 60 年代由吴晗引发的关于道德阶级性和继承性问题进行了一次更为深入和全面的讨论，这就为中国传统伦理学研究的恢复奠定了理论基础。另一场备受关注的讨论是关于“社会主义人道主义”的讨论，这场讨论在 80 年代初形成高潮，围绕人道主义的范围和人道主义在社会主义道德中的地位，当时的伦理学界提出了人的生命尊严、人道、人性、人权等一系列伦理学理论。80 年代中后期的伦理讨论则不再局限于对“文革”的反思，而是具有了更深刻的启蒙意义，这时引发关注的伦理学问题主要是关于道德主体性问题的讨论、关于功利主义的反思、关于义利关系之争、关于集体主义道德原则的讨论、关于继承民族优秀道德遗产问题的讨论等。对其中一些问题的讨论，一直延续到 90 年代初期，有些讨论甚至持续至今。

这一时期，直接面向伦理学基础理论问题的探讨，主要集中在伦理学的基本问题以及道德的本质问题上。关于什么是伦理学的基本问题的探讨，在 80 年代主要有三种观点，即认为伦理学的基本问题是利益与道德的关系问题、道德与社会历史条件的关系问题和善与恶的关系问题。其中认为伦理学的基本问题是利益与道德的关系问题的观点，获得了较为广泛的认同。而关于道德的本质是主体性还是约束性的讨论，在当时主要出现了道德本质主体说和道德本质规范说。道德本质主体说认为“道德是人探索、认识、肯定和发展自身的一种重要方式，它从本质上说是人的需要和人的生命活动的一种特殊表现形式”，道德本质规范说则“把道德规定为由经济关系决定、按一定社会和阶级的要求来约束人们相互关系和个人行为的原则规范的总和”，强调“道德的真正本质在于约束性”①。

改革开放后，新中国的伦理学学科才真正得以在完整独立意义上建立起来。20 世纪 80 年代出版的伦理学教科书主要包括：罗国杰的《马克思主义伦理学》，这是新中国成立以来的第一部伦理学教科书；之后魏英敏、金可溪合著的《伦理学简明教程》，唐凯麟主编的《简明马克思主义伦理学原理》，张善城编著的《伦理学基础》，周原冰

① 杨通进：《改革开放以来我国伦理学研究的十大热点问题》，《伦理学研究》2008 年第 4 期。

的《共产主义道德通论》，肖雪慧的《伦理学原理》，罗国杰、马博宣、余进编著的《伦理学教程》，李奇主编的《道德科学》，罗国杰主编的《伦理学》等，这些形成了"80 年代伦理学教科书群落"。这些教科书总体上主张"道德科学"说。

新中国成立后的一段时期，中国伦理学的学科发展缓慢甚至一度中断，使得中国伦理学的发展缺乏自身探索的经验。中国伦理学学科的建构就只能参考苏联伦理学教科书体系的经验，而苏联伦理学教科书体系主要以施什金和季塔连科为代表。施什金的《共产主义道德概论》，可以说是前苏联第一本完整的伦理学书。1980 年代，季塔连科写了一本《马克思主义伦理学》，其特点就是大力宣传人道主义，并将它与原来提倡的集体主义等并列在一起。① 这两个人的伦理学体系都讲道德规范体系，其典型特征就是将伦理学视为一门关于道德研究的科学，主张"道德科学"说。实际上，受施什金的《共产主义道德概论》和《马克思主义伦理学原理》的影响，周原冰在 1964 年出版的《道德问题论集》一书中，就提出了"道德科学"说。他认为"当代中国对于道德的研究，应该称为'道德科学'而不是'伦理学'"②，马克思主义诞生之后，"已经把道德学说根植于科学的基础之上了"③，并且强调"伦理学或道德学，不只是一种哲学，而且是一门实践性很强，与政治关系极为密切的科学"④。在 1986 年出版的专著《共产主义道德通论》中，周原冰更是系统阐述了马克思主义道德科学特别是共产主义道德原理。罗国杰创立的马克思主义伦理学体系坚持了"道德科学"说，早在 1960 年代他就借鉴苏联教科书制定了新中国第一个《马克思主义伦理学教学大纲》，大致勾勒了马克思主义的基本框架，认为马克思主义伦理学具有科学性、阶级性和实践性的特征；在改革开放后的《马克思主义伦理学》中，他更系统论述了"马克思主义伦理思想的来源和发展以及道德与经济基础和上层建筑的辩证关系，并将共产主义道德列为马克思主义伦理学的核心内容之一"⑤；他一方面"把马克思主义伦理学解读并定位为科学"，

---

① 周辅成：《中国伦理学建设的回顾与展望》，《周辅成文集》卷 II，北京大学出版社 2011 年版，第 444—446 页。

② 周原冰编：《道德问题丛论》（增订本），华东师范大学出版社 1989 年版，第 14 页。

③ 同上书，第 15 页。

④ 赵修义：《伦理学就是道德科学吗？》，《华东师范大学学报（哲学社会科学版）》2018 年第 6 期。

⑤ 孙春晨：《新中国 70 年马克思主义伦理思想研究》，《道德与文明》2019 年第 4 期。

另一方面则“致力于创建一门‘科学’的伦理学”，即“以科学的形态再现道德，借助于抽象的理论思维就道德的规律问题展开理论探索和总结概括，达到对道德现象的规律性把握”①。

1980年代，中国伦理学学科体系的建构，奠定了马克思主义伦理学体系建构和发展的基础。同时对之后伦理学的发展影响深远，长期主导了中国伦理学界关于伦理学的学科形象地位以及伦理学学科性质的认识。将伦理学规定为关于道德研究的学问，并将道德视为“调节人们行为规范的总和”，这“割裂了伦理学作为一种行为价值学说的整体内涵，使伦理学变成了一种单纯的行为规范学或‘准则学’，忽略或掩饰了其价值本体意义”；而将社会约束性视为伦理学的本质特征，则“把道德和伦理学变成了一种纯外在化、政治化和非人性的东西，以至于难以避免与法律和政治的‘角色混同’”②。

二、面向市场经济的伦理学形态

20世纪90年代以后，随着社会主义市场经济体制的建立与发展，建构与社会主义市场经济相匹配的伦理道德体系成为时代的新要求。中国伦理学逐渐摆脱模仿苏联伦理学教科书体系的建构路径，聚焦于以市场经济为核心的社会生活，开始真正探索适应中国社会实际发展需要的伦理学知识体系。“对伦理学理论的思考开始不再固执地从既有的本本、理论教条、政治原则出发，而是从现实生活、人民的福利出发。道德与经济、义与利关系的大讨论，为市场经济正名，为正当权益正名，为道德革新正名，构成了那一时期伦理学理论的空前生机与繁荣景象。伦理学理论的这种世俗化转向，既是日常世俗生活在伦理学理论层面的反映，亦是日常道德生活世俗化寻求理论辩护的要求；既是改革开放过程中市场经济建设实践推动伦理学理论前行的标志，又是伦理学理论突破教条主义、面向社会日常生活、建立与市场经济和现代化建设相适应的理论体系的标志。”③ 这一时期引发热议的重要伦理问题包括：关于集体主义问题

① 戴茂堂、王涛：《伦理学是科学吗？——试论伦理学的学科形象》，《湖北大学学报（哲学社会科学版）》2018年第3期。

② 万俊人：《论中国伦理学之重建》，《北京大学学报（哲学社会科学版）》1990年第1期。

③ 高兆明：《伦理精神的追寻——中国伦理学理论30年》，《云南大学学报（社会科学版）》2009年第3期，第45页。

的讨论，主要是如何在市场经济体制下发展集体主义的问题浮现出来；关于义与利的关系问题，以及与之相联系的市场经济与道德的关系问题更是成了这一时期伦理学研究关注的重点问题，市场经济能否促进社会道德水平的提高问题受到关注，并促成了后来中国经济伦理学学科的建立；关于权利与正义问题的讨论增多，这既是对“文革”反思的一种结果，同时市场经济中个人利益的凸显也寻求关于个人权利问题的关注，而且 90 年代对以罗尔斯为代表的西方正义理论进入中国伦理学界的视野，并收到越来越多的关注；关于制度伦理问题的研究，主要是计划经济向市场经济转型过程中，制度的缺失给人们的道德生活所带来的致命冲击受到中国伦理学研究者的关注，道德建设关注的视野不再仅仅局限于个人美德，而且也关注制度美德；关于普遍伦理的讨论，改革开放初期，我国主流伦理学还仍然坚持道德的阶级立场，认为道德是为了维护特定阶级的利益服务的，然而随着冷战格局的瓦解，如何在全球层面达成伦理共识的问题逐渐受到国际学术界热议，受此影响，国内伦理学界也开始关注和讨论普遍伦理的问题。① 此外，对环境伦理问题、科技伦理问题的关注在这一时期也开始出现。

从伦理学知识形态的角度看，中国近代伦理学建构时期出现的三种伦理学知识形态，依然可以用来架构和分析当代伦理学知识体系的建构，只是“以知识的建构为直接目的、作为对社会道德生活的哲学思考意义上的‘道德’哲学成为当代伦理学知识建构的主要知识形态”。与此同时，伦理学研究的方法开始走向跨学科、超学科的研究，自然科学中的系统论方法，社会学中的调查、实证研究方法，心理学中实验和测量的方法，被引入对相关伦理学问题的研究中。

三、面向实践的应用伦理学范式

21 世纪以来，中国伦理学知识体系的建构进入到了社会化发展的阶段。这一阶段中国伦理学建构的突出特征就是应用伦理学的蓬勃发展，呈现出伦理学研究的具体化、实践性品格。中国伦理学理论进一步面向社会生活，深入各个领域的特殊伦理关系，思考并回答各种具体问题，力图发挥伦理学理论指导与引领日常生活的功用。随着社

① 杨通进：《改革开放以来我国伦理学研究的十大热点问题》，《伦理学研究》2008 年第 4 期。

会主义市场经济建设和改革开放进入深水区，现代科学技术发展给社会带来了空前挑战，环境、医疗等社会各个领域内的伦理问题也都引发了社会的高度关注。伦理学的问题不再局限于社会日常生活领域的一般性道德问题，而是呈现为社会各个专业领域内与日常生活领域交织的复杂性的伦理问题，这迫使伦理学研究者不得不直面现实，研究具体的问题。由此，应用伦理学真正地开始勃兴。在这种意义上，应用伦理学不应该被简单视为一般伦理学原则在具体领域中的具体运用，也不应该被“理解为不关注形而上学的抽象命题而仅关注具体实践领域中的具体道德问题研究”。应用伦理学之“应用”应该“是在一种处境化的‘问题’中寻求对问题本身的理解方式”，是由于现实生活中出现了“无法‘应用’传统伦理学的原则来加以理解和解决的问题领域”，才出现了“应用伦理学”①。随着人工智能和生命科技的迅猛推进，伦理学研究更需要立足现实问题，回应时代挑战，强化理论与实践互动、研究方法与范式更新，在社会伦理关系调整与秩序重塑中推进伦理学知识体系的转型创新。

第四节　未完成的中国现代伦理学

百余年来，中国伦理学每个阶段的发展某种程度上都可以视为中国现代伦理学知识体系一次重建的努力。每一次重建都体现了时代对于中国伦理学发展的迫切要求，从近代对中国伦理学实现现代性转型的要求，到建国初期建构社会主义伦理道德体系的要求，再到改革开放后恢复中国伦理学研究以及建构符合社会主义市场经济发展相匹配的伦理道德体系的要求。时代的发展才是中国伦理学术发展的根本引领，中国伦理学知识体系必须能够直面时代问题、回应时代挑战，才能真正永葆理论的生机和活力。经过改革开放 40 多年的发展，中国特色社会主义建设已经进入了新时代，对中国伦理学发展也提出了新挑战和新要求，中国伦理学知识体系进入到了新的历史建构阶段。

当然，伦理学知识就其作为真理性的认识看，也即从狭义的知识论的角度看，伦理学知识体系的更新主要是要更新对伦理学的基本问题的回答，但这样的知识体系的

① 高兆明：《伦理学理论与方法》(修订版)，人民出版社 2013 年版，第 140 页。

更新主要取决于我们认识真理的能力。我们今天重提中国伦理学知识体系，重要的是建构适应新时代发展要求的伦理学体系，从知识体系的角度看，这样的伦理学体系的建构就是要有一种引领中国伦理学研究方向的能力。这样的伦理学知识体系的建构，要反映新时代中国发展特点，要适应新时代中国发展要求，这种要求对内表现为中华民族伟大复兴的追求，对外表现为建构人类命运共同体的追求，因而要体现民族性与普遍性相统一的伦理学特征。

回顾百年来中国伦理学知识体系的重建，由于中国社会具有多次阶段质变性特征，也即总是在一种社会政治经济形态还未充分发育的情况下，通过政治革命或强力的手段使得社会政治经济形态发生了质的变化。中国伦理学现代性转型的历史任务仍未完成，当代中国伦理学知识体系的重建不仅要回应时代，而且要反思历史，应该充分生长在中国百年伦理学现代转型的历史基点和现实之原上。综合中国现代伦理学知识体系三个阶段的建构，当今中国伦理学知识体系的重建应该充分意识到以下几个方面的问题。

一、伦理学的现代性转型仍在途中

中国伦理学的现代性转型有多重意涵。就相较于传统伦理学思考的范式而言，作为现代学科意义上的伦理学研究范式转型，取得了很大进展。就对传统伦理学内容的现代性重释和改造而言，我们看到自近代以来新儒家成果丰硕，但这一现代性的转型依然问题重重，亟待突破。这意味着中国伦理学的现代性转型本身就应该是一个不断持续探讨的方案。

从推进中国伦理学现代性转型的角度看，一方面要求我们必须继续反思中国伟大的伦理思想传统，只有实现了中国传统伦理与现代性的有机结合，我们才有可能在真正意义上称之为中国伦理学，这意味着面向伦理学普遍问题的中国智慧和中国方案。另一方面，还提醒我们必须重视和把握中国现代性实践的现实和经验，中国现代伦理学的建构必须以中国现代社会的发展为基本出发点。

二、重思近代伦理学建构的遗产

从伦理学知识形态的角度看，当代伦理学的讨论依然没有完全超越近代伦理学讨论所确立的三种知识形态。从百年伦理学建构的历程看，考虑到新中国成立后前三十年伦理学发展的状况，改革开放后中国伦理学建构真正具有自我参考价值的经验恰恰在近代，而且当代对中国传统伦理学以及西方伦理学的研究基础也正是近代伦理学的研究。因而，要摆脱百余年中国伦理学断裂式的建构模式，当今中国伦理学知识体系的建构，必须对近代伦理学的建构进行反思，而且近代也是思考中国现代性问题的发生起点。冯契晚年多次提到需要对中国近代伦理革命做更深入的反思，对中国近代伦理革命问题的关注，重要的不在于阐明近代伦理革命的事实，而是由于近代伦理革命中遗留下来的问题深刻影响着当代。近代伦理革命就其作为过往的历史而言是“既济”，然而就它与我们当代生活深刻的关联性而言，它还是“未济”的，因而需要重新理解近代伦理革命，发现其中的问题，分析这些问题与我们当代伦理生活之间的联系，从而进一步发展和完善我们这个时代的伦理建设。

百年中国伦理学知识体系的阶段性重建总是伴随着对“伦理学”认识的变化，由之也确定了整个中国伦理学知识体系建构的方向和内容。中国伦理学的现代性转型，实际上是区分了传统的道德学说与伦理学研究的不同，蔡元培创立中国伦理学的学科就是从区分“修身书”与“伦理学”开始的。对伦理学知识体系的当代中国重建而言，我们所要面对的首要问题就是重新理解什么是伦理学，伦理与道德的关系、伦理的学科性质、伦理学知识体系的特点及论题域是什么。而以现代新儒家为代表对传统伦理的理解存在着道德主义的简单化约的倾向，当代伦理学知识体系的建构就必须超越对伦理学的片面认识。

三、伦理学知识体系的会通与创新

近代以来中国伦理学的发展就是从古今中西之争开始的，最早是借用西方进化论伦理学挑战中国传统伦理思想。五四以后，自由主义西化派的伦理学、文化保守主义的伦理学以及马克思主义伦理学相互竞争，但是理论上的对话和会通尚未充分展开。新中国成立后，马克思主义伦理学取得主导地位，较长时期引进并沿用了前苏联教科书模式的框架预制。80 年代中后期以后，西方伦理学研究又开始独立发展，中国传统伦理也逐渐受到重视，中国传统伦理学、西方伦理学与马克思主义伦理学形成了某种割据发展的态势。这造成了某些研究走向的偏颇，包括伦理的复古主义、狭隘化等。当今中国伦理学知识体系的重建必须要很好地做到三者的会通，这是中国伦理学知识体系建构的现实基础，而中国传统伦理学是真正的中国特色根基所在，西方伦理学则提供了现代性伦理学的某种范式。必须在会通三者之上，真正有所创造，“中国伦理学的重建是一种传统伦理学向现代伦理学的转型，它应该既是对中国传统伦理学的批判性再造，也是对传统‘马克思主义伦理学’的创造性拓展”①。从中西马伦理学会通的视角看，冯契的智慧说理论体系立足广义认识论，化理论为德性，化理论为方法，为当代中国伦理学知识体系重建提供了新范例和新思路。②在中国伦理学步入自我反思和东西方文化趋于合流的时代，如何真正走出古今中西之争，植根中国问题中国智慧，推进全球价值重塑与人类文明互鉴，正是一个有待深入展开持续探索的中国伦理学知识建构与实践方向。

第五节　结语

中国伦理学有着悠久丰厚的文化传统和话语资源，曾经支撑起“道德中国”的伦理大厦，建构了中国人独特的精神世界。如何上承旧统下启新运，按照习近平总书记指示的“立足中国、借鉴国外、把握当代、关怀人类、面向未来的思路”，建构一种既传承自身民族智慧，又具有世界普遍意义的当代中国伦理学知识体系，实乃时代之需。而且面对当代人工智能与生命科技的挑战，在“机器向人生成”与“人向机器生成”的双重境遇中，回应人类和类人类（AI）如何相处以及如何持守人的价值与尊严问题，都需要重构和创新当代中国的伦理学知识体系。这不仅是一个紧迫而重大的学术问题，而且也是“中国现代性”中最紧要的现实问题之一，具有重大的应用价值和社会意义。

1. 发挥伦理学的实践品格，更好地应对时代的伦理挑战

伦理学知识的核心，即善或正当概念的日用意义，是从人们关于善的生活的观念和关于有德性的活动的观念中逐步地、历史地分离出来，并在日常意识中沉淀下来的。

① 万俊人：《论中国伦理学之重建》，《北京大学学报（哲学社会科学版）》1990 年第 1 期。

② 付长珍：《论德性自证：问题与进路》，《华东师范大学学报（哲学社会科学版）》2016 年第 3 期。关于冯契“智慧说”伦理思想，可参见冯契：《人的自由和真善美》，《冯契文集》第 3 卷，华东师范大学出版社 2015 年版。

面临新时代、新问题，当代的伦理学应该基于现实生活与实践对善与正当进行重新解说。而且每一个时代都有这个时代的主要矛盾和中心问题，伦理学要直面生活世界，更好地回应生活世界，回应时代的中心问题，就应该致力于解决时代的主要矛盾和中心问题的挑战。尤其是面对这样一个日益多元化分化发展的社会，技术、经济、环境等领域暴露出的伦理问题越来越多，而传统的伦理学更多地倾向于就伦理谈伦理，对新兴问题关注较少，这都要求伦理学知识体系的更新与重建。

2. 挖掘中华伦理精神，更好地推进中国伦理文化观念的认同

西学东渐之始，中国有无伦理学就成为一个备受争议的话题。有些学者认为，由于中国传统文化中缺乏系统的伦理学知识体系，所以中国没有伦理学，有的只是伦理道德观念。有些学者认为，尽管中国不像西方那样对伦理学作为一门学科有过系统的论证，但是儒家、道家以及后世的程朱理学等都提供了整全的伦理理论。因此，中国有伦理学，只不过这种伦理学是属于中国样式的。伦理学知识体系的当代中国重建，很重要的就是要发掘中华民族的伦理思想传统，揭示中国新型伦理话语建构的历史成因和文化资源；梳理百年来伦理思想家的经验，探讨中国伦理话语建设路径，切实创建富有中国气象的伦理话语；考察中国伦理关键术语的创建和话语形态创新，阐述中国新型伦理学知识体系的内涵特质；引入实践智慧这一新的视角来研究中国伦理学知识体系建构，进一步拓展伦理学建设的理论空间和可能前景。这些都有助于弘扬中华伦理精神，更好地推进对中国伦理文化观念的认同与接受。

3. 建构中国伦理话语，更好地参与世界伦理对话

习近平总书记在哲学社会科学工作座谈会上的讲话指出："发挥我国哲学社会科学作用，要注意加强话语体系建设。在解读中国实践、构建中国理论上，……要善于提炼标识性概念，打造易于为国际社会所理解和接受的新概念、新范畴、新表述，引导国际学术界展开研究和讨论。"伦理学知识体系的当代中国重建，有助于建构伦理学话语的中国形态，让中国伦理学更好地参与世界文明的伦理对话。

当代西方伦理学知识体系呈现出分离式的对立，如三大论域（元伦理学、描述伦理学、规范伦理学）、两大命题的分离（道德命题与科学命题）；两大基础（伦理理性主义与道德情感主义）以及核心问题（善与正当何者优先？）的对立。这些分离式、对立性的诠释带来了自由主义与社群主义、规范伦理与美德伦理之争，使得伦理学成为一种非整全的存在。伦理学在当代的出场，就需要贡献出尚未被西方充分重视的中国伦理智慧。而且尽管伦理观念的产生具有民族性、地方性、本土性特征，但是随着全球化的迅速扩张，面对高科技将人类世界缩小为地球村，人类的命运被牢牢地拴在一起，更需要构建一种整合性的伦理学知识体系，要关注不同民族、不同国度对普遍价值的共识性理解，以“和而不同”的态度进行多元化融合。伦理学知识体系的当代中国重建，旨在广纳古今中外伦理精华的基础上，挖掘科学与人文方法的深度融合，寻找伦理学观念得以践行的有效方式，以一种世界话语、国际术语来诠释具有中国特色的伦理学知识体系。这既是中国伦理学特色的呈现，也是中国文化自信的彰显，可以为当代中国民族文化自信提供理论支持与经验参考，为中国文化走向世界做出尝试性探索。

（作者：付长珍）

第十三章　“中国向何处去?”
——《新民主主义论》与《中国问题》的相互解读*

伯特兰·罗素（Bertrand Russell）的《中国问题》出版于1922年年中，那时距这位英国哲学家结束其为时九个月（1919年10月至1920年7月）的中国之行不到一年。哲学家梁漱溟在1972年国庆前夕写文章，赞扬罗素在半个世纪对“我国的光明前途”有不凡预见。①

毛泽东的《新民主主义论》发表于1940年年初，先是在延安的一个演讲，后刊于延安的一家杂志。哲学家冯契在1994年谈到其思想历程时说，“最使我心悦诚服的，是在抗战期间读毛泽东的《论持久战》和《新民主主义论》”——前者回答了“抗战向何处去”的问题，后者则“对一百年来困扰着中国人的‘中国向何处去’的问题做了一个历史的总结……”②。

《新民主主义论》与《中国问题》这两本发表时间相隔近20年，作者身份更有巨大差别，为什么要把这两本书放在一起相互解读，这种相互解读会带来哪些独特收获，这是本文下面要回答的问题。

---

* 本文的基础是2022年年底、2023年年初分别在华东师范大学思勉人文高等研究院、复旦大学哲学学院和华东师范大学中国思想与文化研究所作的讲演，以及2025年5月10日在北京大学燕京学堂作的英文报告“Russell's *The Problem of China* and Its Three Chinese Readers”。一个篇幅较小的版本曾发表在《哲学分析》2023年第3期；在本文写作过程中，作者得益于华东师范大学的应奇、上海社会科学院的马丽雅和上海纽约大学的潘诚男的交流，在此一并致谢。

① 梁漱溟:《旁观者清——记英国哲人罗素50年前预见到我国的光明前途》(1972)，《梁漱溟全集》第4卷，山东人民出版社2005年版，第201—481页。

② 冯契:《〈智慧说三篇〉导论》(1994)，见冯契:《认识世界和认识自己》(增订版)，《冯契文集》第1卷，华东师范大学出版社2016年版，第11、12页。

第一节 《中国问题》《新民主主义论》之间的相互解读，如何论证？

对罗素《中国问题》与毛泽东《新民主主义论》作相互解读，至少有三个理由。

第一个理由，也是最重要的理由，是两本书都讨论“中国向何处去”的问题。《新民主主义论》共有十五节，第一节的标题就是“中国向何处去”。① 而罗素的《中国问题》共有十五章，前面十四章其实都是第十五章“中国前景展望”的铺垫。②

第二个理由，两本书不仅都讨论“中国向何处去”的问题，而且都把“中国向何处去”当作“世界向何处去”的重要内容。《新民主主义论》专门有一节讨论“中国革命是世界革命的一部分”；在正文里，作者觉得在当时的国内外阶级斗争形势之下，仅仅说“中国革命是世界革命的一部分”还不够，还应该说“中国革命是世界革命的伟大的一部分”。③ 同样，《中国问题》在第一段就说：“中国问题即便与中国以外的任何不相干，也仍有重大意义。原因是，中国人约占全人类的四分之一。实际上，在接下来的两个世纪里，全世界将受到中国时局发展的重大影响。是福也好，是祸也罢，但这一时局很可能是一个决定性因素。”④

第三个理由，是两本书在讨论中国向何处去的时候，都重点讨论文化问题。《新民主主义论》先是毛泽东应延安一个文化团体之邀作的演讲，后发表在延安的《中国文化》杂志上；它在全面论述新民主主义的经济、政治和文化的同时，重点讨论了文化问题、文化与经济及政治的关系问题。同样，《中国问题》也认为中国问题的核心是文化问题：“由中国现状产生的问题自然而然分类三类：经济、政治、文化。但每一类都不能割裂开来理解，每一类都与另两类息息相关。我认为文化问题最为重要，对中国问题来说是这样，对于全人类也是如此。”⑤

以上说的是《新民主主义论》与《中国问题》之间相互诠释之所以有可能。但两

① 毛泽东：《新民主主义论》(1940)，见《毛泽东选集》第2卷，人民出版社1991年版，第662页。

② ［英］伯特兰·罗素：《中国问题》(1922)，田瑞雪译，中国画报出版社2019年版，第283页。罗素此书还有两个中译本，一个是1924年上海中华书馆出版的赵文统的译本，一个是1996年学林出版社的秦锐的译本。本文引文基本上引自田瑞雪的译本，除非另有专门说明。

③ 毛泽东：《新民主主义论》，见《毛泽东选集》第2卷，第671页。

④⑤ ［英］伯特兰·罗素：《中国问题》，第1页。

本书之间的相互诠释不仅可能，而且必要，因为罗素在《中国问题》中对中国做出了今天仍值得高度重视的论述，而对这种论述，毛泽东虽然没有直接在《新民主主义论》中回应，但他以后几次重要讲话，却可以从这个角度加以理解。

罗素在《中国问题》中对中国的论述包括三个方面。第一是罗素对中国未来做的预测：“中国物产丰富，人口众多，完全能一跃而成为仅次于美国的世界强国。”① 第二是罗素对中国未来表达的担忧：“在壮大国力、维护独立的过程中，中国可能变得足够强大，以强自恃，走上帝国主义道路。”② 第三是罗素对中国未来的期望：“如果中国志于改革的人守中道、有节制，在有防御能力时就罢手不为，戒除征伐欲望，不去侵略外邦；如果中国在实现国内安定后，不去做强国硬塞给他们、一心只想满足物欲的活动，转而以自由之身追求科学艺术，建立更有效、更公平的经济制度，那么，中国将在全球发挥应有作用，将在人类急需之时带去一个崭新的希望。”③

似乎是回应罗素的上述论述，毛泽东在 1949 年 9 月 21 日宣布“中国人从此站立起来了”时，就强调这意味着“我们的民族将从此列入爱好和平自由的世界各民族的大家庭，以勇敢而勤劳的姿态工作着，创造自己的文明和幸福，同时也促进世界的和平和自由”④。

在 1956 年下半年，毛泽东在多个场合表达同样的意思：谦虚谨慎，戒骄戒躁，永远反对大国主义，更适合与罗素在 1934 年的中国论述放在一起理解。

首先是在 1956 年 9 月 15 日的中共八大开幕式上，毛泽东说：“我们决不可有傲慢的大国主义的态度，决不应当由于革命的胜利和在建设上有了一些成绩而自高自大。国无论大小，都各有长处和短处。即使我们的工作得到了极其伟大的成绩，也没有任何值得骄傲自大的理由。虚心使人进步，骄傲使人落后，我们应当永远记住这个真理。”⑤

然后是在 1956 年 9 月 24 日接待出席中共八大的南斯拉夫共产主义者联盟代表团

①② ［英］伯特兰·罗素：《中国问题》，第 286 页。

③ 同上书，第 295 页。

④ 毛泽东：《中国人从此站立起来了》（1949），《毛泽东文集》第 5 卷，人民出版社 1996 年版，第 344 页。

⑤ 毛泽东：《中国共产党第八次全国代表大会开幕词》（1956），《毛泽东文集》第 7 卷，人民出版社 1999 年版，第 117 页。

时，毛泽东作了一个篇幅不短的主题为“吸取历史教训，反对大国沙文主义”的讲话。毛泽东对南斯拉夫同志说，有人在宣传，“看吧，中国也许要变成一个帝国主义，除了美、英、法帝国主义以外，又出现了第四个帝国主义——中国！现在中国没有工业，没有资本，可是过一百年以后，那才厉害呢！”① 针对这种说法，毛泽东说：“绝不会如此！中国党是个马列主义的政党，中国人民是爱好和平的。我们认为，侵略就是犯罪，我们不侵犯别人一寸土、一根草。”② 在讲了一长段我们在国际上反对大国沙文主义，在国内反对大汉族主义以后，毛泽东说：“我们非常谨慎小心，不盛气凌人，遵守五项原则。我们自己曾是被欺侮的，知道受欺侮的滋味不好受。”③ 毛泽东甚至更加坦率地说：“腐化、官僚主义、大国主义、骄傲自大，中国都可能犯。现在中国人有谦虚的态度，愿意向别人学习，这也是有原因的，我们没有本钱……但是我们要预防将来，十年、二十年以后就危险了，四十年、五十年以后就更危险了。”④ 为强调这一点，毛泽东对南斯拉夫同志说：“你们回去以后，请告诉你们的下一代，将来中国如果翘尾巴，翘到一万公尺以上，就批评它。要监督中国，要全世界都来监督中国。”⑤

最后是在 1956 年 11 月 12 日，在为纪念孙中山先生诞辰九十周年而在《人民日报》发表的一篇文章中，毛泽东说：“一九一一年的革命，即辛亥革命，到今年，不过四十五年，中国的面目完全变了。再过四十五年，就是二千零一年，也就是进到二十一世纪的时候，中国的面目更要大变。中国将变为一个强大的社会主义工业国。中国应当这样。因为中国是一个具有九百六十万平方公里土地和六万万人口的国家，中国应当对于人类有较大的贡献。而这种贡献，在过去一个长时期内，则是太少了。这使我们感到惭愧。”⑥ 毛泽东接着说：“但是要谦虚。不但现在应当这样，四十五年之后也应当这样，永远应当这样。中国人在国际交往方面，应当坚决、彻底干净、全部地消灭大国主义。”⑦

相隔几十年的中外人物的言论中有相同话题，甚至有相同观点，这样例子可以找

---

①② 毛泽东：《吸取历史教训，反对大国沙文主义》(1956)，《毛泽东文集》第 7 卷，第 123 页。
③ 同上书，第 124 页。
④⑤ 同上书，第 125 页。
⑥⑦ 毛泽东：《纪念孙中山先生》(1956)，《毛泽东文集》第 7 卷，第 156—157 页。

到许多。但把毛泽东和罗素两人的相隔几十年的言论放在一起理解，是有特殊理由的，那就是：毛泽东年轻时对中国道路的选择，很大程度上是对罗素相关观点的回应。罗素到中国以后，先在南方几个地方做了旅行；1920 年 10 月 26 日下午和晚上、27 日上午和下午，他应长沙教育学会之邀在长沙就“布尔塞维克与世界政治”连续作了 4 个演讲。当时作为《大公报》特约记者做记录写报道的毛泽东听了罗素的讲演一个多月后，写信给他的新民学会会友蔡和森和肖子升等，说：“罗素在长沙演说，……主张共产主义，但反对劳农专政，谓宜用教育的方法使有产阶级觉悟，可不至要妨碍自由，兴起战争，革命流血。”毛泽东说，于罗素讲演后，他曾与另外两位新民学会会友“有极详细之辩论，我对于罗素的主张，有两句评语，就是‘理论上说得通，事实上做不到’。”①

毛泽东与罗素的缘分不限于长沙演讲。罗素到了北京，在北大讲数理逻辑、心的分析等，据说毛泽东和周恩来都曾去听过。②后来，在延安时期，据当时到访的国际友人回忆，毛泽东的藏书中有罗素的著作。③新中国成立后，在 1957 年 9 月 18 日晚上会见印度副总统拉达克里希南一行时，毛泽东提到罗素，说：“我知道罗素，听过他的讲学。罗素曾经到过我的家乡长沙。他很喜欢中国的手工业。但是他怕中国的手工业像英国的一样，维持不久。其实，手工业是一种过渡性的生产方式，迟早是要让位给机械化工业的。”④1965 年 12 月 21 日，毛泽东在杭州会议上谈到形式逻辑时，又提到罗素，赞扬罗素政治上有进步⑤，并提到罗素送了他一本书，说这本书可以翻译出来看

① 毛泽东：《致蔡和森等》（1920 年 12 月 1 日），《毛泽东书信选集》，人民出版社 1983 年版，第 5 页。

② Ronald W. Clark, *The Life of Bertrand Russell*, Jonathan Cape and Weidenfeld & Nicolson, 1975, p. 389.

③ “毛素有博览群书之称，看来是有根据的。他让我看康德和史宾诺沙以及罗素著作的译本。”王安娜：《嫁给革命的中国》，广角镜出版社 1978 年版，第 146 页。

④《毛泽东年谱（1949—1976）》第 3 卷，中央文献出版社 2013 年版，第 206—207 页。

⑤ 就在毛泽东作这个评价前的一个多月前，当时已经 93 岁的罗素为《中国问题》新版作序，带着对中国人民的深厚情谊写道：“我觉得，书中不是谈时事的部分，总的来说仍然是正确的。我要特别指出的是传统的中国人与西方各民族之间性格的鲜明对比。然而，如今的中国已经与那时的中国大相径庭。那时中国的主要威胁是野心勃勃的日本，但日本的勃勃野心在广岛原子弹爆炸中灰飞烟灭了。现在，别人的原子弹威胁着中国，中国人必须寻求别的保护办法。中国人曾经历经磨难，但他们的英雄主义拯救了他们，他们应该成功。愿成功是他们的！”（[英]伯特兰·罗素：《中国问题》，秦悦译，学林出版社 1996 年版）

看。① 另据张申府回忆，周恩来总理在 1958 年 11 月举行的纪念孙中山先生诞辰纪念会上高兴地对他说："告诉你一个好消息，罗素又要到中国来讲学了。"但张申府说："可能由于罗素先生年事已高，此次讲学，未能成行。"②

第二节　文化的"内在价值"和"工具价值"，如何认识？

对罗素的《中国问题》与毛泽东的《新民主主义论》的相互解读的主要角度，是两书对文化与经济和政治的关系所做的论述；这种相互解读的一个好处，是可以让我们从"内在价值"与"工具价值"这两个范畴的关系出发，对文化的性质和作用有更好认识。

在《新民主主义论》中，毛泽东一方面认为文化依赖于经济以及政治，另一方面认为文化有相对独立性，给经济与政治以反作用。虽然与经济和政治相比，文化的作用是"反作用"而不是"决定作用"，但毛泽东在该书中对文化的阐述，却比该书中对经济和政治的阐述，有更长的生命力。一方面，他提出的"民族的、科学的、大众的文化"的概念，至今仍然是当代中国"社会主义文化"之官方界定即"面向现代化、面向世界、面向未来的，民族的科学的大众的社会主义文化"的两个核心要素之一③。

---

① 参见 *Chairman Mao Talks to the People: Talks and Letters: 1956—1971*, edited by Stuart Schram, The Pantheon Books New York, 1974, p. 239。关于毛泽东之所以说罗素政治上有进步，可参照《周恩来年谱》记载：一九六五年十月二十二日，周恩来总理"致函英国哲学家罗素，称赞他在公众机会上谴责美国侵略行径、不畏强暴的豪迈气概，支持他为国际主义与和平事业所作的努力。十一月三十日，罗素复信周恩来，表示将全心全意支持亚非拉各国人民的反美斗争。"《周恩来年谱（一九四九——一九七六）》（中卷），中共中央文献研究室编，中央文献出版社，1997 年 5 月，第 760 页。《周恩来年谱》还记载了 1960 年代初中印边境冲突期间，罗素为调停冲突致信两国领导人，周恩来代表中国政府回函罗素以及与罗素的秘书会谈的情况，见《周恩来年谱（一九四九—一九七六）》（中卷）第 558、566 页。关于罗素送毛泽东的书，参见何兆武在一次访谈中说："……我翻译了罗素的《西方哲学史》。其实这是毛泽东交译的，当时我并不知道是他交译的，这是后来我的老同学、商务印书馆副总编辑骆静兰女士告诉我的。"见戴燕主编：《陟彼景山：十一位中外学者访谈录》，中华书局 2017 年版，第 10 页。

② 张申府：《我对罗素的敬仰与了解》，《中国到自由之路——罗素在华讲演集》，袁刚、孙家祥、任丙强编，北京大学出版社 2004 年版，第 328 页。

③ 习近平：《高举中国特色社会主义伟大旗帜　为全面建设社会主义现代化国家而团结奋斗——在中国共产党第二十次全国代表大会上的报告（2022 年 10 月 16 日）》，http://jhsjk.people.cn/article/32551700。这个界定的另一个要素的依据是邓小平在 1983 年 10 月关于教育的题词即"教育要面向现代化，面向世界，面向未来"。《邓小平文集》，第 3 卷，人民出版社 1993 年版，第 35 页。

另一方面，毛泽东在《新民主主义论》中提出的“能动的革命的反映论”，用冯契的话来说，是从哲学高度回答了“中国向何处去”的问题，并且也“使近代哲学达到总结阶段”。①

罗素在《中国问题》一开始就强调文化问题的普遍重要性；在他看来，不仅在中国，而且在全世界，在经济、政治、文化三类密切相关的问题中，文化问题都是最重要的。罗素把“文化”理解为一个民族的价值体系，而这种价值体系的最佳认识途径，是不同文化的比较：“在对比异域外邦文化与本国文化时，人们应该问自己一些问题，这些问题要比国内通常出现的问题更具根本性意义。人们应该这样问自己：哪些东西是我最看重的？我在评判某种类型的社会优于别的类型时，所依据的是什么？哪些目标是我最希望在全世界实现的？”②

在罗素看来，“看重”或“认为有价值”，有两类对象，一类具有内在价值，一类只具有工具价值：“在我看来，有几样东西不仅是达成其他事物的手段，而且自有重要价值。这几样东西是：知识、艺术、幸福本能、友谊、情义。就知识而言，我指的不是所有知识。因为有很多知识是干巴巴、毫无生趣的事实，仅仅有些效用。还有一些知识不能产生任何重要价值。但我们对自然的认识，尽管是从科学中得到，且有失全面，我还是认为其自有益处和趣处。一些传记文学、一部分历史也是这样。……我认为艺术是自有其重要价值的事物之一。”③在罗素看来，文化之所以与经济和政治相比较更重要，是因为文化涉及的是内在价值（“自有重要价值”），而不是工具价值（“是达成其他事物的手段”）。

同样是强调文化的重要性，罗素明确强调那是因为文化——知识、艺术、幸福本能、友谊、情义——是目的，而经济和政治是手段：“如果解决了文化问题，我会多多

① 习近平：《高举中国特色社会主义伟大旗帜 为全面建设社会主义现代化国家而团结奋斗——在中国共产党第二十次全国代表大会上的报告（2022年10月16日）》，http://jhsjk.people.cn/article/32551700。这个界定的另一个要素的依据是邓小平在1983年10月关于教育的题词即“教育要面向现代化，面向世界，面向未来”。关于冯契对毛泽东《新民主主义论》哲学贡献的阐发，参见童世骏：《作为哲学问题的“中国向何处去？”——理解冯契哲学思想的一个视角》，《华东师范大学学报》2016年第3期。

②③ ［英］伯特兰·罗素：《中国问题》，第5页。

少少心平气和接受任何一种为解决该问题而服务的政治经济制度。”① 而毛泽东却没有那么明确地强调文化相对于经济和政治所具有的内在价值或目的价值的地位。相反，毛泽东说“一定的文化是一定社会的政治和经济在观念形态上的反映”②；“帝国主义文化和半封建文化”“这类反动文化是替帝国主义和封建阶级服务的，是应该被打倒的东西”③；“至于新文化，则是在观念形态上反映新政治和新经济的东西，是替新政治新经济服务的”④——当毛泽东作这些论述的时候，他着眼的主要是文化的工具价值。

文化当然是有工具价值的，是为特定的经济和政治服务的。就连罗素，他在《中国问题》中不仅把经济和政治当作服务于文化之目的的手段，而且也注重文化对于经济和政治会发生的实际影响。罗素之所以不仅对中国富强的前景抱着殷切期望，而且对中国富强的后果持着深重疑虑，就是因为他看到文化与经济和政治之间的这种复杂关系。罗素知道，物质财富创造能力极强的工业文明，既要求相应的文化条件，也产生相应的文化后果；而罗素深恶痛绝的欧洲逐利倾向、竞争心态和控制欲望，既是西方人的“推崇冲突、开发、不停变化、不知满足以及破坏”的生活方式的结果，也是这种生活方式的原因：“我们的工商文明既是我们多少是不自觉地形成的有关何者有价值的信念的原因，也是这些信念的结果。”⑤

但毕竟，文化作为价值体系，其首要功能是决定人们对生活意义、生活目标和生活方式的选择；在肯定文化对于经济和政治有工具价值的同时，很有必要把文化主要作为内在价值来对待，承认文化“不仅是达成其他事物的手段，而且自有重要价值”⑥。其实，当毛泽东在 1949 年 9 月 21 日说“我们的民族将从此列入爱好和平自由的世界各民族的大家庭，以勇敢而勤劳的姿态工作着，创造自己的文明和幸福，同时也促进世界的和平和自由”⑦ 的时候，当他还说“随着经济建设的高潮的到来，不可避免地将要出现一个文化建设的高潮。中国人被人认为不文明的时代已经过去了，我们

① ［英］伯特兰·罗素：《中国问题》，第 3 页。
② 毛泽东：《新民主主义论》，见《毛泽东选集》第 2 卷，第 663 页。
③④ 同上书，第 695 页。
⑤ ［英］伯特兰·罗素：《中国问题》，第 6 页，译文根据原文稍作修改。
⑥ 同上书，第 5 页
⑦ 毛泽东：《中国人从此站立起来了》，《毛泽东文集》第 5 卷，第 344 页。

将以一个具有高度文化的民族出现于世界”①的时候，他也是把和平、自由、勇敢、勤劳、文明和幸福，当作不可替代的内在价值来看待的，但他在阐述文化与经济和政治的关系的时候，却没有提到这一点。

从理论上说，工具主义的文化观，或工具主义的元价值观——对价值只承认其工具价值而不承认其内在价值的观点，很容易导致价值相对主义，甚至价值虚无主义。因为，具有工具价值的东西，是可变的、可替换的。比如，前面提到的和平、自由、勇敢、勤劳、文明和幸福这些价值，是无法被别的价值替换的；但某个特定的规则、机构、程序、策略或战术，等等，则通常是可以被替换的。具有内在价值的东西，是我们要以敬畏态度来对待的。近年来，“敬畏”一词常常听到。以前不大听到这个词是有问题的，但现在经常听到这样的词，可能也是有问题的，因为一旦把“敬畏”这样的词也用于只具有工具价值的东西，真正值得用敬畏态度对待的，如康德在《实践理性批判》结论中所说的，“在我之上的星空和居我心中的道德法则”②，就得不到真正意义上的敬畏。

从实践上说，重视文化的内在价值，而不仅仅重视文化的工具价值，对于已经完成全面建设小康社会的中国人来说，尤其重要。罗素在《中国问题》中引用《老子》中“生而不有，为而不恃，长而不宰”一语来说明中国人的人生观，但同时他说，虽然老子想让我们摈弃的三种东西之一是“有”，但一般中国人实际上却是很重“有”的。③出现这种情况，或许可以这样解释：在直到最近几十年的中国历史上，“无”或贫困、匮乏甚至一无所有，是“一般中国人”的最平常的生活经验。但中国的现代化进程到了今天，“历史性地解决了绝对贫困问题，如期全面建成小康社会，实现第一个百年奋斗目标，迈上全面建设社会主义现代化国家新征程”④；在这样的发展阶段，“物质贫困不是社会主义，精神贫乏也不是社会主义”⑤就不仅是一个理论命题，而更是一

① 毛泽东：《中国人从此站立起来了》，《毛泽东文集》第5卷，第345页。

② ［德］伊曼努尔·康德：《实践理性批判》，韩水法译，商务印书馆2017年版，第177页。

③ ［英］伯特兰·罗素：《中国问题》，第218页。

④ 习近平总书记于2022年12月2日在中共中央党外人士座谈会上的讲话，见http://jhsjk.people.cn/article/32582303。

⑤ 习近平：《高举中国特色社会主义伟大旗帜　为全面建设社会主义现代化国家而团结奋斗——在中国共产党第二十次全国代表大会上的报告（2022年10月16日）》，http://jhsjk.people.cn/article/32551700。

个实践目标；在“五位一体”的现代化格局中，文化建设的目标理应得到前所未有的重视。

第三节　文化观上的本质主义和建构主义，如何选择？

把《中国问题》和《新民主主义论》作相互解读，还可以让我们从“本质主义”和“建构主义”这两种观点的对比出发，对文化的变化和发展有更好认识。

如果说毛泽东的《新民主主义论》的文化观容易作工具主义的理解的话，罗素的《中国问题》中的文化观，则容易作本质主义的理解。当罗素说“中国人应该寻求独立，但独立本身不是目标，而是实现西方技能与中国传统美德新融合的一种手段”①的时候，当他说“西方文明的典型优点是科学方法。中华文明的典型优点是中国人对人生目的有公正评判。把这两点逐渐综合到一处必为众人之所望”②的时候，他的观点是很容易被理解为接近“中体西用论”，或“中国本位文化论”的③；根据这样的观点，虽然“中国传统”或“中华文明”在现代社会能否存活取决于现代中国人是否愿意选择它、是否能够保存它，但它的内容，却是为中国所独有、越古今而不变的。④

前面说过，罗素是知道一个民族的文化观念与该民族的经济政治现实之间的互为因果关系的，但他没有像毛泽东那样，把文化与经济和政治之间的这种关系做“能动的革命的”理解，没有把这种关系与“千百万人民的革命实践”⑤相联系，更没有运用“心物”（社会意识和社会存在）、“知行”（理论与实践）和“群己”（社会与个人）等一

① ［英］伯特兰·罗素：《中国问题》，第286—287页。

② 同上书，第218页。

③ 如周策纵说：“罗素提倡工业化，但要保存中国人被动、好和平的天性，并要保存中国农业社会发展的伦理观念，他这个看法……实际上与19世纪末中国士大夫提倡的‘中学为体、西学为用’有相似之处，而‘五四’时期大多数新知识分子与杜威都不赞成这种看法。”［美］周策纵：《五四运动史》，陈永明等译，岳麓书社1999年版，第343页。

④ 先于罗素一年多到抵达中国、与罗素同日启程离开的美国哲学家约翰·杜威（John Dewey）在罗素的《中国问题》出版的第二年，就写了一份篇幅不短的书评；在这个书评中的一段话，虽然不完全确切，但也能说明一点问题：“作为一名称职的欧洲人，或许他感兴趣的主要是欧洲的文化，以及欧洲不得不从亚洲那里学习到的东西；相反，令人吃惊和震撼的是，对世界上最古老、最浓厚和最广泛的文明的内部重构并没有吸引他的注意力。”［美］约翰·杜威：《中国与西方——评〈中国问题〉》，《杜威全集·中期著作》，第15卷，华东师范大学出版社2012年版，第182页。

⑤ 毛泽东：《新民主主义论》，《毛泽东选集》第2卷，第663页。

系列打通历史观和认识论的哲学范畴，来把文化与经济和政治之间的互动理解为一个从自在到自为的创造过程。在毛泽东看来，文化、经济和政治都有新旧之分；中国共产党人追求“建设一个中华民族的新社会和新国家”的目标的具体途径，是“不但为中国的政治革命和经济革命而奋斗，而且为中国的文化革命而奋斗”①，是在这种奋斗当中有意识地造成新政治、新经济和新文化之间的相互推进。毛泽东心目中的“现时的中国新文化”②的建构过程，不仅是处理中外关系的结果，而且是处理古今关系的结果，以及雅俗关系（或大众和精英的关系）的结果；正是在此基础上，毛泽东得出了“民族的科学的大众的文化，就是人民大众反帝反封建文化，就是新民主主义的文化，就是中华民族的新文化”这个著名结论。③

毛泽东这种对中国文化做新旧之分，并把新文化看做是一个自觉建构的目标的观点，可称作是一种“建构主义”的文化观，而区别于“本质主义”的文化观。本质主义文化观把“某某文化”这个词对应于某种一成不变东西的观点，而“建构主义”文化观则对文化做动态的积极的理解，把文化看作是人的创造、反思和学习的产物。而“本质主义”文化观则对文化作静态的、消极的理解。可能正是因为受静态的、消极的本质主义文化观的影响，罗素在《中国问题》中虽然期望中国能“发展一种新文明，比世界上存在过的所有文明都优秀”④，但同时也担心另一种可能：“如果中国人受到残暴权力的诱惑，迷失了方向，他们可能会在表面上赶走了敌人，但在内心却败给了敌人。”⑤罗素在后来回忆其中国之行时甚至更悲观地说：“我爱中国人，但是显而易见，为了抵抗凶恶的军国主义，中国的文明将大部分被摧毁，他们似乎没有别的路可走，不是被征服，就是采用他们敌人的各种劣习。”⑥

在这方面，我们或许可以把以不同形式与罗素和毛泽东都有深层次思想交流的梁

---

① 毛泽东：《新民主主义论》，《毛泽东选集》第 2 卷，第 663 页。

② 同上书，第 705 页。

③ 同上书，第 708—709 页。

④ ［英］伯特兰·罗素：《中国问题》，第 294 页。

⑤ 同上书，第 295 页，译文根据原文有改动，见 Bertrand Russell, *The Problem of China*, Routledge, New York, 2021, p.195。

⑥ Bertrand Russell: “My Mental Development”, in *The Philosophy of Bertrand Russell,* ed. Paul Arthur Schilpp, *Library of Living Philosophers*, New York: Tudor Publishing Co., 1951, p.17.

漱溟的工作，作为《中国问题》和《新民主主义论》之间相关解读的一个辅助文本。从1921年写文章表达“对罗素之不满”①，到1972年国庆前夕撰文夸罗素对中国发展有“先见之明”②；梁漱溟一直对罗素的工作相当重视。同时，从抗战时期以“国防参议员”身份访问延安时与毛泽东长谈多次，到20世纪80年代初对美国芝加哥大学的艾恺说“最伟大的中国人”“恐怕还是毛泽东”③，梁漱溟的毕生思考也与毛泽东有密切关联。1938年1月梁漱溟在延安与毛泽东谈话时再三强调中国社会的特殊性④，1938年10月毛泽东在六届六中全会上强调马克思主义“中国化”⑤，以及1940年1月毛泽东在《新民主主义论》中强调“必须将马克思主义的普遍真理与中国革命的具体实践……和民族的特点相结合”⑥，这三件事情的时间先后很可能并非偶然。

梁漱溟哲学思想的一个重要观点，是反对工具主义或功利主义的人生观，在这方面他明确地引罗素为同道。他在1925年给十几位青年讲“孔家思想史”时说，“天下最危险的事，就是怕人没有生趣。一个人觉得他没有生趣，便要闹大乱子，社会就要掀动。让人丧失生趣的就是算账，就是功利的态度。”⑦梁漱溟说，“除孔子以外，所有古今中外，一切的哲学家，大都是功利派。我说将来世界必走入孔家的路字上。换言之，即是非功利派将代功利派而兴也。”⑧梁漱溟说，正当他年轻时思索这个问题的时候，“一看到罗素的意思，几乎令我大喜如狂”。⑨他说罗素虽然引用老子的“生而不有，为而不恃，长而不宰”几句话来表达他的观点，但他的观点其实是“与孔子有同样的旨趣”：“他的旨趣只是自由生长一句话，而孔家要旨也只在不碍生机。”⑩在抗战后期写的一篇文章中，梁漱溟在回答“中国以什么贡献给世界呢？”的问题时回答说，是中国人的“人生向上”精神；这种精神的表现，就是中国自古以来的“理欲之争”

---

① 梁漱溟：《对罗素之不满》，《梁漱溟全集》第4卷，第651—654页。

② 梁漱溟：《中国——理性之国》，《梁漱溟全集》第4卷，第211页。

③ 《美国学者艾恺先生访谈记录摘要》(1980)，《梁漱溟全集》第8卷，第1161页。

④ 《这个世界会好吗？——梁漱溟晚年口述》，艾恺采访，梁漱溟口述，一耽学堂整理，东方出版中心2006年版，第81—82页。

⑤ 毛泽东：《论新阶段》(1938年10月12—14日)，载中央档案馆编：《中共中央文件选集》(1936—1938)，中共中央党校出版社1991年版，第11册，第658—659页。

⑥ 毛泽东：《新民主主义论》，《毛泽东选集》第2卷，第707页。

⑦ 梁漱溟：《孔家思想史》(1925)，见《梁漱溟全集》第7卷，第925页。

⑧⑨⑩ 同上书，第926页。

之"理"，"义利之辨"之"义"①，就是古语所说"食无求饱，居无求安。敏于事而慎于言，就有道而正焉，可谓好学也已"②。梁漱溟最后引用罗素"中国人之特长为人生目的之正当概念（A just conception of the ends of life）"一语，说："中国可以贡献给世界者，就是这点东西。"③

在梁漱溟对"中国可以贡献给世界者"的进一步说明中，"理性"是一个核心概念。梁漱溟把"理性"区别于"理智"，而这种区别，他用罗素在《中国问题》之前的《社会改造原理》一书中的"灵性"（spirit）概念来加以说明，认为它的特点是一种"无私的感情"（impersonal feeling）："理性、理智为心思作用之两面：知的一面曰理智，情的一面曰理性，二者本来密切相联不离。譬如计算数目，计算之心是理智，而求正确之心便是理性。数目算错了，不容自昧，就是一极有力的感情，这一感情是无私的，不是为了什么生活问题。"④这种意义上的"理性"，与罗素在《中国问题》中似乎并不经意地用来赞扬中国人的一个词，颇为接近，这个词就是"reasonableness"，或"being reasonable"（"讲理"或"合乎情理"）。在一个地方，罗素写道："In art they aim at being exquisite, and in life at being reasonable."⑤（"在艺术上他们追求精致，在生活中他们追求讲理。"）在另一个地方，罗素写道："The Chinese are not, as a rule, good soldiers, because the causes for which they are asked to fight are not worth fighting for, and they know it. But that is only a proof of their reasonableness."⑥（"中国人照例不是优秀士兵，但那是因为他们被要求去为之打仗的那些事业并不值得一打，而对此他们是知道的。但那恰恰证明了他们的合乎情理。"）当然，表达同样的意思，罗素也用过另外一个词："rational"⑦，所以我们并不能说罗素像后来有些西方哲学家如约翰·罗尔斯（John Rawls）和斯蒂芬·图尔敏（Stephen Toulmin）等人那样，在"rationality"和"reasonableness"之间做出了类似于梁漱溟的"理智"和"理性"那样的用词

① 梁漱溟：《中国以什么贡献给世界呢？》（1944），《梁漱溟全集》第6卷，第461页。
②③ 同上书，第462页。
④ 梁漱溟：《中国文化要义》（1949），《梁漱溟全集》第3卷，第125页。
⑤ Bertrand Russell, *The Problem of China*, p.146.
⑥ Ibid., p.152.
⑦ Ibid., p.163.

区分。①

梁漱溟虽然在中国文化之特点和优点的理解上引罗素为域外同道；但在中国文化在近代以来中国的“建国”过程中地位和作用问题上，却与罗素看法不同。简单地说，罗素重视中国文化，是因为中国文化在中国自强过程中的可欲性，而梁漱溟重视中国文化，则还因为中国文化在中国自强过程中有可行性，强调它有助于解决自强过程的实际问题。在一篇写于1943年的文章中梁漱溟列举了50年来文化建设上中国所持的几种态度：“中学为体，西学为用”；“全盘西方化”；“建设中国本位文化”，说他在1920年的《东西文化及其哲学》中的观点，被认为主张“中国本位文化”论者。对此他说：“今我无意申明旧话，只辨明‘中国本位文化’是用不着说的。”② 梁漱溟之所以觉得“中国本位文化”是用不着说的，不是因为他觉得中国文化不值得作为“本位”；相反，他在那篇文章中一口气列了七点，表明“中国民族所成就的，真乃自古人类唯一奇迹。它之相形见绌，只是最近一百余年的事而已。”③ 所谓“相形见绌”，就是中国，连同其文化，在近代发生了危机；为了走出这种危机，离不开文化作为手段；而既然把文化作为解决问题的手段，就不能“先悬一‘中国本位’的标准，或莫损及固有文化的限定。设若先悬有一标准或限定，而又是这样抽象虚渺不好捉摸的标准限定，那么一切探讨研索将成窒碍，中国实际问题怕倒不得解决了”④。梁漱溟不仅像罗素一样肯定中国文化的可欲性，而且比罗素对这种文化用于解决当代中国问题的可行性有更强信心；但值得注意的是，梁漱溟这种更强信心的一大依据，恰恰是罗素这样的西方人的态度，即他们也开始“要求开辟一条较合理的人生道路”⑤ 了；对梁漱溟来说，罗素印证了梁启超在《欧游心影录》(1916—1920）中描绘的一次大战暴露的西方危机，也强化了他的这个观点：中国文化“一面是给数千年古文化在近百年遭遇西洋所引起之大转变，作一结局；同时，一面亦是给世界未来文化开前途。因为近代西洋文化所领

① 相关讨论参见童世骏：《理性、合理与讲理——兼评陈嘉映的〈说理〉》，《哲学分析》第3卷第3期，2012年6月。

② 同上书，第439页。

③ 同上书，第435页。

④ 同上书，第440页。

⑤ 梁漱溟：《孔家思想史》(1923—1924)，《梁漱溟全集》第7卷，第926页。

导的世界，走到今天，明明已临于转变前夕”①。

但是，实际上，罗素能代表的至多是近代西方诸多变化中的一个方面；所以罗素在访华告别演讲中也肯定的苏俄道路②，其社会主义价值基础或价值目标，后来更多地被梁漱溟用来证明，他所追求的那个以“理”取代“力”和“利”的趋势，是有事实依据的。③当然，当梁漱溟把他所说的中国人的“理性精神”与社会主义理想对应起来④的时候，罗素曾经推荐过、而梁漱溟自己直到新中国后才努力认同的苏联，已经在他写《中国——理性之国》时被作为“苏修”而与“美帝”并列了⑤；尽管如此，梁漱溟从理性精神对世界的意义，而不仅仅对中国的意义，来理解他心目中以这种理性精神为核心的中国文化，在方法论上是与《中国问题》和《新民主主义论》都一样的。而当梁漱溟说“质言之，‘中国本位’是将来自然到达之结果，用不着此时预存成见”⑥的时候，梁漱溟的态度则更接近于《新民主主义论》的作者的，可列入建构主义文化观的范畴。

第四节　考察中国文化的参与者视角和观察者视角，如何整合？

借助于梁漱溟对罗素的《中国问题》和毛泽东的《新民主主义论》进行相互解读，还有助于我们更好认识这两本书作者之间的一个更重要区别：中国文化之参与者与中国文化之观察者的视角区别。

梁漱溟在前面提到的写于1943年的一篇文章中说罗素在《中国之问题》中有类似“中国本位文化论”的主张⑦，但早在1922年春的一个演讲中，他就注意到“《东方杂

① 梁漱溟：《预告选灾，追论宪政》(1947)，《梁漱溟全集》第6卷，第715页。

② ［英］伯特兰·罗素：《中国到自由之路——罗素告别演讲》，《中国到自由之路——罗素在华讲演集》，第303页。关于罗素在华演讲引起的中国知识界的讨论，尤其是有关社会主义的讨论，见马丽雅：《中国道路的西方视角——20世纪西方思想家的中国观研究》，学林出版社2018年版，第三章《英国人罗素：对中国问题的观察和回答》，第144—221页。

③ 梁漱溟：《中国——理性之国》，《梁漱溟全集》第4卷，第369页。

④ “吾书题名《中国——理性之国》，盖本于恩格斯《反杜林论》中有关理性的一些言论而来”；“理性的国家理性的社会之云，固非达于社会主义之实现不足言也。”《梁漱溟全集》第4卷，第363页。

⑤ 同上书，第276页。

⑥ 梁漱溟：《中国文化问题略谈》(1943年)，《梁漱溟全集》第6卷，第440—441页。

⑦ 同上书，第439页。

志》译罗素《中国国民性的几特点》，说中国人不好一面的特点顶头一件就是贪婪”①。梁漱溟不愿意承认这是中国文化固有的毛病，说：“这种情形似是西洋风气进来之后才现有的。”②梁漱溟的这段话，与罗素相比，跟中国本位文化论相距并不更远。但在1922年说这段话之前，在其成名作《东西文化及其哲学》中，梁漱溟就看上去很明白，他心目中的中国传统文化与实际上的中国传统文化其实区别不小：“中国数千年以儒家治天下，实际上人生一般态度皆有黄老气。本来孔家道家其最后根本皆在易理，不过孔家则讲《周易》，道家则远本《归藏》，都是相仿佛的一套形而上学。其所差似只在一个阴柔为坤静之道，一个阳刚为乾动之道；而中国人总是偏阴这一面的。”③因此，可以这么说，无论是作为文化诠释的产物，还是作为文化变迁的产物，“中国文化”在梁漱溟那里说到底都是一种建构的结果。梁漱溟实际上像罗素甚至像毛泽东一样认为，一个民族的文化有新旧之分，而旧文化到新文化的变化，离不开文化的经济和政治环境的影响，离不开文化主体对原有文化之各种因素的评判取舍，也离不开文化主体对在原有文化基础上对其做改造和更新。

但是，谈到文化的评判取舍和改造更新，毛泽东、梁漱溟、罗素三人之间有一个根本区别必须重视，那就是文化的参与者和文化的观察者之间的视角区别。笼统地说，任何人都同时是文化的观察者，也是文化的参与者。但具体地说，就某个民族的文化（如中国文化）而言，有人的角色更多是该文化的参与者（如毛泽东和梁漱溟），有人的角色则更多是该文化的观察者（如罗素）。在某民族文化的观察者当中，对该民族文化的同情心有很大不同；相比之下，罗素显然是对中国文化有极大同情的西方人。而在某民族文化的参与者当中，则可以根据所发挥作用之大小和方式而做出区分，比如梁漱溟虽然毕生从事中国文化研究、参与中国文化建设，但正如他自己在1952年请人转呈毛泽东的信里所承认的，“为国事奔走多年其结果却完全落空”④。

在讨论文化的时候，文化的参与者和观察者之间的视角区分极其重要。因为，关于文化的谈论，套用梁漱溟的说法，涉及的是“情理”，而不是“物理”；而“情理不

① 梁漱溟：《合理的人生态度》(1922)，《梁漱溟全集》第4卷，第687页。
② 同上书，第688页。
③ 梁漱溟：《东西文化及其哲学》(1921)，《梁漱溟全集》第1卷，第474页。
④《梁漱溟全集》第8卷，第78页。

同于物理”的一个重要表现，是“物理存于客观，不因人而异；情理则各从乎其人所处地位关系而言，自不能无异”①。梁漱溟曾举例说明“殊不知话看谁说，不能离开说话的人而有一句衷合情理的话”②这个朴实而深刻的道理：“譬如旧日家庭生活中，一个人上有父母，下有子女，仰事俯畜一切引为己责，劳累而无怨；时或力不从心，有所未闻，父母且不应再责备他，子女更不应口出怨言。责怨便不合乎情理。责者非慈，怨者不孝。然而他本人若自为责怨，将更见其孝且慈焉。此即同一件事，同一句话，视乎各人所处地位而大异其情趣。”③

从梁漱溟讲的这种注重情境的理性主义（或“情理主义”，区别于“物理主义”）出发，我们在对毛泽东的《新民主主义论》与罗素的《中国问题》作相互解读的时候，两人在各自书中对中国文化的评论，我们不能仅仅停留在相关的字面表述，不能仅仅从字面上理解它们的异同；推而广之，对中国人来说，对任何外人的中国评论，我们都不能简单地以其言论是否顺耳，来判定其立场是否忠信。

这里我们或许可以把毛泽东在《新民主主义论》中誉为“中国文化革命的主将”④的鲁迅请来，把他的言论作为《新民主主义论》与《中国问题》的相互解读的一个辅助文本。

鲁迅曾对罗素的中国观感作过很简短但很著名的评论；人们在谈到罗素的中国之行，尤其是罗素的《中国问题》时，经常会提到鲁迅的相关评论。罗素在《中国问题》中欣赏中国人“留住了工业化国家已经丧失的一种能力”，即“享受闲暇、播撒欢笑，沐浴阳光，懂得雅致之乐、思辨之趣”的能力。为此他举了一个例子：“我记得有一天，天气很热，我们几个人坐轿子翻山。山势陡峭，山路高低不平，轿夫很是辛苦。走到山顶的时候，我们停了下来，让轿夫歇息十分钟。他们很快坐成一排，拿出烟斗，说说笑笑，仿佛世上没有什么愁心事。”⑤针对罗素的这段话，鲁迅在 1925 年 4 月 29 日写道：“至于罗素在西湖见轿夫含笑，便赞美中国人，则也许别有意思罢。但是，轿夫如果能对坐轿的人不含笑，中国也早不是现在似的中国了。”⑥1927 年 10 月 11 日，

---

①②③《梁漱溟全集》第 4 卷，第 458 页。

④　毛泽东：《新民主主义论》，《毛泽东选集》第 2 卷，第 698 页。

⑤　［英］伯特兰·罗素：《中国问题》，第 227—228 页。

⑥　鲁迅：《灯下漫笔》（1925），《坟》，《鲁迅全集》第 1 卷，人民文学出版社 2005 年版，第 228 页。

鲁迅又写道，在那个“似乎是青年特别容易死掉的年头”，不仅说话“激烈”是危险的，书写“可叹也夫”也不安全，“必须要如罗素所称赞的杭州的轿夫一样，常是笑嘻嘻”的，才行。①

鲁迅的上述观点经常被人提起，当作罗素之中国文化观在中国遭到质疑的一个例子。但其实，与批评罗素的其他中国学人相比②，鲁迅的批评是相当有分寸的。③在“灯下漫笔”中，在说了中国历史无非是在“想做奴隶而不得的时代”与“暂时做稳了奴隶的时代”这两种状态间循环之后，鲁迅写道：“但是赞颂中国固有文明的人们多起来了，加之以外国人。我常常想，凡有来到中国的，倘能疾首蹙额而憎恶中国，我敢诚意地捧献我的感谢，因为他一定是不愿意吃中国人的肉的！”④然后，鲁迅区分了到中国来说好话而不是表憎恶的外国人的几种情况，一是不知道而赞颂者；二是养尊处优而赞颂者；三是以为中国人只配照原样生活者；四是希望中国人照原样生活以增进外人游兴者。有意思的是，在鲁迅的上述分类中，罗素并没有位子；罗素在西湖见轿夫含笑便赞美中国人，鲁迅认为也许是“别有意思”。

那罗素的“别有意思”，到底是什么意思呢？

前面提到过的美国哲学家约翰·杜威，在给罗素的《中国问题》写的书评中杜威对鲁迅所说的罗素的“别有意思”，提供了一种解释；我们不妨把这种解释称为“借他山之玉，攻自家之石”。

杜威在称赞罗素《中国问题》为“最近写就的将西方读者与远东问题联系起来的众多图书中最富有启发意义的一本”的同时，指出这本书的读者如果不考虑其作者是在对西方文明（包括其苏俄变种）极度失望的情况下“去中国寻找新的希望”的，“将会错失本书主要的深远意义”。在杜威看来，罗素提出“中国问题”，实质上是为了讨论“西方文明的问题”⑤；在该书中，“中国往往变成了一个闪亮的天使，以便表现

① 鲁迅：《谈“激烈”》(1927)，《而已集》，《鲁迅全集》第3卷，第499页。

② 见冯崇义：《罗素与中国——西方思想在中国的一次经历》，生活·读书·新知三联书店1994年版，第183页。

③ 参见彭姗姗：《“中国问题”的缘起、实质与心理根源——罗素在北京的生活与思想》，《鲁迅研究月刊》2021年第11期。

④ 鲁迅：《灯下漫笔》，《鲁迅全集》第1卷，第226页。

⑤ ［美］约翰·杜威：《中国与西方——评〈中国问题〉》(1923)，《杜威全集·中期著作》第15卷，第180页。

出西方文明的阴暗。中国人的美德被视作一根鞭子，用以鞭打自鸣得意的西方人的后背"①。

杜威的最重要中国弟子是胡适，他对罗素的"别有意思"也有过一个解释；我们不妨把这种解释称为"借他人酒杯，浇自己块垒"。

胡适认为，罗素是一个世界主义者，所以他的"自己块垒"并非只限于西方；正如两卷本《罗素传》作者雷伊·蒙克所说的，对罗素来说，"中国问题是我们所有人都面对的问题：是文明本身能否存活的问题"②。胡适在1929年用英文写的"诸文化之冲突"一文中，从同样角度理解罗素的观点。胡适说当代中国的文化冲突是一个事实，这个事实的核心是：在现代西方文明成为全世界文明的情况下，中国如何使自己顺利地适应这种文明？对这个问题有三种答案：抵制、全盘接受、部分采纳。他说今天已经没有人真的持抵制立场，需要讨论的只是全盘接受还是部分采纳的问题。这两种方案当中，一般人都认为"部分采纳"的方案更合理，他自己原来也主张这个方案，但后来发现，谨慎选择的态度既不可能，也不必要，因为一个超大规模的文明必然影响超大数量的超级保守的人们，让老百姓离开传统立场一千步，老百姓最后可能被迫挪动才不到十步。在说明那个"部分采纳"的方案时，胡适说这个方案不仅是国内的传统辩护者的主张，也是自称是中国之友和爱中华文明者的外国作者的主张。说到这里，胡适讲了一个逸闻；他没有提罗素的名字，但显然是在说罗素对西湖轿夫的观感："有一次，一位来游学的哲学家坐在一乘人抬滑竿，翻过一座崎岖小山，他听到轿夫中的一位唱起了一首他觉得好听的歌。他为之陶醉，并受到启发，做起了哲学思考：与其做一个怨天尤人的现代工厂工人，倒不如做一个保持辛劳中快乐吟唱之乐的中国人力驮兽。他此时担忧的，是到了中国被工业化的那天，工厂将不仅破坏所有漂亮的手工业和家庭工业，而且将扼杀中国苦力工作时的那种快乐精神。"③把胡适这段话与前面提

---

① ［美］约翰·杜威：《中国与西方——评〈中国问题〉》(1923)，《杜威全集·中期著作》第15卷，第181页。

② Ray Monk: *Bertrand Russell: The Ghost of Madness, 1921—1970*, The Free Press, etc., 2000, p.16.

③ Hu Shih（胡适）："Conflict of Cultures"，《中国基督教年鉴》第15卷，刊于《中国基督教年鉴》，本书编委会编，第19册，国家图书馆出版社2012年版，第114页。胡适其实是罗素在《中国问题》中唯一点名赞扬的当代中国人（《中国问题》，第293—294页），尽管胡适曾对梁启超等人邀请罗素来华演讲非常抵触（见1921年年初胡适给陈独秀的信，《胡适全集》第23卷，安徽教育出版社（转下页）

到的毛泽东在1957年9月18日晚上会见印度客人时谈到罗素有关手工业的观点[①]放在一起，可以看出其间的联系很有意思。

鲁迅自己在写《灯下漫笔》八年之后，在1933年9月写的一篇题为“打听印象”的杂文中，也对罗素的“别有意思”也提供了一个解释，这个解释我们或许可以称为：“在他人之乡，说知己之话。”

在这篇杂文中，鲁迅写道：“五四运动以后，好像中国人就发生了一种新脾气，是：倘有外国的名人或阔人新到，就喜欢打听他对于中国的印象。”[②]然后鲁迅举了三个来访的外国名人：罗素、萧伯纳和瑞典的卡尔亲王。罗素到访中国，对向他打听中国印象思维的人，他回答道：“你们待我这么好，就是要说坏话，也不好说了。”[③]萧伯纳到访中国，对向他打听中国印象的人，他回答说：“我有什么意见，与你们都不相干。假如我是个武人，杀死个十万条人命，你们才会尊重我的意见。”瑞典的卡尔亲王到访中国，对向他打听中国印象的人回答说：“今次游览观感所的，对于贵国政府及国民，有极度良好之印象，而永远不能磨灭者也。”[④]鲁迅说，对罗素的回答，人们以为他滑头；对萧伯纳的回答，人们以为他刻薄；而只有对卡尔亲王的回答，人们才认为这最稳妥，是找不出什么是非来的。[⑤]但鲁迅要替罗素和萧伯纳打抱不平：“其实是，罗萧两位，也还不算滑头和刻薄的，假如有这么一个外国人，遇见有人问他印象时，他先反问道：‘你先生对于自己中国的印象怎么样？’那可真是一篇难以下笔的文章。”[⑥]鲁迅尤其想到要为罗素说一句公道话：“看当时欢宴罗素，而愤愤于他那答话的由新潮社而发迹的诸公的现在，实在令人觉得罗素并非滑头，倒是一个先知的讽刺

（接上页）2003年版，第287页）；尽管罗素刚走不久，胡适就在1921年7月16日写了的一首题为《哲学家》的诗，抱怨“他（即罗素）看中了一条到自由之路/但他另给我们找一条路/这条路他自己并不赞成/但他说我们还不配到他的路上去”，见《胡适全集》第10卷，安徽教育出版社2003年版，第261页。但1926年10月17日，当时正在伦敦的胡适在日记中记载他去拜访罗素了，罗素告诉他，苏俄的专政办法是最适用于俄国和中国的，并且在听了胡适说“那我们爱自由的人却有点受不了”以后，回答说：“那只好要我们自己牺牲一点了”。胡适在日记中写道：“此言也有道理，未可全认为不忠恕。”见《胡适日记全集》第4卷，曹伯言整理，安徽教育出版社2001年版，第394页。

① 《毛泽东年谱（1949—1976）》第3卷，中央文献出版社2013年版，第206—207页。

②③④⑤⑥　鲁迅：《打听印象》(1933)，《准风月谈》，《鲁迅全集》第5卷，第325页。

家将十年后的心思豫先说去了。”①

对罗素“轿夫含笑”之谈的“别有意思”的上面三种解释如果成立的话，第三种解释，也就是鲁迅的解释，在我看来是最合乎罗素《中国问题》之本意的。罗素固然是到中国来找西方出路的，但罗素高于其他许多来华西方学者的地方在于，他不仅对西方自家的问题有兴趣，而且对中国文化和中国前景有关切，甚至从根本上说对整个人类文明的前景有真切关怀。罗素固然对现代化与幸福感相矛盾这一点深感忧虑，但他并没有完全放弃这种矛盾的缓解甚至解决的希望；正因此他对中国的未来既持有疑虑，也抱有希望，并且还提了不少建议。罗素深知他作为外人对东道主的任何评价、对其未来的任何建议，都可能在不同人群那里得到不同的反应，于是他想办法以尽可能得体的方式说出真诚想法；哪怕逆耳，也希望东道主能当做由衷之言来对待。

如果上面的解释能成立，那么我们就得承认，鲁迅是读懂罗素的——他理解了罗素的所谓“滑头”背后，是有着难得的真诚和难言的为难的。鲁迅虽然说“轿夫如果能对坐轿子的人不含笑，中国也早不是现在似的中国了”②，但他自己在五年前的一篇文章就表明他知道，在中国，其实并不是没有“不含笑”的车夫的③。而且，在他发表《灯下漫笔》才十多天，他又写了一篇文章，表明他也知道，仅仅“不含笑”是改变不了中国现状的：“我以为国民倘没有智，没有勇，而单靠一种所谓‘气’，实在是非常

① 鲁迅：《打听印象》(1933)，《准风月谈》，《鲁迅全集》第5卷，第325页。要理解鲁迅在1933年对罗素的“滑头”的这种解释，他在1923年1月17日发表的一篇文章中提到罗素的一段话，或许可以作为参考。这篇文章的起因是鲁迅翻译了俄国盲艺术家爱罗先珂的一篇北大和燕京女校演剧的观后记文，其中有对于演剧学生的批评；一个叫魏建功的当时北大学生写题为“不敢盲从”的文章表达不满，其中也隐含对鲁迅的指责。鲁迅于是写了几句“声明”予以反驳，说自己虽明知爱罗先珂此文在中国是会引起不满的，但却没有阻止的勇气，反倒佩服爱罗先珂会说出他（鲁迅）自己已经不愿意发表的“明知无益的急迫的言论”。然后鲁迅写道：“然而这也就是俄国人和中国以及别国人不同的地方，他很老实，不知道恭维，其实是罗素在英国称赞中国，他的门槛就要被中国留学生踏破了的故事，我也曾经和他谈过的。”鲁迅：“看了魏建功君的《不敢盲从》以后的几句声明”，《集外集拾遗补编》，《鲁迅全集》第8卷，第142页。

② 鲁迅：《灯下漫笔》，《鲁迅全集》第1卷，第228页。

③ 鲁迅写道：民国六年的冬天，“我”坐着一辆人力车上，车夫拉车跑在路上时，车把不小心带倒了一个老妇，车夫立即停下来，“我”认为他多事；看着“毫不理会”“我”的车夫搀着老妇去巡警分驻所，“我这时突然感到一种异样的感觉，觉得他满身灰尘的后影，霎时高大了，而且愈走愈大，须仰视才见。而且他对于我，渐渐的又几乎变成一种威压，甚而至于要榨出皮袍下面藏着的‘小’来。”见鲁迅：《一件小事》，《呐喊》，《鲁迅全集》第1卷，第482页。

危险的。”[1] 因此，他说自己“更进一步而希望于点火的青年的，是对于群众，在引起他们的公愤之余，还须设法注入深沉的勇气，当鼓舞他们的感情的时候，还须竭力启发明白的理性；而且还得偏重于勇气和理性，从此继续地训练许多年。这声音，自然断乎不及大叫宣战杀贼的大而闲，但我以为却是更紧要而更艰难伟大的工作”[2]。

鲁迅写这篇文章的前不久，他居住的城市即上海（后来还有其他城市）发生了租界内英国巡捕枪杀赤手空拳的中国示威者的惨案。“五卅惨案”后，中国一批著名知识分子联名向英国舆论界控诉英国巡捕暴行；梁启超还发出了《致罗素电》，“切盼”这位“素以爱和平尊人道为职志”的英国朋友“发抒说论”，澄清真相，伸张正义。[3] 笔者没有找到资料证明罗素直接回应了梁启超这份电文的资料；但根据哈佛大学一篇硕士论文的研究，罗素那时在英国所做的工作，应该就是梁启超等中国知识分子所希望的。[4] 在这样的背景下，鲁迅有关“民气”和“民力”的讨论，特别值得关注。

在写于 1925 年 6 月 11 日的那篇《突然想到》（十）中，鲁迅议论了这样一个局面：五卅事件中中国人被杀了，却还在忙于为自己辩污；本应该对敌人以牙还牙，却还在被要求认清敌人。鲁迅说，固然英国人法国人中有站出来同情我们的，“所以我觉得英国人的品性，我们可学的地方还多着——但自然除了捕头，商人，和看见学生的游行而在屋顶拍手嘲笑的娘儿们”[5]；但他强调，只是呼吁公道与武力合为一体，并不解决问题。在鲁迅看来，其实文明向来如此；“如果我们永远只有公道，就得永远着力于辩

---

① 鲁迅：《杂忆》（1925），《坟》，《鲁迅全集》第 1 卷，第 239 页。

② 同上书，第 238 页。说鲁迅是读懂罗素的，说鲁迅并没有因为罗素夸西湖轿夫含笑而认定他是旧文化的卫道士、新文化的反对者，还有一个旁证：鲁迅曾经因为捍卫新文化而被“保存国粹”者与罗素绑在一起责骂过。1925 年 2 月 21 日，鲁迅应《京报副刊》之邀开“青年必读书”时说“我以为要少——或者竟不——看中国书，多看外国书”。这句显然有特定语境的话立刻引起争议；1925 年 3 月 5 日《京报副刊》发表一署名文章，讥讽“鲁迅先生是看了达尔文罗素等外国书，即忘了梁启超胡适之等的中国书了，”甚至用“卖国贼们，都是留学外国的博士硕士”这样的“传言”，来暗示鲁迅有卖国倾向。（柯伯森：《偏见的经验》，《鲁迅全集》第 7 卷，第 260—261 页。）对此鲁迅回敬说，宋末、明末和清末发生的那些卖国事件时，“达尔文的书还未介绍，罗素也还未来华，而‘老子，孔子，孟子，荀子辈’的著作却早已经行世了。”（鲁迅：“聊答‘……’”（1925），《集外集拾遗》，《鲁迅全集》第 7 卷，第 258 页。）

③ 参见董方奎：《梁启超为争取“五卅运动”胜利所做出的巨大努力》，《北方论丛》2000 年第 3 期。

④ 参见 John Paisley, *Bertrand Russell and China: During and After His Visit in 1920*, Master's thesis, Harvard Extension School, 2020, Permanent Link: https://nrs.harvard.edu/URN-3:HUL.INSTREPOS:37365614。

⑤ 鲁迅：《忽然想到》（十），《鲁迅全集》第 3 卷，第 95 页。

诬，终身空忙碌。”[①] 在这里鲁迅提到两三年前别人一篇文章中有关“民气”(“国民的气概”) 和“民力”(“国民的实力”) 的议论。鲁迅认为，与“民气论者”相比，能使国家强大不被欺侮的是“民力论者”，“可惜中国历来就独多民气论者，到现在还如此。如果长此不改，‘再而衰，三而竭’，将来会连辩诬的精力也没有了。所以在不得已而空手鼓舞民气时，尤必须同时设法增长国民的实力，还要永远这样的干下去。”[②] 为此，鲁迅寄希望于中国的年轻人，认为他们必须做数倍于别国的青年要做的努力，“抗拒，改革，奋斗，奋斗三十年。不够，就再一代、两代……”[③]。同时，鲁迅提醒特别要注意中国人自己当中的这样的三种危险：“一是日夜偏注于表面的宣传，鄙弃他事；二是对同类太操切，稍有不合，便呼之为国贼，为洋奴；三是有许多巧人，反利用机会，来猎取自己目前的利益。”[④]

鲁迅的观点，就其核心而言，与十八大以后习近平总书记提倡的“以党的自我革命引领社会革命”，极为相似。习近平总书记说：“一个饱经沧桑而初心不改的党，才能基业长青；一个铸就辉煌仍勇于自我革命的党，才能无坚不摧”[⑤]，这段话或许可以理解为是对鲁迅这句话的意味深长的呼应：“要中国好起来，还得做别样的工作”[⑥]。从这个角度去理解鲁迅有关罗素的文字，并进而从这个角度去比较毛泽东的《新民主主义论》和罗素的《中国问题》这两个文本，或许可以从中读出特别有意思的内容来。鲁迅虽然不会知道罗素在给朋友私信中，是有对中国人的尖刻抱怨的[⑦]，但他一定知道，罗素在《中国问题》中说了“中国人对我彬彬有礼，淳厚善良，我本应该只说好，不说坏”以后，马上就说“但为了中国好，也为了真理计，把不那么让人佩服称道的东西隐藏起来是不对的”[⑧]，进而又说了“贪婪”“怯懦”和“冷漠”这三点其实相

① 鲁迅：《忽然想到》(十)，《鲁迅全集》第 3 卷，第 95—96 页。

②③ 同上书，第 96 页。

④ 同上书，第 97 页。

⑤ 习近平：《以党的自我革命引领社会革命》，见习近平：《论党的自我革命》，党建读物出版社 2023 年版，第 87 页。

⑥ 同上书，第 99 页。

⑦ 见陈晓月：《赵元任日记中的罗素访华事件（1920—1921）》，《新文学史料》2021 年 11 月，第 42 页。

⑧ ［英］伯特兰·罗素：《中国问题》，第 237 页。

当尖锐的批评[①]，而且还花了一点篇幅来加以说明。[②] 对于我们今天的读者来说，罗素指出的这三个缺点，与鲁迅所说的“怒其不幸”“哀其不争”[③]，与也是鲁迅所说的“毫无意义的示众的材料和看客”[④]，是很容易产生联想的。从这里引申开去，我们也可以说，罗素在《中国问题》（1922）中的“中国人的品格”（“The Chinese Character”）那一节，与鲁迅多次提到的明恩溥（Arthur Henderson Smith）的《中国人的气质》（*Chinese characteristics*，1892）这本书[⑤]，有些内容是重叠的。鲁迅在 1936 年 10 月 5 日，也就是在他于那年 10 月 19 日去世前两周，写下了一段文字，值得在这里重温一下：

> 我至今还在希望有人译出史密斯（按即明恩溥）的《支那人气质》（按即《中国人的气质》）来。看了这些，而自省，分析，明白那几点说得对，变革，挣扎，自做工夫，却不求别人的原谅和称赞，来证明究竟怎样的是中国人。[⑥]

由上所述，与中国文化的“观察者”罗素和中国文化的“参与者”梁漱溟相比，鲁迅对中国文化的深刻见解，或许可以说是得益于他对“参与者”视角和“观察者”视角的辩证综合，得益于因这种结合而带来的那种兼具冷峻与深情、理智与勇敢、自省与自信的文化意识。从这个角度出发，引鲁迅为知己的毛泽东对中国文化的看法，

---

① ［英］伯特兰·罗素：《中国问题》，秦悦译本，第 165 页；参见田瑞雪译本，第 237 页。在说出这三个弱点之前，罗素做了好几点说明：第一，任何民族都有好的一面，也有坏的一面；第二，中国人是他见到的最好的民族；第三，中国人的缺点都比西方人的缺点要好：中国人的缺点就像艺术家的缺点一样，只害他自己而不害别人，而西方人的缺点是要害别人的；第四，考虑到对他人的影响，西方不仅其缺点比中国的缺点更坏（比如崇武好战），而且其优点（比方崇尚效率和进步）也因为对别国产生的消极影响而大打折扣。在说出那三个弱点以后，罗素又写道：“奇怪的是，问我这话的人非但没有生气，还认为我批评得很公道，接着又和我讨论了可能的补救办法。他这种思想上的诚实恳挚是中国多种至善美德的明证。”见《中国问题》，第 237 页。据梁漱溟，罗素说的“问我这话的人”可能是梁启超（这猜测应该是对的，因为据记载，1921 年 7 月 7 日，梁启超、丁文江等设宴为罗素践行，见《罗素来华形成及讲演总表》，《中国到自由之路——罗素在华讲演集》，第 309 页），而梁漱溟本人对罗素之批评的态度，或许也会被罗素作为“中国多种至善美德的明证”：“罗素对于中国人亦非只有称美而不加指责。……其言未必正确，未必无遗漏，但见其如古人所云‘好而知其恶’耳。”梁漱溟：《中国——理性主义》，《梁漱溟全集》第 4 卷，第 205 页。

② ［英］伯特兰·罗素：《中国问题》，第 237 页。

③ 鲁迅：《摩罗诗力说》（1907），《坟》，《鲁迅全集》第 1 卷，第 82 页。

④ 鲁迅：《〈呐喊〉自序》（1923），《呐喊》，《鲁迅全集》第 1 卷，第 439 页。

⑤ ［美］明恩溥：《中国人的气质》（1894），刘文飞，刘晓旸译，上海三联书店 2007 年版。

⑥ 鲁迅：《立此存照（三）》（1936），《且介亭杂文附集》，《鲁迅全集》第 6 卷，第 649 页。

对中国新文化与中国新文化之间关系的看法，对中国新文化建设的看法[①]，或许可以得到更清晰的理解；从这个角度出发对鲁迅对《中国问题》之评论作分析，或许可以从《新民主主义论》中下面这段话中读出更丰富的含义：

> 鲁迅是中国文化革命的主将，他不但是伟大的文学家，而且是伟大的思想家和伟大的革命家。鲁迅的骨头是最硬的，他没有丝毫的奴颜和媚骨，这是殖民地半殖民地人民最可宝贵的性格。鲁迅是在文化战线上，代表全民族的大多数，向着敌人冲锋陷阵的最正确、最勇敢、最坚决、最忠实、最热忱的空前的民族英雄。鲁迅的方向，就是中华民族新文化的方向。[②]

毛泽东对鲁迅的上面这段评价，在中国可以说几乎无人不知。但未必有多少人注意，在上面这段话中，毛泽东使用的那几个形容词，“热忱”“勇敢”“忠诚”，与罗素在《中国问题》中用的那几个形容词，即“冷漠”“怯弱”和“贪婪”，恰好是可以做一个对应或对比的。

第五节　结语

对《中国问题》与《新民主主义论》做相互解读，重要的不是寻找两书的共同结论，而是寻找对两书之共同问题即“中国向何处去”的更好思考。罗素在《中国问题》中把中国甚至世界的前景寄希望于“少年中国”（Young China）；虽然他错把胡适当作“少年中国”的代表，但他说到胡适时所说的那段话，“一个有魄力、善作为的改革家如果兼具文学功底，就能说服‘少年中国’绝大部分民众。……他学识广博，精力过人，对改革充满激情，无所畏惧。他提倡吸收西方文化一切成果，但绝不生搬硬抄、亦步亦

---

① 毛泽东在1956年、1957年的多次谈话中提到鲁迅，赞扬“鲁迅对于外国的东西和中国的东西都懂，但他不轻视中国的”；说“鲁迅的小说既不同于外国的，也不同于中国古代的，它是中国现代的”；说“鲁迅的文章就不太软，但也不太硬，不难看”；说“鲁迅后期的最深刻有力，并没有片面性，就是因为这时候他学会了辩证法”；尤其说鲁迅虽然不是共产党员，但“他是了解马克思主义世界观的。他用了一番功夫研究，又经过自己的实践，相信马克思主义是真理。”《毛泽东文集》第7卷，第81、83、263、277、253页。

② 毛泽东：《新民主主义》，《毛泽东选集》第2卷，第698页。

趋”[①]，倒很适合用在最后真正改变了中国，真正领导“中国人站立起来了”[②]的那位在长沙听罗素讲课的年轻人，而这位年轻人确实也曾加入过一个叫作“少年中国学会”的组织。但这位年轻人很快就建议解散这个组织，并很快参与组建了一个政党（1921 年 7 月 23 日[③]），其基础就是罗素同月稍早（1921 年 7 月 6 日）无奈地认为别无选择的那个主义。[④]中共建党以后，中国革命从旧民主主义阶段转入新民主主义阶段；中国大地上随即发生的那场巨变，其核心用毛泽东的话来说，是“自从中国人学会了马克思列宁主义以后，中国人在精神上就由被动转入主动”[⑤]；借用前面提到的毛泽东赞扬鲁迅时的用词和罗素谈到中国人弱点时的用语，则是用“热忱”克服了“冷漠”，用“勇敢”克服了“怯弱”，用“忠诚”克服了“贪婪”。经历了新中国成立以后从“矫枉过正”到“拨乱反正”、从“改革开放”到“守正创新”的 70 多年，《中国问题》中有关中国成为“仅次于美国的世界强国”的预测成为现实，而当年读“举起你的双手吧，新中国是我们的”[⑥]而深受感召者的后人们，则已经是在“世界又一次站在历史的十字路口，何去何从取决于各国人民的抉择”[⑦]的时刻，重温前辈们有关“中国向何处去”的思考了[⑧]。

确切些说，在这样的时刻作的“重温”，不能不同时也是“重启”；因为，今天思考“中国向何处去”，比从前更意味着同时思考“世界向何处去”，比从前更需要同时思考“中国人向何处去”，比从前更需要以一种更高水平上的既自省也自信、既学习也创造、既借鉴也贡献的方式，“来证明究竟怎样的是中国人”。

（作者：童世骏）

---

① ［英］伯特兰·罗素：《中国问题》（1922），田瑞雪译，第 294 页。

② 毛泽东：《中国人从此站立起来了》，《毛泽东文集》第 5 卷，第 342 页。

③ 邵维正：《中国共产党第一次全国代表大会召开日期和出席人数的考证》，《中国社会科学》1980 年第 1 期。

④ 罗素于 1921 年 7 月 6 日于北京在教育部会场作告别演讲，《中国到自由之路——罗素在华讲演集》，第 309 页。

⑤ 毛泽东：《唯心史观的破产》（1949），《毛泽东选集》第 4 卷，第 1516 页。

⑥ 毛泽东：《新民主主义论》，《毛泽东选集》第 2 卷，第 709 页。

⑦ 习近平：《高举中国特色社会主义伟大旗帜　为全面建设社会主义现代化国家而团结奋斗——在中国共产党第二十次全国代表大会上的报告（2022 年 10 月 16 日）》，http://jhsjk.people.cn/article/32551700。

⑧ 参见童世骏：《序一：罗素的“中国问题”，中国之“罗素问题”》，［英］伯特兰·罗素：《中国问题》，田瑞雪译，第 i 页。

后　记

为贯彻落实习近平总书记关于加快构建中国特色哲学社会科学重要讲话精神和上海市委关于推动上海哲学社会科学大发展大繁荣的战略部署，我院党委提出以学科体系建设为抓手，发挥高端智库优势，加快推进中国特色哲学社会科学"三大体系"建设。

我们的基本设想是，坚持以习近平新时代中国特色社会主义思想为指导，按照习近平总书记在哲学社会科学工作座谈会上的重要讲话精神和上海市推动上海哲学社会科学大发展大繁荣建设目标要求，以我国经济与社会发展的实践经验和现实需求为起点，结合我院各研究所专业学科特色和重点研究方向，组织开展学科体系建设，注重从我国改革发展的实践工作中挖掘新材料、发现新问题、提出新观点、构建新理论，注重深化对党的创新理论研究阐释，注重总结实践中的新规律，提炼新理论，提出具有主体性、原创性的新观点，彰显我国哲学社会科学的特色和优势，为构建中国特色哲学社会科学学科体系、学术体系、话语体系作出上海社会科学院的贡献。

2023年，我院结合主题教育，围绕科研工作、人才队伍建设、智库建设等开展大调研活动，在我院建院65周年院庆之际，组织全院17个研究所，开展集体研究和联合攻关，推出我院"中国特色哲学社会科学'三大体系'研究丛书"学术成果，本书为丛书系列成果之一。

本书是由我院哲学研究所组织国内专家共同研究的最终成果。其中，项目申请书由时任哲学研究所所长方松华同志撰写，哲学所副所长成素梅同志作为实施项目的具体负责人，策划了本书的撰写框架，邀请到国内知名专家参与撰稿，并负责本书的最终统稿和定稿等工作。石永泽同志倾注了大量精力，协助负责书稿的编排和编校等工作，在一段时间内全力以赴，为本书的成稿作出了重要贡献。曹敏同志和王晓丰同志为本项目的推进做了辅助性的协调工作。每位受邀专家都为本书的最终成稿付出了智慧和心血。本书的具体分工如下：

第一章由华东师范大学哲学系高瑞泉教授撰写。

第二章由中国社会科学院中国社会科学杂志社哲学部副主任莫斌副编审撰写。

第三章由华东师范大学哲学系刘梁剑教授撰写。

第四章和第五章由南开大学哲学院翟锦程教授撰写。

第六章由复旦大学国外马克思主义与当代思潮国家创新基地（985 国家级重点研究基地）及当代国外马克思主义研究中心（教育部重点研究基地）主任吴晓明教授撰写。

第七章由上海大学伟长学者王天恩教授撰写。

第八章由华东师范大学人文学院院长、教育部重点人文研究基地中国现代思想文化研究所所长杨国荣教授撰写。

第九章由上海社会科学院哲学研究所方松华研究员撰写。

第十章由上海社会科学院哲学研究所俞宣孟研究员撰写。

第十一章由上海社会科学院哲学研究所副所长成素梅研究员撰写。

第十二章由华东师范大学哲学系付长珍教授撰写。

第十三章由上海纽约大学校长童世骏教授撰写。

在本书研究和写作过程中，院主要领导全程予以关心和指导，先后组织了多轮专题会和座谈会，听取哲学研究所的汇报并提出宝贵建议，在此谨表敬意和感谢！

最后，对上海人民出版社高效细致的出版工作一并致以谢意！

上海社会科学院哲学研究所

2023 年 8 月

图书在版编目(CIP)数据

中国自主知识体系构建的哲学研究/成素梅等著
. —上海：上海人民出版社，2023
(中国特色哲学社会科学“三大体系”研究丛书)
ISBN 978-7-208-18503-6

Ⅰ. ①中… Ⅱ. ①成… Ⅲ. ①哲学社会科学-研究-中国 Ⅳ. ①C

中国国家版本馆 CIP 数据核字(2023)第 158694 号

责任编辑 赵 伟 任健敏
封面设计 零创意文化

中国特色哲学社会科学“三大体系”研究丛书
中国自主知识体系构建的哲学研究
成素梅 等著

出　　版 上海人民出版社
（201101 上海市闵行区号景路 159 弄 C 座）
发　　行 上海人民出版社发行中心
印　　刷 上海新华印刷有限公司
开　　本 787×1092 1/16
印　　张 21.75
插　　页 2
字　　数 337,000
版　　次 2023 年 9 月第 1 版
印　　次 2023 年 9 月第 1 次印刷
ISBN 978-7-208-18503-6/B・1708
定　　价 98.00 元